U0459938

多维视角的哲学探索

黄枬森◎著

中国社会科学出版社

图书在版编目（CIP）数据

多维视角的哲学探索／黄枏森著．—北京：中国社会科学出版社，
2016.4

（北京大学马克思主义哲学论丛）

ISBN 978 - 7 - 5161 - 7759 - 4

Ⅰ.①多… Ⅱ.①黄… Ⅲ.①哲学—研究 Ⅳ.①B0

中国版本图书馆 CIP 数据核字（2016）第 051474 号

出 版 人	赵剑英	
责任编辑	喻　苗	
责任校对	季　静	
责任印制	王　超	

出　　版	中国社会科学出版社	
社　　址	北京鼓楼西大街甲 158 号	
邮　　编	100720	
网　　址	http://www.csspw.cn	
发 行 部	010 - 84083685	
门 市 部	010 - 84029450	
经　　销	新华书店及其他书店	

印　　刷	北京明恒达印务有限公司	
装　　订	廊坊市广阳区广增装订厂	
版　　次	2016 年 4 月第 1 版	
印　　次	2016 年 4 月第 1 次印刷	

开　　本	710×1000　1/16	
印　　张	26.5	
字　　数	448 千字	
定　　价	95.00 元	

凡购买中国社会科学出版社图书，如有质量问题请与本社营销中心联系调换
电话：010 - 84083683
版权所有　侵权必究

　　黄枏森（1921.11.29—2013.01.24），当代中国著名哲学家、哲学史家、哲学教育家，北京大学资深教授；中国马克思主义哲学史学会名誉会长，中国人学学会名誉会长，中国马克思、恩格斯研究会名誉会长；第一、二、三届国务院学位委员会学科评议组成员、召集人，国家社会科学规划领导小组哲学学科评议组成员、召集人；"五个一工程奖"，吴玉章奖，多个国家级、省部级科研教学成果奖获得者；北京大学蔡元培奖、北京大学哲学教育终身成就奖获得者。他在马克思主义哲学史、马克思主义哲学体系创新、人学、文化理论四大研究领域做出了开拓性的重要贡献，被学界公认为我国改革开放新时期马克思主义哲学研究领域的领军人物，当代学术思想界坚持与发展马克思主义哲学的一面旗帜。

总　序

　　在新的历史条件下推进马克思主义哲学研究，这既是时代发展和中国发展的客观要求，又是理论工作者所肩负的重要职责。要推进马克思主义哲学研究，必须处理好传承与发展的关系。这里讲的传承，既指马克思主义哲学理论本身的传承，同时也指马克思主义哲学研究成果的传承；这里讲的发展，既指马克思主义哲学理论本身的不断创新，同时也指马克思主义哲学研究水平的突破与提升。加强马克思主义哲学本身的传承与发展无疑是重要的，而对马克思主义哲学研究及其成果的传承与创新也是非常必要的。这两种传承与发展实际上并不是各自孤立进行的，而是内在地结合在一起的。马克思主义哲学的传承与发展固然离不开马克思主义内容本身的研究，同时也包含着后人的理解和阐释，不可能离开后人的研究来孤立地看待马克思主义哲学的传承和发展。因此，要加强马克思主义哲学研究，应当对后人的传承与发展加以重视和关注。这也正是我们组编这套《北京大学马克思主义哲学论丛》的初衷。

　　北京大学是马克思主义在中国传播的发源地，具有悠久的马克思主义理论研究传统。"五四"新文化运动中，李大钊、陈独秀发起成立"马克思学说研究会"，最早开设唯物史观课程，宣传马克思主义。新中国成立后，北京大学一直是马克思主义哲学教学、研究和宣传的重要阵地，冯定教授等对马克思主义哲学学科的建设起了重要的组织、推动作用。1978年以来，黄枬森教授等在原有的基础上，开创了马克思主义哲学史学科，拓展和完善了马克思主义哲学研究领域，使其成为全国重点学科。

　　多年来，北京大学马克思主义哲学学科在其研究中逐渐形成了自己的传统，这就是重视马克思主义哲学基础理论研究。"史"（马克思主义哲学史）与"论"（马克思主义哲学基本原理）成为本学科研究的重点。特别是改革开放以来，伴随马克思主义哲学史学科的成功开创，形成了独特的研究特色。由黄枬森等教授主持编写的以及与国内同行共同编写的各种版本的《马克思主义哲学史》在全国学界产生了重要影响。20世纪90年代以来,本学科在保持原有传统优势的基础上,又根据新的发展的需要,逐渐拓宽了研究领域,形成了这样几个主要的研究方向:一是文本研究,包括文献研究和文本内容研究;二是基本原理的专题性研究,特别是历史哲学的研究;三是国外马克思主义研究,重点是西方马克思主义研究;四是马克思主义人学和社会发展理论研究,主要结合当代社会发展变化的实际,对相关重大理论和现实问题从人学和发展理论的视角予以新的探讨。这些研究方向的确立,意味着研究不再仅仅限于传统教科书的框架,同时面向现实问题研究,从而走向新的融合。

对于基础理论研究与现实问题研究的关系,学术界多年来有着不同的看法。有的强调研究的学术性,有的强调研究的现实性,彼此形成不同的倾向和主张。实际上,二者并不构成矛盾与对立,而是完全可以结合在一起的,并且是相互渗透、相互促进的。研究马克思主义哲学,当然需要加强基础理论研究。不能正确理解经典文本和马克思主义哲学史,就不可能真正理解和把握马克思主义哲学,因而正确地阐释文本和马克思主义哲学史,这是掌握马克思主义哲学基本理论的前提和基础。但是,马克思主义哲学又不能仅仅限于这样的研究。将马克思主义哲学研究变为文本、马克思主义哲学史和一些原理的"诠释学""考据学",无益于推进马克思主义哲学的发展。马克思主义哲学的基础理论也是一个发展、开放的系统,并不是一个固定不变的模式。伴随实践的发展,许多基础理论也要不断深化、调整和完善。关注现实问题,加强"问题导向",一方面可以使文本中曾被忽视、误解以至被遗忘的思想、观点得到新的重视和开掘,另一方面可以给文本中许多思想赋予新的当代意义,从而激活其思想资源,使其焕发出新的生机、活力。就此而言,加强现实问题研究,又会有力促进基础理论研究。实现二者有机结合,有助于推动马克思主义哲学的深化和发展,这也正是本学科在原有研究基础上拓展研究方向与领域的动因所在。

收录在本论丛的书目,都是本学科老教授的研究成果。这些老教授虽已离开教学岗位,但不少人始终是"退而不休",一直在马克思主义哲学研究的园地里辛勤耕耘,成果不断,在学科建设中发挥着重要作用。从本论丛写作的时间来看,既有过去撰写的,也有新近创作的,有的完全是近几年研究的成果;从其内容来看,涉及的论域比较广泛,既有关于马克思主义哲学史、经典文本和基本原理的研究，又有关于重大理论问题和现实问题的研究；从其关注的重点来看，既有基础性的问题，又有前沿性的问题；从其研究的领域来看，既有马克思主义哲学本身所涉及的各种领域，又有与其相关的研究领域。可以说，这些成果是这些老教授长期研究的真实记录，是他们探索轨迹的生动描绘，共同构成了马克思主义研究的绚丽画卷。

本论丛只反映了本学科过去研究的一个大致图景，并未体现其研究的全部历史和现状。收录的书目主要反映了作者在研究中的代表性成果或代表性观点。尽管各位作者研究的重点不同，旨趣各异，但其目标指向则是共同的，这就是不断深化和推进马克思主义哲学研究，以求发展、创新。正是围绕这一目标，各位作者分别从不同角度对马克思主义哲学进行了有益的探讨，形成了不同的研究特色。

值得注意的是，本论丛所收集的这些研究成果是和作者们的经历联系在一起的。这些作者都是在 20 世纪上半叶出生的，大多是在新中国建立后走进大学校园，而后留校任教。他们都经历了共和国的风风雨雨，其学术生涯又是同改革开放的历程联系在一起的。正是这些特殊的经历，使这些作者对社会、人生和马克思主义哲学有着独特而深刻的体认和感悟。这些研究成果均不同程度地打上了时代的烙印和个人体验的印记。今天看来，在这些成果中，尽管有些话题可能有些陈旧，某些看法也不一定新颖，但其确实反映了这些作者在不同历史条件下的独特思考和艰辛探索，有助于我们更好地理解和把握马克思主义哲学研究的思想历程及其经验教训。总体来看，这些成果是本学科长期积累的宝贵财富，它为本学科的发展奠定了厚实的基础，因而是其发展的重要阶梯。

传承是为了更好地发展。站在新的历史起点上，北京大学马克思主义哲学学科的同仁们始终没有忘记自己的使命和责任，没有忘记自己的天职，一直以高度的热忱投身于马克思主义哲学的教学与研究之中。我们相信，在未来的岁月中，只要充分继承和发扬北京大学马克思主义理论研究的光荣传统，锐意进取，不懈努力，就一定会在马克思主义哲学研究上取得新的更大的成就。我们将会把新的成果集中起来，以"马克思主义哲学：经典与当代"丛书加以出版。

近年来，本学科的发展得到了陕西帮建置业有限公司董事长王建良先生的大力支持和帮助，他建议并捐资设立了"黄枬森与北京大学马克思主义哲学学科发展"项目（简称"黄枬森项目"），为本学科的教学、科研作出了重要贡献，在此深表感谢！

　　本论丛的出版得到了陕西帮建置业有限公司董事长王建良先生和北京大学社会科学部的资助；北京大学哲学系对本论丛的出版给予了大力支持；中国社会科学出版社为本论丛的策划和出版作了很大努力，付出了辛勤劳动。在此一并表示诚挚的谢意！

论丛编委会

2016 年 4 月

目　　录

代　序

我的哲学思想[*]

　　马克思主义哲学成为我的终身事业，大致经过了这样一个过程：

　　我在小时候，也就是从六七岁到十四五岁，除了两年上小学以外，大部分时间都在学习中国古代的典籍，16 岁才上初中，18 岁才上高中。在蜀光中学上高中的时候，我读了一些马克思主义哲学的著作，如艾思奇的《大众哲学》、潘梓年的《逻辑学与逻辑术》，还有一些苏联哲学家的著作，所以我在高中对马克思主义哲学就有了一定的兴趣。后来上大学，开始学的是物理，一年后我转到哲学系，在哲学系主要学的是西方哲学，这时候很少接触到马克思主义哲学。再度接触到马克思主义哲学，是 1947年到北京大学复学以后。北京大学民主运动已经红红火火开展起来了。那时民主运动是在党的领导下进行的，地下党宣传工作的一个主要方式就是读书会。我在 1947 年参加了北大"腊月读书会"，在读书会里再度学习了马克思主义哲学著作，特别是学习了马克思、恩格斯、列宁、斯大林、毛泽东的著作。《反杜林论》《唯物主义和经验批判主义》都是那个时候学习的。新中国成立以后，我作为哲学系的研究生，被学校调去从事政治课的工作。我从此开始以马克思主义理论作为自己的专业工作。1951—1952 年，我在人大进修了一年，学习了很多马列著作，其中也包括哲学著作。后来做了北大苏联哲学专家的助手，帮助他培养马克思主义研究生。这样，马克思主义哲学就逐渐成了我的终身事业。

　　我从事马克思主义哲学专业工作大致可以分为两个阶段：一个阶段是1978 年改革开放以前，另一个阶段是改革开放以后。改革开放以前我主

　　* 本文发表于《黄枬森自选集》重庆出版社 1999 年出版，《高校理论战线》2000 年第 3 期，《中国大学教学》2002 年第 7/8 期，《哲学的科学化》首都师范大学出版社，2008 年 6 月出版。

要是向学生讲授马克思主义哲学原理和马列哲学著作，同时自己也作些研究。但这种研究现在来看是不深入的，不系统的。我真正对马克思主义哲学进行比较深入系统的研究，而且对马列的哲学思想有所发挥，也就是说提出自己的一些观点，是1978年真理标准讨论以后的事情。

把我一生从事马克思主义哲学的工作综合起来看，我觉得我在四个方面作了一些研究，也提出了一些经过我的独立思考而提出的见解。下面就这四个方面，谈一些我的基本看法。这四个方面是：马克思主义哲学史、马克思主义哲学原理、人学和文化理论。

一　谈谈马克思主义哲学史

大家知道，我国在改革开放以前，除了极个别的学校开设过马克思主义哲学史这门课程以外，一般来讲是没有这门课程的。北京大学也只是苏联专家在20世纪50年代讲过一遍，以后就再没有开设过这门课程了。那时候形成了一种观念，认为马克思主义哲学就是马列原著。原著是怎么讲的，马克思主义哲学就是怎样的。所以我们只有学习、领会的任务，不能加以研究，不能加以评价，当然更不能加以批评。那时的观点是，经典作家的言论句句是真理，马克思主义哲学的发展，就是真理加真理的过程，没有什么功过是非可言。

这种观念实际上是违反马克思主义的。马克思主义认为，思想是存在的反映，存在发展了，思想当然要发展；社会发展了，哲学当然要发展，马克思主义当然不能例外。马克思主义哲学作为一门科学，其思想是在一定历史条件下提出来的，总有功过是非的问题，总有一个修正过去的观点、丰富过去观点的问题，就是发展的问题。因此，应该把马克思主义哲学看作一个历史过程。马列原著是历史的产物，应该有一门科学叫作马克思主义哲学史，来厘清这些思想的发展，来评价在历史上所提出来的哲学思想的功过是非。

由于改革开放，由于真正贯彻了百花齐放、百家争鸣的方针，由于真正把马克思主义哲学作为科学来对待，马克思主义哲学史这样一门科学或课程，就较快地得到了大家的认同，逐渐在各高等院校开展起来了。我一直参加马克思主义哲学史这门学科和这门课程的建设和研究的工作，自己也做了一些工作，发表了一些看法，起了一些作用。在马哲史方面，我觉得我在两个问题上的观点可以谈一谈，一是对马克思的人道主义思想的评价问题，二是对列宁《哲学笔记》的研究和理解问题。

20世纪80年代初，由于西方的影响，也由于改革开放，特别是对"文化大革命"中反人道行为的反思，学术界提出了重新评价人道主义的问题，批评过去对人道主义全盘否定的态度。提出这个问题是很自然的，是应该的，应该给予人道主义一个公正的评价，不能完全否定。但是，在那个时候，也出现了一种观点，认为马克思本人就是一个人道主义者，或者说马克思主义就是人道主义，就是现实的、科学的人道主义。马克思主义以人作为它的出发点、核心和归宿。这种观点的根据主要是马克思的《1844年哲学经济学手稿》，它认为这部手稿是马克思的成熟的著作。理论界就此开展了一些争论，我也发表了一些看法，写了些文章。我认为这部手稿并不是马克思的成熟的著作，而是过渡性的，是马克思从人道主义者向唯物主义者过渡的著作，包含了人道主义的因素、空想社会主义的因素，同时也包含了唯物史观的因素、科学社会主义的因素。更确切一点说，它是马克思从空想社会主义者向科学社会主义者、从人道主义历史观向唯物主义历史观过渡的一本著作。马克思确实在这部书里面肯定了人道主义，以人道主义来解释人类社会的历史，认为人类社会是一个人的异化和异化的扬弃过程。在他看来，资本主义制度是人的劳动的异化，社会主义就是把这个异化加以扬弃。他用这个观点论证社会主义的历史必然性。这个观点没有摆脱空想社会主义的基本思路。在空想社会主义者看来，资本主义之所以必须消灭，就因为它是违反人道的，即人道的异化，而社会主义是最人道的，是人道的恢复。马克思接受了这个公式。但马克思对人的看法，跟空想社会主义者或人道主义者有所不同。他们所说的人的本质或人性，就是理性，所以人类社会的发展就是理性异化了或丧失了，又加以恢复的过程。而马克思则认为，人的本质不是理性，而是实践，是劳动。所以他就提出了"劳动异化理论"，认为人类社会历史是"劳动异化—消除劳动异化"的过程。他讲劳动，讲实践，也就是讲人的经济生活，这里面就包含了这样的思想，人的经济生活是最根本的。后来他从这个思想出发，对人的生产，人的劳动，人的实践，进行深入的研究，发现了生产运动的规律，也就是生产力和生产关系的矛盾运动的规律。于是他就彻底抛弃了人道主义的历史观，而实现了从人道主义的历史观向唯物史观的飞跃。这是在《德意志意识形态》《关于费尔巴哈的提纲》两个论著里面完成的，所以我认为，不能把马克思主义归结为人道主义，人道主义作为历史观是错误的，是一种唯心主义的历史观，是同唯物史观对立的。人道主义作为处理人与人之间关系的最基本的原则，是应该肯定的。马克思并没有扬弃作为处理人与人之间关系原则的人道主义思想，只是抛弃了人道主义历史观。

《哲学笔记》不是一本普通的著作，它是由列宁的许多笔记编纂而成的。《哲学笔记》的大部分内容是摘录过去哲学家的言论，他只是在这些摘录的旁边作了些批注，多数是三言两语，但包含有很多很重要也很精彩的思想，虽然这些思想都没有展开，更没有加以系统化。因此对列宁《哲学笔记》的研究，甚至读懂，都是比较困难的。20世纪50年代，这本书就已经翻译出全译本，但是大家都感到难读，主要的困难是列宁所作的大量的摘录，而这些摘录如果不懂，也很难深刻理解列宁的批注。那时大家都有这样一个想法，如果要把《哲学笔记》读懂，就得先把列宁所作的摘录读懂，但是苏联也没有做这样的工作。1960年左右，哲学系资料编译室的一些同志组织起来，从事《哲学笔记》的注释工作，专门注释那些不容易懂的地方。我们先把列宁摘录的原文找出来，对原文进行一番注解，然后再注释列宁的思想。60年代初就完成了这个工作，并在内部铅印交流，80年代初公开出版。这个注释对于哲学专业的学生和哲学工作者读懂并进一步研究列宁的《哲学笔记》，起了很好的作用。

我还想提的是，我在跟同志们一道从事《哲学笔记》注释工作的时候，对列宁所提出来的辩证法要素16条，提出了我自己独特的看法。这16条是很著名的，过去有不少哲学家认为这16条就是列宁的辩证法体系，并一条一条地加以发挥。我经过研究，特别是研究了这16条的手稿，发现这16条按照原有的形式不是一个完整的体系，只有前7条有一定的顺序，而后9条则是零散的，它们实际上是分别从属于前7条，只有分别插入前7条里边，才能形成一个体系。后来我发现苏联的哲学家凯德罗夫也有这样的观点，可以说是不谋而合。我这个观点60年代初曾经在《北京大学学报》上发表过，凯德罗夫的类似观点晚些时候才公开发表。

近20年来，我在马哲史方面还做了更多工作。我国正式出版的第一本马哲史，是人民出版社1980年出版的《马克思主义哲学史稿》，我参加了此书的撰写和统稿工作。后来又同北京大学哲学系的施德福、宋一秀共同主编了《马克思主义哲学史》教材（3卷本），大致有100万字，得到了国家教委的优秀教材奖。另外，我还同人民大学的庄福龄、中央党校的林利共同主编了《马克思主义哲学史》（8 卷本），这是国家哲学社会科学基金项目，最初是"六五"的重点项目，后来又是"七五"的重点项目。1983 年立项，一直到 1996 年才出齐。8 卷共 400 万字，获得了 1997 年"五个一工程"奖和吴玉章奖，1999 年又获得首届国家哲学社会科学基金一等奖。几年前，我还受国家教委的委托，主编了一本马哲史教材，于 1998 年由高等教育出版社出版。

二　谈谈马克思主义哲学原理

在这方面，最近 20 年来我也做了一些工作。我没有参加很多关于原理教材的编写，只是参加了一本由肖前同志主编的《马克思主义哲学原理》的编写，但对马克思主义哲学原理，我也有自己的一些看法。大家知道，马克思主义哲学原理在经典作家那儿，还没有形成一个完整的体系。第一个完整体系是苏联专业哲学家在 20 世纪二三十年代提出来的，后来斯大林在《联共党史》的 4 章 2 节里提出来的那个体系，也是把苏联 20 世纪二三十年代哲学体系简化和改造的结果。这个体系在 30 年代初已传到中国。这个体系主要是把马克思主义哲学分成两大块。一块叫作辩证唯物主义，一块叫作历史唯物主义。辩证唯物主义主要是三个部分：唯物主义、辩证法和认识论。这个体系一直是世界公认的马克思主义哲学体系。中国出版的马克思主义哲学教材，对这个体系作了若干改变，主要是在里面贯穿了一些毛泽东的哲学思想，但是框架仍然是那个框架，可以说今天也还没有完全突破。这个体系 20 年来受到许多人的批评。许多人也作了很大努力，想突破这个框架。现在势力很大的一种观点，就是要用实践唯物主义来取代辩证唯物主义和历史唯物主义，当然，究竟什么是实践唯物主义，意见也存在非常大的分歧，还没有达成什么共识。对马克思主义哲学体系，我有几点看法：

第一，对旧的马克思主义哲学体系，我认为不能根本否定，而应该抱一种坚持和发展的态度，即一方面要肯定它的科学性，一方面也要认识它的局限性。

具体讲来，旧的马克思主义哲学体系有几点是科学的，是应该肯定的：

1. 无论如何马克思主义哲学是把哲学作为一门科学来研究，来建设的，也就是说哲学知识应该是一种客观的知识，应该力求同客观世界相一致，就像我们对于一般的科学所了解的那样。

2. 因此，它认为哲学应该随着社会实践的发展而发展，随着自然科学和社会科学的发展而发展。

3. 主张哲学应该有一个体系，而且按照一定的原则来建构哲学体系。这个原则最主要的就是从抽象到具体、从简单到复杂。

4. 旧的哲学体系里有许多内容都是正确的，是经过实践的无数次检验而被证明了的。

5. 旧的哲学体系强调哲学的应用价值，认为哲学有改造世界的功能，哲学应该指导我们认识世界和改造世界的活动。

旧的体系也有它的局限性，或者说它的不足之处，其缺陷大致有三点：

1. 从内容上讲，旧的哲学体系有许多空白，或者说有许多薄弱环节。譬如人的问题、主体性的问题、价值的问题，这些都是不足甚至是空缺的地方。

2. 它没有充分吸收 20 世纪以来时代的发展、科学的发展所提供的新的内容。它的内容同 20 世纪的整个的世界形势的发展以及 20 世纪科学的新的发展不相适应。

20 世纪特别是"二战"以来，资本主义与社会主义各国及其关系和格局有了很大的变化。以高科技为龙头的社会生产力有了突飞猛进的发展，苏联、东欧社会主义失败了，中国和其他社会主义国家在改革中有了巨大发展，资本主义世界各国两极分化日益严重。经济全球化、政治多极化、文化多元化、信息交流网络化，使世纪之交的地球日新月异。20 世纪前半叶，相对论、量子力学有了很大的发展，后半叶系统科学也有了很大的发展。社会科学方面也有了很大的发展，特别是西方国家在社会研究和哲学方面也提供了许多新的问题和新的成就。对这些，旧的哲学体系都没能够充分吸收。

3. 即使按照它原来的建构体系原则来说，旧的体系也没有能够充分地加以贯彻。旧的体系对于哲学的研究对象究竟是什么，哲学体系怎样体现从抽象到具体、从简单到复杂这个原则，没有讲清楚，存在的问题是很多的。

所以我认为，对旧的哲学体系应坚持它的基本的、正确的东西，而对它的失误和不足的地方，加以修正，加以丰富，加以发展。

第二，我想提出对于马克思主义哲学体系应该怎样来建设的想法。

我认为应该首先明确马克思主义哲学研究的对象究竟是什么，然后根据对象来确定马克思主义哲学的内容以及它的体系。我认为马克思主义哲学作为一门科学只有一个对象，那就是作为一个整体的宇宙，或者说宇宙的整体和一般。但按照马克思主义哲学的原有内容及其重要性，它的对象不是非常单纯的，它的对象有三个层次，或者说是三个具有一定重叠性的对象，因而哲学有三个基本组成部分。按照一般表述方式，我们如果把宇宙观叫作哲学，其他层次的哲学可以叫作部门哲学。

第一个对象或者说最大的、最高层次的对象，是作为整体的客观世界，就是我们眼前看得见、摸得着的客观世界，当然还要包括它的过去与它的将来，它的那些看不见、摸不着的部分。因此，哲学的第一部分就是宇宙观，即把客观世界作为整体来研究，也叫世界观，过去曾经叫作形而上学，或本体论，它所研究的是这个世界的整体，是这个世界的最一般的东西，即对这个世界的任何一个领域都起作用的普遍的东西。世界观里面应该包括自然观，一般理解的自然界是排除社会的，好像是社会以外的东西，实际上自然界是无所不包的，自然界包括社会在内。当然可以建立和发展一门学科专门研究社会以外的自然界，但是在一个体系里要把世界观同自然观区别开来讲，是非常困难的，必然会有大量的重复，所以世界观应该包括自然观。

第二个对象是人类社会历史，因而哲学的第二部分是历史观，也就是经常讲的唯物史观。由于这个历史是人类社会的历史，所以人类社会历史观也就是一般的社会论，或叫作一般社会学。在这里面还可以包含一个小的部分叫作实践论。实践论近年来谈得很多，几乎有代替整个哲学的趋势。我认为，实践论包含在历史观里面，因为实践是一种人类社会的现象，是人类社会的基础，但它不等于整个人类社会，更不等于整个宇宙。所以，像旧的体系那样对实践没有作专门的研究，是不对的，但是把实践论摆在历史观以外，甚至用它来代替马克思主义哲学，这就过分了。应该对实践作专门的研究，即实践论，并把实践论包含在历史观里面。我们还可以把人学作为这一层次的一门部门哲学，下面将对人学作些介绍。

第三个对象是意识，因而哲学的第三部分就是意识论，或者叫作精神论。精神、意识都是一种社会现象，意识论应该包含在历史观里边，但由于意识的相对独立性和重要性，意识论可以作为单独一部分加以论述。在意识论里边，还可以包含几个小的部分，就是经常谈到的认识论、价值论、方法论。过去把认识论包含在辩证唯物主义世界观里边，我认为是不妥当的，因为认识是一种社会现象，应该讲清楚了历史观以后再来讲认识论。认识是意识的一部分，而且是基础性的一部分，当然是非常重要的。旧体系里面没有价值论，虽然谈到许多价值问题，但是对价值没有进行专门的研究。近20年来，开展了这方面的研究，这是很好的。作为马克思主义哲学体系的一部分，价值论应该包含在这个体系里边。方法论过去我们是经常谈的，认为马克思主义哲学就是方法论，既是世界观，也是方法论。这样讲当然没有什么错，但这是不确切的。准确地讲，马克思主义哲学既是世界观，又是方法。"方法论"应该是以方法为对象来进行研究的一门学问，可以作为一个组成部分包含在意识论或者精神论里边。方法不等于方法论。

马克思主义哲学体系就是由世界观、历史观、意识论三部分组成。世界观可以简单地叫作辩证唯物主义，说得确切一点就是辩证唯物主义世界观，第二部分是辩证唯物主义历史观，第三部分是辩证唯物主义意识论。所以辩证唯物主义是其总的称呼。而由于世界观在这里面居于最高的地位，所以可以用辩证唯物主义来指称辩证唯物主义世界观。

第三，我认为应该按照一定的原则来安排这些哲学问题和哲学原理或范畴。

根据矛盾规律是辩证法的核心的原理，哲学范畴应该是成对的，这一点过去没有做到。黑格尔认为否定之否定是哲学的核心，他的哲学体系做到了一分为三，整个体系按正反合运转。我们不必搞一分为三，但范畴应该是成对的。哲学体系应该从存在开始，存在是最抽象的，最一般的。从抽象逐渐走向具体，整个体系应按照这个原则来安排。这个原则包含从简单到复杂，从静到动，从表到里，从客观的东西到主观的东西等内容。这样就可形成一个对立统一的哲学范畴体系。我从前曾经根据列宁《哲学笔记》关于构造体系的思想，构造了一个马克思主义哲学体系，提出了36对范畴。但这仅仅是一个尝试，而且没有包括20世纪以来世界形势的发展、科学研究的成果和世界哲学新的进展。所以我并不想用这个体系来取代旧的马克思主义哲学体系。

三　谈谈我对人学的看法

第一，我认为建立人学学科是非常必要的。

唯物史观里有些关于人的论述，但是谈得比较多的是杰出人物的贡献和作用，对于一般的人没有进行专门的论述。仅仅从基础学科的完善来讲，建立一门人学的学科是必要的。"人"是一个非常明确、非常清楚的研究对象，但是奇怪，我们过去没有建立起一门学科来对人作整体的研究。现实生活也非常需要，因为现实生活接触到人、人的学科、人的知识、人的理论、人的观点太多了，如我们谈要提高人的素质，要发挥人才的作用，要教育人、培养人、发挥人的积极性、主动性、创造性等。所有这些，都需要由一门学科来对人进行整体的研究。特别是西方马克思主义对马克思主义提出了挑战，认为传统的马克思主义缺乏人学，是忽视人，不要人，甚至是敌视人的，认为唯物主义就是不要人的哲学，忽视人的哲学，而真正的马克思主义就是人道主义。这是对马克思主义的一种挑战，要求马克思主义对究竟什么是人，什么是人学，作出正面的回答。

第二，我认为人学有明确的对象。

一个明确的对象是任何一门科学或者学科的首要前提，没有明确的对象，这门学科无从建立。有了明确的对象，即使现在还没有建立，只要有需要，通过我们的研究，也可以把一门学科建立起来。人学的对象应该说是非常明确的。我们都是人，活生生的人，成天都在接触人，接触现实的人。完全可以以人为研究对象，形成一门严格的科学。

人学是把人作为整体来研究，不是研究人的某一个方面。人学同人的科学有区别。人学当然是人的科学，但它只研究作为整体的人，而人的科学包括研究人的任何一个方面的科学。我不同意近年来颇为流行的一种观点，认为哲学的研究对象就是人，哲学就是人学。这种观点对哲学的发展和人学的发展都是不利的，从我们前面的论述可以看得出来，哲学的概念是比较含糊的，实际上哲学是一个科学群，是多门科学。如前面所理解的，它包括宇宙观、历史观、意识论等。如果你说它的对象是人，那么你指的究竟是什么哲学呢？如果你说宇宙观的对象就是人，那就把宇宙观过分地缩小了，因为宇宙观的研究对象是作为整体的宇宙，人在宇宙里是微乎其微的，微不足道的，怎么能把宇宙等同于人呢？有人说宇宙观研究的宇宙是人的宇宙，不是客观的宇宙。这样来理解宇宙观，就把宇宙的客观性取消了，哲学就不可能成为科学，不仅哲学不能成为科学，一切科学都不能成为科学了——物理学不是研究客观的物理世界，而是研究人的物理世界，或者说人所了解的物理世界，那么物理学就不成其为科学了。人对于客观世界的认识是有局限的，人对于客观世界的认识同客观世界本身是有区别的，但是人的认识总是在不断地接近客观世界，也就是我们的认识、整个的科学史总是同客观世界愈来愈接近。如果你认为科学根本不能反映客观世界，而只是反映人头脑里面的东西，或人的什么东西，那么，科学的客观性，以致它的科学性也就被否定了。人学和哲学的研究对象是不同的，把它们混为一谈，不是妨碍了哲学的发展，就是妨碍了人学的发展。

第三，我想谈一下人的属性。

我认为它可以分为三个层次。人的属性是最低一个层次，其范围是最大的，包括人的任何属性在内，即包括人的自然属性、社会属性和精神属性。在人的属性里边，有个区域可以叫作人性。人性是人同动物相区别的那些属性。有很多属性都可以把人同动物区别开来。中国哲学史上和西方哲学史上谈的人性，各式各样，但都可以把人和动物区别开来。过去哲学家往往把人性限于一种，这是不对的，实际上他们谈的都是人性，都能把人和动物区别开来。西方历史上有人说人是"政治的动物"，有人说是"社会的动物"，有人说是"能够制造工具的动物"，有人说是"有理性的动物"。中国哲学家喜欢讲"人性善"，或者"人性恶"，有人说思维是人性，或审美是人性，等等。其实这些都是人性，都能把人和动物区别开来。说人性只是善的，或者说人性只是恶的，都是不对的。人性就是善恶性或道德性，即人有善恶问题，动物没有善恶问题。但是，在所有能把人和动物区别开来的、带有根本性的属性里面，有没有一个是最根本的？我认为有，我们就把它叫作人的本质。人的本质是什么呢？是劳动，即生产活动，宽泛一点讲就是实践活动。人的实践活动是离不开社会的，所以人的本质就是人的社会实践活动。

于是就有了三个层次：最深的是人的本质，人的本质产生了人性，决定了人性，这就是第二个层次，它比人的本质更宽泛。最宽的是人的属性，包括人的动物性等一切属性，它是第三个层次。

第四，我提出人的发展规律问题。人学不仅仅要研究作为整体的人，而且要研究作为整体的人的发展规律。这是任何一门科学所要求的。科学不能停留在对于事实的叙述，而必须深入它的本质，去挖掘它的发展规律。人学也应该如此。我在陈志尚教授主编的《人学原理》（北京出版社2005 年版）里边曾经提到了 7 条人的发展规律。由于篇幅的限制，这里就不详细说明了。

四　谈谈我对文化的看法

对文化的研究是近 20 年来形成的一个热潮。对文化我们谈得很多，但是关于文化的一些理论问题，甚至文化的一些基本概念，大家的理解却存在很大分歧。我近年来发表了一些关于文化的文章，提出了一些看法。我认为可以谈一下的大致有以下几点：

第一，文化的概念。文化的概念一般认为有三种理解，一种是广义的，一种是狭义的，一种是更狭义的。广义的文化包括人类社会里的一切东西。狭义的专指精神文化，确切说就是精神活动及其产品。更狭义的就是文化部所管的文化，包括文学、艺术等。还有一般所说的文化水平的文化，即教育水平、知识水平。我认为，作为一个科学概念，对文化应作第二种理解，即精神文化。因为这种理解符合一种总的趋势，即把文化同经济、政治并列起来理解。把三者并列，意思是说，文化不是经济，不是政治。经济、政治、文化三者包括了全部社会现象。这种把文化同经济、政治并列起来使用，几乎已经在全世界得到了公认。

第二，文化同经济、政治的关系。我认为应按照唯物史观的观点来理解三者的关系，就是毛泽东所说的，文化是经济、政治的反映，文化具有相对的独立性，对经济、政治具有强大的反作用。这样理解的文化就不仅仅是观念上层建筑，而是包括许多非上层建筑的东西。上层建筑是经济制度所决定的，而文化不仅仅是经济制度所决定的那些东西，还包括生产活动，就是经济生活所决定的东西，如科学技术，还包括在各方面都起作用的东西，如语言、文字、与语言相一致的思维形式。总而言之，整个精神领域以及精神产品，都属于文化范围。

第三，怎样为文化定性，怎样区分文化的种类。文化可以用空间来分类，也可以用时间来分类。如东方文化、西方文化，亚洲文化、欧洲文化、非洲文化，古代文化、中世纪文化、现代文化，等等。更细一点还可以有中国文化、印度文化、英国文化、美国文化，仰韶文化、山顶洞文化，等等。

这种用空间或时间分类，说不清楚文化的性质。根据文化同经济、政治的关系，我认为要弄清楚一种文化的本质，弄清楚它的特点，是要根据它的经济、政治的状况，从它的经济、政治状况定性。譬如欧美文化，可以说它是工业资本主义文化；中国的传统文化，可以给它定性为农业封建主义文化。现代中国的文化是什么？我们的工业化水平还不高，但应该说基本上已经工业化了，能不能说我们的文化已经是工业社会主义文化了？

中国的问题比较复杂，特别是辛亥革命以来，经济、政治一直处在不断的变化发展当中，文化也在不断变化发展。社会主义改造完成以后，经济、政治制度都没有发生根本的变化，但是生产水平发生了很大变化。最初形成社会主义的时候，还没有工业化，但工业水平一直在不断提高。经济体制也有了质的变化。中国现代文化实际是一种向工业社会主义文化过渡的过渡性文化。

第四，究竟文化包括哪些组成部分，即文化的外延是什么。我认为应该包括12个方面：①科学技术；②经济思想和经济理论；③政治法律思想和理论；④语言文字；⑤道德伦理观念、善恶标准、道德伦理理论；⑥宗教现象；⑦文学艺术；⑧哲学和社会学说；⑨教育和教育思想；⑩新闻出版事业；⑪公共文化设施及其活动；⑫民间文化。

另外还有两个部门，一个是卫生，一个是体育，他们是属于哪个范畴呢？是不是属于文化呢？还可以研究。这两个部门是综合性的，既有物质的方面、自然的方面，也有文化的方面，把它们摆在文化范围之内是可以的。

第五，中国传统文化与现代文化的关系。中国传统文化以什么时候划界，怎么定性，是目前还有争论的问题。我认为中国传统文化是农业封建主义文化。这个文化，辛亥革命动摇了它的政治基础，而新文化运动使它遭到了根本性的打击。随着中国经济的发展，随着政治革命的发展，传统文化已经土崩瓦解，而在中国土地上逐渐形成了一种新的文化。因此，不存在中国传统文化的现代化问题，只存在中国文化的现代化问题。

中国传统文化是农业封建主义文化，这个文化作为一个整体，已经成为历史，但是它的许多因素保留下来了。中国现时代的文化绝不仅仅是传统文化，除传统文化因素而外，它还包括五四运动以来科学技术的发展和从国外传入的文化因素，特别是中国人民在反对半封建半殖民地经济政治制度的斗争中创造的各种文化因素。当然，中国现阶段的文化还绝不是高水平的工业文化，因此中国的现代文化还有一个现代化的问题。这就是把它真正形成为一个高水平的工业社会主义文化的问题。现在建设中国文化，也就是使中国文化成为现代化的文化，即高水平的工业社会主义文化。这个文化也就是江泽民同志在党的十五大报告里所谈到的有中国特色的社会主义文化。关于文化方面问题还有很多，我还谈到过许多观点，以上几点可以说是包含了我自己独特的见解。

我认为我并没有自己的什么哲学思想体系。这不是自谦，更不是自卑。我认为马克思主义哲学同西方哲学和传统的中国哲学，都是很不相同的。那些哲学可以说都是个人的哲学，几乎一个人一个哲学体系，而马克思主义哲学是一门科学，它和任何其他科学一样，是集体的事业，是全人类的事业。因此我根本不想提出我自己的什么哲学思想，我是把哲学作为一门科学来研究，来讨论，来建设，在这个事业里面做出我个人的贡献。我的一些哲学思想，也就是我对马克思主义哲学的一些理解，或者说我所理解的马克思主义哲学。马克思主义哲学，作为一门科学还没有得到全世界的认同，像其他科学那样，但是我认为终究会有那一天的。这一天也许在 21 世纪就会到来，在那个时候，可以把马克思主义这五个字取消，正如我们不把生物学叫作达尔文主义或其他主义一样，达尔文和其他生物学家的观点已经融入生物学这一门科学之中。当马克思主义哲学形成为一门世界公认的科学的时候，也就融入科学的哲学里面了，因此"马克思主义"这样的称号也就不必要了，那时得到世界公认的、真正科学的哲学，也就形成了。我相信这一天终究会到来的。

第 一 章

关于哲学与哲学史的理解

一 哲学是什么[*]

哲学自诞生以来已有二千多年的历史，人们还在问哲学是什么，这在各种学科中是绝无仅有的。为什么会这样呢？原因之一是哲学不能顾名思义，即不能从它的名字知道它是什么，而一般学科都是以对象命名，从它们的名字即可知它们是研究什么的，例如气象学是研究气象的，经济学是研究经济的，科学学是研究科学的，等等。但从哲学这个名字，我们不能推知哲学是研究什么的。但这只是一个表面的原因，深层的原因可能是由于哲学家们研究的对象五花八门，哲学内容纷繁复杂，绵延二千多年，哲学家们的观点无法统一起来，一个人一种观点。

如此说来，我们还能回答这个问题吗？我认为还是可以回答，正确的办法就是考察一下哲学家们所说的哲学有什么共同之处，按照他们的共同点来理解哲学，这也许是大家可以接受的。

除去人们对哲学一词的过宽过滥的使用不计而外，我认为对哲学的第一个共同理解就是承认哲学是一门学科，不论中外，学科门类中总有哲学，大学中大多有哲学专业或哲学系。

与此相联系，人们对哲学第二个共同理解就是承认它是一种知识，就是说，是对某一对象的言说或表述。对此，人们之间有分歧。有人认为它根本不是知识，而是一种信仰，或者说，除了是知识而外，还是信仰。我认为一种知识当然可以转化为信仰，但哲学的根本性质是知识还是信仰是

＊ 本文为"科学技术中的哲学问题"学术研讨会（2002 年 11 月 9 日）上的发言,发表于《科学技术的哲学反思》,清华大学出版社 2004 年 8 月出版。

不可以含糊的。如果它的根本性质不是知识而是信仰，它就不再是一门学科了。如果只承认它是一门学科，不承认它是一种知识，这就自相矛盾了。

人们对哲学的第三个共同理解是：它是一种具有根本性质的知识，即一种根本之学。所谓"根本性质"的知识就是关于某一对象的整体和一般性的学问，可以说是某一对象的至大之学、至高之学、至深之学。这就是今天我们谈到的各式各样的哲学，如世界观、本体论、形而上学、自然哲学（自然观）、社会哲学（社会观）、历史哲学（历史观）、数学哲学、物理哲学，经济哲学、文化哲学、精神哲学、实践哲学、认识哲学（认识论）、逻辑哲学、管理哲学、人的哲学、艺术哲学（美学）、道德哲学（伦理学）……难以尽数，可以说，有一门"学"，就有一门"哲学"。××学与××哲学的区别就在于：××学包括宏观研究与微观研究，××哲学只是宏观研究，虽然宏观研究离不开微观研究。当然，如果哲学根本不是知识，所有这些哲学作为各种知识领域都不能成立了。

我认为人们应该达成的第四个共同理解是：在以上各种哲学中有一个核心，它是具有最根本性质的知识，即最根本之学。所谓"最根本性质的知识"不是某一特殊对象的根本性质的知识，而是整个现实世界的最根本性质的知识，即关于整个现实世界的最大之学、最高之学、最深之学，这就是哲学本身，哲学的哲学，严格意义的哲学，第一哲学，即上面所说的世界观、形而上学、本体论。最确切的名字应该是世界观（宇宙观），本体论与形而上学的名字容易引起误解。说它是关于本体的学问，易使人误解为它不是关于现象的学问；说它是形而上学，易使人误解为它不是关于形而下的东西（现象）的学问。这种误解还容易使人把本体误解为脱离现象的某种东西，把形而上的东西误解为脱离形而下的东西的东西。如果把本体、形而上的东西理解为现实世界的整体、最一般的东西、最深层次的东西，则本体论、形而上学这类名字是可以使用的。在各种哲学中，哪一种哲学是核心，甚至有没有一个核心，世界观作为一种哲学能否成立都有争论。按照上面的理解，我认为不能把认识论、方法论、价值论、人的哲学或任何其他以现实世界的某一部分或某一侧面为研究对象的哲学视作哲学的核心。

我认为我们应该达成的第五个共同理解是：马克思主义哲学，即辩证唯物主义，作为世界观，是唯一科学的哲学。关于辩证唯物主义世界观是科学的观点，从未得到世界哲学家的认同，在过去曾得到多数中国哲学家的认同，今天可能还有多数哲学家认同，但无可讳言，认同的人在减少，甚至从事马克思主义哲学的哲学家中认同的人也在减少，至少认为这个观点比较陈旧，不敢理直气壮地坚持。真理不怕陈旧，创新必须以陈旧的真理为前提。我认为马克思主义哲学的出路在于体系创新，它的体系创新又必须以真理为前提。为什么说马克思主义哲学是唯一科学的世界观呢？

　　要建立一个科学的世界观并不始自马克思主义，自从世界观作为一门学问诞生以来（不管它叫什么，中国的阴阳说、五行说、易学、玄学、道学、理学也好，西方的元素说、哲学、形而上学、本体论也好，都不外乎是关于现实世界的根本之学），哲学家们都把它看成一种真理的知识。德国古典哲学家康德更是明确地给自己提出一个任务，要像建立数学和自然科学那样建立起科学的形而上学。尽管各家各派的哲学学说都有其合理的成分，在马克思主义诞生以前，作为科学的世界观一直没有形成。马克思主义以前的哲学史可以视作科学世界观的前史，即科学世界观的形成史。但科学世界观并非出现于马克思主义诞生的初期，而是往后二三十年。当19世纪40年代马克思主义诞生时，其哲学组成部分是历史观（唯物史观）而不是世界观（辩证唯物主义）。导致唯物史观出现的因素有社会发展的水平、工人运动的兴起、科学共产主义论证的需要、唯物主义向社会历史领域的延伸和实践理论（包括实践标准）的提出等。这些因素当然也是科学世界观出现的前提，但当时自然科学的发展对于科学世界观的出现还不够充分。1859年达尔文《物种起源》的出版，使科学世界观出现的条件趋于成熟。

　　有的人认为辩证唯物主义世界观不过是把唯物主义从费尔巴哈哲学中剥离出来，把辩证法从黑格尔哲学中剥离出来，并加以结合就成了，但事实上绝不是那样简单。辩证唯物主义世界观的基本观点是恩格斯花了至少二三十年的时间才提出来的（大致从19世纪60年代至80年代），在这一过程中他无疑吸收了黑格尔、费尔巴哈以及其他哲学家的哲学思想中的合理成分，但更主要的是时代发展所提供的现实材料和对这些材料的总结和概括，特别是自然科学发展所提供的材料。他在《费尔巴哈论》第2、4章中都谈到辩证唯物主义世界观的出现与当时自然科学发展的关系。他指出18世纪以来的唯物主义的一个局限性是机械性，把固体力学的原则视作物质世界的最高原则，甚至把人也看成机器。另一个局限性是非历史性，把永恒的运动看成一个简单的循环运动，没有前进，没有发展。第三个局限性是把唯物主义排斥于社会历史之外，正如费尔巴哈所说，"向后退时，我同唯物主义者是一致的；但是往前进时就不一致了。"因此，旧唯物主义至多是自然观，不是世界观，而这种自然观由于它的严重的局限性也是不科学的。恩格斯认为自然科学的发展到 20 世纪 60 年代才达到了足以澄清问题的相对完成的地步；才有可能在纷纷涌来的一大堆杂乱的发现中建立起联系，其中的决定性的发现是 30 年代末的细胞的发现、40 年代初的能量守恒与转化定律的发现和 1859 年的进化论的提出，这三大发现使我们对自然过程的相互联系的认识大踏步地前进了。恩格斯指出马克思主义是从黑格尔学派解体中产生出来的唯一的真正结出果实的派别，它第一次对唯物主义世界观采取了真正严肃的态度，在理解现实世界（自然界和历史）时按照世界本身所呈现的那样来理解世界，这样，辩证法就归结为关于外部世界和人类思维的运动的一般规律的科学。总的成果就是辩证唯物主义世界观的出现，按照恩格斯的论述，这个世界观的对象就是现实世界，其内容不外两个方面，一是这个世界的整体图景，一是这个世界的一般规律，前者即唯物主义图景，后者即辩证法规律（包括辩证法的全部范畴）。把这个世界观称作辩证唯物主义，是最恰当不过的。

有一种颇为流行的观点，认为辩证唯物主义只是恩格斯的哲学，不是马克思的哲学，这是违背事实的。前面已谈到，马克思虽然没有像恩格斯那样制定辩证唯物主义思想体系，而只是制定了历史唯物主义思想体系，但其潜在的世界观前提是辩证唯物主义而绝不是旧唯物主义。后来恩格斯在制定辩证唯物主义思想体系时也一直得到马克思的支持和赞赏。恩格斯有三本书涉及辩证唯物主义世界观，除《费尔巴哈论》而外，《反杜林论》和《自然辩证法》的写作情况都为马克思所熟悉和称道。恩格斯在《反杜林论》第二版序言中说："本书所阐述的世界观，绝大部分是由马克思确立和阐发的。"《反杜林论》全书在付印之前，恩格斯曾把全部原稿念给马克思听过，其中有一章是马克思亲笔写的。马克思十分关注恩格斯对自然辩证法的研究，1873 年 5 月 30 日，恩格斯把他研究自然辩证法的纲要写信告诉了马克思，马克思第二天回信说："非常高兴"，并把这封信给化学家肖莱马看，肖莱马在信上写了许多高度赞扬的话。当然，应指出，辩证唯物主义主要是世界观，但其中也包括了认识论的内容。

但是，整个 19 世纪下半叶马克思主义理论界都只承认唯物史观是马克思主义哲学，因而有不少人都想从它的创始之外去找一种哲学来充当它的世界观或认识论的基础，有的找到了新康德主义，有的找到了马赫主义，只有狄慈根、普列汉诺夫、列宁少数几个人坚持以辩证唯物主义作为马克思主义的世界观或认识论的基础。列宁的《唯物主义和经验批判主义》的最大理论贡献，就在于它奠定了辩证唯物主义在马克思主义哲学体系中的核心地位，他反复讲"马克思主义哲学是辩证唯物主义"，从而使辩证唯物主义在俄国和苏联树立了应有的权威。苏联哲学家们在 20 世纪二三十年代创立的"辩证唯物主义与历史唯物主义"理论体系正是根据马克思、恩格斯、狄慈根、普列汉诺夫、列宁等人的论述，这个体系虽然当时有这样那样的问题，今天由于时代的变化而出现了更多问题，其基本观点是科学的，不会过时的，应该坚持，而不应该轻率地加以抛弃。抛弃辩证唯物主义不是前进，是后退。

最后有必要说明一下为什么说马克思主义哲学是科学。我的看法是：从我们所熟悉的各种自然科学和社会科学中概括出它们的共同点，再看一看马克思主义哲学是否具有这些共同点，就可以确定了。我认为最必要的共同点有三：（一）明确的对象；（二）与对象相应的真实的知识；（三）比较完整严密的思想体系。马克思主义哲学——辩证唯物主义与历史唯物主义按此三者要求，实际上是三门学科：世界观、认识论和历史观，各有其明确的对象（世界、认识和人类社会）、相应的内容和思想体系。分歧比较大的是第二项，怎么肯定它的原理的真实性？不少人认为科学是实证的，哲学是思辨的，哲学原理是无法证实的，我认为这只适用于其他哲学，而马克思主义哲学则既是思辨的，又是实证的；既是分析的，又是综合的；任何科学都如此，不过其实证性和思辨性在程度上有差别而已。这里不拟细谈。马克思主义哲学既然是科学，它当然同其他科学一样，将随着对象的变化发展与实践的变化发展而不断变化发展。它的体系绝不是僵化的凝固的体系。

二　什么是宇宙观*

宇宙观通常又称为世界观，是关于宇宙的整个图景及其一般性质的观

＊　本文发表于《学习时报》2001 年 10 月 8 日。

点。有一种常见的提法，认为哲学是系统化理论化的宇宙观。这是不正确的。按照现今对宇宙观与哲学这两个词的习惯用法，宇宙观是一种哲学，即最一般的哲学，而哲学有多种多样，有自然哲学（自然观）、历史哲学（历史观）、人生哲学（人生观）、价值哲学（价值论）、道德哲学（伦理学）、审美哲学（美学）、实践哲学（实践论）、认识哲学（认识论）等。可以说，这些哲学都是宇宙观的特殊表现，即部门哲学宇宙观与多种哲学构成的一个哲学家族。由于宇宙观在哲学中的核心地位，宇宙观可以代表哲学，因而人们有时把宇宙观等同于哲学，哲学就是宇宙观。

宇宙观或世界观主要是马克思主义的用语，在哲学史上或非马克思主义哲学家那里，它有多种名称：在中国有道学、玄学、理学，在西方有本体论、形而上学①、纯粹哲学、第一哲学等，这些称呼之间有许多观点上的差别，但它们都有一个共同之处，即对我们所面对的宇宙作整体研究、综合研究或一般研究。在所有这些称呼中，宇宙观或世界观（其中"世界"就是宇宙，不是指地球上的人类社会，但包括人类社会）是最确切的，因为它确切地指明了这种学问所研究的对象，而本体论、形而上学则容易使人误解它研究的是现象背后的某种本体或研究的是超越形而下的东西（现象）的某种形而上的东西。

（一）宇宙观的基本内容

宇宙观的内容是由它所研究的对象决定的，不外乎两个方面：一是宇宙的一般图景，一是宇宙的发展及其一般规律，也就是宇宙的共时状态和历时状态。宇宙一般图景包括宇宙的本质或基础、宇宙的一般性质、宇宙的基本组成部分；宇宙的发展及其一般规律包括宇宙的演化过程以及贯穿于这个过程中的一般规律。古今中外的哲学家们由于对这两方面的观点不同而形成了形形色色的哲学流派。

首先是一元论与多元论的分歧，唯物主义与唯心主义的分歧。一元论认为宇宙有一个共同的本质或基础，宇宙在这个共同东西的基础上形成一个统一的整体，而多元论（二元论也是一种多元论）则否定这种共同的本质，认为宇宙是由若干没有从属关系的多种元素构成的，但也不否定它

---

① "形而上学"的本来含义是关于现象之上的东西的学问，后来由于形而上世界的凝固性、僵化性，黑格尔从之推演出另一种含义，即与辩证法相反的含义。——作者注

们之间的联系。自古及今，最主要的分歧是如何看待物质与意识的关系问题，唯物主义一元论把意识从属于物质，唯心主义一元论把物质从属于意识，而二元论则认为二者互不从属。因此，恩格斯把物质与意识的关系问题看作哲学基本问题。在今天，凡是用任何方式承认超自然的神秘力量的观点不属于唯心主义就属于二元论。

其次是辩证法与形而上学的分歧。辩证法承认宇宙中的一切事物和属性都处于普遍联系、运动变化和对立统一之中，承认存在着普遍的辩证的规律，形而上学与之相反，否定事物间的普遍联系、它们的运动变化和对立统一。一元论、多元论、唯物主义和唯心主义回答了宇宙是什么的问题，辩证法和形而上学回答了宇宙怎么样的问题。这种回答是极其一般、抽象的回答，它的具体内容当然要随着人类的实践和科学的发展而不断发展。

马克思主义世界观不等于马克思主义哲学。马克思主义哲学的主要组成部分是辩证唯物主义和历史唯物主义。按其内容，辩证唯物主义是世界观和认识论，它们都是辩证唯物主义的。因此，马克思主义世界观只是马克思主义哲学的一个组成部分，但它是核心部分，因而我们可以用辩证唯物主义来指称马克思主义世界观。原来教材中的辩证唯物主义论述的物质及其存在方式，物质和意识的关系问题的第一方面、辩证法的基本规律和范畴等，这些都属于世界观范围；还论述哲学基本问题的第二方面、实践与认识的关系和认识的辩证过程等，这些属于认识论的范围。显然可见，现有的辩证唯物主义中世界观与认识论之所以没有分开论述，是由于没有把哲学基本问题的第一方面与第二方面分别纳入世界观与认识论范围，这样，世界观与认识论本身各自也没有得到充分的论述。其实，物质与意识的关系问题实际是人与外部世界的关系问题，它不仅有宇宙观方面与认识论方面，还有实践论与评价论方面，这些方面都应由不同哲学分别加以充分论述。尽管原有辩证唯物主义体系有加以改造的必要，但它对于宇宙观的两个基本问题的回答始终是正确的，即宇宙是物质的，也是辩证的。

自从实证主义思潮流行以来，不仅马克思主义宇宙观受到攻击，任何一种宇宙观都受到攻击。实证主义只承认实证的知识有真假可言，而宇宙观的论断，由于其无限的普遍性，不是实证的，因而无真假可言，是没有意义的。这就是所谓"拒斥形而上学"的观点（其中的形而上学即宇宙观）。但是，这种观点是难以成立的，因为任何科学都要研究一定领域中的现象的本质和规律，其原理都具有一定范围内的无限的普遍性，按照实证主义的观点，也都应该"拒斥"，这样，标榜科学的实证主义岂不否定了自己？

（二）宇宙观的主要功能

任何科学都是以人类实践和较低层次的科学为基础，又对它们具有指导作用，科学的宇宙观——辩证唯物主义也是这样，它是以人类实践和全部其他科学为基础，又对人类实践和全部其他科学的研究具有指导作用，它的重要的功能就在这个指导作用上。科学的宇宙观不能代替任何其他科学，并不是万能的，但由于它是从一切其他科学概括出来的，因而能正确地指导其他一切科学的研究和指导其他一切科学在相关领域中解决自己的问题，这就是我们经常讲的科学的宇宙观是我们认识世界和改造世界的最一般的思想方法。具体说，邓小平提出的马克思主义思想路线——"解放思想，实事求是"，就是以科学宇宙观——辩证唯物主义作为根据的最一般的思想方法。我们在认识和改造世界时为什么要解放思想？因为事物都处在辩证运动变化之中；为什么要实事求是？因为事物的存在与发展及其规律都是客观的不以人的意志为转移的，只有正确地反映它，才能成功地改造它。提供最高的思想方法，即最一般的指导思想，或曰思想路线，这就是宇宙观的主要功能。

实际上任何正常人的实践活动，认识活动和评价活动，不管活动主体意识到还是没有意识到，都是由一定的宇宙观指导的，因为人类活动，除本能活动以外，都是自觉的，即是有指导思想的，而宇宙观是最高层次的思想，具有最广阔的指导作用，只是有些人没有意识到而已。一个人所具有的自觉的宇宙观可能只有一种，例如唯心主义或唯物主义，而他所有的自发的宇宙观则可能是多种，例如既有唯物主义，也有唯心主义。例如一个唯心主义哲学家，他的自觉的宇宙观是唯心主义，但在他的实际活动中不可能没有自发的唯物主义宇宙观，因为作为一个正常人，他除了研究和宣传他的唯心主义而外，他还要过正常人的生活，从事正常人的实践、认识和评价活动，这时他就必须遵循唯物主义和辩证法的指导，否则连日常生活都无法正常进行。一个伟大的科学家完全有可能主张唯心主义宇宙观，但在他进行科学研究时，必然会自发地遵循解放思想、实事求是的思想路线的指导，否则他不可能成为伟大的科学家。既然如此，为什么我们不变自发的宇宙观的指导为自觉的宇宙观的指导，尽可能提高我们的活动的自觉性呢？为什么我们不变错误的宇宙观的指导为正确的宇宙观的指导，尽可能减少我们活动的失误呢？为什么我们不变自发的科学的宇宙观的指导为自觉的科学的宇宙观的指导，尽可能提高我们活动的成功率呢？

江泽民同志在"七一"讲话中指出，我们要"坚持和巩固马克思主义的指导地位，帮助人们树立正确的世界观、人生观和价值观"。"三观教育"的重要性长期以来已得到社会的广泛承认，其中世界观（宇宙观）居于首位，这是由于正确的世界观是正确的人生观和价值观的理论前提，没有自觉的正确的世界观，就不可能具有自觉的正确的人生观和价值观。世界观在众观之中是既高且大，但不是高不可攀，大而无当，它是贴近生活，紧连实践的，我们每一个人都应该努力掌握科学世界观并自觉地应用它来指导我们的一切活动。

三　宇宙观与历史观的关系[*]

辩证唯物主义是马克思主义宇宙观（和认识论），历史唯物主义是马克思主义历史观，对于二者的关系，斯大林有一个说法：历史唯物主义是辩证唯物主义在人类社会领域的推广和应用。[①] 对此说法，人们颇多指责，因为历史唯物主义产生于19世纪40年代的《德意志意识形态》，而辩证唯物主义的系统思想产生于70年代恩格斯的著作。有的学者进一步诟病马克思主义哲学之分为辩证唯物主义和历史唯物主义两部分，是机械的板块结构。怎么看待这个问题呢？为了说清楚这个问题，我们得先从一个更根本的问题谈起，那就是宇宙观与历史观的关系。

人们习惯于把宇宙分为三个组成部分：自然界、人类社会和人的精神世界。实际上三者并不是并列的三部分，自然界包括人类社会，人类社会包括精神世界，人类社会存在于自然界之中，是自然界的组成部分；精神世界存在于人类社会之中，是人类社会的组成部分，当然也是自然界的组

---

[*]　本文发表于《学习时报》2002年8月5日第5版。

①　斯大林的原话是："显而易见，把哲学唯物主义原理推广去研究社会生活和社会历史，该有多么巨大的意义；把这些原理应用到社会历史上去，应用到无产阶级党的实际活动上去，该有多么巨大的意义。"（《斯大林选集》下卷，人民出版社1979年版，第435页）后面紧接着就讲述历史唯物主义原理。

成部分。这里且不谈精神世界，只谈谈自然界与人类社会由于这种关系而产生的复杂情况。

首先，人们对自然界的理解产生了歧义。自然界如果被理解为包括人类社会，它就与宇宙同义；自然界如果被理解为与人类社会并列，它就不包括人类社会。前者是广义的自然界，后者是狭义的自然界。

其次，人们对自然观和历史观的理解产生了混乱。有的学者认为人类社会既然是自然界的一部分，人既然是一种动物，社会现象同自然现象就没有什么本质的区别，人的活动同动物的活动也没有什么本质的区别。有的学者则认为人类社会既然是与自然界并列的，社会现象就是与自然现象截然不同的。前者把人类社会与自然界混为一谈，后者把人类社会与自然界截然分开。应该指出，在西方，在马克思和恩格斯以前，这后一种观点是占优势的，费尔巴哈就是持这种观点，他称之为自然主义，而他的历史观是人本主义，一种唯心史观。

最后，唯物史观的产生既是一种推广，也是一种运用。谈历史唯物主义是辩证唯物主义的推广和运用的，斯大林至少是第三个，第二个是列宁，他在《卡尔·马克思》中说："马克思在《政治经济学批判》序言中，对推广运用于人类社会及其历史的唯物主义的基本原理，作了如下的完整的表述。"①紧接着列宁就相当完整地引用了马克思关于唯物史观的那段著名的论述。第一个是马克思和恩格斯，他们说："当费尔巴哈是一个唯物主义者的时候，历史在他的视野之外；当他去探讨历史的时候，他不是一个唯物主义者。"②后来，恩格斯针对这种情况，认为"他下半截是唯物主义者，上半截是唯心主义者"③，只有马克思和他自己"第一次对唯物主义世界观采取了真正严肃认真的态度，把这个世界观彻底地（至少在主要方面）运用到所研究的一切知识领域里去了。"④

为什么说"推广"和"运用"呢？把适用于一个领域的观点用于并列的另一个领域，即从特殊到特殊，叫推广，把适用于一个整体的观点用于其中的一个局部，即从一般到特殊，叫运用或应用。因此，把作为自然观的唯物主义用于人类社会就是推广，把作为宇宙观的唯物主义用于人类

---

① 《列宁选集》第 2 卷，人民出版社 1995 年版，第 423—424 页。
② 《马克思恩格斯文集》第 1 卷，人民出版社 2009 年版，第 530 页。
③ 《马克思恩格斯文集》第 4 卷，人民出版社 2009 年版，第 296 页。
④ 同上书，第 297 页。

社会就是运用。由于唯物主义在费尔巴哈那里还是自然观，马克思和恩格斯把它用于人类社会只能是推广，而列宁把作为宇宙观的唯物主义用于人类社会则是运用。推广不一定真，故推广真不真还要由实践来检验，列宁曾指出唯物史观最初是假设，《资本论》的写作实践检验了它，证明了推广的真。运用一定真，但要具体化，具体化得真不真当然也是要检验的。但是，不管怎样，把辩证唯物主义世界观与辩证唯物主义历史观的关系理解为推广和运用，如能正确地理解，是没有什么可指责的。就非马克思主义哲学来说，除费尔巴哈等旧唯物主义的宇宙观与历史观不一致而外，唯心主义各派与庸俗唯物主义各派也承认这种一致关系，如黑格尔的唯心主义宇宙观（绝对唯心主义）也看成物质过程，等等。总之，可以明显看出历史观对宇宙观的依存关系，宇宙观是历史观的理论前提。

以上所谈是从宇宙观的视角谈二者的关系，还应从历史观的视角谈二者的关系。从历史观的视角，二者的关系是：历史观是宇宙观的基础之一，宇宙观也依存于历史观。宇宙观是对各门学科、各种知识的最高概括，各门学科、各种知识是宇宙观的事实根据，唯物主义宇宙观如果缺乏某一领域的事实根据就是不彻底的，是有局限的。例如，费尔巴哈的唯物主义由于缺乏人类社会历史的事实根据就是不彻底的，只能是一种自然唯物主义或唯物主义自然观。辩证唯物主义宇宙观是彻底的不仅贯彻到人类社会，而且贯彻到精神世界，但它又不是把社会现象或精神现象简单地等同于自然现象，而是在承认社会现象、精神现象本质上不同于自然现象的前提下承认它们对物质的依存性以及它们的客观存在性和规律性。正如钱学森院士的现代科学技术体系所提示的，宇宙观与其他一切不同层次的科学和技术通过各种直接的、间接的、纵的、横的、交叉的联系形成的一个不可分割的系统，其中任何两门科学都是互相依存的，宇宙观与历史观自然不会例外。

马克思主义哲学——辩证唯物主义与历史唯物主义的结构虽然还有不尽合理之处，需要改进，但基本上是科学的，是符合上述原则的。辩证唯物主义实际上包括两门学科，即宇宙观和认识论。二者由于哲学基本问题而结合在一起，但显然宇宙观是主要部分；历史唯物主义即历史观。认识论属于精神哲学，最好与宇宙观分开而同价值论、方法论等结合形成精神哲学。就其主要内容讲，辩证唯物主义是宇宙观，历史唯物主义是历史观，二者并列起来代表马克思主义哲学是有些理论上的理由和其社会需要的根据的。首先，历史唯物主义，即唯物史观，是马克思主义创始人马克思和恩格斯共同创立的思想体系，在 19 世纪下半叶被公认为马克思主义哲学，当然应明确提出来。其次，历史观不能没有宇宙观这个前提，19世纪下半叶，许多马克思主义者都在从事这一工作。有的主张用康德主义或新康德主义，有的主张用马赫主义来充当它的宇宙观前提，但这些哲学都是与唯物史观冲突的。而恩格斯、狄慈根则主张创立辩证唯物主义宇宙观并作了大量的探索和研究，而这一研究及其成果——辩证唯物主义是得到马克思的大力支持和赞同的。后来普列汉诺夫、列宁都坚持这种做法。20 世纪二三十年代的苏联哲学家才提出辩证唯物主义来作为历史唯物主义的宇宙观前提，并把二者并列起来，作为整个马克思主义的哲学基础。最后，由于辩证唯物主义与历史唯物主义是一般与特殊，或整体与局部的关系，把马克思主义哲学只称为历史唯物主义是不妥的，只称为辩证唯物主义则是可以的，因为它是更高层次的。为什么把二者并列呢？我认为有两个原因，一是历史上已习惯于历史唯物主义或唯物史观的称呼，而更重要的原因则在于历史观与社会主义革命理论有更直接的关系。就是说，由于历史唯物主义的特殊重要性，有必要并列出来。但二者并列只是一种形式，并不是说，二者在内容上是并列的。辩证唯物主义与历史唯物主义的关系绝不是什么机械的板块结构。

四　当代哲学研究中的几个问题

当代哲学研究应关注哲学与时代的关系，正确理解哲学与时代精神的关系。哲学的学科对象越来越明确，哲学成为一门科学是哲学的本性和社会历史发展的必然。哲学史就是哲学这门学科从非科学转变为科学的历史，历史上第一个科学形态的哲学就是马克思主义哲学，即辩证唯物主义和历史唯物主义。辩证唯物主义是历史唯物王义的逻辑前提，历史唯物主义是马克思主义关于社会历史的辩证唯物主义观点和理论，二者是一个整体。苏联学者所讲的辩证唯物主义和历史唯物主义体系是苏联哲学家在20 世纪二三十年代逐步建立起来的，不是斯大林创立的。斯大林哲学体系在中国发生影响是新中国成立以后的事情。

（一）时代问题：时代精神、时代划分与时代基础

我们谈时代问题，就得谈时代与哲学的关系。马克思曾经说过："任何真正的哲学是自己时代的精神上的精华。"这个话应该如何理解，我们还没有更好的套路。

孙熙国同志在他的书里《中西哲学的当代研究与马克思主义哲学创新》专门谈过这个问题。这个问题的关键是"精华"应该如何理解。他认为"精华"这个词的翻译有问题，不应该译为"精华"，而应该译为"升华""本质""精髓"。精华是与糟粕相对应的，但是，历史上的哲学有精华，也有糟粕。我的理解是，哲学是把时代精神中最一般的东西概括出来，这种概括有些或许是错误的，有些甚至是完全错误的。记得马克思讲这个话是在1842年，那个时候还没有马克思主义，当然也没有马克思主义哲学，所以他说的应该是指这个世界真正有价值的东西，比如黑格尔、费尔巴哈的思想，这些思想当然有精华，也有糟粕。但是，只要是基于时代精神的思考，尽管有些错误也是一种哲学。而现实中我们也是这样做的。我们完成的那四本书（黄枏森担任总主编，王东、曾国屏、赵敦华、孙熙国担任分册主编的《马克思主义哲学体系的当代构建》《时代精神与马克思主义哲学创新》《现代科学技术与马克思主义哲学创新》《中西哲学的当代研究与马克思主义哲学创新》），也是根据这个理解来完成的。第一本讲马克思主义哲学的内容体系；第二本讲时代精神和马克思主义哲学；第三本讲科学技术和马克思主义哲学；第四本讲中国哲学、西方哲学与马克思主义哲学。

关于时代精神这个问题，孙熙国同志根据德文、英文和俄文的翻译，主要针对"精华"这个词作了推敲，提出了他自己的看法。我也提供个证据，马克思说过一句话："哲学家的成长应该像雨后春笋那样，他们应该是自己时代、自己人民的产物。人民的最精致、最珍贵或者看不到的精髓都集中在这些思想里。"我认为这句话提出来，很有意义。

我还想谈一下，"时代"究竟是什么的问题。王东同志写了一本书，大家可以参考一下。在他的书里，他认为现当代可划分为7种时代，前6种已经是历史的终结时代，第7种是改革创新的时代。他在分析中认为把握一个时代不能抓住一个方面，时代应该是个综合体。我基本赞成这种观点。

　　但是，对于时代问题我还有另一套思考方式。我认为时代也是个很复杂的东西，有大有小，有长有短，时代究竟包含多大的范围，全世界是什么时代，亚洲是什么时代，中国是什么时代，还有这个时代应该有多长，几百年，几十年还是几年，这些都很复杂。而且，我们对时代也有许多定义，比如农业时代，工业时代，信息时代，这些都是抓住了时代的一个方面。所以，我想时代是不是应该时间有长有短，有大有小。

　　一谈到时代，就离不开时代的基础。时代的基础应该是生产方式，生产方式决定着一个时代的生产水平。还有一个基础就是基本经济制度。当然在这两个基础之上，还有政治，还有文化等很多复杂的东西。研究一个时代应该有一个综合考虑，这些东西都不能忽略。但是它的基础是生产方式和基本经济制度，如果按照这个基调去理解的话，从全世界来讲，人类就可以有所进步。

　　19世纪的中叶到今天，100多年的时间，我想它们有一个共同的特点，就是它是一个现代工业资本主义时代，我觉得这中间要把生产力水平与基本经济制度体现出来，当然这中间也包括政治制度和文化，这些都应该进行具体分析。但是，在这个长时代里，又有若干小的时代，若干短的时代。关于小时代，20世纪上半叶，可以说是资本主义危机或社会主义兴起的时代，在这个时代中，资本主义出现危机，社会主义兴起。但是，总体来看这个时代仍是资本主义工业时代。20世纪下半叶，总体来讲，可以说是高科技资本主义时代。或者可以这么讲，是高科技、一球两制的时代，资本主义仍然占统治地位，社会主义也仍然存在。就中国来讲，中国处于这个时代中，受这个时代的制约，但是它也有自己的特点。我认为可以这么讲，在辛亥革命以前，它是农业封建主义时期。辛亥革命以后到1949年全国解放，这是一个半封建半殖民地的时代，也可以说是农业半封建半殖民地的时代。半封建半殖民地实际上就是半资本主义，但它的生产力发展水平仍主要依靠农业。新中国成立以后到现在，我觉得，基本上可以说是现代工业社会主义时代。现代工业实际上是从五六十年代开始的，大致上，用我们的话来讲，也可以说是中国特色社会主义时代。而这个中国特色社会主义，我认为，不是从改革开放开始的，而是新中国成立以后完成三大改造就开始了。中国特色社会主义是一个过程。

（二）哲学与科学、哲学与哲学史

首先，我想谈一谈哲学是否能成为科学的问题。这个问题也是现在许多人所关注的一个问题。我认为，哲学能够成为科学，也应该成为科学。有这么几个理由，大家考虑一下。

第一个理由，我们应该知道的一个问题是，哲学是否是一门学科？这门学科是否可以形成科学？从哲学的发展和研究来讲，它已经是一门学科了，但是否是一门科学呢？这个我想说，哲学已经是一门学科了，它也最终必然会成为一门科学。因为它有一个对象，你在研究这个对象时，你要达到一个系统的结论，正确的结论，当它成为一个系统的、正确的原理的时候，哲学学科就转变成为一门科学了。哲学作为一门具有系统正确的原理的学科，是全世界公认的，所以，哲学必然要成为一门科学。这是我的第一个理由。

第二个理由，要把哲学变成科学是历史发展的必然，是人心所向。事实上，众多哲学家都在努力把哲学变成科学，当然每一个人努力的成效会不同。哲学家们汲取了很多哲学理论，但是如果他们的哲学还没有成为系统正确的哲学原理，就还没有成为科学。但至少，这些哲学家都认为自己的观点是真理，很少有哲学家说我就是胡说八道。所以，我认为，每一个哲学家都希望使自己的哲学能够成为正确的原理和法则，所以说，把哲学变成科学是现代社会的主流。

第三个理由，在当代，哲学的研究对象越来越明确。在古代的一个时期，哲学研究对象无所不包，在今天哲学研究的是物质世界最一般的本质和最普遍的规律。但是，哲学研究形上之道并不意味着它可以脱离形下之器，并不意味着它可以脱离现象。道是从器中来的，本质是从现象中来的。所以，哲学研究所达到的最后的东西，也就是最一般的东西，最全面的东西。那么，这个最一般全面的东西，也就是哲学研究的对象。随着哲学的发展，哲学所把握的事物的本质和规律会越来越明确。哲学对象的明确与否是影响一门学科能不能成为科学的重要因素，如果对象都不明确的话，那就很难成为科学。哲学的研究对象经过几千年的发展变化，慢慢地已经明确起来了，这就为它（哲学）成为一门科学创造了很好的条件。这是我讲的第三个理由。

第四个理由，这个理由可以说是现在争议最大的一个理由，那就是哲学作为对事物的整体研究和一般研究来自哪里？来自现实世界，来自我们的实践。这一点是有充分的基础和根据的。胡适从前写过文章，认为"真不真""科学不科学"，这样研究问题是研究不清楚的，关键是"有用没有用"。大家都知道实证主义，也是讲这个道理。这种终极的原理，终极的思想，根本就不可能是科学的思想。科学不问你这些问题，科学只问你实证的问题，只有实证的问题，才是科学的问题。大家知道，康德有一个"二律背反"（理论），"二律背反"讲什么？就是说你这种哲学原理，一般的原理，真理性原理都是有两个相反的结论，都是可以证明的，所以这些问题是没有办法解决的。哲学史上，几千年的努力根本就错了，根本就不该做这种努力，这种努力根本就不能解决问题。所以，实证主义提出"结束形而上学"，也就是否定形而上学。关于这些问题，我从从事哲学（研究）几十年以来，一直在思考，我也觉得很难办。但我觉得解决这个问题最终的办法还是实践。我认为，实践就是它最后的根据。但是，这里说的实践不是一个人的实践，而是一个时代的实践，自主的实践，是几千年整个人类的实践。人类思想的发展要用实践来证明，还要人们的生活来证明。关键问题是你不要把它绝对化，不要把这些终极的原理、一般的哲学原理绝对化，它们也是在不断变化发展的，随着生活和实践的发展而发展。所以，没有终极的、绝对的原理。实证主义的基本思路是否定科学，否定了科学的哲学。这话说起来比较长，我就简单地说一下。哲学既是思辨的，也是实证的。哲学是这样，科学是这样，既需要思辨也需要实证，不能把思辨和实证对立起来，割裂开来。

第五个理由，就是哲学是对科学体系的概括总结，但它不是凌驾于科学之上、脱离科学的东西，而是科学。哲学是科学体系中的普通一员，它应该是一门科学，也能够成为一门科学。

下面我要谈一下哲学与哲学史的关系。

哲学绝不能脱离哲学史，但这并不等于说哲学就是哲学史。我上大学的时候，没有科学的观念，那时许多人都在说哲学就是哲学史，哲学就是这一个哲学家的哲学，那一个哲学家的哲学。那么，哲学史的实质是什么呢？哲学史应该是哲学发展的历史。写哲学史应该写哲学思想的发展、写哲学史的发展。我们现在看一下，许多人写的哲学史是哲学家哲学思想的介绍和评论，中间的有些是哲学流派的介绍和评论，不管是复旦大学出的《西方哲学史》，还是社科院出的《西方哲学史》，或是冯友兰先生的《中国哲学史》，都是按人头来写的。许多高校所写的哲学史，还有许多西方人写的哲学史，都是按人物和流派来写的。依照哲学思想的发展的线索去写哲学史，在西方的就是一个温德尔班。温德尔班有一部哲学史，他的哲学史就不是按人头来写，而是按照哲学思想的发展来写。胡适先生的《中国哲学史大纲》，也是这样写的。

那么，哲学思想是怎样发展的呢？我觉得，哲学史应该是哲学这门学科从非科学转变为科学的历史。写哲学史应该写出它怎样由非科学的状态转变为科学的状态。我认为，历史上第一个科学形态的哲学就是马克思主义哲学，就是辩证唯物主义和历史唯物主义。

（三）谈谈马克思主义哲学：马克思主义哲学与马克思哲学历史唯物主义与辩证唯物主义

关于马克思主义哲学我想谈三点：

一是马克思主义哲学和马克思的哲学有没有区别，有什么区别。

我认为马克思主义哲学的一个重要内容是马克思哲学，但是不等于马克思哲学。马克思哲学是马克思一个人的哲学思想，而马克思主义哲学是一门科学。马克思主义哲学的基本内容应该是科学的。马克思主义哲学应该包含后来的马克思主义者对马克思主义哲学思想的发展。马克思主义哲学应该包含着后来许多马克思主义者的哲学思想，可以说是马克思主义哲学思想的综合。但是，这个综合不是机械的综合，而是发展；不是把各种马克思主义哲学的思想综合起来就完了，而是继承、丰富和发展。马克思主义哲学是一门科学，马克思是这个哲学的创始人，但是，他不是教主，不是教父。马克思主义的哲学以实践为标准，而不是以教主的话为标准，根本就没有教主。

二是马克思主义哲学的存在形态问题。

马克思主义哲学的发展过程中有许多人提出来许多哲学形态。现在来看这些哲学形态，并非都是马克思主义哲学的形态。马克思主义哲学是马克思哲学、恩格斯哲学、狄更斯哲学、列宁哲学，还有许多马克思主义哲学家的哲学思想的综合。马克思主义哲学有个发展过程，而这个发展过程是以实践为标准的，在实践基础上才形成了这样的哲学。随着实践的发展，马克思主义哲学也需要创新和发展。继承哪些，选择哪些？丰富哪些？发展哪些？都取决于时代的生活和实践。马克思对于他之前的哲学就是抱这个态度。后来的马克思主义哲学家对马克思也应该抱这样的态度。马克思的哲学思想里面有非常丰富的黑格尔哲学思想和费尔巴哈哲学思想。但是，马克思最重要的贡献是把二者的哲学思想作为材料而在实践的基础上加以发展。马克思思想中的辩证法有很多是从黑格尔那里得来的，他的唯物主义是他从费尔巴哈那里继承和发展下来的。辩证唯物主义和历史唯物主义就是他在时代实践基础上利用了时代生活和实践的无限丰富的内容创造发展而来。后来的马克思主义哲学的发展也应该这样，即是在实践的基础上利用了原来的思想资料加以创造。所以最关键的东西是实践。离开了时代的实践就不会有辩证唯物主义和历史唯物主义。

三是历史唯物主义和辩证唯物主义的关系问题。

历史唯物主义，是辩证唯物主义在人类社会里的应用和推广。这个话是斯大林讲的，这个话有毛病，先有了辩证唯物主义这个思想体系，再把这个思想体系运用于人类社会才有历史唯物主义。现实不是这样，没有先后问题。但是，我们说指导马克思、恩格斯历史唯物主义思想建立的那个世界观的前提是什么，我认为是辩证唯物主义。过去没有人提，我不知道是不是我的发明，我是今年提出这个观点，我认为历史唯物主义是混含在辩证唯物主义的思想中的，辩证唯物主义是历史唯物主义的逻辑前提。但是，马克思恩格斯并没有把它明确地讲出来。马克思恩格斯说过这么一句话，当费尔巴哈是一个唯物主义者的时候，历史在他的视野之外，而当他在研究社会历史的时候，他绝不是一个唯物主义者。也就是说，费尔巴哈在研究人类社会时没有贯穿历史唯物主义思想，所以费尔巴哈的历史观是唯心主义的。他思想的上半截是唯物主义的，下半截是唯心主义的。这个画线说明了什么，说明了我们研究人类社会时必须是历史唯物主义者。所以这个思想（指历史唯物主义）是马克思、恩格斯发明的。现在，学术界有个新观点：马克思主义哲学、马克思主义的世界观就是历史唯物主义。我认为这个说法不符合马克思主义哲学的基本意旨。历史唯物主义是关于历史的唯物主义理论，这一点马克思、恩格斯的论述非常明确。唯物史观也好，历史唯物主义也好，都是关于人类社会历史的唯物主义观点，这个非常明确。

关于历史唯物主义和辩证唯物主义我也不想谈得很多，如果关心这方面内容的同学可以探讨。我的一些观点在《马克思主义哲学体系的当代构建》那本书里已经讲了一些。今天我主要想谈一个问题，就是辩证唯物主义和历史唯物主义究竟是不是斯大林哲学，是不是斯大林的体系。当然斯大林是赞成这个体系的。但是，斯大林赞成这个体系和这个体系就是斯大林体系，是两回事。辩证唯物主义和历史唯物主义不是斯大林体系，也不是斯大林创立的。辩证唯物主义和历史唯物主义这个体系是怎么形成的？这是 20 世纪 30 年代苏联哲学家根据马克思、恩格斯以及其他马克思主义哲学家的观点在长期地研究和探索过程中逐渐形成的。这一过程，起码有一二十年的时间。这个问题我们在《马克思主义哲学体系的当代构建》里面也谈了，我就不详细说了。但是，我要跟同志们好好地介绍一下，介绍一下我们的那个书里面，我引了比较长的一段话，有一两千字，那是人大一位教授在他的一篇文章里面讲的，他的这篇文章对辩证唯物主义和历史唯物主义体系的兴起，发展的具体过程，作了比较细致的叙述。因为他在国外待了很长时间，收集了很多这方面的资料。从他提供的这些材料中，大家可以看得出来，辩证唯物主义和历史唯物主义体系是在当时社会实践的基础上逐渐形成的而且也经过了实践的检验。

　　总之，辩证唯物主义和历史唯物主义体系是苏联哲学家在 20 世纪二三十年代建立起来的。需要说明的是，我从来没有认为这个体系是斯大林创立的，也没有发生过这种误会。我学习马克思主义哲学的启蒙老师就是 30 年代初期的一批国内学者，还有苏联哲学家。那时苏联专家的一些书，很快就翻译过来。那时我看过一本书叫《新哲学大纲》，是苏联人写的，这本书对辩证唯物主义和历史唯物主义体系作了辨析。我学哲学最初感兴趣的是艾思奇的《大众哲学》，这本书也是根据苏联哲学家的研究著作写的。斯大林的四大论著，当时还没出来，艾思奇的《大众哲学》不可能是根据斯大林的四大论著写出来的。对这个问题我比较清楚。苏联哲学家讲哲学多是 30 年代初的那个体系，而不是斯大林体系。可以说，新中国成立以前斯大林的哲学思想在中国没有什么影响。尽管他的政治影响很大，但他的哲学没什么影响，那时候没有人专门讲他的哲学和他对哲学的研究。

　　斯大林哲学体系在中国是不是流行过呢？流行过。但那是新中国成立以后的事情。大批苏联专家到中国来，帮助中国学者讲授马克思主义哲学。那时没有哲学教研室，也没有马列基础教研室。马克思主义基础是什么，当时讲得最多的就是斯大林的思想，而且那时在苏联已经开始了对斯大林的个人崇拜。苏联后来的教科书都按照斯大林的体系编写。斯大林体系把苏联哲学家 20 世纪 30 年代的体系加以简化，可以说许多地方是作了根本性的过滤或者是删除，包括基本原理。当时中国的一些学者也有一些不同的看法，但这些不同的看法没起多大作用。毛泽东同志当时就批评过，并提出了不同意见。斯大林 1953 年就逝世了。1956 年赫鲁晓夫作报告后，斯大林就沉寂了。所以，从那以后斯大林体系在中国就再也没有被采用过。

由此我们可以看到，斯大林体系在中国发生影响总共也就是几年。这个事件回过头来看非常奇怪，就是中国很多学者，包括年轻学者，甚至包括一些年老的学者，经常会异口同声地说，30 年代的那个体系，是斯大林创建的。这样讲话不符合历史事实。对此我很不理解。为什么大家老这么讲呢？后来我琢磨出来了，我在人大学习的时候，我是 1951 年到人大去学习的，我已经 30 岁了，我已经在 30 年代受过苏联这个原来体系的影响。我熟悉这是哪个体系，后来在人大的学习，大致学的就是斯大林的体系，这我最清楚。但是，那个时候我们研究班里有很多 20 多岁的大学生，他们也来参加研讨班的学习，学的就是斯大林哲学。学了以后就按照斯大林的讲，一直就教授斯大林的这个哲学体系。这个体系是斯大林体系，所以他们就这么讲，那么 20 多岁的人，到 90 年代，也就六七十岁了，都是一些老专家了。有一批老专家在这里这么讲，还有更年轻一点的，都是这些老专家的学生，他们也这么讲。所以，就有了先前我说的那种情况和误解的发生。

现在还有个说法，有人认为斯大林的名声已经不行了。斯大林体系还有谁去学。过去我不太理解这个想法，因为要辩证理解和历史地看待这个问题。最近理论界，有很多观点，有人批判辩证唯物主义，说辩证唯物主义是斯大林体系，是斯大林极"左"路线的思想基础。这一说法是对马克思主义哲学存在极大的误解，不懂得马克思的哲学、马克思主义哲学就是辩证唯物主义和历史唯物主义。不能把机械唯物主义、形而上学唯物主义的内容偷运进辩证唯物主义和历史唯物主义（马克思主义哲学）之中，回过头来再把辩证唯物主义和历史唯物主义说成是机械唯物主义和形而上学唯物主义。今天由于时间比较有限，我就特别地把这个事情的来龙去脉以及我个人的一点体会，简单地和大家说一说。我今天讲的就这些。谢谢！

五　关于哲学的十个问题[*]

（一）哲学与自然科学

韦建桦：首先感谢黄老师接受我们的请求，围绕哲学学习和研究这个主题进行访谈。我们都知道，从 20 世纪 40 年代至今，在 70 余年的学术研究生涯中，您在马克思主义哲学史研究、马克思主义哲学体系建设、马克思主义人学研究以及马克思主义文化理论研究等领域做出了创造性的贡献。您在一系列著作中提出的问题和观点，使我们在马克思主义经典著作研究和编译工作中深受启发。今天的访谈是一个难得的机会，我们有许多问题要向您求教；我想，我们的问答和讨论能否从您的求学经历和治学生涯切入，因为您在过去 70 多年风雨历程中的亲身经历和深切体会，本身就是年轻一代学人所珍视的学术财富，其中也蕴含着认识和解决当前问题的一系列重要启示。

通过阅读您的回忆文章，我了解到您早年在大学期间学习的专业原本是自然科学，后来才下决心转而攻读哲学。您能否告诉我们，是什么原因促使您在青年时代作出了这个重大的选择，并在数十年的人生道路上坚持这个选择？

黄枬森：是的，我起初学习的并不是哲学，而是物理学。1942 年秋，我考入西南联大物理系，后来才转入了哲学系。

从物理系转到哲学系，对我来说是思想发展的必然。我从很小的时候就对哲学产生了兴趣。我的父亲是前清秀才，我自幼跟随他学习中国古典文献，这段时间的学习对我影响很大。在熟读四书五经之外，父亲要求我每周写一篇文章，多为论述文。通常的方式是以《论语》《孟子》等著作中的某一句话为题，写作一篇史论或政论性质的文言文。这种训练养成了我勤于思考和进行理论分析的习惯。1939 年，我进入四川省自贡市蜀光中学读高中。这所学校由张伯苓先生主持，教学设施很好。在上高中之前，我对哲学一无所知，甚至连哲学这个学科的名称都没有听说过。高中时期，我开始接触艾思奇、潘梓年等人写的书籍，并且阅读从苏联翻译过

---

[*] 本文发表于《马克思主义与现实》2012 年第 6 期，是韦建桦与黄枬森两次学术对话的记录。

来的有关辩证唯物主义和历史唯物主义的读物，如《新哲学大纲》等。这是我第一次接触哲学，知道了世界上有一门学问叫"哲学"，而且我第一次接触的哲学就是马克思主义哲学。我对这门学问很感兴趣，从那时起我就有了一个观念：哲学是一门科学，哲学是离不开科学的。那时候，我们的高中课程很少涉及哲学。我之所以能接触哲学，是在国文教员王冶秋先生提倡下，通过阅读课外读物才获得相关的知识。

在对哲学感兴趣的同时，我的物理学和数学成绩也很不错。我们的班主任是物理学老师，他鼓励我报考物理系。于是，我报考了西南联大物理系。我当时的想法是，我最终是要研究哲学的，而哲学离不开科学，科学包括社会科学和自然科学，社会科学知识可以通过自学获得，自然科学特别是物理学知识就很难通过自学来掌握。我对物理学的理论是很感兴趣的，学习过程也有很多收获。但是西南联大的实验仪器太过简陋，物理实验的数据与标准结果差距太大，这影响了我继续学习物理学的兴趣。我原本打算是要学习哲学的，西南联大转系也很容易，于是我从理科转到了文科，进入哲学系学习。

韦建桦：离开物理系转入哲学系，这对于您来说不是一个偶然的决定。中国古代思想文化的熏陶，马克思主义哲学普及读物的影响，使您在青少年时代产生了对哲学的向往。当时在您的心目中，哲学研究的对象和功能是什么？

黄枏森：那时候我就思考过，哲学到底要研究什么？我认为要研究两个方面：一个是研究宇宙的奥秘，另一个是研究人生的真谛。要研究宇宙的奥秘，就不能不懂物理学，它对揭示宇宙的奥秘有直接的作用。我除了在大学用一年时间系统地学习物理学，高中的时候我还学习了化学、生物学等学科，掌握了基本的科学概念，具备了基本的科学素养。在西南联大哲学系，我还选修过高等微积分，当时的老师是杨振宁先生的父亲杨武之教授。此外，我学习过华罗庚先生讲授的数论，听过他的报告，还到他家里去过几次。我一直对自然科学很关注，对科学的学习使我认识到哲学并非很随意、很自由、很浪漫的东西。后来我也经常思考，物理学的学习对我攻读和研究哲学有什么帮助呢？我认为，物理学的学习经历对我后来坚持哲学就是科学的观点有重要影响，对我后来哲学观念的树立有很大帮助。

韦建桦：说到物理学与哲学的关系，我想起了丹麦著名物理学家玻尔，他曾经指出："物理学对于一般哲学思维的发展所起的重要作用，不仅仅表现在我们对于自然界不断深化的认识方面所做出的贡献。物理学的重要作用就在于，它不断向我们提供了修改和完善我们作为认识方法的概念系统的机会。"① 您的经历证明了玻尔的论断包含着深刻的真理。仅仅一年的物理学训练，就对一个马克思主义哲学工作者产生如此深远的影响，可见深切关注和深入研究自然科学，对于整个马克思主义哲学事业具有何等重要的意义。

马克思主义哲学的创立，不仅有深厚的社会基础、阶级基础和实践基础，而且有自然科学和社会科学的前提。欧洲进入 19 世纪以后，近代自然科学的发展迈进一个崭新阶段，一些揭示自然界各种物质形态之间的联系的新学科纷纷建立。特别是恩格斯高度评价的"三大发现"，即细胞学说、能量守恒和转化规律以及生物进化论的创立，使唯心主义和形而上学世界观受到沉重打击，同时也促使人们将哲学革命的历史任务提上日程。马克思和恩格斯以无与伦比的理论勇气承担了这一伟大使命。在创立新世界观的历程中，他们一方面深入研究人类社会的历史与现实，研究社会科学的各种论断与方法，一方面密切关注并潜心思索科学技术的发展趋势，撰写了一系列内容丰富的著作、笔记和书信，成为马克思主义哲学的经典文献，丰富了辩证唯物主义世界观的理论内涵。恩格斯在马克思墓前讲话中这样描述马克思一生对自然科学的高度重视："在马克思看来，科学是一种在历史上起推动作用的、革命的力量。任何一门理论科学中的每一个新发现——它的实际应用也许还根本无法预见——都使马克思感到衷心喜悦，而当他看到那种对工业、对一般历史发展立即产生革命性影响的发现的时候，他的喜悦就非同寻常了。例如，他曾经密切注视电学方面各种发现的进展情况，不久以前，他还密切注视马塞尔·德普勒的发现。"② 这段话说的是马克思，同时也是恩格斯本人的真实写照。他在与杜林论战时，曾经这样叙述自己从事自然科学研究的经历："马克思和我，可以说是唯一把自觉的辩证法从德国唯心主义哲学中拯救出来并运用于唯物主义的自然观和历史观的人。可是要确立辩证的同时又是唯物主义的自然观，需要具备数学和自然科学的知识。马克思是精通数学的，可是对于自然科

---

① 梁适编：《中外名言分类大辞典》，复旦大学出版社 1997 年版，第 748 页。
② 《马克思恩格斯文集》第 3 卷，人民出版社 2009 年版，第 602 页。

学，我们只能作零星的、时停时续的、片段的研究。因此，当我退出商界并移居伦敦，从而有时间进行研究的时候，我尽可能地使自己在数学和自然科学方面来一次彻底的——像李比希所说的——'脱毛'，8 年当中，我把大部分时间用在这上面。"①

我每次阅读这段话，总要想起我们中国哲学界的状况。同样是面对自然科学的发展进步，中国哲学界的普遍反应与马克思、恩格斯当年的态度形成了对照。在我们这个时代，科学技术的新发现层出不穷，其数量和影响超过了马克思、恩格斯时代。如果马克思和恩格斯还活着，他们会怀着多么喜悦的心情注视科学技术领域的新成果，并以深刻的理论概括来丰富唯物史观和唯物辩证法的思想宝库！面对当代自然科学技术在天体物理、物质结构、人工智能、生命科学、信息科学、材料科学、能源科学、航天技术等领域取得的重大突破，中国的自然科学家们对各种新发现的学术价值、社会影响和哲学意义作了认真的评述和广泛的讨论，但在这样的重要讨论中，中国哲学家的声音，特别是马克思主义哲学工作者的声音却没有给人留下应有的深刻印象。

近代以来，从笛卡儿到黑格尔，从霍布斯到费尔巴哈，在这个漫长的时期内推动哲学家们在辩证法和唯物主义研究领域前进的力量到底是什么？恩格斯的回答是："推动哲学家前进的，决不像他们所想象的那样，只是纯粹思想的力量。恰恰相反，真正推动他们前进的，主要是自然科学和工业的强大而日益迅猛的进步。"② 恩格斯还进一步指出，"随着自然科学领域中每一个划时代的发现，唯物主义也必然要改变自己的形式。"③恩格斯的这些重要论断说明，哲学的发展与自然科学的发展具有不可分割的联系。在《自然辩证法》中，恩格斯进一步详细论述了各门自然科学的发展及其成果对于证明和丰富唯物辩证法的巨大意义。相形之下，我们中国哲学界缺少马克思、恩格斯那样的眼光、魄力和襟怀。中国古代哲学长期满足于对"天地运行""天人合一""大化迁流"和"万物演进"的想象和猜测，缺少像欧洲哲学那样重视自然探索和实证研究的历史传统，也缺少像古希腊罗马时代和欧洲文艺复兴以来涌现的大批具有自然科学造

---

① 《马克思恩格斯文集》第 9 卷，人民出版社 2009 年版，第 13 页。
② 《马克思恩格斯文集》第 4 卷，人民出版社 2009 年版，第 280 页。
③ 同上书，第 281 页。

诣的哲人。今天，我们在中国的哲学研究领域依然能够看到旧传统的影子。我认为这种状况需要通过一代又一代人的自觉努力去改变。

我们应当从马克思和恩格斯从事哲学研究的实践中受到深刻的启发。在《马克思恩格斯全集》历史考证版（MAGA2）第 4 部分即笔记部分，我们看到马克思和恩格斯在对无产阶级革命斗争的经验进行总结、对社会科学各个领域的问题进行思考的同时，一直以锲而不舍的精神潜心研究数学、物理学、化学、地质学、生物学等领域的最新发现及其方法，研究各种前沿技术的最新成果及其应用，研究这些发现和成果在人类社会生活和理论思维中引起的革命性变革。他们留下的大量笔记、摘录、图表和批注说明，他们绝不是抽象地谈论自然科学研究与哲学研究的关系，而是在具体深入的探索中将两者结合起来，并在这种结合中丰富和修正已有的结论，推进马克思主义哲学的发展，使这种哲学始终敏锐而又准确地反映自然科学和工业的每一个重大进步，从而具有无可辩驳的科学性和说服力。我认为这正是中国马克思主义哲学界在今天应当认真进行的工作。

我发现，您已经注意到这方面的问题。您主持的"马克思主义哲学创新研究"这一重大课题，专门设立了"现代科学技术与马克思主义哲学创新"这个子课题，并且取得了令人耳目一新的成果。① 我们希望这样的研究在哲学界不断拓展，蔚然成风。

黄枏森：您所指出的倾向确实存在。我们习惯于将哲学与社会科学合称为"哲学社会科学"，而没有将哲学跟自然科学联系起来。同时，也有人主张取消"哲学社会科学"的这个说法，建议改称"人文科学和社会科学"。所谓"人文科学"是指文史哲，"社会科学"则包括政经法；在此范围之外，是自然科学。现在文理分科的结构，就认为哲学从属于文科。而事实上，哲学一半是文科，一半是理科。哲学应当既是人文的、社会的，也是自然的，这样的定位才是准确的，目前的倾向是取消"哲学社会科学"的说法，以"人文社会科学"取而代之。我认为这种主张不妥当。我们将哲学研究所置于中国社会科学院而不是置于中国科学院，我看这种做法也并不合理。由于对哲学的认识不完整、不准确，哲学界就出现了一种流传很广的观点，认为哲学不是科学。

① 曾国屏主编：《现代科学技术与马克思主义哲学创新》，《马克思主义哲学创新研究》第3部，人民出版社2011年版。

长期以来，我们一直是一条腿走路。这种状况应当改变。钱学森同志在辩证唯物主义指导下，努力在具体的自然科学学科与基本的哲学理论之间架设桥梁，使两者相互衔接，这是比较成功的例子。

（二）马克思主义哲学与西方哲学

韦建桦：您在进入西南联大哲学系以后，最初攻读的是西方哲学。您当时把理论兴趣集中于这个领域。几年后，您把目光转向马克思主义哲学，并且在此后几十年中以极大的热忱和坚定的信念坚持从事马克思主义哲学理论和历史的研究。这个转变是怎样发生的？

黄枬森：对我来讲，这个转变是自然而然发生的，在某种程度上也可以说是必然的。出现这种转变主要是受外部影响。从高中时候开始，我就对哲学，特别是对马克思主义哲学有了一定的了解，也立下志向要学习马克思主义哲学。我在西南联大转系时，实际上想学的就是马克思主义哲学。那时候我十分看重马克思主义哲学的科学性，认为它的任务就是探索宇宙奥秘和人生真谛；至于它的革命性，我没有明确的认识。进入联大哲学系以后，我却始终见不到马克思主义哲学的踪影。不但老师在课堂上不讲，各种参考书里也只字不提。当时我们看到的各种教材，例如蒂利和韦伯的西方哲学史教科书，根本不提马克思主义哲学。这种情况让我十分不解：马克思主义哲学如此重要，为什么在哲学史里一点儿地位都没有呢？后来我才了解到，是当时的政治形势在客观上使我失去了接触马克思主义哲学的机会。

在这种情况下，我的学术兴趣慢慢转移到了西方哲学。在这个广阔的领域中，有许多观点和学说。我对康德哲学和黑格尔哲学尤其感兴趣，他们的哲学思想对我影响很大。当时讲授康德哲学的是郑昕先生，我同他比较接近。通过聆听郑昕先生的课程，同时通过阅读康德的原著，我的思想发生了比较大的变化。我那时的认识是：不学习康德哲学，就根本不清楚什么是哲学；学习了康德哲学，我有了一种豁然开朗的感觉。

那时候我的学习兴趣相当广泛，我选修了外语课程。我的英语一直不错，在大学的时候就能够比较顺利地阅读哲学原著。除了英语外，我又开始学习德语，因为我认识到，对于学习哲学来讲，德语尤其重要。我的德语老师是杨业治教授，那时候我就能用德语马马虎虎看些书。我还学习了法语，老师是闻一多先生的弟弟闻家驷教授。为了掌握这三门外语，我花了不少时间。解放后，我又在中国人民大学学习俄语，也能够马马虎虎看点书。外语学习增进了我对西方文化和西方哲学的了解和兴趣。

我再度转向马克思主义哲学是受形势的影响，是由于工作的需要。1948年大学毕业后我原本想到解放区去，由于北平面临解放，组织上希望我能留下来做些工作。我考取了郑昕教授的研究生，继续攻读康德哲学。事实上，我没有多少时间用来读书。我当时是一名地下党员，参与了许多地下工作。1949年北平解放，我的时间就更显得紧张。我是研究生中唯一的党员，北大开展全校师生理论学习，我就被安排去讲政治课。当时的政治课包括社会发展史和中国现代革命史。我一边听教育部组织的各种马克思主义理论报告，一边将听来的东西作为自己的讲课内容。当时很多高校的政治课都是这么进行的。我将西方哲学的研究暂时搁置一旁，而把主要精力用于讲授马列主义、毛泽东思想这些课程。后来我到人大马列主义研究室进修了1年，再后来转到哲学研究室继续学习。1953年我调回北大，做了苏联哲学专家的助手。这样，我就从讲授新民主主义、社会发展史、马列主义基础，最后落脚在马克思主义哲学专业上。在这三四年间，我从西方哲学不由自主地转向马克思主义哲学。这个转移不是我争取的，是时势的需要。当然我是愿意的，没有引起任何思想上的矛盾。

要是追问我当初为什么走上马克思主义哲学研究这条路，我认为主要原因在于我自己有这方面的思想基础和强烈愿望。学习和研究马克思主义哲学，是我在青年时代就确立的志向。早在1947年，我就参加了党领导的进步组织"腊月读书会"，接触了许多进步书刊，专心致志地阅读了一些马克思主义经典著作，并且每个星期都参加讨论。所以，在转向马克思主义哲学方面，我是有思想准备和知识准备的。这种转变对我来说是自然的，也是必然的。我转向马克思主义哲学的另外一个原因是工作的需要，也就是政治教育的需要，是马克思主义教育的需要。从此，马克思主义的研究和教学成为我的终身事业。甚至在我被开除出党、不让我再讲授马克思主义哲学课程的情况下，我也从来没有想过放弃。

韦建桦：如您所说，在转入马克思主义哲学研究之前，您在大学本科和研究生阶段攻读了西方哲学，特别是康德和黑格尔哲学。我们希望了解您在这方面的学习和积累对您后来研究工作的意义；如果可能，我们也希望您根据切身体会谈一谈马克思主义哲学研究与西方哲学研究的关系。

黄枏森：我感到，了解西方哲学的发展历程对于研究马克思主义哲学具有重要意义。我本人对德国古典哲学的学习和认识，特别是对康德和黑格尔哲学的学习和认识，对我从事马克思主义哲学研究有很大的作用。马克思主义哲学的基本内容，包括唯物主义和辩证法的基本范畴，其直接的理论来源都是德国古典哲学。应该说，马克思主义哲学是在革命实践中自然而然地从德国哲学中分化出来的；它是科学的哲学、实践的哲学，与传统哲学存在着本质的区别。由于从渊源关系上来讲，马克思主义哲学就是西方哲学中的一支，所以从研究西方哲学到研究马克思主义哲学，这个转变是很自然的，它内在地符合哲学史本身的发展，也符合我本人思想发展的历程。至于谈到今天二者的关系，我有一个看法。西方哲学今天的主要趋势仍然是否定本体论研究，哲学家们热衷于各种部门哲学的研究，特别是社会哲学、政治哲学、道德哲学、心灵哲学等，但是，本体论与部门哲学不可偏废，二者是互补的，我认为对现代西方哲学的研究，不但有利于丰富马克思主义部门哲学的内容，也可以推动马克思主义本体论的发展。

韦建桦：我在阅读您的著作，特别是阅读您关于马克思主义发展史的著作时，常常深切地感到，深入了解和探究西方哲学传统，确实是马克思主义哲学专业工作者的必修功课和必备基础。马克思和恩格斯在实现哲学革命的过程中，不仅批判地继承德国古典哲学成果，而且广泛涉猎和研究古希腊罗马哲学和欧洲中世纪哲学，特别是对欧洲文艺复兴和启蒙运动的哲学思想进行了全面的探讨和精辟的论析。因此，不熟悉西方哲学史，就不可能全面理解马克思恩格斯哲学思想形成和发展的历程，这一点是没有疑义的；问题是除了"史"以外，马克思主义哲学专业工作者对现当代西方哲学的若干重大命题有没有必要进行研究并参与讨论呢？我认为对这个问题的回答应当是肯定的。马克思主义的本质决定了它必须敏锐反映、广泛吸纳并集中代表各个时代在科学上的最新成就；马克思主义哲学的深刻性及其力量，不仅表现在对同时代各种哲学思潮的消极影响"善于批判"，而且表现在对其积极因素"能够吸收"并"进一步发展"。正如列宁所说："马克思一方面能够吸收并进一步发展同中世纪封建势力和僧侣势力斗争的'18世纪精神'，另一方面又能吸收并进一步发展19世纪初那些哲学家和历史学家的经济主义和历史主义（以及辩证法），这就证明马克思主义的深刻性和它的力量，证明把马克思主义看作是科学上最新成就的见解是完全正确的。"① 对照经典作家的论述和实践，我们在这方面的欠缺是明显的。长期以来，在我们的哲学研究中，"中、西、马"的分野和壁垒划得过于机械和僵硬，缺少一种打通、超越和融汇的学术气度和理论眼光，更缺少与此相应的扎实严谨的分析和综合、概括和提炼。在传统格局中，中与西常常只是被批判的思想资源，而这种批判又常常带有简单化的倾向。我们希望马克思主义哲学界的同志以经典作家为典范，率先下功夫开创一种崭新的局面，而且不仅仅局限于一般性的中、西、马"对话"。这是一项重要的任务，因为迄今为止陈陈相因的格局不符合马克思主义哲学发展的内在要求，有损于马克思主义哲学作为人类智慧和普遍真理的影响力，因而不利于马克思主义指导地位的巩固和加强。

（三）哲学与政治

韦建桦：哲学与政治的关系问题，是 60 多年来中国哲学界一直关注和讨论的重要问题。新中国成立初期，学术界围绕这个问题有过热烈的争论；"文化大革命"结束后，类似的讨论再度发生。您也曾在文章中说过："作为一个马克思主义哲学专业工作者，我感到必须处理的最重要的、也是最难处理的问题，是哲学与政治的关系。"② 我认为这个问题不仅涉及哲学的研究方向，而且也关系到哲学研究的方法和学风。

您在青年时代就参加了地下党，积极投身于我们党领导的政治斗争。新中国成立后，您同北大广大党员和师生一起，密切关注国家的社会主义建设和改革开放事业，对重大政治、政策和理论问题表达自己的见解，发挥积极的作用。作为一名学者，您数十年来的学术生涯是同您的政治实践紧密相连的。您在这个实践过程中贡献过力量，遭遇过挫折，经受过锻炼和考验。就这一点来说，您不仅与那些崇尚"纯学术研究"的学者不同，而且与那些没有经历过政治斗争风雨的年轻学者也不一样。所以，您对哲学与政治的关系的认识，就不会仅仅局限于纯粹理论的层面。在《黄枬森文集·自序》中，您一开始就概要地谈到您对"马克思主义的意识形态性和学术性的关系问题"的思考和认识。③ 您所说的"意识形态性"，

---

① 《列宁专题文集·论马克思主义》，人民出版社 2009 年版，第 295 页。
② 赵为民主编：《青春的北大》，北京大学出版社 1998 年版，第 127 页。
③ 《黄枬森文集》第 1 卷，中央编译出版社 2011 年版，第 1 页。

实际上也就是政治性。今天借这个机会，我想请您谈一谈对这个问题的认识不断明确和深化的过程。

黄枬森：您这个问题实际上可以解析为两个问题，一个是马克思主义哲学的学术性和政治性问题，另一个是一般哲学的学术性和政治性问题。首先，关于马克思主义哲学的学术性和政治性，这个问题比较容易谈清楚。马克思主义哲学是无产阶级和共产党的世界观，是一门科学。目前存在一种普遍的倾向，就是否定马克思主义哲学的学术性和科学性，不承认马克思主义是一门科学；与之相对应的是另外一种倾向，就是只承认它的学术性、科学性，而否定它的政治性。其次，人们在讨论哲学的学术性与政治性之间的关系的时候，往往将二者割裂开来，将问题推向两个相反的极端。要么是一些学者只研究学问，而从不关心政治；要么就是所谓的政客研究哲学，只是为他的政治服务。就马克思主义哲学的境遇来看，主要的极端是否定马克思主义哲学的科学性。我认为，在处理哲学的学术性与政治性的关系这个问题时，要有一种正确的态度，要弄清楚两方面的关系，特别是马克思主义哲学在这两方面的关系，进而弄清楚一般哲学在这两方面的关系，不能将二者割裂开来、对立起来，不能用一方否定另一方。

新中国成立后不久，北大哲学系曾经就这个问题展开过讨论。一种观点认为，马克思主义哲学的政治性和学术性应该结合起来，学术性越强、科学性越强，政治性也就越强。政治性越强，又反过来推动学术性和科学性。因为马克思主义哲学要正确认识客观世界和人类社会发展规律，并以此指导革命实践，所以马克思主义哲学的科学性越强，就越能达到革命实践的目的，它的革命的政治性也就越强。反之，如果达不到这个目的，那就是一种失败。另一种观点认为，学术性和政治性是没有办法结合的。如果是政治，就不能是学术；如果是学术，就不能是政治，二者不能兼容。这场争论没有得出结论。

过去受极"左"思潮影响，人们往往过分强调政治性而否定科学性，往往把学术问题当作政治问题来处理，没有注意到学术性和政治性原本是应该结合起来的。学术追求真理、纠正谬误，判断的标准是"真假"和"是非"，探求的是客观世界内在的规律性；政治则主要关注利益，以政治目标能否实现来论成败，重视的是"利益"和"好处"。所以学术性和政治性两者是有区别的，我们的工作就是要将这两者结合起来，实现相互推动，防止片面化、极端化，避免无限地突出一方，因为二者不可偏废。过去在极"左"思潮影响下，人们认为政治可以冲击一切，而最高的政治就是领导人的观点和意见。如果坚持这种主张，那么马克思主义哲学的科学性和学术性就被抹杀了。但另一方面，我们也不能把马克思主义哲学仅仅当作学术来研究，而抹杀其政治性。如果无视甚至背离无产阶级革命和无产阶级专政的宗旨和方向，那么，这种哲学肯定不可能保证其科学性和正确性。

新中国成立后的前30年，我们在进行学术研究的时候，常常强调科学性与政治性的高度结合。当然，在这30年中，也有错误地将学术问题视为政治问题的时候，具体表现在夸大学术问题的政治性，导致学者不敢讲真话，不敢实事求是地研究问题，只唯上不唯真，这就压抑了学术和科学的求真精神，造成的最极端的后果就是"两个凡是"的提出。单纯地用政治性来领导学术性，必然造成科学性的丧失和学术研究的失败。改革开放以后，这两者之间的关系处理得就比较好了。当然，在改革开放初期，学者们还心有余悸，多多少少还会怀疑讲真话是不是要受到打击。然而后来的实践证明，我们的学术环境确实比较宽松了，政治不会随便干预学术问题的讨论，允许提出不同的学术观点，努力实现百家争鸣。所以我觉得现在这个问题处理得是比较好的。

从我个人的体会来讲，我认为科学性和政治性是可以结合的，而且应当相互结合。不过就马克思主义哲学来讲，科学性和政治性毕竟有差别。这样就难免出现一些矛盾。出现矛盾的时候怎么处理？我认为在这种情况下可以选择"不讲"，在思想上坚持理论的正确性和独立性，但是不公开发表，保留自己的意见。采用这种方式虽然不能从根本上解决问题，但是能够缓解矛盾。不说不合适的话，但是仍然坚持思想的独立性。

1958年，因为我在"反右"时说了一些话，组织上给我留党察看两年的处分，1959年春又改为开除出党。我很不服气，认为自己是在党内与党员同志交流思想，属于在内部发表意见，没有到党外讲，也没有公开发表。党章上明确规定党员有这个权利，为什么要处分我？而上级认为党章是适用于正常情况的，"反右"时期是非常时期，暂时不适用上述规定。这没有道理，但是我也没有办法，只能承认错误，进行检讨。当然，"文化大革命"以后，我的问题也完全澄清了。1978年，在我被开除出党19年以后，未经申诉和讨论，我的处分就被取消了，也恢复了党籍，并且连续计算我的党龄。

现在的环境比较宽松，大家不再需要有这方面的顾虑。我认为现在的问题是，群众中总有一种看法，认为马克思主义哲学就是政治，而不是学术、不是科学；认为马克思主义哲学只是为政治服务的。这种观点忽略了一个事实，那就是马克思主义哲学蕴含着很多科学真理，比如，唯物主义就完全是一个科学的问题，不仅仅马克思主义坚持唯物主义，很多非马克思主义者也赞同唯物主义，因为唯物主义是符合客观事实、符合客观规律的。

韦建桦：您刚才提到群众中存在着一种对于马克思主义哲学的片面性认识。我认为这是一个很值得研究的问题。为什么群众中会出现这样的看法？我们应当如何认识和解决这个问题？我想在下面讨论"哲学工作者的思想文化修养和社会责任"这个题目时，再谈一谈我不成熟的想法。

您对 60 多年来中国哲学与政治关系史的回顾和论述使我深受教益。这段历史使我们受到了多方面的启示，其中重要的一条是：哲学与政治的关系如何，在特定的时代条件下并不取决于哲学本身，而是取决于哲学所面对的政治是什么样的政治。如果这种政治比较清明，比较民主，比较宽厚、宽容、宽松，哲学研究就不会经常受到无端干涉和无理压制，哲学家也不会在紧张的政治气氛中痛感哲学与政治的关系是"最难处理的问题"。相反，如果政治和政策环境不是如此，哲学家在学术生活中就会时时有临深履薄之感，动辄得咎，无所适从，怕讲真话，言不由衷，甚至在政治形势变化之后依然心有余悸。不仅哲学家如此，经济学家、历史学家、法学家、社会学家、文学艺术家等也莫不如此。抚今追昔，展望未来，我们要深刻总结这个沉痛的历史教训，倍加珍惜今天的政治局面和学术环境。这种局面和环境为哲学实现科学性与政治性的结合奠定了必要的基础，从而使哲学有可能为推进社会变革发挥先导作用。改革开放以来，从打破"两个凡是"的禁锢，到摆脱"姓社姓资"的束缚；从提出人与人、人与自然"和谐共生"的发展目标，到确立"以人为本"的科学理念，哲学在引领社会进步的历程中显示出蓬勃的生机和思想的魅力。可以肯定，在中国特色社会主义的伟大实践中，哲学作为马克思所说的"文化的活的灵魂"① 必将对整个民族不断做出新的贡献。

---

① 《马克思恩格斯全集》第 1 卷，人民出版社 1997 年版，第 220 页。

（四）马克思主义哲学的科学定位与学科建设

韦建桦：马克思说过："任何真正的哲学都是自己时代的精神上的精华，因此，必然会出现这样的时代：那时哲学不仅在内部通过自己的内容，而且在外部通过自己的表现，同自己时代的现实世界接触并相互作用。"马克思主义的诞生宣告了这个时代的来临，它使哲学走出书斋，走向风起云涌的现实世界，成为工人阶级和广大劳动群众谋求解放的思想武器。今天，要使哲学成为马克思所说的"真正的哲学"，成为"自己时代的精神的精华"，在亿万人民认识世界和改造世界的实践中发挥引导作用，就必须把哲学作为科学来研究、建设、运用和发展。这是您在改革开放以来反复强调的一个重要观点。在我们看来，对哲学的科学性质和科学作用的定位，是一个意义重大的命题。这个定位关系到哲学的学科建设方向，同时也直接影响着哲学研究的方法与学风。您能否围绕这个命题，谈一谈当前在马克思主义哲学研究领域有哪些问题亟须解决？

黄枬森：您引证了马克思关于哲学的性质和功能的一段论述。这段话说得太好了，我想除了极端唯心主义者，不会有人反对它。20世纪80年代以来，哲学家们在观点上分歧很大，但几乎都认可这段话。按我的理解，这与马克思后来的实践观点是一致的：哲学不但要以其内容来理解世界，而且要以其功能来改造世界，哲学与时代是相互作用的。因此，80年代以来，大家都同意以马克思的话作为新时期建设和发展马克思主义哲学的最高指导思想。也就是说，以时代精神的精华来丰富和发展马克思主义哲学，以时代实践的发展来推动马克思主义哲学的建设。21世纪初我主持了"马克思主义哲学体系的坚持、发展与创新研究"这一课题，2011年推出最终成果，也就是以《马克思主义哲学创新研究》为题的4本书。这4本书就是按上述思想设计的：1. 时代精神；2. 科学技术；3. 哲学研究；4. 体系构建。我提出，今天应当更加自觉地来从事构建一个更加科学的体系，即更加真实、更加完整、更加严密的马克思主义哲学思想体系，实际上，这就是以时代精神的发展为目标。我们是哲学专业工作者，不是国家的管理者和领导者。我们直接改造的世界，就是学生和广大读者的思想世界。显然，马克思主义哲学的思想体系如果能够更真实、更完整、更严密，就会具有更强大的感召力和说服力，广大学生和读者就会用科学的哲学思想武装起来，就能直接运用马克思主义哲学来认识和改造世界。这样，马克思的话就得到了完整的体现。

　　基于这种看法，我认为大学里马克思主义哲学教师的科研工作，应该就是学科建设，即马克思主义哲学的建设。学科建设分为两个方面：一是基本理论研究；二是现实的哲学问题研究。前者是研究马克思主义哲学发展与创新的前沿问题。对于其他学科来说，所谓前沿问题比较简单，因为那些学科一般比较成熟，它们没有解决的问题就是前沿问题，解决一个就前进一步。而对于马克思主义哲学学科而言，情况就没有这么简单了。在有些人看来，它能否作为一门学科都成问题，例如，它的对象是什么？它是否是一门科学？它是如何构成的？它是不是辩证唯物主义？等等。这些本已解决的问题今天还有争论。我们应当在新的时代发展的基础上进一步解决这些有争议的问题。在这些问题基本解决的基础上，才谈得上对现实哲学问题的研究，即对建设中国特色社会主义现代化社会中的哲学问题的研究。

（五）推进哲学理论研究与树立"诚实研究"的学风

　　韦建桦：把哲学作为科学来建设和发展，需要哲学工作者坚持正确的方向、科学的方法和诚实的态度。马克思在他的重要著作《〈政治经济学批判〉序言》中说过："我的见解，不管人们对它怎样评论，不管它多么不合乎统治阶级的自私的偏见，却是多年诚实研究的结果。"根据我的理解，"诚实研究"就是对无产阶级和劳苦大众的解放事业始终坚持忠贞不渝的真诚态度；就是在考察历史进程、分析现实问题、研究文献典籍、作出理论判断时采取科学的、严谨的方法；就是要根据确凿的论据和缜密的逻辑得出结论，力求让每一个结论都经得起实践的检验和历史的考验，做到严肃认真、一丝不苟、信而有征、高度负责，反对穿凿附会、弄虚作假、哗众取宠和轻率浮躁。在学术研究中标举一个"诚"字，摒弃虚伪诡诈、主观臆测、捕风捉影、断章取义的做法，这也是我们中国学术的优良传统。《礼记·乐记》强调"著诚去伪"；易经《乾·文言》中说："君子进德修业，忠信所以进德也，修辞立其诚，所以居业也。"千百年来，中国学术界对"诚挚之心"和"质朴之学"的推崇与追求，同马克思的治学精神是一致的。而学术界目前存在的一些倾向，既背弃了我们的传统，又违反了马克思主义原则。我感到，马克思所强调的"诚实研究"的学风，在当代哲学学科乃至其他学科的研究中具有现实的指导性和很强的针对性。您能否根据多年来从事哲学研究的切身体会，针对当前存在的学风问题，谈一谈自己的看法。

黄枬森：我完全同意您的看法。诚实的态度应该是研究任何问题不可缺少的。缺乏诚实的态度就根本谈不上什么研究。诚实的态度是唯物主义认识论的根本要求，也是实事求是精神的表现。真正要贯彻这种精神，还要求胸怀坦荡，一心为公，摒除各种偏见。因此，一个人要做到一辈子"诚实研究"，也不是容易的事。应该在理论界大力倡导"诚实研究"。

令人担忧的是，目前违背"诚实研究"态度的情况还非常突出。我认为有几种表现。最严重的是弄虚作假的行为，这其中最常见的是抄袭，把别人的成果抄袭过来，变成自己的；编造科研成果，也是一种常见的作假行为。这类事例媒体时有报道。不过，这种不诚实行为一旦被发现，就会受到社会舆论的谴责，有的还会受到相应的处分，或赔偿受侵犯者的经济损失。这是由于这种欺诈行为是容易识别的。而另有一些不诚实研究的行为则不易识别。例如，有的研究者为了某种个人目的，故弄玄虚，故作高深，甚至强词夺理，弯来绕去，让人感到其中有深奥道理。又如，有的研究者虽没有抱着某种个人目的，却认为语言越深奥越有学问，因而把简单明了的问题说得晦涩难懂；或者认为越时髦越好，因而盲目地追风赶浪，什么观点时髦就主张什么，不管它有没有根据，根据充分不充分。这种研究不是科学研究，不是"诚实研究"，我们都应拒绝。

（六）科学品格与科学精神

韦建桦：马克思主义哲学作为科学，要求哲学工作者具有探求真理的勇气和无私奉献的精神。恩格斯说："科学越是毫无顾忌和大公无私，它就越符合工人的利益和愿望。"恩格斯认为，要使哲学研究随着时代向前推进，就要始终保持对真理不懈追求的崇高纯洁的"理论兴趣"，而要做到这一点，就必须尊重哲学的科学品格，"对职位、牟利，对上司的恩典，没有任何考虑"。在恩格斯看来，那种"没有头脑的折中主义""对职位和收入的担忧"以及"极其卑劣的向上爬的思想"，乃是科学精神的大敌，它必然会使崇高纯洁的理论兴趣日渐衰退直至消泯。同恩格斯所处的时代相比，我们今天的研究条件和研究环境发生了巨大变化，但恩格斯所倡导的毫无顾忌和大公无私的精神，无疑仍是马克思主义学风的内核和特质。坚持这种精神，是马克思主义理论体系和学术不断发展的内在要求和迫切需要。我们看到，在今天的学术领域中，恩格斯当年痛切指斥的那种庸俗之风和市侩习气仍然时时浮现；重温恩格斯的教诲，可以在我们中间产生振聋发聩的警示作用。改革开放以来，您亲身经历并积极参与了关于真理标准的讨论、关于人道主义和马克思主义关系的讨论、关于人学基本问题的讨论、关于马克思主义哲学的对象、组成部分和体系的讨论以及关于中国文化建设的讨论。请您结合自己参加这些重大问题研讨的经历，联系中国马克思主义哲学研究的现状，谈一谈我们在今天如何发扬恩格斯所倡导的科学精神。

黄枏森：恩格斯倡导的"毫无顾忌和大公无私"的科学精神，确实是科学研究和学术事业的灵魂。没有这种精神，科学研究和学术就不可能创新，不可能发展繁荣起来。经典作家是这种精神的典范。历史上大科学家、大哲学家没有一个是不具备这种精神的。这种精神也就是我们常说的理论勇气，它与坚持真理、敢于反潮流的意思差不多。这个问题也是在现实生活中经常出现的，如果缺乏这种科学精神，就必然会发表一些违心之论，在理论上也很难作出有价值的判断。不过抽象地谈这种精神好理解，而要真心贯彻这种精神，就不那么简单了，因为这里不但需要勇气，而且要灵活地、妥善地处理种种矛盾。例如政治与学术，就社会主义社会来讲，是一致的，但也并不是绝对一致的。二者有区别，有时难免有矛盾，就要妥善处理。又如多数与真理，真理总是可以得到多数人同意的，但这是从最终意义上谈的，而有时多数人站在错误一方，形成了思潮，也得妥善处理。因此，我认为不但要有勇气，而且要有智慧；不但要敢于坚持真理，而且要善于坚持真理；不但要敢于反潮流，而且要善于反潮流。

（七）　前沿问题探索与基本理论研究

韦建桦：马克思主义哲学研究离不开对东、西方哲学的历史和文献的广泛涉猎，尤其是离不开对马克思主义经典著作的认真学习、刻苦钻研和深刻领悟。这是马克思主义哲学工作者的基本功，也是坚持严谨学风和科学精神的重要保证。我们注意到，几十年来，您在这方面付出了艰辛的劳动，可以说是锲而不舍、持之以恒。由您主编的《〈哲学笔记〉注释》就是一个标志性成果。这部 50 万字的著作融汇了丰富的知识，进行了细致的考证，提出了中肯的见解，凝聚着大量的心血，不仅为研究列宁哲学思想奠定了坚实的基础，而且对研读马克思恩格斯哲学著作也具有重要的参考价值。全书内容涵盖了从古希腊罗马时期直至德国古典哲学时期的整部欧洲哲学史，并且力求用马克思主义立场观点方法对一系列重要的代表人物及其著作进行介绍和评析。直到今天，在林林总总的哲学论著中，您主编的这部《〈哲学笔记〉注释》仍然以其扎实的功底和独特的价值受到学界的重视，使很多同志深受教益。除此之外，您长期坚持对照原文研读马克思主义经典文献，力求准确把握原意，做到融会贯通。您认为"这种基本功"对您的学习大有益处。我们深深地感到，这种精神对于端正学界风气、启迪年轻学人具有重要的价值。请您谈谈这方面的体会。

黄枬森：千方百计地读懂和理解所读的经典性著作，是做学问的基础性功夫，我从这一点获益不少。在我学习和工作的过程中，有几次我印象特别深刻。一次是中学老师王冶秋先生教我做读书笔记；再一次是1951年在人大进修，苏联专家要求我们做列宁著作的读书笔记；还有就是编写《〈哲学笔记〉注释》。苏联没有专门的注释性著作。中国有这样的书，但只对列宁的某些批注加上注释，至于列宁所作的大量摘录，读者仍然看不懂。苏联专家讲课，主要是梳理列宁的思想，但听后对读懂《哲学笔记》帮助不大。碰巧在当时的北大有两个很好的条件，一是有丰富的图书资料；二是有掌握了丰富的哲学理论知识和外语知识的教员。我带领几位教师花了三四年时间，完成了编写工作。从那以后，我没有对马克思、恩格斯、列宁的著作再做过系统的注释工作，但碰到疑难问题无法理解时，我还是喜欢查阅原著，并与译文对照研究。我的体会是：第一，原著及其表达的思想都是一种客观存在，理解、解读原著，就是一种认识，必须坚持唯物主义认识论的原则，实事求是地解读它。第二，一定要弄懂原著的思想再对它作评价或引申，切忌望文生义，尤忌掐头去尾。第三，反对"六经注我"、为我所用的唯心主义认识论原则，决不按照自己的需要来理解所引证的经典作家的话。第四，经典作家的话不是绝对真理，不是自己观点的最后证明，只有实践才是最后的证明。

（八）继承与创新

韦建桦：21世纪初，您主持了"马克思主义哲学创新研究"这一重大课题。这个课题的最终成果——4卷本《马克思主义哲学创新研究》已经问世。正确理解和处理继承与创新的关系，是马克思主义哲学研究中历久弥新的重要问题。近年来，您在这方面有许多思考和论述。给人们留下深刻印象的是，您在倡导和推动开拓创新、与时俱进的同时，反复强调要十分尊重和公允评价前人的探索历程与研究成果。从旗帜鲜明地反对全盘否定苏联的马克思主义哲学教科书以及其他学术著述，到一再强调要重视和研究熊十力、金岳霖、冯友兰和贺麟等老一辈哲学家的学术生涯和重要贡献，我们深切地感受到您在这方面的历史意识。在谈到个人学术道路时，您也经常提到艾思奇、潘梓年、胡绳、许德珩、冯定、郑昕等老一辈中国学者以及鲍罗廷、萨坡什尼可夫、格奥尔吉也夫等曾在中国任教的俄国学者，谈到他们在治学方面对您的启示。学术为天下之公器。学术的发展是一个前后相续、薪火相传、集思广益、不断升华的过程，其中的每一个环节、每一个阶段都凝结着人们追求真理的智慧和心血。您对历史、对前人采取的尊重和理解的态度，不仅反映了一个学者的道德，同时也体现了一种可贵的学风。我们希望听到您关于学术继承和学术创新方面的具体想法，特别是您在这方面对年轻学者的期望。

黄枬森：继承与创新具有非常普遍而又重要的意义。大家知道，人类文明发展到今天与原始社会相比可以说有天壤之别，其所以如此就是由于继承与创新。有继承才有积累，有创新才有发展，人类文明才能日新月异，才有今日之高水平和大规模。创新与继承是人类文明方方面面的永恒课题。哲学，特别是马克思主义哲学，当然不能例外。马克思主义哲学是对人类哲学传统的继承与创新；马克思主义哲学的新形态也是对前形态的继承与创新。不能把马克思主义哲学从以前哲学继承过来的东西看成是以前哲学的"复辟"，也不能把马克思主义哲学的当今形态从以前形态继承下来的东西看成是"过时"的东西。

在我国思想界，有过极端化的偏向。例如，对西方哲学一概否定，对中国儒家哲学一概批判，对苏联的哲学体系根本抛弃，这些都是否定继承的偏向；而复古主义、教条主义则是否定创新的表现。这些偏向都是应该纠正的。我当年也曾陷入一些偏向，今天也正在努力纠正。在我看来，抽象地承认继承与创新并不难，但掌握好分寸不容易，因为问题总是具体而复杂的，继承什么、继承多少，创新什么、创新多少，都很费功夫，往往需要长期艰辛的劳动。

（九）哲学工作者的思想文化修养与社会责任

韦建桦：哲学是一种从总体上把握世界的人类智慧。哲学作为理论形态的世界观，既包含对自然以及人与自然关系的总体理解，又包含对历史以及人与历史关系的总体理解，同时还包括对人本身以及人生意义的总体理解。哲学的这种科学性质和科学地位，势必对哲学工作者的思想文化修养提出很高的要求。马克思说过："哲学家并不像蘑菇那样是从地里冒出来的，他们是自己的时代、自己的人民的产物，人民的最美好、最珍贵、最隐蔽的精髓都汇集在哲学思想里。"按照马克思的这个精彩论述，专门从事马克思主义哲学研究的学者首先必须是自己研究的理论的笃信者和践行者，同时还必须超越本专业的畛域，经常把目光投向更加宽广的天地，去涉猎政治、经济、法学、史学、教育、道德、科技、文艺、军事、民族、宗教等方面的广博知识；必须关注时代的进步和民族的命运，贴近人民群众丰富多彩的现实生活；必须从自然科学和社会科学的最新发展中汲取营养，并且在考察世界历史、思考人类未来的过程中不断获取新的感悟和动力。正因为如此，公众对于哲学家的思想文化修养有很高的期许。在公众的心目中，"哲学家是智慧的爱好者，他不是仅爱智慧的一部分，而是爱它的全部"①，因此公众希望了解哲学工作者如何在日常生活中提高自己的修养，积累丰富的知识，保持高尚的情怀。您能否围绕这个问题谈一谈自己的体会？

黄枬森：这个问题提得好，很重要，但往往为专业工作者、专家所忽视。专业是有范围的，但专家是人，人是社会的人、综合的人、全面的人。人不但应当有专业修养，还应当有综合修养，也就是你提出的思想和文化修养。这对哲学专业工作者尤其重要。因为哲学之为专业，在于综合、整合，在于全面、系统，在于普遍、一般，其为学也涉及百科，包含最广、最多、最深，这就是说，哲学专业工作者要具有渊博的知识、全面的文化修养。至于思想修养，我认为这也是哲学专业必然蕴含的内容之一。自古以来，艺术、道德、宗教、哲学四者何者应占主导地位，一直争论不断。事实上，在哲学的科学形态出现之前，这个问题是无解的，因为这四个领域都在追求最后的东西，即终极的东西，难分高下。只有在哲学成为科学之后，即辩证唯物主义这一科学的世界观出现之后，世界观的最后最高指导作用才显露出来。辩证唯物主义包含科学的历史观、科学的人生观、科学的价值观、科学的信仰——人类的共产主义目标。而在前科学

①　柏拉图：《理想国》，商务印书馆 1986 年版，第 217 页。

时期，发挥最后最高的指导作用的不是世界观，而是超物质、超自然的感情、意志、心智，或者是"全知全能的神"。至于说到我个人，很惭愧，我没有自觉的思想文化修养，不过我的兴趣是广泛的，喜欢百科知识，欣赏文学艺术；不封闭，不自以为是；重视独立思考，不喜追风赶浪；遵循助人为乐、与人为善的古训。

韦建桦：您刚才提到辩证唯物主义作为科学的世界观所具有的"最后最高的指导作用"。我想，这种最后最高的指导作用首先是指辩证唯物主义必然成为工人阶级认识世界、改造世界的思想武器，同时也是指它应当而且能够成为每一个人的心灵归宿和精神家园。它应当让千千万万在人生道路上艰辛跋涉的普通人获得启迪，从而以清醒理性、从容旷达的态度去面对浮沉顺逆、进退得失、灾祸疾病、衰老死亡。我相信马克思主义哲学能够使人活得更加清楚明白、乐观自信，能够引导人到达一种恬淡高洁、平和自然而又积极进取的人生境界，也就是说，它能够使人获得真正有益的终极关怀。您在《黄枬森文集·自序》中也表述了这样的看法："马克思主义哲学也可以成为个人安身立命之处，给个人以终极关怀。"然而据我所知，在现实生活中，许多人对这一点并不认同。他们在寻求终极关怀时往往只把目光投向旧时代的人生说教或现时代的流俗观念；一些人为了走出人生困境、获取精神抚慰而转向了宗教，其中也有共产党员。这个现实问题应当引起马克思主义哲学工作者的反思。我们应当重新思考哲学的现实功能和社会责任问题。在物欲主义和功利主义盛行的历史环境中，哲学有责任帮助人们免于沦为自身需要和欲望的奴隶，克服贪求躁进的心态，始终作为自身的主体保持一颗坚定安静之心，因为正如马克思所说："只有从安静中才能产生出伟大壮丽的事业，安静是唯一能生长出成熟果实的土壤。"因此，哲学一方面要发挥引领社会发展的作用，另一方面要关注和热爱人自身，并在新的历史条件下不断探索"人的解放"这个历久弥新的重大命题。可是我总觉得，多年来我们不太关注普通人在自觉或不自觉地追问人生意义时所产生的困惑、焦虑、忧惧和怅惘，不太重视研究、辨析和借鉴古今中外哲学在这方面的丰富资源，不太积极主动地围绕生命历程和归宿问题进行学术研讨和理论阐发工作，所以我们很少看到与此相关的学术成果和普及读物。我认为这种状况应当改变。我们要通过不懈的努力，使马克思主义哲学直接面对和真正深入当代中国人的心灵和生活世界，并与源远流长的中华文明贯通融会，成为亿万普通人由衷信服和自觉选择的实践指南、心理支柱和生存智慧，同时在这个过程中提升我们自己的思想修养，丰富马克思主义的哲学内涵。这是马克思主义哲学工作者的使命。如果不能做到这一点，我们还谈什么马克思主义的大众化和生命力呢？您在前面的谈话中曾经提到："群众中总有一种看法，认为马克思主义哲学就是政治，而不是学术、不是科学；认为马克思主义哲学只是为政治服务的。这种观点忽略了一个事实，那就是马克思主义哲学蕴含着很多科学真理。"我感到群众中之所以出现您所指出的这种片面性认识，主要是由于哲学在过去的意识形态领域曾经被教条化、庸俗化、政治化，同时也由于我们的哲学诠释和宣传普及存在着片面性，缺少对哲学"本当是什么"和"必须做什么"的科学回答和完整说明。群众的看法表明，我们还远远没有让马克思主义哲学蕴含的真理，包括这种哲学所揭示的客观规律和人生真谛深入人心，以致许多人没有体会到这种哲学同他们日常的精神生活有何联系；而任何科学的真理如果没有掌握群众，就不可能变成物质的力量。哲学发展的历史证明：一种远离人们日常生活的哲学，最终必然会受到大众的漠视和疏离。

（十）　马克思主义哲学中国化与经典著作编译

韦建桦：马克思主义真理在中国传播和运用的一个重要前提，就是经典文本的中国化，就是马克思主义创始人的原著从欧洲语言向中国语言的转换。实现这一转换的关键，在于研究和领悟经典作家的思想，同时要辨析和判明中西文化的异同。说得直白一点，就是译者必须透彻地理解经典作家的原意，然后设法用严谨规范、明白晓畅的中文将这种原意表达出来，使读者阅读译本就像阅读原著一样；用恩格斯的话来说，就是使读者能够"按照作者写作的原样"去把握原著的核心内容和整体风格。这真正是一项"代圣人立言"的工作，责任重大，任务艰巨。对于编译工作者来说，这既是崇高的使命，又是严峻的挑战。

理论上的准确性是经典著作编译工作的首要目标。理论上的认识和表述不准确，一切都无从谈起；在这方面，任何细微的偏差都会引起读者在理解上的巨大讹误。您在前面曾提到："原著及其表达的思想都是一种客观存在，理解、解读原著，就是一种认识，必须坚持唯物主义认识论的原则，实事求是地解读它。"这正是我们在编译经典著作时的指导性原则。然而要真正实现这个"实事求是"的解读原则，并不是一件轻而易举的事情。中国和欧洲在历史、文化、心理、语言、风俗、习惯、传统等方面的巨大差异，给翻译工作带来了难以想象的困难。由于经典著作涵盖历史和现实生活的广泛领域，这就要求编译工作者具有深厚的理论功底、学术修养和语言造诣。所以恩格斯强调指出，经典著作编译工作"是真正老老实实的科学工作"。

从 20 世纪初到现在，中国一代又一代马克思主义理论家和翻译家艰辛跋涉、勤奋耕耘，把马克思主义经典作家的思想和学说逐步介绍给中国人民，取得了众所瞩目的成果。到目前为止，马克思主义经典著作在中国已经形成包括全集、选集、文集、专题读本和各种单行本在内的完整的版本体系，有力地推进了马克思主义中国化、时代化、大众化的伟大事业。然而，马克思恩格斯的"原著及其表达的思想"既然是一种"客观存在"，那么，理解它的要旨、把握它的精髓就需要有一个不断深化的认识过程。在新的形势下，这项工作需要与时俱进，不可能一劳永逸。

您和许多马克思主义学者一样，长期关注和支持经典著作的编译工作。我们了解到，您本人在潜心研究的同时，也曾从事各种文献的翻译和介绍，您还撰写过文章，阐述编译工作对于整个理论建设的重要意义，呼吁人们高度重视这项事业。借此机会，请您谈一谈对经典著作编译工作的希望，特别是谈一谈还有哪些重大问题需要在理论研究和创新的过程中妥善解决。

黄枬森：对经典著作的翻译我是一个十足的外行，不过我对这个工作的特点和甘苦是了解的。我十分尊重和尊敬这些译者，尤其是编译局的译者们。我几十年来以研究和阐述经典作家的思想作为我的毕生事业。我阅读的主要资料都出自你们之手，我对编译局一直抱着感激与尊敬的感情。前 30 年来往较少，后 30 年交往较多，编译局对我帮助、支持也很大，当然了解得更多更深一些。《光明日报》的文章《一群人，一辈子，一件事》对你们的介绍和评价引起全国强烈的反响，这绝不是偶然的。

我的认识可以归结为几点：第一，一个合格的译者必须具备很高的条件：精通外文，精通中文，而且具有很强的文字表达能力，还要知识渊博，博古通今，学贯中西。第二，具有很强的为弘扬学术事业而自甘寂寞的精神，不仅敢于坐"冷板凳"，而且甘于坐"冰板凳"，是真正的无名英雄。第三，经典著作的译者尤其如此，要有自我牺牲的精神。解放前，阅读经典著作要受迫害，何况翻译。解放后，经典著作的翻译是一个集体的事业，署名往往是集体性的，有的甚至没有署名。第四，近 30 年来，编译局的同志们不仅在原有基础上继续和发展了翻译工作，而且加强了经典著作的研究和传播的工作，把编译局建成了马克思主义的文献编译、思想研究和理论传播的重镇，成为我国坚持马克思主义、发展马克思主义和马克思主义中国化的一支重要力量。这种变化无疑是编译局适应时代发展、与时俱进的结果。

就今后来讲，我认为编译局无疑应当继续发挥编译、研究和宣传这几方面的功能，但应该坚持以编译为重点、为基础。在这个改革开放和全球化的时代，理论界十分活跃。马克思主义中国化一方面是中国化、是创新，但是一方面必须是马克思主义。什么是马克思主义观点，在许多领域都是问题，都有争论。要坚持真正的马克思主义观点，离不开对经典作家理论的准确解读，离不开文本，离不开翻译。在这方面，编译局的翻译已形成真正的权威，这是基础，是不能轻易改动的。在我看来，编译局在经典文本的准确解读方面，也就是在坚持马克思主义方面，具有其他单位难以取代的地位和作用。我希望编译局一定要发挥多方面的功能，不能单打一，但编译工作是基础，应该利用这个基础在准确解读经典著作方面发挥特殊的作用。

韦建桦：我完全同意您的意见。第一，在新的形势下，我们确实应当在理论研究和理论宣传方面发挥重要作用，但经典著作的编译工作仍然是具有战略意义的基础工程，必须毫不动摇地继续推进。首先，我们要更加完整地编译出版马克思主义经典作家的遗著，又好又快地推进和完成 70 卷本《马克思恩格斯全集》中文第 2 版的编译工作，及早为理论界和广大读者提供一个更加完善可靠的基础文本。其次，对于已经出版的经典著作，我们要根据新的研究成果进行审核和校订，使译文更加准确、编排更加科学、考证更加精当、资料更加翔实。最后，针对理论界和广大读者在学习和研究中提出的问题，特别是涉及版本和译文的问题，我们应当主动承担诠释和说明的责任，同大家一起弄清原著要旨和理论是非。

第二，我们要继续努力，建设一支合格的马克思主义经典著作编译队伍。正如您所说，做一个合格的经典著作编译工作者是很不容易的，因为这项工作不仅需要深厚的学养和严谨的学风，而且需要有恒心、毅力和献身精神。我记得朱光潜先生对我说过，以经典翻译与经典研究相比较，前者对学养、学力、学识和学风的要求更严。事实表明，研究工作要求的是"得其要义",而翻译工作除此以外还要做到"纤悉无遗";撰写论文可以"扬长避短",而从事翻译却绝不允许"避难就易"。在经典翻译工作中,单是译名的确定和统一,就是一项艰巨的任务。以《资本论》为例,在过去80年中,为了确立书中数以千计的中文译名及其体系,一代又一代人付出了艰辛的劳动。今天,我们需要通过锲而不舍的努力,培养出一批能够从事这种艰辛劳动的有志者,来继承这个传播真理的事业。

第三,我们需要同学术界一起,共同推进经典著作编译事业。这项事业必须与理论研究和实践探索同步发展,因为这是一个不断探求真理和认识真理的过程。当前,我们一方面要深入探讨编译工作中遇到的一些重大理论问题和语言表述问题,包括认真修订和完善一些具有重要理论意义的译名和译语,另一方面要全面研究100年来经典著作编译史中具有深远影响的学术问题,例如经典著作翻译与中国哲学社会科学理论建构的关系,马克思主义理论范畴译名体系在中国形成的历程,经典著作译本对中国大众思维方式和话语体系的影响,中国历史传统和民族文化心理对马列著作移译、解读和接受过程的作用与影响,等等。我觉得,这些研究将在理论和学术上促使我们扩大视野,开阔思路,推动哲学社会科学和经典著作编译工作向广度和深度发展。

我们感谢您和哲学界的朋友们对经典著作编译工作的大力支持和宝贵建议,衷心祝愿您健康长寿,祝愿您在马克思主义哲学研究领域取得更加丰硕的成果。今天的访谈涉及哲学学习和研究的许多重要问题,可惜由于时间限制,有些讨论仅仅开了一个头。我希望今后还有机会继续向您请教,使我们的讨论能够进一步深化和展开。

六　关于马克思主义哲学创新的对话[*]

访问者:

你主持的科研项目《马克思主义哲学创新研究》4部著作于去年出版以来,理论界颇为关注,也提出了一些值得深入研究的问题,你能不能谈谈你的感受和你对这些问题的看法?

---

* 本文发表于《马克思主义研究》2012年第12期,是黄枬森应杂志约请以访谈形式撰写。

黄枏森：

很高兴谈一谈，不过我不想由我个人主观地谈一通，最好是你提一个问题，我谈一个问题，如何？

访问者：很好，我先从一般问题提起。

现在，"创新"是一个使用范围极广的概念。中国特色社会主义社会是一个创新型社会，到处都要创新。哲学创新是一种文化创新，那么，它同其他文化创新有什么共同之处和不同之处呢？而且哲学也有各式各样，马克思主义哲学创新和其他哲学创新又有什么异同呢？

黄枏森：哲学作为一种文化现象和其他文化现象相比较，当然有其特点。我认为哲学创新似乎要比较单纯一点。例如同教育比较，哲学主要是理论创新，而教育还有体制、制度、机构等。又如艺术创新主要是艺术体制、形式、表演或成果等。哲学创新主要是理论创新，因而必须提出新思想、新观点，有的甚至是新思想体系，而这些理论应该有新的来源，包括实践来源，逻辑来源等。对于文化创新和哲学创新的异同我没有作过专门的研究，谈不出什么来，就这样抽象地谈谈吧。我想谈的是我关于马克思主义哲学的创新的看法。

马克思主义哲学创新是我近30年来一直关注的重要问题。20世纪80年代初起，哲学界经常议论的问题就是原来的马克思主义哲学体系，大家都表示不满意，亟须加以改革，用今天的话说，就是进行创新。1985年教育部委托当时的8个马克思主义哲学博士点承担了《马克思主义哲学体系改革研究》的科研项目，这个项目立项的第二年又被批准为国家社科基金项目。小组成员们对马克思主义哲学的性质和体系意见颇为分歧，但大家都一致同意以马克思的名言"真正的哲学就是时代精神的精华"作为改革的指导思想，而且采取了一系列具体措施来实现这一原则。我后来提倡马克思主义哲学创新首要的一个要求就是创新的来源、源泉，这是同其他哲学的创新明显不同的。我一直坚持马克思主义哲学的创新源泉第一个是实践、时代的发展，而其他哲学创新中实践、时代的位置至少不像在马克思主义哲学创新中那样高，甚至不在考虑之中。

其次，马克思主义哲学是一门科学，创新就要增加科学的因素，加强其科学的程度，就是说，要以新的真实的原理来丰富其内容，使原有的原理更加完善、更加具体；使其组成部分更加合理，其体系更加严密、具有更强逻辑性。而其他哲学的创新当然也要求具有科学性和逻辑性，不会有意地胡说八道和胡言乱语，不管事实，不顾逻辑，但他们一般都不把哲学作为现代科学体系中的一员，不承认哲学同自然科学和社会科学一样具有共同的科学性质，而是强调它们根本不同。

最后，马克思主义哲学的创新不仅来自实践，而且具有应用于实践、受实践检验的特点。当然，作为一门科学，它的创新与其他科学一样不是直接为了解决某一实际问题，而是为了学科的发展，为了更准确、更具体、更深入地认识这门科学的对象，但归根结底，一门科学的发展还是为了推动社会实践和整个社会的发展。这就是马克思主义哲学所指出的，整个人类认识的出现和发展都是人类实践所决定的，而认识的出现和发展又会推动实践的进一步发展。一个真正信奉马克思主义的哲学家都会把马克思主义哲学创新自觉地摆到人类实践和认识的辩证洪流之中。其他哲学的哲学家的哲学创新其实也在这一辩证洪流中，但他们是不自觉的，他们创新哲学的直接目的不是为了推动学科的发展，而是为了求得自我的满足，用现在流行的语言来说，就是求得终极关怀。在他们看来，无论是上帝也好，佛也好，大自然也好，心灵也好，自我也好，只要能使自己最终满足的，都一样。

由于我的这些想法，10年前我在策划《马克思主义哲学体系的坚持、发展和创新研究》这一科研项目时，不但立志提出一个新的马克思主义哲学体系，并把我的这些想法贯彻其中，而且设计了另外三个子课题，从时代精神、科学的发展和中西哲学的研究三方面落实时代精神对马克思主义哲学创新的决定作用，其最终成果就是去年出版的那4部著作：第一部《马克思主义哲学体系的当代构建》，第二部《时代精神与马克思主义哲学创新》，第三部《现代科学技术与马克思主义哲学创新》，第四部《中西哲学的当代研究与马克思主义哲学创新》。我用一句话来概括：马克思主义哲学创新与其他哲学创新的显著区别在于：它是一种科学的创新，而其他哲学创新则不一定是。

访问者：你的思考使我联想起一个问题。我国学界近年来喜欢谈"马克思哲学"，提倡"回到马克思""走近马克思"，你能否谈谈马克思哲学与马克思主义哲学的区别、马克思哲学创新与马克思主义哲学创新的区别？

黄枬森：我现在孤陋寡闻，还没有看过专门谈这个问题的文章。不过，我平时倒也有些思考，试着谈一谈，请你指教。

顾名思义，马克思哲学是一个人的哲学思想，而马克思主义哲学则是一个学派的哲学。一个人的哲学可能非常复杂，有的人一生中主张过几种哲学；有的人中年后稳定下来，终身坚持，虽然后来也有所变化和发展。而一个学派的哲学往往是一个哲学体系，比较起来，变化不像一个人的哲学那样大，它的名称中之所以包含某个人的名字，是因为这个人是这一学派的创始人或主要代表，他的哲学思想占主导，但二者不能等同。因此，马克思主义哲学不等于马克思哲学，后者是前者的根基，前者是后者的产物。马克思主义哲学还有一个特征，它是一门科学，而马克思哲学则不能简单地称为一门科学。马克思主义哲学在马克思逝世后，将与时俱进，为这一学派的继承者所发展，而马克思哲学在马克思逝世后不可能发展或增加新的内容，如果有，那也是马克思生前遗失著作的发现或者是对马克思著作的新的解读。因此，在我看来，认为马克思的话就是马克思主义哲学的一切观点成立的标准，越接近马克思就越是马克思主义的，这种倾向是太过分了。

按照我的这种理解，在今天马克思哲学创新就无从谈起，只能谈马克思哲学研究的创新，这就是马克思主义史或马克思主义哲学史作为科学的创新。

访问者：你的这些想法，我没有思考过，一时还提不出什么意见。我们还是接着讨论马克思主义哲学创新的主题吧。你能不能谈谈马克思主义哲学创新与马克思主义哲学体系创新的异同问题？

黄枏森：好，这正是大家有所争议的问题。

在我看来，二者基本一致，有时甚至完全一致。"马克思主义哲学创新"是一个综合性概念，包括总体创新和局部创新，即内容的创新、方法的创新、结构的创新等，而"马克思主义哲学体系创新"，人们的理解有狭义与广义之分，狭义的就是结构的创新，而广义的则包括各个局部的创新，与马克思主义哲学创新没有什么区别，它既是整体创新，也包括各个局部的创新，不能把体系理解为只是一个骨架，体系是一个系统，系统一定包含它的因素以及因素之间的联系。不能把系统仅仅理解为其各个因素之间的联系，这是现代系统论者的共识，为什么要把思想体系即思想系统仅仅理解为思想之间的联系，不涉及它的具体内容呢？

再说，对于一种理论来说，思想之间的联系绝不是可有可无的、无关紧要的。小至一篇文章、一个报告都有其思想之间的一定的联系，如果内容颠三倒四、杂乱无章，别人怎样正确掌握你的思想实质呢？特别是科学理论，其原理之间的联系尤为重要，联系越严密越好，越能表达其内容的合理性，越能说服人。思想体系的形成往往成为一门科学形成的标志。

应该强调，一个科学的理论体系绝不是僵死的、凝固的、封闭的，而是生机勃勃的、发展的、开放的、与时俱进的，往往是多样的。创新科学的理论体系绝不仅仅是把一些概念或原理颠来倒去，抽象地改动它们的顺序，这正是有些学者厌恶"体系"的原因。因此，只要我们正确理解"体系创新"的丰富内涵，创新就会是全面的，而不致使创新流于框架的变动上，不致削弱其他方面的创新。我所主编的《马克思主义哲学体系的当代构建》可以说是贯彻了这种理解的实例之一，当然贯彻得好不好，够不够，又当别论了。

访问者：既然如此，你何必提"哲学体系创新"，直接讲"哲学创新"好了，免得别人误解。

黄枬森：不，这会引起更大的误解。我认为"马克思主义哲学"是一种哲学的共名，而它的体系是它的具体表现，我们构建的是它的当代表现。30年前中山大学高齐云教授研究过它的各种历史形态，近年来中国社会科学院于良华教授也在研究它的形态，有些学者在研究"马克思主义哲学研究范式"问题，"研究范式"不同就会产生不同哲学形态，也就是不同的哲学体系。因此，马克思主义哲学创新，不是提出第二种马克思主义哲学，它的基本观点没有变化，只不过是具有一些当代特点。如果提"马克思主义哲学的当代构建"容易引起误解；而提"哲学体系的当代构建"或"哲学形态的当代构建"，亦即马克思主义哲学的当代体系或当代形态，则不容易引起有第二种马克思主义哲学的误解。

访问者：我也认为体系不是一个干巴巴的骨头架子，而是一个有血有肉的活生生的系统，内容十分复杂，因而问题也比较多。你提出的马克思主义哲学体系有两大部分，一部分是主干，即世界观，一部分是分支，即多个部门哲学。这种区分似乎争议颇多。例如你所提出的体系发表后，争议较多的就是辩证唯物主义与历史唯物主义的关系问题。

传统的提法是辩证唯物主义和历史唯物主义是共产党的世界观和方法论。一般教科书在谈到这两部分的关系时的说法都是说历史唯物主义是辩证唯物主义对人类社会历史的推广和运用。这些传统提法近年来在我国学术界本来就颇有争议，现在争议就更多了。有些学者认为马克思和恩格斯的著作中没有"辩证唯物主义"这个概念，因而他们的世界观就是历史唯物主义，这里的"历史"不只是人类社会的历史，而且是宇宙的历史。有的学者认为"推广和运用"的提法是斯大林创造的，不能成立。你现在的看法，在我看来，有所同，也有所不同，你能就这个问题谈一谈吗？

黄枬森：可以。我认为这里有三个问题：第一，"世界观与方法论"的提法应如何理解？第二，马克思和恩格斯有没有辩证唯物主义思想？第三，辩证唯物主义与历史唯物主义的关系是不是世界观与部门哲学的关系？这些问题我在过去的论著中都有所论辩，这里再概括地谈谈。

第一，"世界观与方法论"的提法，严格讲，是不很准确的，但如能正确理解，还是可以保留的。我没有考察过这一提法的最早起源，它在中国理论界是得到公认的。一般不会把它理解为前者是世界观，后者是方法论，而是理解为二者既是世界观，又是方法论。这种理解就不准确。因为世界观的研究对象是整个世界，即宇宙，而方法论的研究对象是人的实践活动中的一种主观现象，即方法。它们的对象范围差别如此巨大，怎能把它们混为一谈呢？这里的"方法论"，准确地说，实际指的是根本方法或最高方法，即思想路线，辩证唯物主义的原理一方面是关于客观世界的整体情况和一般规律的理论，另一方面就是改造世界和认识世界的一般方法。还有，把辩证唯物主义和历史唯物主义都理解为世界观也是不准确的，世界观只是辩证唯物主义，至于历史唯物主义，是历史观，不是世界观。"历史唯物主义"是恩格斯提出的，他明确讲，就是唯物主义历史观，唯物史观是马克思和恩格斯在创立这种与唯心史观对立的历史观后一直使用的称呼。历史唯物主义的世界观基础是辩证唯物主义世界观，但它不是世界观。由于它同世界观的这种融为一体的紧密关系，具有世界观意义，把它同辩证唯物主义结为一体，称作世界观也是可以的。因此，我认为，只要能正确理解其内涵，把二者合称为世界观与方法论也是可以的。

第二，马克思和恩格斯没有"辩证唯物主义"的名称，却有辩证唯物主义的思想。有一种颇为流行的观点认为辩证唯物主义是把黑格尔的辩证法和费尔巴哈的唯物主义拼凑起来的。这是一种十分错误的观点。不错，这两位古典哲学家的思想是辩证唯物主义的主要的思想来源，但是，能够把一种崭新的哲学同它的思想来源等同起来吗？马克思和恩格斯都在唯物主义基础上批判和改造了黑格尔的唯心辩证法，又在辩证法的基础上批判和改造了费尔巴哈的直观的形而上学的唯物主义，他们的辩证法不是唯物辩证法是什么呢？他们的唯物主义不是辩证唯物主义又是什么呢？恩格斯曾明确地说过他的自然观是"辩证的唯物主义的自然观"。大家知道，恩格斯在自然辩证法研究中的"自然"是"大自然"，即包括人类社会历史和思维运动，这种"自然观"也就是世界观或宇宙观。我说辩证唯物主义世界观是马克思和恩格斯创始的，是符合他们的经典文本的，也具有颠扑不破的逻辑力量。

　　第三，唯物主义历史观是把唯物主义世界观运用于研究人类社会历史的结果，这个思想是马克思和恩格斯提出来的，不是斯大林的发明。斯大林在 1938 年出版的《联共党史》第 4 章第 2 节中是说过历史唯物主义是把辩证唯物主义的原理推广和应用去研究生活现象，但列宁早在 1914 年写作的《卡尔·马克思》中谈到唯物主义历史观时就说过要把社会科学同唯物主义基础协调起来，并在这个基础上加以改造，即把唯物主义应用于人类生活。列宁所说"协调"和"改造"实际上是恩格斯于 1886 年在《费尔巴哈论》中说的。不仅如此，马克思和恩格斯早在 1845 年共同写作的《德意志意识形态》中就明确指出过他们的历史观是（辩证）唯物主义在人类社会历史中的应用，而费尔巴哈拒绝把唯物主义应用于人类社会历史，因而是不彻底的。他们说："当费尔巴哈是一个唯物主义者的时候，历史在他的视野之外；当他去探讨历史的时候，他不是一个唯物主义者。"这就非常明确地说明唯物主义与历史唯物主义的关系：唯物主义是世界观，历史唯物主义是部门哲学；唯物主义适用于全世界、全宇宙，历史唯物主义适用于全世界的一部分——人类社会历史；一个是整体，普遍，一个是局部，特殊。以后他们多次讥笑费尔巴哈是半截子的唯物主义者：下半截是唯物主义者，上半截是唯心主义者。那么，说历史唯物主义是部门哲学是不是降低了它的重要性呢？我认为这只是说明它在科学分类中的位置以及它与世界观的关系，丝毫不涉及学科的重要性，重要性往往是由客观形势决定的。

　　访问者：你刚才谈到把历史唯物主义看成部门哲学出现的问题，其实，据我所知，你提出的体系中的其他几个部门哲学也出现种种问题。有人认为马克思主义哲学就是人学，这样，人学当然就不会是它的部门哲学。也有人认为马克思主义哲学就是认识论，列宁、毛泽东也说过这样的话，你说它是部门哲学，合适吗？至于方法论，它是与世界观并列的，你说它比世界观低一个层次，自然会引起质疑。你能不能一般地谈谈世界观与部门哲学的关系，分析一下这些问题？

黄枬森：行，我就试一试吧。

20 世纪 80 年代，我国曾兴起一股研究"应用哲学"的热潮，它的倡导者是辽宁大学郭国勋教授。他所说的应用哲学不是指研究哲学应用的哲学，而是指把马克思主义哲学应用于某一特殊学科或某一特殊对象而形成的哲学，如自然哲学、社会哲学、法哲学、政治哲学等。这种研究对我有很大的启发。我认为这种研究一方面解决了马克思主义哲学与现实世界如何具体联系起来的途径问题，同时也澄清了马克思主义哲学与历史观、人学、认识论、方法论等的关系问题。应用哲学研究是严格按照学科研究的对象来处理学科之间的关系的。哲学研究的对象是世界整体及其一般规律，而各种应用哲学的研究对象是世界的不同的领域及其发展规律，因此，哲学研究的是整体和一般，而不同的应用哲学研究的是不同的局部和特殊，当然应用哲学还可以区分为不同的层次，这样，哲学与各种应用哲学之间的关系、各种应用哲学之间的关系就清楚了。不过，我更喜欢用"部门哲学"或"分支哲学"，因为我认为部门哲学不一定都是把哲学应用于不同领域形成的，有的可能是对某一领域进行哲学研究形成的。关键在于对象，所有学科，只要明确了它们的研究的对象，它们之间的关系就容易弄清楚了。我下面就根据这个观点再一一分析一下世界观同它的上述部门哲学的关系。

关于历史唯物主义，前面已谈过，这里再补充一点。近年来出现一种颇为流行的观点，认为历史唯物主义不是历史观，而是世界观，其中"历史"不是专指人类社会的历史，而是包括人类社会历史在内的大历史，即宇宙史。如果仅仅从字面上看，这当然是可以的。记得 20 多年前江苏社科院的黄明理教授出版过一本书叫《大历史观》，就是研究整个宇宙史的，恩格斯在《自然辩证法》中也专门论述过宇宙发展的整个历程，这种大历史观或大自然发展史可以说是马克思主义世界观的历史部分。但是"历史唯物主义"是一个马克思主义术语，在马克思主义中它有其特有含义，它就是唯物主义历史观的同义词，恩格斯是把唯物主义历史观称作历史唯物主义的第一人，而唯物主义历史观中的"历史"就是人类社会的历史，这是马克思和恩格斯在《德意志意识形态》中研究的对象，后来他们一直如此理解唯物史观，100 多年来，这在马克思主义的各种论著中是不言自明的，今天硬要说历史唯物主义就是马克思主义世界观，这不是故意制造理论混乱吗？

　　关于人学，我认为只要从它的对象考虑，它与马克思主义哲学的区别和联系也是十分清楚的。世界观的对象是整个宇宙，人学的对象是人，在这个宇宙中可以说是微乎其微，怎能把二者混为一谈呢？有人认为马克思本人就曾有这个观点，这是误解。马克思在《1844年经济学哲学手稿》中曾说过自然科学与人的科学将随着科学的发展而日益显露其一致性，他并未否定它们之间的区别，更未根本否定科学分类。现代科学家提出的现代科学体系，例如我国著名的科学家钱学森院士提出《现代科学体系》，不就是一门科学吗？他把马克思主义世界观——辩证唯物主义摆在这个体系的顶端，而把人学看作世界观与基础科学相联系的桥梁之一，也就是部门哲学之一。这是值得哲学家们深思的。

　　认识是人的活动之一，以它作为一门科学的研究对象比人学的研究对象——人又小得多，认识论显然不能与人学混为一谈，更不能与世界观混为一谈。列宁和毛泽东所说马克思主义哲学是认识论是有其特殊含义的。他们这样说时有时是指马克思主义哲学是马克思主义的认识方法，有时是说世界发展的一般规律就是认识发展的一般规律。一个论断的真实含义必须同这个论断的上下文联系起来理解，不能把它孤立起来，不能望文生义。人们把方法论与世界观并列起来讲，这里的"方法论"就是根本思想方法，即思想路线，不是指以方法作为研究对象的科学，这在前面已谈到，就不再多说了。

　　访问者：我们谈得不少了，就谈到这里吧。

　　黄枬森：好。最后我还要说明一下，世界观与部门哲学的关系问题很复杂，我不过就我提出的体系中的一些问题作了点说明。至于我为什么选了这几门部门哲学，我在《马克思主义哲学的当代构建》的概论中作了说明，这里不重复了。

七　《德意志意识形态》与当代中国马克思主义哲学研究的三个问题*

　　中国的马克思主义哲学是从苏联传来的，其具体形态一直是辩证唯物

---

　　* 本文在《德意志意识形态》理论研讨会(南京大学2005年4月23日)宣读；发表于《马克思主义研究》2005年第4期；《马克思主义、列宁主义研究》2005年第12期。

主义与历史唯物主义。改革开放以来，人们对此提出了异议，特别是怀疑甚至否定辩证唯物主义作为马克思主义哲学的核心部分的地位。这样，是否还要坚持辩证唯物主义，或者说是否要以另一种形态，例如实践唯物主义来取代辩证唯物主义，近年来成为哲学界的最主要的争论热点。在这场争论中，如何理解《德意志意识形态》（以下简称《形态》）中的思想，成为关键性问题。具体说，有三个基本问题与《形态》有关：一是马克思主义哲学与旧唯物主义是否有继承关系？二是马克思主义哲学的创立是否包含思维方式从本体论思维方式向实践论思维方式的转变？三是世界观与历史观是否有一般与特殊的关系？

（一）

一般来说，没有人否认马克思主义哲学与旧唯物主义之间存在着批判与继承的关系，但一谈到一些具体问题时往往就抓住一个方面而忽视另一个方面。有的人在谈到直观唯物主义或唯物主义的直观性、自然本体论或物质本体论时，就认为马克思完全否定了直观唯物主义、物质本体论，根据是马克思在《关于费尔巴哈的提纲》（以下简称《提纲》）第一条就批判了直观唯物主义，在《提纲》和《形态》中都批判了物质本体论（不懂实践对世界的改变）。但他是不是完全否定了它呢？否。马克思是这样说的："从前的一切唯物主义（包括费尔巴哈的唯物主义）的主要缺点是：对对象、现实、感性，只是从客体的或者直观的形式去理解，而不是把它们当作感性的人的活动，当作实践去理解，不是从主体方面去理解。"① 他这里谈的只是旧唯物主义的"缺点"，而这个缺点只是旧唯物主义"只是从客体的或者直观的形式去理解"，而不简单地是"从客体的或直观的形式去理解"，这就是说，旧唯物主义的错误不在于它肯定对象、现实的客观性，而在于忽视了实践对对象、现实的作用，忽视了人的活动的主体性，忽视了对象、现实由于实践的作用也带有不同程度的主体性。他在《形态》中用大量篇幅批评了费尔巴哈唯物主义的这一缺点，他在谈了人类生产活动、工业和商业如何改变了自然界的面貌后说："这种活动、这种连续不断的感性劳动和创造、这种生产，正是整个现存的感性世界的基础，它哪怕只中断一年，费尔巴哈就会看到，不仅在自然界将发生

---

① 《马克思恩格斯文集》第 1 卷，人民出版社 2009 年版，第 499 页。

巨大的变化，而且整个人类世界以及他自己的直观能力，甚至他本身的存在也会很快就没有了。"① 显然这是对费尔巴哈的直观的唯物论或自然本体论的批评，但这是否把它完全否定了呢？没有，他紧接着就补充了一句："当然，在这种情况下，外部自然界的优先地位仍然会保持着"②，"何谓优先地位"？即客观性。这里的"这种活动……正是整个现存的感性世界的基础"一词常被人们理解为整个宇宙都依存于人类的实践活动，但通观前后文，马克思谈的都限于地球，丝毫没有涉及地球以外的宇宙，"实践本体论"绝非马克思的观点。

马克思主义唯物主义对旧唯物主义的批判与继承的关系不是一句空话，而是有具体内容的。从马克思的思想发展过程和《形态》的基本精神来看，马克思主义对旧唯物主义的继承主要表现在：一、承认外部世界的客观实在性；二、承认人类认识本质是对外部世界的反映。马克思主义对旧唯物主义的批判主要表现在：一、旧唯物主义不理解外部世界（主要是人类生活其中的地球）是经过人类实践活动改造过的；二、不理解人的活动的主体性或主观能动性；三、没有把唯物主义原则贯彻于人类社会历史领域。那种把马克思主义唯物主义同旧唯物主义绝对对立起来的观点是不符合马克思的思想的。在《提纲》和《形态》中，马克思丝毫没有完全丢掉直观唯物主义或物质本体论的意思，而是要在继承它的合理因素的基础上前进一步。

（二）

按照我的理解，所谓本体论思维方式是考察任何现象时总要把它作为一种客观存在来考察，总要追溯它的根源，唯物主义和唯心主义都属于这种思维方式。所谓实践论思维方式则把一切现象看作是离不开实践的，从一定意义上讲是实践的产物。提出这种区分的人还认为本体论思维方式是近代思维方式，实践论思维方式是现代思维方式；《提纲》与《形态》是实践论思维方式的范例，马克思是实践论思维方式的倡导者、创立者，在这一点上是与现代西方哲学和现代科学一致的，而恩格斯、列宁和苏联哲学家则后退到了本体论思维方式。在我看来，说马克思从本体论思维方式

---

① 《马克思恩格斯文集》第 1 卷，人民出版社 2009 年版，第 529 页。

② 同上。

转变到了实践论思维方式，在《提纲》和《形态》中都找不到根据。为了说明这个问题，我想先一般地讨论一下本体论思维方式与实践论思维方式。

本体论思维方式是从本体论转化而来的，本体论在传统哲学中包含许多错误的因素，但也有合理的东西，即把外部世界作为真实存在来认识和研究，用马克思主义语言，即世界观或宇宙观。哲学中的本体论对外部世界作整体研究，各门科学研究外部世界的各个部门，可以说也都具有本体论的意义。所谓本体论思维方式不外乎把研究对象作为真实存在来思维，任何科学显然都离不开这种思维方式，甚至可以说任何正常人在其实践过程中，生活过程中，也离不开这种思维方式。这种思维方式能够过时吗？能够为别的思维方式所取代吗？我看不能，除非人类停止活动。

实践论思维方式是从实践论转化而来的，旧唯物主义缺乏对实践的认识，当然缺乏这种思维方式，看不见实践对世界的作用。但实践的作用毕竟是很有限的，实践论思维方式的适用范围也是有限的，例如对于地球以外的太阳就谈不上实践对它有丝毫作用，至多只能说实践对人、对太阳的认识有一定作用。因此，本体论思维方式的普适性是最普遍的，而实践论思维方式的普适性是有限的，今天我们绝不能以实践论思维方式取代本体论思维方式，而只能在研究和改造地球上的现象时在本体论思维方式上加上实践论思维方式，二者绝不是对立的，而是在一定条件下互补的。

谈到《提纲》与《形态》，我认为强调实践，从实践的角度考察各种现象，无疑是马克思思维方式的一个显著的特点，但说他再也不从本体论的角度看待各种现象就未必正确了。正如我在前面谈到过的，尽管他是说过实践活动是"整个现存的感性世界的基础"，但只要不是望文生义而是把前后文联系起来看，人们很容易看出来，他指的不是整个宇宙而仅仅是地球，说的是生产劳动，特别是工业改变了地球，这种实践活动是以自然界、物质世界为先行条件的，这种实践论是以自然本体论、物质本体论为理论前提的。如果说马克思批判了旧自然本体论（费尔巴哈的自然主义），并在其合理因素之上加上实践论，我想是可以的；如果说本体论与实践论是两种对立的思维方式，马克思以实践论思维方式取代了本体论思维方式，我认为是不符合事实的。我认为唯物主义本体论思维方式是任何正常人的思维方式，也是科学的思维方式，不管是近代科学还是现代科学都离不开唯物主义本体论思维方式，马克思主义是科学，自然不能例外。

现代自然科学并未否定本体论思维方式，因为它并未否定外部世界的客观实在性，并未否定科学认识的客观性，它只是反对寻找某种最后的绝对的东西，反对否定实践的重要作用，否定构建永世不变的绝对真理的理论体系。现代哲学中有反对本体论思维方式的哲学学派，如逻辑实证主义，但否定了本体论思维方式也就否定了逻辑实证主义的真理性，否定了自己。除此而外，肯定本体论思维方式的现代哲学家也大有人在，特别是从事复杂性科学研究的许多现代科学哲学家明确坚持唯物主义本体论立场。我国的许多有世界声誉的科学家坚持辩证唯物主义世界观，这是大家都知道的。

（三）

人们对于说《形态》正面阐述的是唯物史观似乎并无分歧，但唯物史观是什么，是社会历史观还是世界观，人们的看法则颇不一致。在有些人看来，历史观的"历史"不限于人类社会的历史，而是世界的历史，因此，世界与历史不是整体与部分的关系，世界观与历史观不是一般与特殊的关系，这样说唯物史观是唯物主义在社会历史领域的运用，就不正确了。在我看来，这种观点并不符合《形态》的情况。从字面上看，"历史"当然不仅是社会史，也包括自然史，但在过去习惯上往往仅指社会史，例如唯物史观中的"史"或历史唯物主义中的"历史"均指社会史，如果它指整个历史，辩证唯物主义与历史唯物主义并列就是多余的了，因为它们都是世界观，毫无必要用两个称呼。我们平常也讲辩证唯物主义与历史唯物主义是共产党的世界观，并不是说历史唯物主义也是严格意义的世界观，不过是说，由于社会史是世界及其历史的重要组成部分，具有世界观的意义。因此，对于某些文字的理解，我们不能死抠字面上的含义，必须尊重约定俗成的习惯。

分歧的实质在于是否应该区分宇宙（或自然）与社会、宇宙史（或自然史）与社会史，是否应该构建研究整个世界的本体论（或世界观）与研究人类社会及其历史的历史观（或社会哲学）。有的学者认为过去由于区分主体与客体，便出现了天人关系、自然与社会的关系等问题，这些传统理念已经过时了，现在应该是主客不分、天人合一、自然与社会融为一体了。这也是上面谈到的本体论思维方式与实践论思维方式的分歧的一种表现。我认为只讲合或只讲分都是片面的。只讲分的观点在传统哲学中曾占主导地位，它把自然与社会截然分开，认为自然界的历史是受自然规律支配的，而人类社会的历史则受人的思想意识支配，纯属偶然的堆集，无任何规律可言。正是马克思主义唯物史观发现了人类社会与自然界的统一性，既发现了实践对自然界的作用，又把唯物主义客观性原则贯穿于人类社会，在哲学史上第一次构建了科学的社会历史观的思想体系。这正是《形态》第一章的主要创造。那么，马克思是否否定了自然与社会的区分了呢？否，马克思是在承认了分的前提下谈合的。同理，他也是在承认了历史观与宇宙观的区分的前提下谈它们之间的联系的。实际上，自然与社会，宇宙观与历史观之间分与合是相互依存的，没有二者之合谈不上二者之分，没有二者之分也谈不上二者之合。

在《形态》中，马克思谈到二者的区别与统一的最典型的话就是："当费尔巴哈是一个唯物主义者的时候，历史在他的视野之外；当他去探讨历史的时候，他不是一个唯物主义者。"[①] 这里的"历史"如果理解为社会历史，其内涵是十分明确的，意指费尔巴哈的唯物主义限于自然界，他对社会历史的理解是唯心主义的。如果理解为宇宙的历史，这话就颇为费解，其意就是说费尔巴哈的唯物主义限于宇宙的存在，不包括宇宙的历史；而当他去探讨宇宙的历史时，他是唯心主义的。费尔巴哈有这种思想吗？如果理解为历史性，即变动性，这话也同样另人费解。一个本来十分清楚明白的思想，现在被搞得晦涩难懂，令我感到困惑不解。

其实这个思想自费尔巴哈本人开始就是很清楚的。费尔巴哈的哲学由两大部分组成，一是自然主义，即唯物主义的自然本体论；一是人本主义，即唯心主义历史观。他自己就说过，"向后退时，我同唯物主义者完全一致；但是往前进时就不一致了"。[②] 马克思对费尔巴哈的唯物主义的超越就在于除了克服其直观片面性而外，还把它贯穿于人类社会历史，构成了唯物史观，这就是《提纲》和《形态》的主要贡献。

《形态》被公认正面阐明了唯物史观，其具体内容有些什么呢？有些论述诚然涉及历史观的世界观前提，但其主要内容如劳动、生产、交往形式、分工、社会制度等，限于人类社会历史还是很明显的。上面所引那句话，是马克思对费尔巴哈在自然观和历史观上的矛盾的明确的批评。后来恩格斯也说"他下半截是唯物主义者，上半截是唯心主义者"。[③] 只有马

---

① 《马克思恩格斯文集》第 1 卷，人民出版社 2009 年版，第 530 页。
② 《马克思恩格斯文集》第 4 卷，人民出版社 2009 年版，第 281 页。
③ 同上书，第 296 页。

克思主义哲学是彻底唯物主义的。后来苏联哲学家把历史唯物主义摆在辩证唯物主义之后并把二者并列起来，正是根据了马克思的彻底唯物主义观点：一先一后，因为二者是一般与特殊；二者并列，因为唯物史观是世界观与政治经济学、科学社会主义的中介，在哲学各部门中特别重要。这是无可厚非的。

我国哲学界在谈到《形态》中的思想时，有的人认为它们只是马克思的思想，仿佛不是恩格斯的思想。我认为这是不正确的，这些思想应该是他们二人共有的思想，但上面我只提到它们是马克思的思想，这是因为争论的是关于马克思的思想。因此，应该指出这些思想也是恩格斯的思想。广松涉教授的研究也能说明这一点。最近我读了日本广松涉教授编排的《形态》第 1 章，我为他的严谨的治学态度和非凡的勤奋努力所深深感动，但我还来不及跟随他的版本深入马克思和恩格斯的思想殿堂，体验他们的思想发展历程，这只有等待来日了。广松涉根据他的研究提出了一个新观点：在确立历史唯物主义以及与之融为一体的共产主义之际，拉响第一小提琴的，限于合作的初期而言，毋宁是恩格斯。这个观点同一般人的观点正好相反，正如前面我提到的，在一般人看来，《形态》中的新思想几乎都是马克思的。广松涉这一观点能否成立，当然是可以讨论的，但是，即使他的观点不能成立，他所根据的事实——《形态》的手稿主要是恩格斯的手迹，也能说明《形态》中的思想是他们二人的，无论如何恩格斯不是无足轻重的。这就能说明，恩格斯后来研究自然辩证法和客观辩证法，正是进一步向下探索唯物史观的物质本体论前提，这种探索不仅是恩格斯的哲学思想的逻辑引申和必然发展，也是马克思的哲学思想的逻辑引申和必然发展。他们二人在思想理论上的差异是次要的，在思想理论上的一致是主要的，不可能在世界观和历史观的组成上出现根本上的分歧。

八 列宁的《哲学笔记》及其
历史意义和当代价值 [*]

列宁的《哲学笔记》主要部分写作于 1914—1916 年，至今已整整 90

* 本文发表于《高校理论战线》2006 年第 10 期,中央编译局工程办《研究成果》第 105 期(2007 年 5 月 18 日)。

年了。它是由列宁在 1895—1916 年间研读哲学著作时所写的摘要、短文、札记和批注结集而成，1933 年才作为俄文单行本出版，1958 年才编入《列宁全集》俄文第 4 版。《哲学笔记》单行本的中文版直至 1956 年才出版，1959 年作为《列宁全集》中文版第 38 卷出版，最新的版本是出版于 1990 年的《列宁全集》中文第 2 版第 55 卷。因此，此书在列宁写作当时没有直接的社会影响，单行本出版以后在苏联影响也不大，直至 20 世纪 50 年代才得到苏联哲学界重视，出现了一批研究《哲学笔记》的成果。中国理论界虽然早在 20 世纪 50 年代已开始重视它，但由于文字的限制和研究资料的缺乏，研究难以深入。中国改革开放之后，由于马克思主义哲学热潮的兴起，《哲学笔记》的研究和讨论也成为我国学术界的热点之一，80 年代出现繁荣兴旺的景象。但由于 90 年代的苏东社会主义的失败，《哲学笔记》的研究和讨论也陷入了低谷，今天对《哲学笔记》保持浓厚兴趣的人不多了。在这种情况下，对《哲学笔记》进行一番重新认识，反思它的历史意义和当代价值，看来十分必要。

（一）《哲学笔记》的写作背景

《哲学笔记》的主要部分是写作于 1914—1916 年的 8 个笔记本，其中包括《谈谈辩证法问题》《黑格尔〈逻辑学〉一书摘要》等人们熟悉的篇章，其主要的内容是辩证法。列宁为什么在这一时期阅读了大量哲学著作并作了大量摘录和批语呢？有两个原因：

第一，为了反对第二国际各国党在一次大战中的社会沙文主义及其诡辩论。

第一次世界大战于 1914 年 7 月爆发后，第一国际的各国社会民主党的多数领袖违背了 1912 年签订的《巴塞尔宣言》，各自站在本国政府一边，号召工人阶级保卫祖国，从而使第二国际分裂为一些社会沙文主义政党。只有少数人和列宁坚持宣言的精神，主张利用政府的困难和群众的不满，变国际战争为国内战争，加速资本主义的崩溃，去争取社会主义革命的胜利。为了对自己的背信弃义辩护，一些著名的第二国际领袖如考茨基、普列汉诺夫等人打出"辩证法"的招牌，其实他们的"辩证法"只是貌似辩证法的诡辩论。第一次世界大战爆发时，列宁正在为《格拉纳特百科全书》撰写《卡尔·马克思》词条，由于其中《哲学唯物主义》和《辩证法》两节涉及哲学史，列宁这时阅读了一些哲学著作并写了若干笔记。词条完成后，列宁并未终止自己的研究工作，因为他的革命活动需要辩证法，当时他发表了多篇批判社会沙文主义的论文如《第二国际的破产》等，在这些文章中，他既要用辩证法来分析国内外政治经济形势，也要揭发批判他们的哲学基础——貌似辩证法的诡辩论。辩证法是《哲学笔记》的主要内容之一，可以断言，列宁当时研究哲学是由于批判社会沙文主义及其诡辩论的需要，是由于深入分析和研究国内外政治经济形势，制定革命策略的需要。

第二，为了进一步建设马克思主义哲学，建立辩证唯物主义的完整严密的科学体系。

列宁在这个时期研究哲学，看来不仅是为了解决当时革命斗争提出的一些问题，也是为了对马克思主义哲学作进一步的理论建设，建立一个唯物辩证法的完整严密的科学体系。

马克思主义哲学的体系，特别是辩证唯物主义体系，在马克思主义创始人那里还没有完全形成。无疑，马克思主义是一个科学体系，马克思主义哲学也是一个科学体系，但是像《资本论》所表现的政治经济学体系那样完整严密的哲学体系，在马克思和恩格斯那里都没有。马克思曾经想提供这样一个体系。1858 年 1 月 14 日，他写信给恩格斯说："在工作方法上对我有一大劳绩的是，偶然……把黑格尔的'逻辑'再浏览一遍。如几时再有工夫做这样的工作，我要发大愿，用两三个印张，对［黑格尔］发现的、但同时也是神秘的方法，写出合理的部分，使普通人类的理智都能够懂得。"① 但这一从正面科学地、系统地表述唯物辩证法的宏愿，他未能实现。恩格斯研究自然辩证法并非为了直接解决什么实际问题，而是为把哲学作为一门系统的科学来建设。《自然辩证法》一书虽然没有提供一个完整的体系，但从其《总计划草案》来看，恩格斯不仅有自然辩证法的设想，而且其中有一般辩证法的内容。他把辩证法定义为关于普遍联系的科学，并列举了它的三个主要规律。既然有主要规律，当然还有非主要规律。看来恩格斯写作自然辩证法，也想构成一个辩证法的体系。但是，恩格斯由于整理马克思的遗著——《资本论》的第二、三卷，停止了这个研究工作。《反杜林论》比较系统地表述了唯物辩证法的许多原理，但并未形成一个完整的体系。《费尔巴哈论》提供了一个由辩证

---

① 《马克思恩格斯通信集》第 2 卷，人民出版社 1957 年版，第 324—325 页。

法、唯物主义和历史唯物主义三部分构成的体系，但缺乏细节。我们知道，在著名的马克思主义哲学家如狄慈根、普列汉诺夫的著作中，也没有提出这种完整严密的哲学体系。

列宁说："虽说马克思没有遗留下'逻辑'（大写字母的），但他遗留下《资本论》的逻辑。"① 大写字母的逻辑就是唯物辩证法的逻辑体系，《资本论》的逻辑就是政治经济学的逻辑体系，可见列宁很重视哲学体系。很有意思的是，列宁在他写的另一本哲学笔记《马克思和恩格斯通信集提要》中就马克思的上述那封信写道："黑格尔《逻辑学》中合理的东西在于他的方法。[马克思 1858：又把黑格尔的《逻辑学》浏览了一遍，并打算用两三个印张把其中合理的东西阐述一番。]"② 可见列宁十分清楚马克思有过的想法。列宁夫人也在她的《回忆录》中谈到 1922 年春天列宁在《论战斗唯物主义的意义》中热烈希望有人能继承他自己在哲学及其通俗读物方面所进行的工作，他已感精力不支，但希望这一工作不要中断。这指的就是列宁在这篇被称为"哲学遗嘱"的文章中所说的系统地研究辩证法的任务，列宁说："为了把反对资产阶级思想及其世界观的斗争进行到底，自然科学家就应该做一个现代的唯物主义者，做一个以马克思为代表的唯物主义的自觉拥护者，也就是说应当做一个辩证唯物主义者。为了达到这个目的，《在马克思主义旗帜下》杂志的撰稿人就应该从唯物主义的观点对黑格尔的辩证法组织系统的研究，即研究马克思在他所写的《资本论》及各种历史和政治著作中实际运用的辩证法。"③ 以上材料可以说明，列宁对于唯物辩证法的科学体系是有所考虑的，而且他认为在这个问题上，黑格尔的辩证法是有重要意义的。而在《哲学笔记》中，列宁对黑格尔关于哲学体系的思想的评价是与这些观点吻合的。

黑格尔的哲学是一个庞大而复杂的思想体系，从形式上看，也称得上是完整而严密的。不仅如此，黑格尔对于如何构成这个体系还提出了许多原则，至少从他自己的观点看来，这个体系是贯彻了这些原则的。对于这些原则，列宁十分注意，多处都作出了评价，似乎还按照他所了解的原则作了一些创立体系的尝试。在写作《哲学笔记》以前，列宁曾发表过两

---

① 《列宁全集》第 55 卷，人民出版社 1990 年版，第 290 页。
② 《列宁全集》第 57 卷，人民出版社 1990 年版，第 35—36 页。
③ 《列宁选集》第 4 卷，人民出版社 1995 年版，第 609 页。

部带有系统性的哲学著作，一个是 1908 年写作的《唯物主义和经验批判主义》，它提出哲学党性原则和三个认识论的重要结论，使马克思主义哲学进一步系统化了，但它只限于认识论，而且它毕竟是一本论战性的著作，很少从正面考虑系统性问题。1914 年秋写作的《卡尔·马克思》中，他系统地表述了辩证法和唯物主义的基本观点，但在怎么使它们构成一个体系方面考虑不多。在《哲学笔记》中，列宁不仅在谈到哲学史和黑格尔哲学的许多地方涉及体系问题，而且提出了《辩证法的要素》和《谈谈辩证法问题》，为唯物辩证法的完整严密的科学体系提供了一个雏形（详情见后）。

因此，我认为，列宁研究哲学，写出大量笔记，固然是为了反对社会沙文主义的诡辩论和分析当时国内外经济政治形势的需要，也是为了哲学理论建设的需要。正如只有《资本论》的科学体系才能论证资本主义的必然灭亡和社会主义的必然胜利一样，只有一个完整严密的马克思主义哲学的科学体系才能指引我们在全世界实现共产主义的伟大理想。

（二）《哲学笔记》的主要学术贡献

《哲学笔记》所包含的内容是十分广泛的，不仅涉及哲学和哲学史，而且涉及各门科学的科学史。就哲学而言，辩证法无疑是其核心内容，但"辩证法"（Dialectics）一词在其中有多层含义，最广泛的含义有世界观或辩证世界观，其次有发展观，最窄的有矛盾论或方法，作为一种客观存在，它就是辩证律。因此，我曾认为无论在什么地方，Dialectics 一律译成辩证法是不妥的，应视不同情况译为辩证论（理论）、辩证法（方法）或辩证律（规律）。严格按学科范围来分类，《哲学笔记》的主要内容我认为应包括哲学观（或称哲学学）、世界观（包括存在论和发展观）、实践论、认识论、方法论，辩证法、唯物辩证法或辩证唯物主义是辩证的唯物主义的世界观的简称，因为它是贯穿这些部门的主线，或所有这些部门的总特征。列宁对这些部门都有所贡献。下面我按不同部门作些介绍。

1. 列宁的马克思主义哲学观

《哲学笔记》有若干关于哲学的观点，特别是关于如何构建哲学体系的观点。这是因为黑格尔有许多构建哲学体系的言论，列宁对这些言论很感兴趣，不仅作了许多摘录，而且写了许多批注并作了发挥。

在西方哲学家中，黑格尔的哲学体系其规模可以说是最庞大的，其内容可以说是最完备的，其逻辑可以说是最严密的。这个体系当然不能说已经成为一个科学体系，因为其基本观点不能成立，而且问题甚多，许多观点牵强附会，甚至荒谬异常。但黑格尔叙述其体系时常常谈到他构建其体系时遵循的原则，这是黑格尔哲学异于其他哲学体系的一个明显特点。因此，黑格尔体系不仅具有非常丰富的合理因素，即辩证法思想，而且具有很高的自觉性，马克思主义创始人和后来的理论家对此两点都很赞赏。列宁对构建哲学体系的关注是《哲学笔记》的一个特色。他唯物主义地改造了黑格尔提出的若干构建哲学体系的原则并作了发挥，形成了《哲学笔记》的一个重要内容——马克思主义哲学观。其主要观点我认为有以下一些：

（1）哲学是一门科学，它有明确的研究对象，即作为整体的客观世界。

（2）它的范畴和命题具有最高的普遍性，它是人类一切知识的总结和概括。

（3）它的范畴和命题按照逻辑与历史一致的原则即从抽象到具体原则构成一个科学体系。

（4）哲学体系的逻辑起点应是最一般、最抽象的范畴，即存在。

（5）对立统一规律是辩证法的实质和核心。

列宁并没有明确提出以上观点，但这些观点都明显地蕴含在《哲学笔记》的大量言论中，例如列宁提出的逻辑学、辩证法和认识论三者同一观点就集中地包含了列宁的哲学观。

列宁说："虽说马克思没有留下'逻辑'（大写字母的），但他遗留下《资本论》的逻辑，应当充分地利用这种逻辑来解决这一问题。在《资本论》中，唯物主义的逻辑、辩证法和认识论［不必要三个词：它们是同一个东西］都应用于一门科学，这种唯物主义从黑格尔那里吸取了全部有价值的东西并发展了这些有价值的东西。"① 这一概括内容极其丰富，值得仔细推敲和诠释。

第一，列宁十分关心哲学的逻辑体系问题，认为马克思没有留下哲学体系（大写字母的逻辑），但有《资本论》的逻辑体系，我们可以从之得到启发，从而解决哲学体系问题。

第二，《资本论》的体系能够给我们什么启发呢？列宁认为最主要的

---

① 《列宁全集》第55卷，人民出版社1990年版，第290页。

启发就是在《资本论》中逻辑、辩证法和认识论三者是同一个东西，在哲学中这三者也应是同一个东西。如何理解"三者是同一个东西"理论界存在着分歧，一种看法认为是指逻辑（关于思维及其规律的科学）、辩证法（关于自然界、人类社会、思维及其一般规律的科学）、认识论（关于认识及其规律的科学）是统一的。另一种看法认为是指同一门科学（哲学）的三个方面，即逻辑体系、一般规律和认识规律或认识史，即指哲学的逻辑体系既反映了客观世界的一般规律，又反映了人类认识的规律。也就是几乎得到哲学界认同的逻辑与历史（客观史与认识史）一致的原则。我认为从整个《哲学笔记》来看，从哲学史来看，这后一种理解是正确的。原来列宁所说逻辑、辩证法和认识论均是从广义说的，不是就这几个概念的严格意义说的。列宁不但说三者是"同一个东西"，甚至说"不必要三个词"，如果三者是三门科学，怎么能用一个词来称呼呢？还有，说这三门科学是统一的，这当然是不错的，但这样说意义不大，因为不仅这三门科学是统一的，哲学、全部自然科学、全部社会科学都是统一的。

第三，三者同一的原则，或曰逻辑与历史一致的原则，也就是从抽象到具体的原则，从简单到复杂的原则，这是黑格尔以唯心主义的形式提出来的。黑格尔的原则是历史与逻辑一致，马克思加以唯物主义地颠倒，主张逻辑与历史一致，列宁在研读黑格尔著作时继承了马克思的观点，对这个原则作了多方面的发挥。

第四，如果哲学体系的构建应遵循从抽象到具体的原则，那么，它的逻辑起点应该是最抽象的范畴，哪一个最抽象呢？黑格尔作了肯定的回答，并认为存在是最抽象的，所以它的哲学体系从存在开始，并根据从抽象到具体的原则构建了他的体系。"存在"是"是"（being）的一种译法，又译为"有"，哲学界对这个概念的译法一直有争议，但不管怎么译，说它是最抽象的范畴是可以的，因为"存在"就是"是"本身，除此之外什么都不是，确乎是最抽象的，如果不是，一切都无从谈起了。列宁摘录了黑格尔关于以存在为逻辑起点的一些言论，未加以评论，看来是肯定的。列宁指出，《资本论》的起点"商品"就是政治经济学的"存在"。① 辩证唯物主义以物质为逻辑起点，符合从抽象到具体的原则。存

---

① 《列宁全集》第 55 卷，人民出版社 1990 年版，第 291 页。

在应该说比物质更抽象，因为思想、观念不是物质，但仍是存在，但是，思想、观念的存在离不开物质，归根结底，存在就是物质存在，唯物主义以物质为逻辑起点也是可以的。

第五，辩证法的实质和核心就是辩证法的最根本的范畴，最根本的规律，贯穿于整个体系之中。在黑格尔那里，辩证法的核心是否定之否定，即正题、反题、合题三段式，整个黑格尔哲学体系就是由大大小小的三段式构成的。用三段式来构建哲学体系，使这个包含着丰富合理因素的哲学体系显得非常刻板、牵强、主观，甚至荒唐可笑，为后世哲学家所诟病。但马克思、恩格斯并不完全否定三段式。列宁把三段式理解为在更高基础上对过去阶段的重复，并把对立统一规律从中提炼出来，使之成为辩证法的核心。在列宁看来，宇宙的运动是由对立统一规律推动的，一个哲学体系的展开也是由对立统一规律推动的。

2. 列宁对辩证唯物主义世界观的贡献

就辩证唯物主义世界观的内容而言，我认为列宁有以下一些贡献：

（1）列宁提出的唯物辩证法科学体系的蓝图

列宁不但提出了建构唯物辩证法的一些基本原则，而且提出了若干对这个体系的整体设想。除《卡尔·马克思》中的《辩证法》而外，《哲学笔记》中有好几处涉及这个问题，其中最为详细的是《辩证法的要素》16 条（以下简称 16 条）①，上面提到的那些建构辩证法体系的原则在 16 条中都有所体现。

16 条的内容可以简述为：①事物的客观存在；②事物的多种多样的关系；③事物的自己运动；④事物的内在矛盾；⑤对立面的统一；⑥对立面的展开；⑦分析和综合的统一；⑧事物的普遍联系；⑨对立面的转化；⑩认识的增多；⑪认识的深化；⑫哲学认识的发展；⑬⑭否定之否定；⑮内容与形式；⑯质与量。总结：对立统一规律是辩证法的核心。有人把 16 条称作 "16 个要素"，这是不确切的，因为并不是每一条都是一个要素。有人认为 16 条的顺序是一严密的体系，这也是不确切的，因为①至⑦表现了一定原则，⑧至⑯就显得零乱。仔细研究列宁手稿，我们发现①至⑦是按照一定原则排列的，而⑧至⑯则是分别补充了①至⑦，具体说，⑧补充②，⑨补充⑤，⑩⑪⑫补充⑦，⑬至⑯补充④⑤⑥⑨。如果以前 7

① 《列宁全集》第 55 卷，人民出版社 1990 年版，第 190—192 页。

条为纲加以重组，可以看出一个符合上述建构原则的辩证法的要素的体系：①存在；②⑧普遍联系；③自己运动；④⑤⑥⑨对立面的统一、斗争和转化；⑬⑭⑮⑯对立统一规律的表现——否定之否定、内容和形式、质和量；⑦认识的基本因素；⑩⑪⑫认识的过程。这个体系以存在为起点，以对立统一规律为核心，按存在—联系—运动—矛盾—认识矛盾运动的顺序展开，这是符合从抽象到具体、从简单到复杂的原则的。这些要素是列宁从黑格尔的一句话中引申出来的，但这不是纯逻辑的推演，而是对他研究《逻辑学》成果的总结。从这些内容可以看出，列宁所说辩证法不仅是唯物主义的，而且不限于发展观，其实就是辩证唯物主义世界观。但是，还应指出，这个体系不过是辩证法体系的一个雏形，严格讲，它不很完整，也不很严谨。《哲学笔记》中谈到的许多要素如有限和无限、相对和绝对、本质和现象、必然和偶然、可能和现实、主体和客体、实践、人类历史辩证法等，都没有包括进去，对立统一规律、从抽象到具体的原则也没有彻底贯彻，但一个严密而完整的科学的辩证法体系已经隐约可见，为后世建立这样一个体系开辟了道路，这个贡献是巨大的。

（2）列宁关于唯物辩证法的核心的思想

前面谈到这一思想对体系建构的意义，下面谈谈列宁的这一思想本身。对立统一思想，也就是矛盾思想，是一个很古老的思想，无论西方东方，在两千多年以前均已见诸文字。古希腊的赫拉克里特、古中国的老子都是矛盾思想的著名代表。后来有矛盾思想的哲学家是很多的，但像黑格尔那样以矛盾思想为原则建构哲学体系的确实绝无仅有。黑格尔认为任何范畴内部都包含着自己的对立面，发展下去必然向对立面转化，最后两个对立的范畴合成一个新的范畴，如"存在"转化为"非存在"，二者统一成"生成"。这就是黑格尔的三段式——正、反、合，他的整个哲学体系就是由大大小小的三段式按从抽象到具体的原则排列起来的。显然，在黑格尔体系中，三段式即否定之否定，是整体，而矛盾思想是三段式的一部分，因而辩证法的核心是三段式而不是矛盾思想。在黑格尔的体系中虽然包含了许多合理的思想，但由于他刻板地遵守三段式的形式，许多地方都显得生硬、牵强，甚至荒谬可笑，常为其他哲学家所诟病。因此，马克思和恩格斯不仅批判黑格尔哲学的唯心主义基础，也改造其内容。恩格斯在《反杜林论》中把矛盾思想与否定之否定思想区别开来，在《自然辩证法》中提出了辩证法的三个主要规律的思想，即质量相互转化规律、对立面相互渗透的规律和否定之否定的规律。他还指出发展是由矛盾引起的，否定之否定就是螺旋式发展，但他仍认为否定之否定是辩证法的核心。列宁没有见过恩格斯的《自然辩证法》，没有三个主要规律的观念，但他不仅把对立统一规律与否定之否定规律明确地区分开来，而且创造性地提出对立统一规律是辩证法的核心，更加合理地摆正了对立统一规律在辩证法体系中的地位。概括起来看，这个思想包括以下要点：

第一，对立面的统一和斗争是矛盾规律的基本内涵。历史上对矛盾思想和矛盾规律的表述方式各式各样，其内涵究竟应该怎样明确规定，迄今无定论，因而争议颇多。列宁并未明确提出和回答这个问题，但由于他的论述启发了后来人，这个规律才有了今天的科学提法——对立面统一和斗争的规律。根据列宁的论述，其内涵大致是：一、任何一个事物内部都包含着它的反面；二、正面与反面相互依存于这个统一体中；三、对立面同时又是相互排斥的，即相互斗争的；四、对立面的统一与斗争导致这个事物的变化与发展。列宁讲的是一个东西的两面，而且是对立的两面，即正面与反面，而不是一个东西的任何两面，更不是两个东西，虽然发展下去两面也会变成两个东西。因此，这种矛盾是内部矛盾，不是外部矛盾。两个毫不相关的东西不是相互依存的，也不是相互排斥的，当然就形不成矛盾关系，但如果两个东西结合成一个东西，它们也会成为一对矛盾，具有矛盾关系，如一男一女结合成一个家庭，他们也会成为一个家庭的对立两面。矛盾观点的精髓在于既看见对立双方的相互排斥，又看到它们的相互依存，而非矛盾观点则认为相互排斥的不可能相互依存，相互依存的不可能相互排斥。列宁的《谈谈辩证法问题》一文在《哲学笔记》中带有一定的总结性，其中说道："发展是对立的斗争"[1]，"发展是对立面的统一（统一物之分为两个相互排斥的对立面以及它们之间的相互关系）。"[2]

第二，对立面的统一是相对的，对立面的斗争是绝对的。列宁说："对立面的统一（一致、同一、均势）是有条件的、暂时的、易逝的、相对的。相互排斥的对立面的斗争是绝对的，正如发展、运动是绝对的一

---

[1] 《列宁全集》第55卷，人民出版社1990年版，第306页。

[2] 同上。

样。"① 这个原理是列宁从恩格斯提出的运动是绝对的、静止是相对的原理引申出来的。这个原理引起了不少争议，有的论者认为统一不仅是相对的，也是绝对的；斗争不仅是绝对的，也是相对的，因此，这个原理不能成立，甚至认为它正是斗争哲学的理论根据。这里有两个问题要回答：一、恩格斯的原理能不能成立？二、能不能从恩格斯的原理中引申出这个原理？关于运动的绝对性和静止的相对性原理，据我所知，没有争论，大家都是承认的，而由于辩证法就是关于运动变化的一般的规律，斗争与运动相当，统一与静止相当，从中引出斗争的绝对性和统一的相对性原理应当是可以的。但反对的意见并非毫无道理，斗争确有相对的一面，统一确有绝对的一面。因此，我认为应该这样理解：把斗争与统一相比较，斗争是绝对的，统一是相对的。许多辩证法范畴都有这种情况，例如整体与部分相比较，整体是绝对的，部分是相对的，但这不是说整体没有相对性，部分没有绝对性；一般与个别相比较，一般是绝对的，个别是相对的，这并不是说一般没有相对性，个别没有绝对性。

第三，对立面的统一和斗争是事物发展的内部动力。辩证法思想家历来坚持事物的运动、变化、发展是自己运动，而自己运动的源泉是内部矛盾，反对把运动归结为外因的推动，虽然这种思想往往是自发的。这一思想在黑格尔的著作中得到了集中的、自觉的体现，但他画蛇添足，把三段式的发展看作事物自己运动的源泉。列宁不仅否定了他的唯心主义，而且明确把自己运动的源泉归结为矛盾规律，即对立统一和斗争的规律，也就是说，事物自己的运动的根源出于事物内在矛盾的展开和矛盾的解决。他总结说："这种观点才提供理解一切现存事物的'自己运动'的钥匙，才提供理解'飞跃'、'渐进过程的中断'、'向对立面的转化'、旧东西的消灭和新东西的产生的钥匙。"

第四，对立统一规律是辩证法的核心。列宁说："可以把辩证法简要地规定为关于对立面的统一的学说。这样就会抓住辩证法的核心，可是这需要说明和发挥。"② 但是，列宁并没有作进一步的说明和发挥，我们只有从《哲学笔记》中的相当言论来理解。我认为对立统一规律之所以是辩证法的核心或实质，就是因为它是一切事物自己运动的根源，或者说，

---

① 《列宁全集》第 55 卷，人民出版社 1990 年版，第 306 页。
② 同上书，第 192 页。

它是所有辩证规律中最根本的规律，起统率作用的规律，因此，它可以代表辩证法，我们可以把辩证法简要地规定为关于对立面的统一的学说。这样，我们就可以把一切辩证规律看作对立统一规律的表现，把对立统一关系作为建构辩证法思想体系的主要原则之一。

（3）列宁对否定之否定思想的改造

历史上第一个提出否定之否定思想的是黑格尔，但在他那里，否定之否定实际是矛盾运动的完成，它和矛盾规律并不是两个规律。把它们首先区别开来的是马克思和恩格斯，但在他们的早期著作中这一点还不太明显，当恩格斯19世纪70年代写作《反杜林论》时，就把它明显分开了，特别是后来在《自然辩证法》中提出辩证法的三个主要规律的思想时，二者的区分就更加明显了。列宁虽然不知道恩格斯提出的辩证法的三个主要规律的思想，但对恩格斯《反杜林论》里的主要思想是知道的，他与恩格斯的不同之处不在于是否把二者区分开，而在于彻底改造了否定之否定思想。

列宁早期对否定之否定的普遍性是有保留的，在《什么是人民之友以及他们如何攻击社会民主党人？》中，他反驳米海洛夫斯基诬蔑恩格斯在《反杜林论》中用否定之否定来"证明"社会主义时说，恩格斯"选择例子证明三段式的正确，不过是科学社会主义由以长成的那个黑格尔主义的遗迹，是黑格尔主义表达方式的遗迹罢了"。[①] 后来在《卡尔·马克思》中，他直接把否定之否定表述为"发展似乎是在重复以往的阶段，但它是以另一种方式重复，是在更高的基础上重复（'否定之否定'）。发展是按所谓螺旋式，而不是按直线式进行的"。[②] 在《哲学笔记》中列宁一直坚持这种理解。这样，否定之否定就完全摆脱了三段式的束缚，表明发展过程的一个普遍特点——在重复中前进，或者说，发展是重复性与前进性的统一，否定之否定（三段式）不过是发展过程的这一特点之代表而已。发展是重复与前进的统一这一辩证法规律可以简称为重复与前进的规律。

总体来说，这一规律是黑格尔发现的，但被他强纳于三段式的框架中，并以之作为构建其哲学体系的总原则；马克思和恩格斯已打破其三段

---

① 《列宁全集》第1卷，人民出版社1995年版，第31页。
② 《列宁全集》第2卷，人民出版社1995年版，第423页。

式的形式主义框架，经常谈到多段，但仍保留三段式；列宁则彻底摆脱了三段式，只保留了否定之否定的名称而已。

（4）列宁对辩证唯物主义世界观的其他范畴的研究

黑格尔的哲学体系被他称为"哲学全书"，共包括三大部分——逻辑学、自然哲学和精神哲学，逻辑学相当于本体论，即相当于今天的世界观，研究的是宇宙整体；自然哲学研究的是自然界；精神哲学研究的是精神现象，由于传统哲学把人类社会归结为精神现象，不承认人类社会的客观存在，因此精神哲学包括人类社会。在逻辑学中，黑格尔研究的不完全限于宇宙整体的东西，其中还包括自然界的东西和关于精神的东西。逻辑学分为客观逻辑和主观逻辑，客观逻辑分为存在论和本质论，所涉及的都是关于宇宙整体的，主观逻辑（概念论）则涉及自然界和精神，如机械、生命、实践、认识等。实践、认识等都属于社会，但黑格尔在逻辑学中始终没有直接涉及社会。从这些情况可以看出，在黑格尔那里，哲学的对象是宇宙的整体（一般）和精神领域，在精神领域中包括人类社会，也就是说，是两个层次。后来马克思和恩格斯发现人类社会是和自然界一样的客观存在，于是明确地把整个宇宙区分为三个组成部分，自然界、人类社会和精神世界（以思维为代表）。但实际上自然界包括人类社会和精神世界，人类社会又包括精神世界，三者并非互相外在，因此，三者又可以说是三个层次。尽管黑格尔是一个唯心主义者，它的哲学体系所涉及的领域是非常广泛的，可以说是无所不包，这甚至成为人们贬低和嘲笑的一个主要理由。

哲学作为世界观无所不包是它的主要特征之一，但这个无所不包只是全部科学的总结和概括，而不是全部科学的总和，不是百科全书。如果它不以宇宙的整体为对象，不以全部科学作为自己立论的基础和根据，它就失去了它的世界观的性质。黑格尔把代表自己哲学体系的三本书合称为《哲学全书》（《Encyclopädie der philosophische Wissenschaften》）而不是《百科全书》（《Encyclopädie》），看来他是注意到这种区别的。因此之故，黑格尔哲学提供了历史上最多最完整的哲学范畴和原理，给后代留下最丰富的哲学遗产，值得我们一一加以研究和分析，去其糟粕，取其精华。马克思从唯心主义转向唯物主义以后并未简单否定黑格尔哲学的丰富内容，但没有资料说明他做过这种细致工作。恩格斯在研究自然辩证法时做过一点儿这种工作，例如其中《辩证法作为科学》所讨论的许多规律与范畴显然都与黑格尔哲学有密切的关系。只有列宁对《逻辑学》中的规律或范畴的大部分用笔记的形式逐一进行了研究和分析，进行了唯物主义的改造，即进行了唯物主义的批判和继承。因此，列宁在《哲学笔记》中，特别是在《黑格尔〈逻辑学〉一书摘要》中，相当充分地吸纳了黑格尔哲学中的范畴与规律，实际上相当充分地研究了辩证唯物主义的范畴。除前面谈到的几个世界观范畴和后面将要谈到的实践观和认识论范畴而外，列宁还谈到了存在和无、物质实体和属性、普遍联系和中断、运动和静止、一和多、普遍和特殊、现象和本质、有限和无限、条件和根据等，提出了许多新颖的意见。由于篇幅的限制，列宁关于这些范畴的思想我们就不加以介绍和阐发了。

3. 关于辩证唯物主义实践观

列宁十分重视马克思的实践观，在《唯物主义和经验批判主义》中已作过相当完整的论述。列宁后来读黑格尔《逻辑学》，发现黑格尔从唯心主义的角度提出了许多关于实践的精彩的思想，并做了许多批判和继承的工作，进一步丰富和发展了辩证唯物主义实践观。下面介绍他的一些主要观点。

（1）黑格尔猜测到了实践是检验认识的标准

把实践概念引入认识论，把实践看作检验认识的标准，这是马克思对哲学史所作的根本变革之一。从这里曾经引出一种观点，似乎马克思以前的哲学家完全没有实践观点。列宁是实事求是的，没有因马克思的这一贡献而完全否定历史上某些哲学家多多少少有点儿类似的观点。在《唯物主义和经验批判主义》中，他曾指出过狄德罗和费尔巴哈有过实践观点。在《哲学笔记》中，他又指出黑格尔从唯心主义角度猜测到了实践观点。黑格尔并没有直接明确地提实践观点，而是在安排实践与认识两个范畴在哲学体系中的位置时猜测到了实践标准的观点。列宁指的是黑格尔《逻辑学》中的一个三段式"认识—实践—绝对观念"，即认识通过实践过渡到绝对观念（绝对真理），在这个唯心主义的公式中包含着认识经过实践的检验而成为真理的思想。这种情况说明实践标准的观点在马克思主义诞生前已经有了悠久的渊源，不少有识之士早已意识到它的存在，马克思主义不过是把这种自发的东西转变为自觉的东西而已，其真理性是无可怀疑的。当然黑格尔的表述方式并不确切。在马克思那里，实际的过程是实践—认识—再实践（包括反复实践），最后对结论加以肯定或否定。作为彻底的唯心主义者，黑格尔能够猜测到实践的检验认识的作用已经难能可贵了。

（2）实践概念的基本内涵是目的性加现实性

"实践"是一个古老概念，在西方叫实践，在中国叫行，但中西哲学家都把实践理解为伦理道德行为，把实践与认识（知）看作人的两个活动领域，即善和真，这显然是狭隘的。这是由于历史上的哲学家们轻视劳动，不把生产看作人的最基本的活动。黑格尔虽然没有完全摆脱这一传统偏见，但他在研究辩证法时也在一定程度上突破了这一局限，触及了实践的一般内涵，得到了列宁的肯定。列宁说："'善'是'对外部现实性的要求'，这就是说，'善'被理解为人的实践＝要求（1）和外部现实（2）。"① 这就明确地揭示了实践概念的两个最主要的因素：主体性（目的性）和现实性。"这就是说，世界不会满足人，人决心以自己的行动来改变世界。"② 实践是人的实践，主体性或目的性是不可缺少的要素，这是易于理解的。人的目的性活动甚多，实践只是其中之一，那么，它与其他活动的本质区别在哪里呢？这在过去是不很明确的，列宁汲取了黑格尔的合理因素，指出这个本质区别就在于实践具有外部现实性，用通俗的话来讲，即对外部世界的改变。列宁的观点同马克思的观点是完全一致的。马克思在《关于费尔巴哈的提纲》中讲到的主体性和对象性，也就是这两个要素。马克思的名言："哲学家们只是用不同的方式解释世界，而问题在于改变世界。"其中也包含着对实践的确切理解。

（3）实践是认识的源泉

人的实践是由人的认识支配的，这是传统的观点，也是正确的。马克思主义的贡献不仅在于指出实践是检验认识的唯一标准，而且在于指出实践是认识的源泉，并且认为实践之所以成为检验认识的标准，正是由于它是认识的唯一源泉。在马克思主义看来，认识诚然是客观世界在人脑中的反映，但如无实践，反映不会成为认识。列宁一贯坚持这一观点，在《哲学笔记》中，他进一步指出，那些自明的公理也来自实践，而不是与生俱来的。他说："人的实践经过亿万次的重复，在人的意识中以逻辑的式固定下来。这些式正是（而且只是）由于亿万次的重复才有着先入之

---

① 《列宁全集》第55卷，人民出版社1990年版，第183页。
② 同上。

见的巩固性和公理的性质。"① 传统观点把公理性认识的存在看作认识的先天性的强有力的根据，列宁的这一分析解释了公理性认识的深刻的根源仍然是实践，是千万次的实践。

4. 关于辩证唯物主义认识论

列宁在《唯物主义和经验批判主义》一书中已经对辩证唯物主义认识论作了比较系统的阐述，但此书为了批判经验批判主义的唯心主义基础，而对认识过程的辩证性质注意不够，这一缺陷在《哲学笔记》中得到了弥补。

（1）关于存在和思维、物质和意识、客体和主体的同一性或统一性

恩格斯把西方近代哲学中关于存在和思维、物质和意识的关系问题的论述概括为哲学基本问题或最高问题，这是大家都很熟悉的。列宁在《哲学笔记》中没有就恩格斯的论述作进一步研究，而是就黑格尔的《逻辑学》对存在与思维的同一性的思想作了唯物主义的改造和发挥。

思维或意识在宇宙中出现是人类出现的结果，并不是宇宙中普遍存在的东西，古代哲学关注的是外部世界，思维意识不是重点。近代哲学由于科学技术的日益发达把关注的重点逐渐转移到人的认识活动，思维、意识与存在、物质的关系问题逐渐成为近代哲学家们普遍关心的问题。从本体论看，一元论者无论唯物主义、唯心主义，都坚持二者的同一性，二元论者从根本上否定二者的同一性。这个问题是康德哲学的主题，但他论证的结果是：思维与存在在认识论上是绝对对立的，认为自在之物是不可知的，这就不但没有说清楚他们之间的关系，而且否定了它们之间的同一关系。黑格尔接过康德的题目，在唯心主义的基础上论证了思维和存在的同一。在他看来，思维与存在是对立的，即不同一的，但归根结底是同一的。思维与存在的同一是一个辩证的过程。他的《逻辑学》和《哲学全书》都是对思维与存在的同一性的论证。尽管黑格尔哲学从总体上说是唯心主义的，但由于他坚持思维与存在的同一性，在论证过程中也提出了许多合理的思想。黑格尔无论在本体论上，还是在认识论或实践论上都坚持了思维与存在的同一性。对于这些思想，列宁在阅读《逻辑学》时有所肯定与发挥。

黑格尔的《逻辑学》就是他的本体论。这个体系从存在开始，以绝

---

① 《列宁全集》第 55 卷，人民出版社 1990 年版，第 186 页。

对理念（或译绝对观念）结束，这个发展过程就是存在与思维的同一的过程，这个本体世界就是一个思维与存在的同一体。除此而外，黑格尔对许多范畴顺序的安排处处都体现了思维和存在在本体论上的同一，列宁经常指出这一点。例如《逻辑学》第三编是概念论，概念又分为三部分：主观性、客观性和绝对理念。可见，概念也是思维（主观性）与存在（客观性）的统一体，当然，这个统一体是精神性的。列宁在此参阅了《小逻辑》，其中谈到无机界（存在）与生命（思维的前提）是一个统一体，他摘录了黑格尔的话："……被生物征服的无机界之所以被征服，就因为自在的无机界和自为的生命是一样的。"并紧接着说，"倒转过来＝纯粹的唯物主义。卓越、深刻、正确!!"① 在黑格尔看来，它们是一个精神统一体；如果倒转过来，把它看成物质统一体，那就是纯粹的唯物主义。

思维与存在在认识论上的同一，黑格尔谈得很多。他一贯反对形而上学地把哲学范畴看成无内容的思维形式，经常谈到它们是思维形式与客观内容的统一，这实际是承认思维形式来自客观世界。列宁认为这是以唯心主义立场承认了反映论。例如黑格尔批评普通逻辑把思维和客观性分开来时说："在这里思维被认为是纯主观的和形式的活动，而客观的东西和思维相反，被认为是固定的和自己存在的东西。但是这种二元论不是真理。"对此，列宁评论说："极其深刻和聪明！逻辑规律是客观事物在人的主观意识中的反映。"② 后面，列宁又摘录了黑格尔的一句话："把主观性和客观性当作一种固定的和抽象的对立，是错误的。二者完全是辩证的"，并旁批"注意"。③ 又如黑格尔谈到概念经过客观性而转向观念的过程时说："观念是概念和作为一般的东西的客观性的同一"，列宁把这个判断改造成："观念（要读作人的认识）是概念和客观性（'一般'）的一致（符合）"。④

关于思维和存在在实践论上的同一，黑格尔在《逻辑学》的概念中谈得较多，列宁作了不少摘录和评价颇高的批语。如果说认识是使主观与客观一致，那么实践就是使客观与主观一致。这一点我们前面谈实践的内涵（要求和外部现实性）时已涉及，列宁还大段摘录了黑格尔进一步解

---

① 《列宁全集》第55卷，人民出版社1990年版，第172页。
② 同上书，第154页。
③ 同上。
④ 同上书，第184页。

释的话并加以唯物主义的改造。列宁说："'客观世界''走它自己的路'，人的实践面对这个客观世界，在'实现'目的时会遇到'困难'，甚至会碰到'无法解决的问题'"（单引号内的词句是黑格尔的话）。① 怎么办呢？改造之，使之与主观一致。"这就是说，世界不会满足人，人决心以自己的行动来改变世界。"② 怎样才能使客观与主观一致呢？黑格尔也作了解释，列宁认为黑格尔的解释是很正确的，那就是以科学的认识来指导实践。"把认识和实践结合起来"。列宁摘录了黑格尔这一段话，并用自己的话作了转述，说："认识……发现在自己面前真实存在着的东西就是不以主观意见（设定）为转移的现存的现实。（这是纯粹的唯物主义！）人的意志、人的实践，本身之所以会妨碍达到自己的目的……就是由于把自己和认识分隔开来，由于不承认外部现实是真实存在着的东西（是客观真理）。必须把认识和实践结合起来。"③

关于思维与存在同一性问题，恩格斯只谈了两个方面，列宁在《哲学笔记》中虽然没有专门论述恩格斯的思想，但实际上是进一步通过对黑格尔的论述的改造与吸收发展了恩格斯的思想，从三方面论述了思维与存在的同一性。

（2）关于认识的主观性或主体性

有一种观点认为唯物主义只承认认识的客观性，忽视乃至否定认识的主观性。这种观点是片面的。否定认识的主观性的是直观唯物主义，绝非辩证唯物主义。由于《唯物主义和经验批判主义》的重点是批判唯心主义，列宁对认识的客观性谈得较多，对主观性谈得较少；在《哲学笔记》中弥补了这个不足。

黑格尔《逻辑学》中，主观性是一个重要范畴，其主要内容是概念、判断、推理，然后过渡到客观性以及主观性与客观性的统一——观念。列宁对主观性作了整整 8 页的摘录和评语。列宁除了批判黑格尔的基本立场而外，没有批判他的其他思想。他特别赞许黑格尔关于主观性和客观性统一的思想。他没有忽视认识的主观性，而且后面对主观性和客观性作了进一步发挥。

---

① 《列宁全集》第 55 卷，人民出版社 1990 年版，第 184 页。

② 同上书，第 183 页。

③ 同上书，第 185 页。

　　黑格尔在谈到观念范畴（杨一之译《逻辑学》把 Idea［观念］译作理念）时，把它描述为从认识观念经过实践观念达到绝对观念的辩证过程，其中他批评康德夸大认识的主观性，认为思维形式是纯粹主观的，在他看来，思维形式也有客观性。对此，列宁明确说："当逻辑的概念还是'抽象的'，还具有抽象形式的时候，它们是主观的，但同时他们也表现着自在之物。自然界既是具体的，又是抽象的，既是现象又是本质，既是瞬间又是关系。人的概念就其抽象性、分隔性来说是主观的，可是就整体、过程、综合、趋势、来源来说却是客观的。"① 列宁不但肯定了认识的主观性，而且揭示了主观性之所以出现是由于客观世界的可分性（可分为具体与抽象、个别与一般、部分与整体、瞬间与过程等），使主体有用武之地，这样，主观性归根结底来自客观性。如此理解主观性与客观性的关系，就避免了唯心主义和直观唯物主义，坚持了辩证唯物主义。

　　（3）关于认识过程的辩证法

　　辩证法是《哲学笔记》的主要内容。辩证法包括自然界、人类社会、人类精神各个领域，当然包括认识领域，即认识的辩证法。列宁在其总结性短文《谈谈辩证法问题》中说："在任何一个命题中，很像在一个'单位'（'细胞'）中一样，都可以（而且应当）发现一切辩证法的胚芽，这就表明辩证法本来是人类的全部认识所固有的。……辩证法也就是（黑格尔和）马克思主义的认识论。"② 认识的辩证法是《哲学笔记》经常谈论的话题。在这篇短文的末尾，列宁把人类的认识史比作一棵"活生生的、结果实的、真实的、强大的、全能的、客观的、绝对的人类认识"③ 的活树，但它绝不是纯粹又纯粹的真理加真理的过程，上面也长满了困惑、怀疑、错误、荒谬的花朵，唯心主义也是上面一朵不结果实的花。形而上学唯物主义把认识史看作一条直线，在他看来，"人的认识不是直线（也就是说，不是沿着直线进行的），而是无限的近似于一串圆圈、近似于螺旋的曲线。这一曲线的任何一个片段、碎片、小段都能被变成（被片面地变成）独立的完整的直线，而这条直线能把人们（如果只见树木不见森林的话）引到泥坑里去，引到僧侣主义那里去（在那里统

---

① 《列宁全集》第 55 卷，人民出版社 1990 年版，第 178 页。
② 同上书，第 308 页。
③ 同上书，第 311 页。

治阶级的阶级利益就会把它巩固起来）。"① 真实的认识史是十分曲折、十分复杂、充满矛盾的历史，如果要用一个词来表明它的特征，它就是辩证的。辩证法的核心是对立统一，下面我们就来介绍《哲学笔记》中谈到的认识辩证法的几个主要的对立统一关系。

主体与客体的矛盾是认识的首要的对立统一关系。认识是人的一种活动，认识的主体和客体是这种认识活动缺一不可的两个要素。主体与客体是既对立又统一的，即相互依存的。主体之所以为主体，因为有客体；客体之所以为客体，因为有主体。离开主体，无所谓客体；离开客体，无所谓主体。认识的辩证过程首先是主体与客体的相互作用的过程，即主体能动地反映客体的过程。列宁对黑格尔谈到的关于主体与客体的对立统一关系的言论十分重视，例如黑格尔说："主观性（或概念）和客体——是同一的又是不同的"，"把主观性和客观性当作一种固定的和抽象的对立，是错误的。二者完全是辩证的。"② 列宁作了摘录，并表示重视。前面我们对思维与存在的同一性思想的论述中已包含了主体与客体的辩证法思想（思维与存在认识论上的同一），这里不再重复。

认识与实践的矛盾是认识的第二个对立统一关系。实践是人的改造世界的活动，认识是实践的组成部分。没有实践则根本没有认识，没有认识的指导也没有人的实践，因为人的实践是自觉的，离不开一定的认识的指导。这就是认识和实践的对立统一关系，即又对立又相互依存的关系。这是就认识与实践的根本关系说的，但当人类社会发展到一定水平时，出现了离开实践的单纯的认识活动，如学习、思考、研究等，导致认识与实践的分离，阶级的出现巩固和扩大了这种分离。马克思主义恢复了认识与实践的正确关系。列宁在《唯物主义与经验批判主义》中已经系统地论证过这种关系，在阅读黑格尔《逻辑学》时又努力挖掘了关于这种关系的"猜测"和论证，并加以唯物主义改造。这些前面已经论述，这里也不再重复。

感性认识与理性认识的矛盾是认识的第三个对立统一关系。

感性与理性是两种认识能力，也是两个认识阶段。感性认识与理性认识是两种认识，它们是不同的，也是不可分的。历史上的经验主义或曰感

---

① 《列宁全集》第55卷，人民出版社1990年版，第311页。
② 同上书，第154页。

性主义只承认感性认识，排斥理性认识，理性主义只承认理性认识，排斥感性认识。马克思主义的科学的认识论认为感性认识与理性认识必须辩证地结合起来，我们才能对现实世界得到完整、深刻、真实的认识。列宁在《哲学笔记》中在唯物主义地改造黑格尔的认识辩证法的基础上对感性认识与理性认识的辩证关系提出了一些新观点。其一是理性认识优于感性认识的观点。黑格尔提出了这一观点，理由是：理性认识有更高的力量和更深刻的内容。列宁认为"更高的力量"是"唯心主义词句"，"更深刻的内容"是"对！！"①，同时他进一步指出："思维从具体的东西上升到抽象的东西上时，不是离开——如果它是正确的……——真理，而是接近真理。物质的抽象，自然规律的抽象，价值的抽象等，一句话，一切科学的（正确的、郑重的、不是荒唐的）抽象，都更深刻、更正确、更完全地反映自然。"② 后面他又形象地形容了理性认识的优点：表象"不能把握秒速为 30 万公里的运动，而思维则把握而且应当把握。"③

其二是理性认识必须来自感性认识的观点。在列宁看来，理性认识的优点是相对的，理性认识只能来自感性认识。从感性认识上升为理性认识，是统一的认识过程。黑格尔并不否认感性认识可以上升为理性认识，但他轻视感性认识，因为他的哲学体系不是建立在对科学知识的总结和概括的基础上，而是主要依靠思辨。列宁则强调感性认识和感性认识阶段是必不可少的，他认为科学认识的过程只能是"从生动的直观到抽象的思维，并从抽象的思维到实践，这就是认识真理、认识客观实在的辩证途径"。④ 又说："要理解，就必须从经验开始理解，从经验上升到一般。要学会游泳，就必须下水。"⑤ 认识之所以区分为感性认识与理性认识，是由于现实世界区分为现象与本质，通过现象认识本质就是从感性认识上升为理性认识。

其三是感性认识与理性认识、实践与认识的辩证运动的观点。从上面引文已可看出，在列宁看来，认识的全过程是从生动的直观到抽象的思维再到实践三段。当然这不是说三段就结束了，三段不过是代表，实际是实

---

① 《列宁全集》第 55 卷，人民出版社 1990 年版，第 143 页。
② 同上书，第 142 页。
③ 同上书，第 197 页。
④ 同上书，第 142 页。
⑤ 同上书，第 175 页。

践与认识的反复过程，可以实践—认识—实践来代表；实践同感性阶段不可分，这个过程又可以感性—理性—感性来代表。可以说，实践与认识的反复过程，也就是感性与理性的反复过程。列宁在《黑格尔〈哲学史演讲录〉一书摘要》中说："认识向客体的运动从来只能辩证地进行：为了更准确地前进而后退——为了更好的跃进（认识?）而后退。相合线与相离线：彼此相交的圆圈。交错点＝人的和人类历史的实践。"① 这里谈的就是实践—认识—实践或感性—理想—感性的反复过程，即一串圆圈或螺旋曲线。后退指从客体后退，沿相离线后退，这就是认识；前进指向客体前进，沿相合线前进，这就是实践。这样，实践—认识—实践成为一个圆圈的交错点。这是一个从感性实践开始经过认识或理性认识而回到感性实践，循环往复，以至无穷的过程，即认识的辩证法过程，正如毛泽东后来所概括的："实践、认识、再实践、再认识，这种形式，循环往复以至无穷，而实践和认识之每一循环的内容，都比较地进到了高一级的程度。这就是辩证唯物论的全部认识论，这就是辩证唯物论的知行统一观。"②

5. 关于辩证唯物主义方法论

"方法"和"方法论"是马克思主义哲学著作中经常出现的两个术语，但何谓方法论，在许多著作中迄今无一个人们大致认同的方法论的理论体系，像世界观、历史观、认识论那样。人们有时还把方法论等同于方法。辩证法一词，从字面上看，应该就是辩证的方法，但人们经常用它指辩证论，而在用它指方法时有时亦用辩证的方法一词。列宁在《哲学笔记》中谈到的辩证法更多时候是谈辩证论，有时则明确指方法。列宁也没有谈到如何建设方法论的理论体系。但是，列宁提出了方法论的一个十分重要的观点，我认为有必要作些介绍。这个观点就是关于方法的来源的观点。

方法，无论什么方法，无论实践方法、认识方法、工作方法、思维方法，就其实际存在来讲，都是主观的，都是主体所具有的。那么，方法来自哪里？传统的观点认为方法既然是主观的，它就只能是主体的头脑所固有的，或者说，是天生的。康德可以说是这种观点的一个代表。在他看来，形式逻辑中的思维形式，以及逻辑思维方法，是人脑所固有的。他提

---

① 《列宁全集》第 55 卷，人民出版社 1990 年版，第 239 页。
② 《毛泽东选集》第 1 卷，人民出版社 1991 年版，第 296—297 页。

出"知性形式"概念,亦即思维方法,并认为存在 12 个知性形式,如一、多、全、有、无等,这是康德的重要贡献之一,但他认为它们是先天固有的。黑格尔继续了康德的工作,他的《逻辑学》中论述的就是思维形式,但他大大扩充了思维形式的内容,并作了崭新的体系构建,特别应该指出的是,他认为这些思维形式绝不是纯粹的形式,即纯粹先天的与内容无关的形式,《逻辑学》的两篇自序和导言反反复复阐明这一思想。这样,研究思维形式的《逻辑学》变成了研究世界一般特性和规律的本体论,即宇宙观。列宁十分重视这个思想,作了不少摘录,而且从唯物主义观点理解和肯定这个思想,明确指出,这些思维形式或思维方法,即哲学范畴或辩证法范畴,就是客观世界的普遍性的反映。

在《第 2 版序言》中有一段批判"批判哲学"(康德主义)的话,列宁对此作了摘要,然后说:"在我看来,论据的要点如下:(1)在康德那里,认识把自然界和人隔开(分开);而事实上认识是把二者结合起来;(2)在康德那里,自在之物的'空洞抽象'代替了我们关于事物的知识的日益深入的活生生的进展、运动。"① 黑格尔反对把思维形式看作"外在形式",看成附着于内容而非内容本身的形式,他注意"一切自然事物和精神事物的思想",列宁对这些论述作了唯物主义的理解:"逻辑不是关于思维的外在形式的学说,而是关于'一切物质的、自然的和精神的事物'的发展规律的学说,即关于世界的全部具体内容的以及对它的认识的发展规律的学说,即对世界的认识的历史的总计、总和、结论。"② 在《导言》中黑格尔直接谈到方法,列宁作了一些摘录,如"哲学的方法应当是它自己的方法","方法就是对逻辑内容的内部自己运动的形式的意识"。③ 在这些地方,哲学的内容、逻辑范畴或原理、辩证的方法、辩证法等差不多是同义词,他在读完《逻辑学》时总结他的观点时说:"黑格尔逻辑学的总结和概要:最高成就和实质,就是辩证的方法,——这是绝妙的。还有一点:在黑格尔这部最唯心的著作中,唯心主义最少,唯物主义最多。'矛盾'然而是事实!"④ 这就是说,黑格尔以其唯心主义的体系包含了非常丰富的正确思想,即辩证的方法。

---

① 《列宁全集》第 55 卷,人民出版社 1990 年版,第 76 页。
② 同上书,第 77 页。
③ 同上书,第 81 页。
④ 同上书,第 202—203 页。

我们可以把以上论述概括为以下几点：1. 人的自觉的活动包含思维，思维离不开一定的思维形式，即思维方法。2. 思维方法有各种层次，最高思维方法就是哲学思维方法，即哲学原理或哲学范畴，或者确切点说，当哲学原理或范畴被用来指导实践和认识时就是方法，辩证唯物主义就是科学的思维方法。3. 思维方法不是天生的，不是头脑所固有的，是由知识转化而来的，因为它们也是客观世界的规律性和普遍性的反映。一句话，方法来自认识，认识来自客观世界（以实践为中介）。

（三）《哲学笔记》的历史意义与当代价值

《哲学笔记》虽然是在作者逝世后才编辑出版的，其历史意义和当代价值也不可忽略。此书的写作时间达 20 年左右，这里只就其中主要部分，即写于 1914—1916 年的"8 个笔记本"（这部分主题是辩证法）谈谈其重要意义。

1. 《哲学笔记》对马克思主义史的意义

1914 年 7 月列宁开始大量阅读哲学书的直接动因是为了撰写《格拉纳特百科辞典》上的《卡尔·马克思》词条，此文虽然不长，却是历史上介绍马克思思想最完整的第一篇著作，为什么这样说呢？当时马克思主义理论界一般认为马克思主义理论体系中没有世界观和认识论，列宁虽然在《唯物主义和经验批判主义》中举起了辩证唯物主义的旗帜，但他着重的是认识论，而《卡尔·马克思》则用十分简练的语言介绍了马克思的世界观、认识论和辩证法，即《哲学的唯物主义》和《辩证法》两节所表述的辩证唯物主义的基本内容；不仅如此，列宁还把辩证唯物主义世界观摆在最高的指导思想的地位，并使之按照逻辑顺序贯彻于历史观、政治经济学和科学社会主义理论之中，再现了马克思主义的完整的逻辑体系。《卡尔·马克思》一文在马克思主义发展史中所起的这种重要作用，应部分地归功于列宁当时对哲学著作的研读。

2. 《哲学笔记》对当时世界社会主义运动的意义

《哲学笔记》并未直接涉及社会主义理论和现实政治经济社会问题，且未公开发表，很难说它有什么实际意义。但由于它的主题是辩证法，涉及革命运动的思想路线，它间接发生的作用仍不可低估。至少有两个方面的重要作用不可忽视。一是它在批判社会沙文主义中的作用。前面已谈到，第二国际在第一次世界大战爆发后分裂为各自站在本国立场上的社会沙文主义政党，而他们都打着"辩证法"的招牌为自己辩护。但事实上他们的"辩证法"是假的，是貌似辩证法的诡辩论。《哲学笔记》正是批判诡辩论的锐利武器。二是在分析政治经济形势，制定正确的战略策略中的作用。列宁研读哲学的同时也十分关注世界政治经济战争形势的发展，辩证法成了他得心应手的思想武器，例如他写作《帝国主义论》就自觉运用了辩证法。后来他突破第二国际关于社会主义不能在一国取得胜利的观点，创造性地提出了"社会主义可能首先在少数甚至在单独一个资本主义国家内获得胜利"① 的结论，《哲学笔记》对此也是有贡献的。

3.《哲学笔记》对当代中国社会主义建设的意义

《哲学笔记》的主题既然是唯物辩证法或辩证唯物主义，它当然对当代中国的社会主义建设有着极其重要意义。这里无须详尽地谈论这点，我想举几个例子就够了。例子之一是关于中国社会主义建设的思想路线。中国社会主义建设思想路线是解放思想、实事求是。这个思想路线的哲学基础，邓小平多次讲过，就是辩证唯物主义（和历史唯物主义）。这同《哲学笔记》主题无疑是完全一致的。例子之二是关于科学发展观对社会主义建设的统领作用。我们谈的科学发展观指的是社会发展，社会发展观无疑是以科学的一般发展观为其逻辑前提。什么是一般发展观呢？它就是辩证法。列宁在《谈谈辩证法问题》中提到的两种基本的发展观点就是辩证法和形而上学，又说过：辩证法"就是世界的永恒的发展的正确反映"。② 科学发展观应该是中国社会主义辩证法，中国社会主义社会发展的正确反映。例子之三是关于对立统一学说对社会主义建设的作用。邓小平"两手抓，两手都要硬"的思想是对这一学说的正确运用。《哲学笔记》一贯坚持既要看见对立，又要看到统一。有人曾把辩证法说成"斗争哲学"，显然是错误的。我们今天要开始构建的社会主义和谐社会，也不能理解为没有斗争的社会。社会的发展永远是辩证的，辩证法对社会发展具有永恒的指导意义。可以说，《哲学笔记》的每一个原理都可以运用于我国社会主义建设，这里就不一一列举了。

4.《哲学笔记》对马克思主义哲学学科建设的意义

《哲学笔记》对马克思主义哲学的学科建设有特别重要的意义。过去

---

① 《列宁选集》第 2 卷，人民出版社 1995 年版，第 554 页。
② 《列宁全集》第 55 卷，人民出版社 1990 年版，第 91 页。

苏联对列宁哲学思想有一个提法，即列宁哲学是马克思主义哲学的新阶段。我对此曾提出过不同看法。我认为这一提法不确切，应改为：列宁开辟了马克思主义哲学的新阶段。为什么这样说呢？我认为辩证唯物主义和历史唯物主义这一体系符合马克思和恩格斯的基本思路和基本观点，可以说是马克思主义哲学的第一个科学体系，这个体系虽然是在苏联哲学家手中最后定型的，但它不是苏联哲学家的始创，而是他们根据马克思和恩格斯的论述加以系统叙述的结果。列宁在《哲学笔记》中则企图以构建科学体系的一般原则为依据来构建马克思主义哲学的科学体系，他提出了这个任务，并提出了构建马克思主义哲学的科学体系的一般原则，而且提出了一些设想，其中最主要的就是"辩证法要素"。这些我们在前面均作过介绍。当然，这些原则都是列宁在读黑格尔著作时受到启发提出来的，但这个思路也是与一般科学构建其体系的思路一致的。但马克思和恩格斯没有这样构建过他们的哲学体系，后来的辩证唯物主义和历史唯物主义也不是完全按照这些原则来构建的。如果列宁哲学能够按照他的思路构建起一个新的科学体系，那么，就可以说列宁哲学就是马克思主义哲学的新阶段，但事实上列宁提出了这个任务，却没有完成这个任务，因此，我认为应该说列宁哲学开辟了这个新阶段。今天，如果我们在总结人类社会发展、科学发展和文化发展的丰硕成果的基础上，尽可能自觉地按照这个思路来加以构建，马克思主义哲学的崭新的科学的思想体系就可能出现在人间。

科学史就是各门科学从零散的知识变成具有一定系统性的学科，从学科变成具有相对正确、完整、严密的思想体系并得到普遍认同的科学的历史。科学史发展到今天，已经出现了多门科学，但有些科学还只是一些零散的知识，有的科学还只是学科，哲学今日正处在学科阶段。哲学早已走过零散知识的阶段，已形成比较明显的学科对象（世界整体及其一般特性、联系和发展规律），但观点各异，体系林立，其中马克思主义哲学自认为已是一门科学，由于种种原因，迄今未得到普遍认同。哲学终将成为科学，各种哲学中最有条件成为科学的还是马克思主义哲学。今天的哲学学科建设是建设社会主义的需要，也是促进马克思主义哲学成为科学的必要努力，列宁的《哲学笔记》中关于构建哲学学科体系的思想无疑具有重要的指导价值。

九 也谈哲学就是哲学史的含义和意义

(一) 为什么要谈哲学就是哲学史的含义和意义

最近读到《新华文摘》2011 年第 9 期上转载的今年《吉林大学学报》第 1 期发表的孙正聿教授的文章《哲学就是哲学史的含义和意义》。他是针对对于"哲学就是哲学史"这个命题的批判而写的,他是赞成哲学就是哲学史这个命题的,在他看来,这个命题有两层含义,其一:哲学是历史性的思想,其二:哲学史是思想性的历史。简单来说,就是哲学离不开历史,离不开哲学史,如果否定哲学就是哲学史这个命题,就会使哲学离开历史,离开哲学史。他认为否定哲学就是哲学史,就不能专业地来研究哲学;否定哲学就是哲学史,就不能以哲学的方式来面向现实;否定哲学就是哲学史,就不能实现哲学的理论创新。

孙正聿教授这番议论针对的是谁呢?我现在就来对号入座。3 年前我曾经批评过这个命题。2008 年我出版了一本论文集,叫《哲学的科学化》,我在其中的学术自序中谈到一种哲学观念的转换时说,我在 20 世纪 40 年代上大学的时候,没有科学的哲学,哲学就是许许多多哲学家的哲学,那个时候形成的观念是"哲学就是哲学史"。新中国成立以后,学习了马克思主义哲学,有了科学的哲学的观念,哲学就不再等于哲学史,也就是说哲学有了科学的形态,这就是马克思主义哲学,也就是辩证唯物主义和历史唯物主义。这是一种哲学观念的转换。现在的状况好像又回复到以前的状况了,现在流行的一种观念认为,哲学不是科学,哲学就是你的哲学、我的哲学、各个人的哲学,也就是说回复到以前那种哲学就是哲学史,就是各种哲学的总和这个观念了。这又是一种哲学观念的转换。

我认为,这个观念是有悖于哲学的科学化的,已经过时了,是应当纠正的。我们应当从事哲学的科学化,就是说应当从事哲学的学科建设的工作。《哲学的科学化》论文集所从事的就是这样一个工作。很明显,我并不是说哲学应该脱离哲学史,而是说哲学不能等同于哲学史。哲学离不开哲学史,离不开历史,这是马克思主义的基本观点之一,我绝不是否定这个观点,而是说不能把哲学与哲学史等同起来,不能把哲学看作只是一个集合名词,是各种哲学的总和,没有一门科学的哲学。

所以,很明显,我的说法和孙正聿教授所批评的那种观点,认为哲学可以离开哲学史是完全不同的。我不知道孙正聿教授是不是批评我这个序言里的观点，反正目前对哲学的科学的学科建设的任务十分重要，而且紧急，我就对号入座吧，就他所提出的三个问题谈谈哲学的科学化的重要意义。我也谈三个问题：第一，专业哲学究竟是什么，专业哲学与非专业哲学究竟有什么区别；第二，哲学怎样面对现实，怎样反映现实、改造现实；第三，哲学理论究竟怎样创新。在我看来，要正确解决这三个问题，当然不能离开哲学史，但是更重要的是坚持哲学的科学性质。如果把哲学理解为哲学史，认为哲学不是科学，那么不管你同哲学史的联系多么密切，这三个问题也是不能正确解决的。如果我是神经过敏，对号对错了，那也无妨，讨论一下这些问题也是很有意义的，就算我向孙正聿教授请教吧。

（二）专业哲学与非专业哲学

我想哲学是可以这样区别的。所谓专业哲学就是哲学家的哲学，非专业哲学应该是普通人的哲学，就是非专业哲学家的哲学思想。非专业哲学包括大学生学的哲学，干部在工作中所使用的哲学，所有的人的思想里的那些哲学因素，可以说非专业哲学是非常复杂的。一般讲，专业哲学应该是有系统的，比较严谨的，比较一致的，逻辑上比较连贯的。而非专业哲学中可能真伪混杂，是非并存，精粗互见，情况就很复杂了。当然非专业哲学也可能是有系统的，但是其系统肯定是不严谨的，比较零碎的，甚至是互相冲突的，逻辑上是矛盾的。所以一般来讲，专业哲学和非专业哲学是有区别的。

但是，我们也不能够把专业哲学和非专业哲学完全割裂开来，对立起来，或者把它们看成是两种有根本区别的哲学。这两种哲学之间有很密切的关系。在人类社会中，专业哲学无疑处于主流地位，很多非专业哲学的思想根源都是专业哲学，但也有许多非专业哲学思想来自人们自己的生活实践、生产劳动、人生经历，来自社会的言传身教、历史典籍、格言谚语，而这些源头也是专业哲学的源头。所以我们不能把这两种哲学完全区别开来，把它看成是两种根本不同的哲学。尤其是不能对非专业哲学抱轻蔑贬低的态度，认为非专业哲学是低级的，庸俗的，没有价值的，只有专业哲学才是真正的哲学，才是高贵的有价值的哲学。

近年来，除了专业哲学与非专业哲学的区别而外，人们还谈到一些区别，如区分讲坛哲学和论坛哲学，或者叫教科书哲学和非教科书哲学，或者叫常识哲学和精英哲学；又如区分政治哲学和学术哲学。其实，说穿了，这些区别往往就是把辩证唯物主义和历史唯物主义看成是政治哲学、教科书哲学、讲坛哲学，而哲学家的各式各样的哲学才是学术哲学、论坛哲学、真正的哲学。

孙正聿教授提出的非专业哲学与专业哲学的区分使我联想起社会上流行的关于哲学种类的这些区分。我不知道孙正聿教授的区分是不是与这些区分一致，不管怎样，如此区分哲学的种类，我认为是不正确的。

在我看来，辩证唯物主义与历史唯物主义就是马克思主义哲学。大家知道，许多人都认为这个观念过时了，在这里我没有篇幅讨论这个观点，如果读者有兴趣，可以参考一下最近出版的《马克思主义哲学体系的当代构建》一书中的有关说明。我这里想谈的是，我认为说马克思主义哲学是政治哲学、教科书哲学、常识哲学均无不可。这是因为，它是工人阶级及其先锋队的哲学，是科学社会主义的哲学基础，是共产党制定和执行社会主义革命和建设的纲领、路线和政策的指导思想；又是社会主义高等院校学生的必修课程；也是广大党员、干部的认识活动和实践活动的思想武器，甚至可以说是每一个正常人在其全部活动中自发地遵循的指导思想。试想，有谁能够在日常生活中违背唯物主义原则和辩证法原则呢？谁违背了，谁就要出错。但是，马克思主义哲学的这些性质一点儿也不妨碍它成为学术哲学、论坛哲学、精英哲学，因为共产党的政治根本不同于资产阶级政治，它需要以科学的真理来指导，马克思主义哲学是地地道道的学术而不是那种专肆纵横捭阖的"政治"；也是理论领域中的一支劲旅，它的理论威力绝不下于其他哲学流派，难道改革开放以来，它不是一直活跃在论坛中吗？它博大精深，视野广阔，充满了生机活力，虽然遭受了各种诋毁和贬低，但毫不动摇，而且不断发展创新，方兴未艾，其势头比其他正在时兴的精英哲学有过之而无不及。这些性质在其他哲学流派中也许是对立的，它如果是政治哲学，就不是学术哲学；是常识哲学就不是精英哲学；反之亦然。马克思主义哲学的性质是非常丰富多样的，我们还可以举出许多，不过，在我看来，最根本、最重要的性质有两个，即科学性和实践性。

关于马克思主义哲学的实践性，人们谈得很多，而且也取得了广泛的共识。人们都认为它来自实践，受实践检验，在实践中发展，是马克思主义政党认识世界和改造世界的思想武器，等等。对它的科学性，过去谈得很多，但近年来很少有人谈了，甚至有人把哲学与科学对立起来，否认哲学有可能成为科学，因为哲学与科学在根本上是不同的，哲学原理无是非可言，这样，马克思主义哲学自然就谈不上什么科学性了。单独强调马克思主义哲学的实践性的人们似乎忘了，没有科学真理指导的实践只能是自发的盲目的实践，在一定条件下自发的实践是不可避免的，但如果我们安于自发的实践，崇拜自发性，中国近百年来在革命和建设中的伟大成就就成了上天的恩赐了。在我看来，哲学归根结底是一种知识门类，是一门学科，它同其他学科一样有着非科学的阶段和科学的阶段，马克思主义哲学的出现结束了它的非科学的阶段，使它初步成为科学，这门科学也会日益成熟并与时俱进，不断发展。哲学应该是科学家族中的一员，它与其他科学在基本性质上是相同的，不同的只存在于非基本性质中，在层次上，在程度上，而不在基本性质上。

我谈这些主要是为了谈谈孙正聿教授提出的哲学的专业研究的问题。他说得对，如果离开历史和哲学史，就不能专业地研究哲学，因为任何哲学的理论都是历史地出现和发展的，离开了历史和哲学史就无法理解其本质和意义，就谈不上研究。但在我看来，还有一个更重要的条件，那就是哲学的科学性，忽视哲学的科学性，就更难对它进行专业研究了。专业地研究哲学无疑是要研究哲学史上的各派各家，但是怎么研究呢？是否需要对它们进行实事求是的分析与评价呢？我认为，我们还是应对一种哲学理论进行科学研究，分析其是非，评定其功过，不能把它看成一种单纯的信仰、爱好，不管唯心唯物，有神无神，都是一样的。

对任何一个哲学流派的研究都应像对任何一种科学史的研究一样，分析其历史成就与局限，评价其对于这门科学的形成与发展的意义，否则谈不上专业研究，既离不开历史，更离不开它的科学性。

（三）哲学如何面对现实

哲学有思辨性，但是哲学不是纯思辨的东西，哲学是不能脱离现实的。哲学与现实的关系是一种互相依存、互相推动的互动关系。哲学应该正确地反映现实，又成功地改造现实。哲学面对现实不外这两个方面，提出这个问题是十分必要的，问题是怎样才能做到正确地面对现实。要正确地面对现实有许多条件，坚持哲学的历史性是一个必要的条件，而坚持哲学的科学性则是更加重要的条件。

我认为，要做到正确地面对现实，无论是认识现实也好，改造现实也好，首先都要有正确的指导思想。最根本的指导思想就是哲学思想，它必须是科学的。我们经常讲的党的思想路线——解放思想、实事求是、与时俱进就是我们的最高的科学的指导思想。这个指导思想也就是辩证唯物主义的方法论的中国表述形态。这里的关键是，只能用科学的哲学思想来指导，而不能随便用什么别的哲学思想来指导。如果一个人为了给自己找一种能给予自己以终极关怀的哲学，我认为这是他个人的事情，找什么思想都可以，只要他愿意。但是，认识是为了找到真理，实践是为了取得胜利，指导思想必须是科学的。即使如此，认识与实践也没有百分之百的把握得到成功，何况用不科学的思想来指导，其结果是不言而喻的。

如果像人们故意贬低的那样，辩证唯物主义是什么过时的或偏狭的或独断的理论，只是数据的堆砌和实例的总和，是什么脱离历史的僵化的教条和独断的结论，那么中国共产党90年来的胜利都是不可设想的了。如果我们不以辩证唯物主义来指导，而用其他的哲学思想来指导，我们的认识和实践就会寸步难行。中国共产党90年的经验教训可以从正反两面充分说明这个问题。

马克思和恩格斯一生都十分关注和研究方法的科学性，力求在唯物主义反映论的原则指导下研究问题。在《形态》中他们针对思辨哲学的神秘性明确宣称："只要这样按照事物的真实面目及其产生的情况来理解事物，任何深奥的哲学问题——后面将对这一点作更清楚的说明——都可以十分简单地归纳为某种经验的事实。"[1] 后面他一方面批评了费尔巴哈的唯物主义的直观性，同时又指出他的唯物主义的不彻底性，即认为他在自然观上是唯物主义的，而在历史观上是唯心主义的，他们说："当费尔巴哈是一个唯物主义者的时候，历史在他的视野之外；当他去探讨历史的时候，他不是一个唯物主义者。在他那里，唯物主义和历史是完全脱离的。"[2] 这就是恩格斯所说的，费尔巴哈"停留在半路上，他下半截是唯物主义者，上半截是唯心主义者"。[3] 马克思和恩格斯也力求以唯物主义

---

① 《马克思恩格斯文集》第1卷，人民出版社2009年版，第528页。
② 同上书，第530页。
③ 《马克思恩格斯文集》第4卷，人民出版社2009年版，第296页。

辩证法来指导他们的理论研究。他们自青年时代起就熟悉黑格尔的辩证法，并给予了极高的评价，但在接受了费尔巴哈的唯物主义的影响之后，就开始以唯物主义为指导来改造黑格尔的辩证法，形成了唯物主义辩证法。他们提出的唯物主义历史观理论、马克思的《资本论》和恩格斯的《自然辩证法》是他们运用唯物主义辩证法或辩证唯物主义来指导他们的研究工作的经典性成果。关于唯物主义辩证法，他们的论述是非常丰富的，也是人们所熟知的，这里我就不引证了。

（四）马克思主义哲学的理论创新

毫无疑问，哲学需要创新，尤其是马克思主义哲学作为一门科学更需要理论创新。因为时代不断变化，新的问题不断出现。我们需要以马克思主义哲学为指导来正确地认识时代，来正确地引导时代，影响时代，改造时代。哲学不创新是绝对不行的。

现在我们对创新谈得很多，什么都需要创新，尤其是科学技术需要创新，我们国家的目标之一是要建立创新型国家，创新确实是非常重要的。不创新在这个世界上就很难立足，很难生存和发展下去。但是创新要有一个条件，创新不是无条件的，只要新就是好，越新越好，也许艺术是这样，但是科学不能这样，哲学不能这样。科学技术的创新必须是科学的。科学技术的创新要求发现真理，发现新的规律和新的事物。我们一定要看是什么新，是不是科学的新。这是我们必须要求的一个条件。

哲学的创新要求创新是科学的，这就必须以科学为指导，也就是说必须以科学的哲学为指导，以马克思主义辩证唯物主义哲学为指导。马克思说："真正的哲学是时代精神的精华。"时代在不断发展，时代精神也在不断发展，哲学要正确反映时代精神，要引导时代正确发展，那就必须要创新。而哲学的创新离不开这个时代，离不开时代的科学技术的发展，离不开这个时代的经济、政治、文化的发展，当然也离不开哲学的发展，也就是说离不开哲学史。但更关键更重要的问题，还是要求创新必须是科学的。只有这样，我们的哲学原理才有真实丰富的内容、生动鲜活的内容，而不是虚假的、僵死的、空洞的、荒诞的。这都有赖于辩证唯物主义的指导。创新如果是毫无选择的，以哲学史上的任何哲学来指导，或者说让各式各样的哲学来共同指导，就像今天西方的马克思主义各流派那样，可能马克思主义哲学是新了，而且天天花样翻新，但是这种创新离开真理就越来越远了。

当然，我绝不是说哲学的创新，哲学的科学的创新同其他各种哲学毫无关系，像从前有的时候那样，对西方马克思主义各流派和西方哲学各流派一概打倒，拒之门外，恰恰相反，其他各种哲学流派也会有合理的因素和科学的创新，因而在我们进行哲学创新的时候都是有借鉴意义和启发作用的。改革开放以来，西方马克思主义和西方哲学各流派对马克思主义哲学的创新和发展发挥了重大的作用，这是有目共睹的。西方哲学、东方哲学以及中国传统哲学都是马克思主义哲学的科学创新的不竭的思想资料库。倒是今天有一种割断历史的倾向正在流行，值得担忧，那就是割断马克思主义哲学的历史，完全否定辩证唯物主义，肆意曲解历史唯物主义，把辩证唯物主义和历史唯物主义说成是旧哲学的复辟，是斯大林独创的，反对在它的基础上创新、发展马克思主义哲学，主张、建议用人本主义本体论、世界观来取代它的位置。显然，谈论辩证唯物主义和历史唯物主义与历史、哲学史、马哲史的联系问题也有个是否坚持科学态度、是否用科学的方法指导的问题。

总而言之，在我看来，"哲学就是哲学史"是在整个哲学史发展中哲学的非科学状态的阶段。哲学一旦成为科学，"哲学就是哲学史"的这种状态就应该结束。也就是说，传统哲学的终结就是哲学史的这种状态的终结。而马克思主义哲学，现时代的新的哲学，一方面是传统哲学的继承，另一方面也是传统哲学的终结，是新的哲学的创立。

总体来讲，新的哲学的创立，"哲学就是哲学史"这种状态的结束，绝不是哲学史的结束，当然更不是人类历史的结束。马克思主义哲学作为一门科学，它将随着时代的发展，随着历史的发展而不断发展。这不是离开历史，不是离开哲学史，而是使哲学史开始了一个新的阶段，一个科学的阶段。

十　中西哲学与马克思主义哲学的创立与发展[*]

在我国哲学界，常能见到把中国哲学、西方哲学与马克思主义哲学并

---

*　本文发表于《江海学刊》2011 年第 3 期，原题为《中西哲学与马克思主义哲学的性质》，原为作者在北京大学举办的关于中国文化、西方文化和马克思主义的学术会议上的发言录音整理，收入本文集时作者作了一些文字修改。

列的提法，习惯上简称"中西马"。然而就文化而言，说西方文化、中国
文化是可以的，但是说马克思主义文化，恐怕就不合适了。马克思主义当
然是一种文化现象，是一种文化因素，但它没有构成一种文化形态。文化
是个太大话题，这里我只想从马克思主义的角度，谈谈它和中西哲学之间
的关系，显然这个关系也包含在中西文化和马克思主义的关系里面。下面
我主要谈三个问题：1. 在马克思主义哲学的创立、传播和发展的过程中，
中西哲学是其重要的思想来源之一；2. 马克思主义哲学与中西哲学的根
本区别就在于科学性和实践性；3. 马克思主义哲学的核心是辩证唯物
主义。

　　第一，大家知道，马克思主义哲学的创立是由于西方社会发展到资本
主义的成熟阶段，阶级斗争日益激烈，无产阶级需要一种科学的世界观来
指导自己的行动。但是无产阶级及其思想代表不可能凭空创造一种哲学，
哲学的思想资料还得从过去的哲学中寻找。马克思主义哲学创立的主要思
想根源只能是西方传统哲学，特别是西欧近代哲学，也就是大陆理性主义
和英国的经验主义哲学。因此从思想渊源的关系来讲，马克思主义哲学是
西方哲学的后代，而西方哲学是马克思主义哲学的前辈。至于说到中国哲
学，很难说中国哲学是马克思主义哲学创立的思想来源之一。我记得前几
年有同志做过这方面的文章，但是这个文章做不好，不成功，就是很难明
确论证中国哲学是马克思主义哲学创立的来源之一。但是就马克思主义哲
学在中国的传播，在中国的发展来说，中国哲学是它的思想来源之一。不
说别的，中国哲学思想里面就有非常丰富的可以被马克思主义哲学吸收的
内容。所以我觉得笼统一点说，中国哲学也是马克思主义哲学的思想来源
之一。在这种意义上，马克思主义哲学也是中国哲学的后辈，而中国哲学
是马克思主义哲学的前辈。这种传承关系绝不限于创立、传播与发展。就
是现在，它对马克思主义哲学的创新与发展也是非常宝贵的，可以为今天
马克思主义哲学的创新与发展提供丰富的思想资料。我们举个很明显的例
子，譬如价值论，价值论作为哲学的一个重要部门，过去是被马克思主义
哲学所排斥否定的，而今天已经成为马克思主义哲学的重要部门之一。这
个价值论就是直接从西方哲学嫁接过来的。正是出于这种考虑，我所主持
的一个科研项目，叫"马克思主义哲学创新研究"，其成果有四部共五册
书，其中有一本叫作"中西哲学的当代研究与马克思主义哲学的创新"，
我们这个考虑正是出于这种理解。

　　第二，我想谈一下马克思主义哲学同中西哲学在根本上有什么不同、有什么差别。过去我们经常说，马克思主义哲学的出现，是哲学史上的革命变革，而这种革命变革的主要表现就在于实践性。过去哲学是脱离实践的，而马克思主义哲学是为了指导实践，是来自实践，是在实践中检验和发展的。这是一个根本的区别。但是近年来还有一个根本的区别为大家所忽视，就是它的科学性，确切地说，就是马克思主义哲学是一门科学。当然并不是只有马克思主义哲学才有科学的因素，其他哲学就没有科学的因素，一般而言，所有的哲学只要是讲道理的，都有科学因素。但是从整体来讲，没有一门哲学可以叫作一门科学，但马克思主义哲学是一门科学。这种科学性和实践性在马克思主义哲学里面是互相依存的，有实践性才有科学性，有科学性才有实践性，实践必须以科学的观点、科学的原理来指导。如果以非科学的、反科学的原理来指导自己的实践，这种实践是一定要失败的。我认为，马克思主义哲学最主要的就是这两个特征。当然传统的观点认为还有一些其他特征，如阶级性、批判性等，但是这些特征都能够从这两个特征引申出来。近些年来，大家往往回避科学性问题，对这个现象我感到困惑，为什么马克思主义哲学不是一门科学，或者说不能是一门科学？我觉得这个问题必须重提，而且必须明确地加以阐释。在我看来，不但要把马克思主义哲学与哲学史联系起来，而且要把哲学史与科学史联系起来，只有这样才能真正弄清楚马哲的性质及其历史地位。科学史告诉我们，任何一门学科都有从非科学成长为科学的飞跃。马克思主义哲学所实现的革命变革，就是这种从非科学变为科学的一次飞跃。我再次强调，不能脱离马克思主义哲学的科学性而只谈它的实践性，"文化大革命"中的错误给我们的教训是深刻的。有人把"文化大革命"中的错误归结为辩证唯物主义，这是毫无根据的。事实恰恰相反，那些错误正是违背了辩证唯物主义的结果。"左倾"教条主义把革命实践歪曲成打倒一切，把主观能动性夸大成精神万能，把一切矛盾都看成是敌我矛盾，这不是辩证唯物主义的错误，而是违背了辩证唯物主义而犯下的错误。马克思主义哲学绝不能离开科学性来谈实践性。

　　第三，我想谈谈辩证唯物主义在马克思主义哲学中的地位问题。过去，当然今天也是，我们讲到马克思主义哲学就是辩证唯物主义和历史唯物主义，但是有人说这个只是课堂哲学，不是论坛哲学，事实上确实有这个倾向。在论坛哲学当中，辩证唯物主义和历史唯物主义的地位可以说摇摇欲坠,特别是辩证唯物主义,在某些人心目中已经被完全否定了。对这个问题我还想谈几点看法。

第一点,马克思主义的世界观是不是辩证唯物主义?过去的说法是马克思创立了辩证唯物主义。30年来,这个说法已经差不多被否定了。因为事实上,当时马克思只有唯物史观的系统理论,没有辩证唯物主义的理论,更没有这个称呼。这就成为马克思没有辩证唯物主义世界观的铁证。但是我认为还是应该肯定地回答,马克思有辩证唯物主义的思想,马克思是个辩证唯物主义者。我有几个理由:第一,马克思当时的世界观是唯物主义,这是十分明确的,是他自己讲的;第二,这个唯物主义是什么唯物主义?是不是费尔巴哈的唯物主义?当然不是。那还是什么唯物主义?它只可能是辩证唯物主义。这样讲是不是仅仅是一种推测?它不是别的唯物主义就是辩证唯物主义?我认为不完全是推测。为什么?一个就是他是一直肯定黑格尔的辩证方法的,虽然他否定黑格尔辩证法的体系。黑格尔的辩证方法就是思维方法,或者叫思维形式、思维方式。思维方式是哲学基本原理的运用,肯定辩证方法就是肯定辩证原理。再一个就是他的唯物史观里面包含着辩证的分析,他肯定了人类社会内部辩证的矛盾运动,分析了这个矛盾运动,这就是辩证法,亦即历史辩证法。后来马克思在《资本论》第2版的跋里也明确讲,他的方法是辩证方法,他的方法是唯物主义的。所以我认为马克思有辩证唯物主义思想。他的世界观就是辩证的世界观,我认为不是没有根据的,这是第一点。

第二点,我想谈一下一个过去几年来都很时髦的话题,能不能以实践唯物主义来取代辩证唯物主义?我认为不能。说马克思有这个称呼,完全是一种误解,马克思没有这个称呼。马克思讲的是实践的唯物主义者的一个特征,是实践的,即共产主义者。不是说以实践作为整个宇宙的基础,不是说马克思主义哲学只研究实践。如果真有这种实践唯物主义,即以实践作为宇宙的基础的"唯物主义",那么这种实践唯物主义实际上不是唯物主义,而是唯心主义。如果整个宇宙都依赖于实践,这怎么可能是唯物主义?有人说实践唯物主义就是唯物主义实践观,这种理解从道理上是可以说得过去的。但是实践观不能取代世界观、宇宙观。

第三点,我想谈的是能不能以历史唯物主义来取代辩证唯物主义?这个观点现在是最时髦的。南方、北方都有一些哲学界的领军人物,在大肆宣传这种观点,说历史唯物主义就是马克思主义世界观,虽然没有明确说辩证唯物主义不是马克思主义世界观，实际上就是用历史唯物主义来取代辩证唯物主义。说这个"历史"不限于人类社会的历史，而是整个宇宙的历史，所以历史唯物主义就是宇宙观。当然，单独一个"历史"字眼可以这么理解，但是马克思恩格斯那个时候讲的历史唯物主义就是唯物史观，就是讲的社会历史观，不是讲的宇宙历史观。我们不是在就概念谈概念，而是在谈马克思和恩格斯的概念，如此歪曲他们的原意，我认为是不严肃的。近 30 年来，唯物史观、历史唯物主义同辩证唯物主义之间的关系一直受到质疑。说历史唯物主义是辩证唯物主义在人类社会中的运用，这个话是斯大林讲的。斯大林是讲了这个话，但这个话不是斯大林创造的，列宁就先讲过。马克思恩格斯在《形态》中也讲过。《形态》里面说："当费尔巴哈是个唯物主义者的时候，历史不在他的视野之内；当他去研究历史的时候，他绝不是一个唯物主义者。"① 所以后来恩格斯老讲费尔巴哈的唯物主义是半截子唯物主义，就是说，下半截是唯物主义，上半截是唯心主义。意思就是说上半截也应当贯彻唯物主义。很多人认为辩证唯物主义和历史唯物主义二者是并列的，是对立的、是二元论，这怎么会是二元论呢？不能说两个东西并称就是二元论。辩证唯物主义包括历史唯物主义，历史唯物主义里面也有辩证唯物主义。他们的关系非常清楚：一个是普遍，一个是特殊；一个是整体，一个是部分。

　　第四点，我想谈一下辩证唯物主义和历史唯物主义的体系究竟是怎样创立起来的。许多人都说，这是斯大林的体系，是斯大林创造的。这是完全违背历史事实的。我认为它的创立经历了四个阶段，第一个阶段是 19世纪 40 年代中期，马、恩创造了唯物史观的思想体系，但没有提出世界观的理论体系。世界观只是作为历史观的逻辑前提存在于其中。它的具体表现形态就是唯物主义和辩证方法。这时候辩证唯物主义只是一种逻辑的存在。因此整个 19 世纪下半叶，人们谈到马克思主义哲学的时候，指的就是唯物史观。第二个阶段是 19 世纪 70 年代，主要是由恩格斯提出了比较系统的辩证唯物主义原理。这些原理部分在《反杜林论》中发表。恩格斯曾经提出一个名称，叫作就是唯物主义的辩证的自然观。自然观是大自然观，大自然观就是宇宙观，自然包括人类社会。这是第二个阶段。第三个阶段是 19 世纪末到 20 世纪初，首先狄慈根提出辩证唯物主义这个概

---

① 《马克思恩格斯文集》第 1 卷，人民出版社 2009 年版，第 530 页。

念。普列汉诺夫也这么讲，特别是列宁的《唯物主义和经验批判主义》树立了辩证唯物主义在马克思主义哲学中的地位。后来是德波林首先发表专门的文章和著作来阐发辩证唯物主义。第四个阶段是 20 世纪 20 年代到 30 年代初，苏联哲学家在理论研究和教学实践中逐渐构成了辩证唯物主义和历史唯物主义这个体系。这个成果主要是综合和重新组织了马克思、恩格斯和狄慈根、普列汉诺夫、列宁、德波林以及其他马克思主义哲学家的观点，也吸收了当时世界政治与经济形势的变化和自然科学的一些成果。代表作就是 20 世纪 30 年代初出版的米丁主编的《辩证唯物主义》，以及米丁与拉祖莫夫斯基主编的《历史唯物主义》，它们就是后来马克思主义苏联哲学体系的蓝本。斯大林作为党的领导人领导和支持了这个工作。但是斯大林的《论辩证唯物主义和历史唯物主义》出版于 1938 年，那是在米丁他们的书出版五六年以后。斯大林这个体系是对米丁他们的体系大量改动的结果。斯大林的体系在新中国成立前，在我们国家没有流行起来。在我们国家流行的还是米丁他们的体系。新中国成立以后，斯大林的体系流行了几年。但是斯大林逝世以后，特别是受到批判以后，这个体系在中国已经被废除了，没有人再用这个体系。我们今天用的是 30 年代初期的那个体系。我们现在很多大学自编的教材，都是以这个体系作为蓝本的。目前马克思主义理论工程出版的教材，我认为内容和这个体系基本上是一致的。总之，我们对辩证唯物主义绝不能采取根本否定、排斥的态度，而应当以它为出发点，采取研究、继承、发展和创新的态度，使之更加真实、更加完整、更加严密。

中西哲学曾是马克思主义哲学创立和发展的重要思想根源之一。今天中西哲学的当代研究，也应该是它的思想发展的重要根源之一。在我看来，中西哲学是一个无尽的智慧宝库，它们的当代研究也是时代精华的一部分。马克思主义哲学要发展，要繁荣兴旺，就必须反映时代精神的精华，这就是哲学发展的科学之路。

第 二 章

关于马克思主义哲学体系的构想

一 关于马克思主义哲学 1961 年 体系的一些想法[*]

艾思奇同志 1961 年主编的《辩证唯物主义历史唯物主义》是一本大学文科马克思主义哲学课的教材，其体系不但与斯大林的《辩证唯物主义与历史唯物主义》有很大的差别，对苏联 20 世纪 30 年代流行的体系也有较大变动。这个体系体现了艾思奇同志本人和我国哲学界当时对马克思主义哲学体系的共同认识，出版以后对我国哲学研究、哲学教育和广大干部、群众的哲学学习都产生了深远的影响，它在近半个世纪内是各种马克思哲学主义教材的蓝本，至今仍然是构建马克思主义哲学的各种体系时的主要参考体系。因此，在当前哲学界密切关注马克思主义哲学体系构建活动之际，考察一下这个体系是十分必要的。

马克思主义传入中国以来很长时间内只有一个公认的体系，即辩证唯物主义和历史唯物主义，简称辩证唯物主义。20 世纪 50 年代以来又形成了若干体系，其中得到较多支持的有两个体系，一个是人道主义体系（在苏联比较成型，在西方比较松散），一个是实践唯物主义。辩证唯物主义与历史唯物主义经常被人说成斯大林体系，这是纯粹的误解。1961年体系是辩证唯物主义体系在中国的主要代表，下面我们就以它的特点来说明一下这种误解。

辩证唯物主义体系包含两个层次，第一层是世界观，第二层是历史

  ＊ 本文发表于《怀念与思考——艾思奇与马克思主义哲学中国化》，中共中央党校出版社 2008 年 4 月出版；《缅怀与探索——纪念艾思奇文选》，中共中央党校出版社 2010 年 3 月出版。

观。辩证唯物主义又分为两部分，一部分是唯物主义（包括认识论），一部分是辩证法。辩证唯物主义体系有三种模式，即苏联模式（苏联哲学家们在 20 世纪二三十年代构建的）、斯大林模式（《联共党史》第 4 章第 2 节），中国模式（其代表就是 1961 年体系）。这三种模式在基本组成部分上是一致的，区别在于内容和结构有所不同：苏联模式由唯物主义（哲学基本问题）、辩证法（三个主要规律和若干范畴）和唯物史观构成，斯大林模式由辩证法（四个特征）、唯物主义（三个特征）和唯物史观构成，1961 年体系由唯物主义世界观（哲学基本问题第一方面）、辩证法（三个主要规律和若干范畴）、认识论（哲学基本问题第二方面）和唯物史观构成。

1961 年体系不完全是中国哲学家们首创的，而是把苏联体系加以创造性改造的结果。就艾思奇个人而言，他的《大众哲学》的体系是以苏联模式为蓝本，包括唯物主义两章（世界观和认识论）、辩证法两章（三个主要规律和若干范畴），在斯大林模式出现后也一直采用苏联模式，只是在新中国成立后短时期内采用过斯大林模式，那就是 1953 年的《辩证法讲课提纲》和《辩证法引言》（《艾思奇全书》第 5 卷第 110、219 页），按斯大林提出的辩证法四个特征讲课，还有 1956 年《生产发展的规律性》（《艾思奇全书》第 6 卷第 240 页），按斯大林提出的生产三个特点讲解。但在这个时期内他没有采用过斯大林提出的唯物主义三个特征的讲法，1954—1956 年期间他的《在中国科学院讲哲学》中仍按照苏联模式讲唯物主义（《艾思奇全书》第 6 卷第 467 页），1957 年他的《辩证唯物主义讲课提纲》就完全恢复了苏联模式，此后再也没有采用过斯大林模式。1961 年体系是对苏联模式的继承与改造。

1961 年体系与苏联模式、斯大林模式相比有些什么特点呢？

首先谈一下它与苏联模式的同异。它与苏联模式基本上是一致的，最明显的区别是它把唯物主义区别为世界观和认识论两个部分，并把认识论放在辩证法之后，而苏联模式并没有作这种区分，而把辩证法放在认识论之后。苏联模式的安排是不合理的，一是没有按对象的不同把学科区分开，二是把世界观（辩证法）放在认识论之后，逻辑不顺。一门学科的内容以及内容之间的顺序是由对象决定的，苏联模式违背了这一原则。恩格斯提出的哲学基本问题包括了两个学科（世界观和认识论），其着眼点并不在于学科构建，而苏联模式拘泥于恩格斯的原有提法，宁肯将世界观分割为两部分，而把认识论横插其间，显然是很不合理的。1961 年体系的这种改动，是体系构建上的一大改进。

其次谈一下它与斯大林模式的同异。斯大林模式与 1961 年体系都属于辩证唯物主义体系，这是它们的相同之处。但它们之间的差别也是很大的。第一，斯大林模式先讲辩证法，后讲唯物主义，这显然是不妥的，因为唯物主义回答世界是什么的问题，辩证法回答世界是怎样的问题，1961 年体系先讲唯物主义，紧接着讲辩证法，更加符合思维的规律。第二，斯大林模式把辩证法归结为四个特征，这不但使辩证法简单化了，而且取消了否定之否定规律，从而也就取消了作为整体的三个主要规律，1961 年体系恢复了这些内容。第三，斯大林模式否定对立面的统一，只讲对立面的斗争，这显然是片面的，1961 年体系完整地论述了对立统一规律。第四，斯大林模式否定社会主义社会中存在生产关系与生产力之间的矛盾，1961 年体系以毛泽东关于社会主义社会基本矛盾的理论来纠正了这种片面性。

1961 年体系当然还有其他一些特点，以上已足以说明 1961 年体系与苏联模式是接近的，与斯大林模式的差异是很大的。

那么，我们怎么评价 1961 年体系呢？

谈到评价，首先要谈：辩证唯物主义和历史唯物主义体系是不是马克思和恩格斯的思想？其次要谈：这个体系有多大程度的科学性？或者说哪些成分是科学的，哪些成分是不科学的或不够科学的？

今天很流行的一个观点是：辩证唯物主义不是马克思和恩格斯的思想，或者说辩证唯物主义中有些思想在恩格斯那里曾经有过，在马克思那里却从来没有过。这种观点特别反对把辩证唯物主义和历史唯物主义看成两个层次，把历史唯物主义看成辩证唯物主义在人类社会历史领域的运用，或者否认历史观的世界观前提，或者干脆认为历史唯物主义就是世界观。他们的"强有力"的根据就是马克思和恩格斯在构建历史唯物主义思想体系时没有辩证唯物主义思想体系，后来恩格斯的许多思想被苏联哲学家纳入辩证唯物主义思想体系之中，但恩格斯也未提出过辩证唯物主义思想体系。

在我看来，这个根据是难以成立的。马克思和恩格斯在构建历史唯物主义体系时并非在时间上已经先有了辩证唯物主义体系，但是在逻辑上他们是以辩证唯物主义的基本观点为前提的，尽管他们当时还没有明确提出辩证唯物主义体系。这一点只要简单厘清一下他们的思想转变过程就不难明白。

马克思和恩格斯最初都曾经是青年黑格尔派成员，其思想起点是唯心主义辩证法和激进民主主义，大致从 1842 年开始他们向唯物主义和共产主义转变。他们是通过费尔巴哈转向唯物主义的，他们的唯物主义一时可能还摆脱不了费尔巴哈的局限；这时只有空想社会主义，他们的共产主义也不可能是科学的。但他们毕竟有黑格尔辩证法的基础，在实践和理论活动中逐渐看出费尔巴哈的局限性，于 1844 年在《关于费尔巴哈提纲》和《德意志意识形态》中明确批判了他的唯物主义。在这两种著作中，他们对费尔巴哈的批判主要有两点：一是批判了旧唯物主义的直观性，即忽视实践的作用。他们并不根本否定唯物主义，而是主张能动的唯物主义。二是批判费尔巴哈的唯物主义的不彻底性，即唯物主义只对自然界有效，而被排除于人类社会之外。他们主张把唯物主义贯彻于人类社会，并把这种观点叫作唯物主义历史观。他们说："当费尔巴哈是一个唯物主义者的时候，历史在他的视野之外；当他去探讨历史的时候，他不是一个唯物主义者。在他那里，唯物主义和历史是彼此完全脱离的。"① 从上下文可以看出，他们所说的"历史"是人类社会的历史，不是宇宙的大历史。后来在《社会主义从空想到科学的发展·英文版导言》中，恩格斯"用'历史唯物主义'这个名词来表达一种关于历史过程的观点"②，即唯物主义历史观。他们多次提到费尔巴哈下半截是唯物主义者，上半截是唯心主义者。这些都说明他们的历史观是以唯物主义世界观为前提的，而绝不是没有世界观前提，或者有其他前提。问题是：他们运用唯物主义世界观为前提来构建历史唯物主义体系时，这个唯物主义是什么唯物主义？是费尔巴哈的唯物主义还是辩证唯物主义？当然不是费尔巴哈的唯物主义，因为他们那时已在批判费尔巴哈唯物主义；也不能是已有完整形态的辩证唯物主义，因为他们当时还没有辩证唯物主义理论体系；这个唯物主义应该就是能动的唯物主义，或者说，像许多人喜欢的称呼，实践的唯物主义，这种唯物主义从概念的涵盖范围来讲，应该属于辩证唯物主义的范畴。因此，在我看来，说马克思和恩格斯构建历史唯物主义体系时的世界观前提就是

---

① 《马克思恩格斯文集》第 1 卷，人民出版社 2009 年版，第 530 页。
② 《马克思恩格斯文集》第 3 卷，人民出版社 2009 年版，第 508—509 页。

辩证唯物主义，还是可以成立的，尽管他们当时还未构建起这个世界观的完整体系。构建这个体系的任务是 19 世纪 70 年代主要由恩格斯初步完成的。

马克思虽然批判了黑格尔的唯心主义和思辨哲学，但一生都坚持唯物主义辩证法，在《哲学的贫困》《资本论》等书中都有专门的论述。恩格斯 20 世纪 70 年代系统研究自然辩证法得到了马克思的大力支持，其所提出的观点也得到马克思的赞许，其中许多成果被用于对杜林哲学的批判而得以在《反杜林论》中公开面世。《自然辩证法》和《反杜林论》实际上提供了辩证唯物主义世界观的基本轮廓。恩格斯在 80 年代又在《费尔巴哈论》中提出了哲学基本问题理论。可以说，当时，辩证唯物主义体系已经是呼之欲出了。狄慈根在 1886 年把马克思主义哲学称作"辩证唯物主义"，反映了马克思主义哲学体系已日臻成熟。苏联哲学家在《自然辩证法》于 1925 年发表后形成辩证唯物主义与历史唯物主义的理论体系不是偶然的。可以看出，这个体系虽然在马克思和恩格斯那里没有完整的原型，却是完全符合他们的思想的。

这个体系的科学性如何呢？下面我们就主要以 1961 年体系为代表来说说。

1961 年体系基本上是一个科学的学科体系，符合一门学科构建科学体系的基本原则。但它不够完整，不够严密。下面从几个方面谈谈它的长处和短处。

第一，就其对象（包括组成部分及其对象）来说。这个体系的对象和某些组成部分及其对象基本上是明确的。这是一门学科的科学体系的第一个条件。它明确指出马克思主义哲学是"世界观"①，其理论是"关于世界观的学问"，"哲学观点就是人们对于世界上一切事物、对于整个世界的最根本的观点"。马克思主义哲学是"真正科学的世界观"，它同各种具体科学的关系就是一般与具体、普遍与特殊的关系。这个表述说明它的对象就是作为整体的客观世界，它的原理是最一般的原理，它的规律是最普遍的规律。这个世界观由唯物主义与辩证法构成。它还有两个部门，一是认识论，一是历史观。认识论的对象是人类社会的认识现象，"马克

---

① 以下引文均引自《辩证唯物主义历史唯物主义》，见《艾思奇全书》第 7 卷，不再一一注明。

思主义哲学在认识论问题上坚持了唯物主义的观点，并且说明了认识的辩证发展过程"。辩证唯物主义的一般原理贯彻于认识现象这个特殊领域，便形成了辩证唯物主义的认识论，即科学认识论。同样，历史观的对象就是人类社会历史，"马克思和恩格斯把辩证唯物主义推广到对人类社会的认识"，就形成了辩证唯物主义历史观，他们早期称之为唯物主义历史观，后来称作历史唯物主义，即科学的历史观。

　　1961 年体系还在《绪论》中提到另一个部门，即"方法论"。辩证唯物主义是科学的世界观和方法论，这是今天很流行的说法，但严格说起来，这样使用"方法论"这个概念是不确切的。"方法论"，顾名思义，应该是关于方法的系统理论，是哲学的一个部门，但事实上哲学体系中并没有这个部门，像认识论、历史观那样的部门哲学。实际上，常用的和1961 年体系中的"方法论"就是方法，世界观原理被运用来认识世界和改造世界时便是方法。从体系上看，马克思主义哲学中倒是应该有一个部门来研究方法问题，叫作方法论。它应研究什么是方法、方法的分类以及如何正确使用方法等问题，形成一个科学的系统理论。缺少这个部门，是哲学体系的一个缺点。

　　根据改革开放以来的研究，还有两个部门是这个体系所没有的，这也是一个缺点，那就是人学和价值论。科学的发展要求建立人学，它以整体的人作为自己的研究对象，经典作家有很多人学思想，但由于种种原因，人学作为一门哲学部门始终没有建立起来。学术界对人的自然属性和社会属性已经建立了许多人的科学，如人体解剖学、人体生理学、人的医药学、女性学、人口学、老年学、人权学、人性论、人才学、心理学等。但缺乏对人进行整体研究、综合研究的人学，20 世纪 80 年代初关于人道主义的讨论凸显了人学研究的必要，引发 20 多年来研究和建立人学的热潮。

　　西方在 19 世纪已经开展了对一般价值的研究，出现了一个新的哲学部门，叫作价值论。由于对西方哲学的盲目排斥，价值论一直被视为唯心主义而受到马克思主义理论界的简单否定。其实，伦理学、美学、经济学都包含对价值的研究，只不过他们研究的是特殊价值（道德价值、审美价值、经济价值），不是一般价值；经典作家也有许多关于一般价值的思想。西方价值论中有唯心主义因素，但也有合理的科学的因素，20 多年来我国理论界已在价值论研究上取得了很大进步，把它作为一个部门纳入辩证唯物主义体系中是可能的，也是必要的。

第二，就其中原理的科学性来说。一门学科的原理是否具有科学性，是这门学科成为科学的基本条件之一。马克思主义哲学十分重视这点。由于哲学原理具有最高的普遍性和最大的无限性，其科学性不是一次、两次的实践所能肯定或否定的，而只能以全人类的实践，全部认识史、科学史作为自己立论的根据。但哲学原理的论证，显然不能引证一切科学根据，而只能择其主要根据，这常常被讥笑为"原理加例子"。如果认为举几个例子就证明了一个原理，这显然是把论证原理简单化了，不能把论证归结为举例子，但举例子是不可缺少的，举例子应是举出具有典型意义的事实根据，通过分析，从个别、特殊中见普遍，从有限中见无限。这里有一个哲学中长期争论的问题：一种观点认为例子再多也是有限的，再多的例子说明不了无限的原理；另一种观点认为无限存在于有限之中，普遍存在于个别、特殊之中，只要分析正确，有限的事实可以成为无限的根据。我认为，科学的工作就是在有限中找无限，在个别、特殊中找普遍，科学史证明科学研究经历了很多失败，但也积累了丰富的积极的成果，这些成果，在无数的实践过程中不断经受住了检验，也不断得到修正和发展，它的总和就是对这个世界的认识的不断扩大和不断深入，这个认识诚然是相对的，知识接近绝对真理，没有穷尽绝对真理。我们怎能根本否定认识能够从有限达到或接近无限，怎能完全否定科学的力量和作用呢？1961年体系对辩证唯物主义原理坚持了这一态度和做法，使自己的原理成为具有鲜明的科学性的原理。当然，它也承认这些原理的相对性，承认他们应该随着实践的发展和科学的发展而不断变化和发展。

第三，就体系结构来说。一个合理的理论体系应该遵循从抽象到具体的原则，但这里的抽象和具体，不是理性和感性，而是理性认识范围内的抽象和具体，实际指的是理性认识从少到多、从浅到深、从简单到复杂的过程，这个过程不仅是一个叙述过程，而且是一个认识过程，一个思维规律展开的过程，一个历史的过程，也就是逻辑与历史（包括客观史与认识史）一致的原则。1961年体系基本上是按照这个原则构建起来的。它从物质这一高度抽象的概念开始，然后一步步把物质所蕴含的丰富的内容展现出来。首先是按此原则安排各组成部分的顺序，其次是按此原则安排各组成部分的内容的顺序。1961年体系的一大进步是把唯物主义部分与辩证法部分连在一起成为世界观，而把认识论分出来放在后边，不像苏联模式那样在唯物主义与辩证法中间横插一个认识论，违背了逻辑与历史一致的原则。但 1961 年体系的安排也不够彻底，如果彻底遵循这一原则，认识论应安排在历史观之后，因为认识现象是一种社会现象，不是自然现象，应在历史观之内或之后论述其内容。

苏联模式虽然有这样那样的问题，但仍不失为马克思主义哲学第一个比较完整、严密的科学体系。斯大林模式对它作了重大的改动，但这个改动不是进步，而是退步，大大损害了它的完整性和严密性，从而也损害了它的科学性。1961 年体系恢复并改进了苏联模式，40 多年来作为马克思主义哲学大学教材体系的主要依据，发挥了巨大的作用。我们要构建更加完整、更加严密的科学的哲学体系，必须对它继承与发展，只有这样，才能超越它，而绝不能绕开它。

二 更完整严密地构建马克思主义哲学体系的必要性与可行性 *

马克思主义哲学在其萌芽、创立和发展的过程中已经建立了一个科学体系，那就是辩证唯物主义和历史唯物主义。但是，近 30 年来，这一体系受到种种挑战。

首先是实证主义的挑战。实证主义把人的认识限制于感觉之中，否认外部客观世界的可知性，甚至否定其客观存在是 20 世纪西方最流行的哲学思潮，成为对抗唯物主义的最主要的哲学流派，但事实上它并不是现代西方科学的产物，而是休谟主义的遗产。近 30 年来它在中国成了反对辩证唯物主义的主要流派。它的最常见的说法是认为辩证唯物主义世界观是一种本体论思维方式（西方称 "拒斥形而上学"），是近代自然科学的思维方式，已经被 20 世纪现代自然科学推翻了，早已过时了。它提倡一种 "实践论思维方式"，把实践范畴摆在比物质范畴更根本的地位。

其次是主体性哲学的挑战。主体性哲学夸大主体的作用，认为不仅人类社会中一切都具有主体性，自然界中一切也均是如此，所谓不以人的意识为转移的客观存在是自相矛盾的，客观辩证法或自然辩证法是根本不存在的。这种观点自认为是现在自然科学的产物，其实它就是古代唯心主义的后代。

---

* 本文发表于《北京大学学报（哲学社会科学版）》2007 年第 6 期。

最后是人道主义的挑战。人道主义在近代反映了人民群众反对封建等级制度的要求，主张人人平等的人际关系。西方启蒙思想家以人道主义来解释人类社会的发展并借以论证资产阶级革命的正当性，从而把人道主义价值观夸大成了历史观。马克思主义的历史观，即历史唯物主义承认人道主义价值观，反对人道主义历史观。20世纪80年代初人道主义价值观在我国得到广泛的肯定，这是对的，但有一种观点把人道主义价值观与人道主义历史观混为一谈，宣扬人道主义历史观，否定历史唯物主义，从而否定辩证唯物主义。

这三种挑战有一共同特点，就是认为号称马克思主义哲学的辩证唯物主义与历史唯物主义理论体系并不是马克思的观点，而是恩格斯、列宁、斯大林的观点，因而把马克思哲学和马克思主义哲学对立起来，强调马克思哲学而忽视马克思主义哲学，这就对马克思主义哲学的发展史造成了不少争论与混乱。

马克思主义哲学尽管受到这些挑战，它在整个社会的哲学思潮中仍居于主导地位，在社会主义现代化建设的各个领域起着指导作用。这就要求它具有更强的科学性，也就是更加完整、更加严密，只有这样，它才能更加适应中国社会发展的需要，发挥更大的指导实践的作用。

还应该指出，马克思主义哲学体系并不是毫无问题的。问题不仅在于由于时代的变化，这个体系确有过时之处，或应加以修正，或应加以补充，而且在于这个体系本身尽管不失为一个科学体系，其不完整、不严密、不合理之处仍然不少，上述几种挑战的发生也与这些问题有关。有哪些问题呢？第一，这个体系是在马克思主义哲学的萌芽、建立、发展过程中自发地形成的，而没有按照它本身已经提出的建构哲学体系的原则加以检查、研究和设计，因而留下了不少仍待解决的问题。第二，科学体系的首要条件是科学对象，而马克思主义哲学的对象不太明确，辩证唯物主义既是世界观，又是认识论，又是辩证法；历史唯物主义是历史观，与辩证唯物主义并列，其关系颇多争议。第三，范畴顺序的安排基本符合从抽象到具体的原则，但不当之处也颇多。第四，内容需要修正与补充之处就更多了。

总之，为了回应各种挑战，为了胜利地指导中国社会主义现代化建设，为了与时俱进地发展马克思主义哲学，都有必要构建更加完整、更加严密的马克思主义哲学科学体系。不仅如此，现在构建这样一个体系也是完全可能的。这种可能性可以从两个方面去考虑。

首先是这个体系本身的发展状况。马克思主义哲学体系是什么？马克思和恩格斯在创立马克思主义时就表明过自己的观点。他们在《德意志意识形态》中就说到过他们的哲学是唯物主义历史观，并且提出了它的理论体系。他们也明确表示过他们的世界观是唯物主义，但没有提出这个世界观的理论体系。后来主要是恩格斯在19世纪70年代提出了这个世界观的基本内容，狄慈根给它命名为辩证唯物主义。列宁的《唯物主义与经验批判主义》对于确立辩证唯物主义的地位做出了突出的贡献。后来他在《哲学笔记》中对辩证唯物主义的范畴作了深入的研究。今天仍然流行的辩证唯物主义和历史唯物主义的理论体系是苏联哲学家于20世纪20年代根据马克思、恩格斯、狄慈根、普列汉诺夫、列宁等人的观点构建而成的。它并非苏联人的独撰，但也不是严格根据构建科学的哲学体系的原则构建的，因而有不少拼凑与不合理之处。苏联后来虽然对马克思主义哲学的科学体系问题作过许多研究和尝试，但未取得很大成功。我国一直采用苏联的体系，即辩证唯物主义和历史唯物主义，改革开放以来哲学家对旧体系的是非曲直进行了大量研究，虽然争议甚多，在有些根本性的问题上也达成了一定的共识，例如都同意哲学体系的构建应反映时代的发展，应概括和吸收自然科学与社会科学的最新成果，应充分借鉴中西哲学的最新成就，应根据一定科学原则加以构建，等等。在我看来，马克思主义哲学的发展到了今天，可以进行一次较大规模的体系改造和构建的尝试了。

其次是这个体系面临的客观条件。马克思主义哲学不同于一般的科学，它毕竟还是社会主义社会主导的意识形态，因此，当苏联社会主义政权被颠覆之后，马克思主义哲学不但难以发展，甚至存在也难以为继了。但它在中国的命运则大不同。它当然不会像改革开放前那样凭借政权来树立自己的权威，但也不会像在西方社会那样受到占统治地位的资产阶级意识形态的歧视与包围。无论如何，社会主义社会条件是有利于马克思主义哲学的顺利发展的。

近30年的改革开放、近30年的社会主义现代化建设的实践和理论的发展、近30年的对世界形势的研究、近30年的自然科学和社会科学的研究和发展、近30年的对西方哲学的研究和分析、近30年的对中国传统哲学的研究和重新评价、近30年的对马克思主义哲学各个原理的研究、争论和创新，等等，都积累了非常丰富的成果，这些成果可以为更加完整、更加严密地构建马克思主义哲学体系提供足够的材料，如能比较充分地从哲学上加以概括，一定能使马克思主义哲学体系面貌为之一新。

就这个体系本身来讲，研究和争论也是很多的，也积累了非常丰富的成果。例如究竟马克思主义哲学是不是一个体系，要不要一个体系，就曾经是争论的焦点之一，现在多数人已认同要体系，体系可能是教条主义的，也不一定是教条主义的；体系可能是凝固僵化的，也不一定是凝固僵化的；科学必须是一个理论体系，否则科学就没有形成。又如哲学的对象究竟是什么，讨论也很多，有说宇宙的，有说人类社会的，有说人的，有说实践的，有说认识的，有说价值的，有说方法的，如此等等，不一而足。现在多数人已认同，哲学的对象是多层的。在我看来，主要是两层，一层是哲学，一层是应用哲学或部门哲学。第一层是世界观，第二层又可分为若干层。

近30年来哲学家们对构建新的哲学体系作过不少的尝试，新的各式各样的马克思主义哲学教材都进行过或多或少体系上的改进，至于出版物中提出的体系更是难以胜数，应该特别指出的是1986年立项的由当时8个马克思主义哲学博士点合作编写的《马克思主义哲学原理》（人民大学出版社1994年版），是一次十分有益的构建新体系的尝试，其中经验教训值得今天借鉴。

那么，我们应该如何构建更加完整、更加严密的马克思主义哲学的科学体系呢？

根据以上所谈马克思主义哲学所面对的形势，我认为马克思主义哲学的理论体系的构建绝不仅是对一些哲学范畴的取舍和范畴顺序的安排，如果没有新颖的科学内容，仅仅在形式上做文章是无济于事的。新颖的科学内容要到各方面去探寻。

首先是从对时代的研究中去寻求。马克思主义哲学创立至今一个半世纪过去了，经济、政治、文化的形势都发生了巨大的变化，出现了许多新鲜事物。从经济领域看，知识经济、网络经济、经济全球化、伴随着生产高度发展的空前严重的生态问题、资本主义的一统天下为两种经济制度的复杂关系所取代、世界大战为战争与和平的此伏彼起所取代、各种社会经济政治制度既明争暗斗又互相借鉴、各种意识形态和文化形态争夺市场和阵地、……如何从哲学上认识和对待这些现象，是马克思主义哲学必须回答的。

其次是从自然科学与社会科学的研究去寻求。科学的发展包含在时代的发展中，以其对哲学的特殊意义有必要作专门研究，特别是自然科学，因为社会科学的发展的许多内容已包含在时代的研究之中。自古代到近代，哲学与自然科学的关系是非常密切的，许多伟大的哲学家同时也是地道的自然科学家，如培根、康德、笛卡儿等。但到了现代，由于自然科学的专业化程度越来越高，分工越来越细，要精通多门学科越来越难，哲学与自然科学的距离也拉大了。但哲学作为世界观绝不能离开自然科学，以自然科学的成果来支撑世界观，丰富和发展世界观，就成为不能回避的难题。马克思主义哲学为了构建更完整、更严密的科学体系，必须以现代自然科学如相对论、量子力学、系统科学、生命科学等成果的哲学概括作为基础。

最后是从外国哲学（特别是西方哲学）与中国哲学的发展中去寻求。马克思主义哲学必须以其他学派的哲学作为自己的思想资料并从中汲取营养。马克思主义哲学的创立是如此，它的发展也是如此，今天也应如此。这在今天已成为共识。但西方哲学，特别是当代哲学中哪些理论、哪些观点可以经过改造而融入马克思主义哲学之中；中国哲学，特别是传统哲学中哪些理论、哪些观点可以经过改造而融入马克思主义哲学之中，尽管理论界多所涉及，但缺乏系统的回答。

有了新颖的丰富的思想，当然还要按照一定的原则把这些思想联系起来，形成一个思想体系。我认为这个体系应由几个组成部分构成，这就是前面谈到的两个层次：世界观和若干部门哲学。问题在于究竟应设哪些部门哲学。原来的体系除世界观而外，有两个部门哲学，即认识论和历史观。字面上还有一个方法论，但实际有名无实，有的只是方法（任何原理都是方法），并无方法论，即一个以方法作为研究对象的理论体系。旧体系是不完整的，必须加以补充。除世界观、认识论、历史观而外，方法论应成为一个实实在在的组成部分，此外还应补上人学和价值论这两个组成部分，这三个组成部分都是近30年来研究得很多的。这样，马克思主义哲学就由六个组成部分构成，三个是原有的，三个是新增的。这就比较完整了。为了符合从抽象到具体的原则，这六个组成部分的顺序应该是：第一层次是世界观，第二层次是历史观、人学、认识论、价值论和方法论。这就比较严密了。

　　但是，这个任务不是几个人用几年时间就能完成的，要真正构建起真正完整严密的马克思主义哲学的科学体系，我想需要几代哲学家的艰辛努力，但随着人类社会的发展，随着社会主义事业的发展，随着整个科学事业的发展，这个科学体系终有一天是会出现的。

三　关于马克思主义哲学新体系的构想*

　　哲学要不要体系的问题，目前哲学界还在争论不休。这个问题似小实大，它关系到哲学有没有资格成为一门科学，进而关系到哲学的前途命运。我认为，哲学需要体系，而且最近我就一直在思考关于马克思主义哲学新体系的问题。现在，我想介绍一下我对马克思主义哲学新体系的构想。

　　关于这个问题，我主要谈三点。第一点，构建马克思主义哲学科学体系应遵循的原则或前提。第二点，考察一下原有体系的是非得失。第三点，提出自己的一个设想，即新体系应该是什么样的。

（一）构建马克思主义哲学科学体系应遵循的几个原则或前提

　　第一个前提，应该承认哲学是一门学科。

　　我想这应该不成问题，恐怕也没有人说哲学不是学科。这门学科在教育部的专业目录中有，在研究生学位目录中有，在各种图书分类上也有。世界上的不少大学里面都有哲学系，而哲学系就是研究哲学学科、培养哲学人才的。因此，说哲学是一门学科大概没有问题。但是，承认它是一门学科是一回事，真正地认为它是一门学科是另外一回事。根据我的理解，很多人并不真正认为哲学是一门学科。但我认为这个前提还是应该明确，应该坚持的。

　　第二个前提，既然哲学是一门学科，那么它就一定要有个研究对象。

　　什么是学科？学科是关于某一种对象的研究。因此，如果承认哲学是

　　* 本文为"复杂性理论系列报告会"上的报告，由袁吉富记录整理，加工成文，发表于《北京行政学院学报》2006 年第 2 期；《光明日报》2006 年 8 月 14 日；《新华文摘》2006 年第 20 期；《高等学校文科学术文摘》2006 年第 4 期；《马克思主义文摘》2006 年第 9 期；《马克思主义、列宁主义研究》2006 年第 10 期；《2006 年马克思主义理论研究和建设工程参考资料选编》2007 年 2 月；《复杂性新探》，人民出版社 2007 年 9 月版。

一门学科，就能得出它应有研究对象的结论。说哲学什么都研究，什么都不研究，这恐怕不行。我们应该明确哲学的研究对象。

应当说，这个问题对很多学科来说不成其为问题，但对哲学则是个问题。别的学科基本上是以对象来命名的，哲学这一学科则不是这样。哲学这个名词、概念所反映的对象比较含糊，不清楚。许多学科都能望名而知其对象，如气象学是研究气象的，动物学是研究动物的，宗教学是研究宗教的，民族学是研究民族的，我们不能望文生义地说哲学是研究哲的。哲是什么？哲就是思想，就是聪明、智慧。那么，哲学是否就是智慧学呢？很难这样说。当然，有些人认为哲学就是研究认识的，研究思想的，研究聪明的，但恐怕很多人并不同意这种看法。从哲学史上看也得不出这个结论，因为哲学史上的大量哲学流派，就不仅仅是研究智慧、研究认识的。哲学的研究对象究竟是什么，现在到了需要弄清楚的时候了。

第三个前提，如果哲学有一个明确的对象，那么，它就有可能成为一门科学。

这个问题现在争论也非常大。很多人不承认哲学能成为一门科学，或者承认它有可能成为一门科学，但又认为它同真正的科学有本质的区别，二者根本不能相提并论。我认为，只要确认哲学有明确的对象，是一门学科，那么，这门学科终归要变成科学。这不是说哲学现在就是科学，而是说它应当成为并终究会成为科学。科学史的情况告诉我们，在关于某一部门、某一领域的科学还没有出现以前，人们就开始了对某一部门、某一领域的研究，并最终使这种研究成为科学。我相信这一情况对哲学也是适用的。

这并不是说所有的科学都是一样的，作为科学的哲学肯定会有它的特殊性，正如现今的科学内部也有很多区别一样，但是，我认为哲学应该具有所有科学共同的特点，或者说应该具有所有科学的共性。这种共性至少有三点，第一点是有一个明确的对象，第二点是有许多经过实践检验而成立的原理，第三点是这些原理形成了一个基本完整严密的科学体系。这第二、三点就涉及我所说的第四、五个前提了。

第四个前提，哲学应当有许多经过实践检验而成立的原理。

关于哲学的对象，有许多判断、命题，或者说原理。这些原理应该是真实的，是客观的，是经过了实践检验能够成立的。当然，对这个问题的争论也很多。很多人认为，哲学不是实证的，实证的问题才存在实践检验的问题，因而，哲学的命题根本不是由实践检验的。具体地说，哲学的许多命题都是无限的，实践总是有限的，有限的东西怎么能够检验无限的东西，怎么能够肯定或者否定无限的东西呢？我认为，这种观点是似是而非的。实际上，哲学命题不是纯思辨的，它最终还是实证的，也就是说，我们还是应该承认哲学命题也是要经过实践检验的，或者说，归根结底，它是要经过实践检验的。这当然不是说用一次实践、二次实践、多次实践就能检验哲学命题，就能证明它或者否定它。哲学的命题是建立在整个人类实践的基础上，建立在整个社会科学和自然科学的成果的基础上，建立在整个人类认识的基础上，只要我们人类的认识是可靠的，那么在这个基础上建立的哲学命题应该也是可靠的。所以，我认为，在哲学中有许多与客观对象相符合的真实的命题，这一点它和其他科学都是一致的。

第五个前提，这些原理构成了一个前后一贯的完整严密的体系。

对于任何一门科学，体系都是不可少的。我奇怪，大家都承认系统论，都在讲系统论，但不少人认为哲学有没有系统无所谓，而且进一步认为哲学不应该有系统，不应该有体系。实际上，一个比较完整的、严密的体系是一门学科成为科学的根本标志，或者说是它是否成为科学的一个分界点。如果关于某一对象的研究，仅仅有一些零七八碎的知识，即使这些知识都是真理，我们也很难说关于这种研究的科学已经诞生了。进一步说，我们平常所讲的这门或那门科学是什么时候形成的，是什么意思呢？就是说其科学的体系出现了，其比较完整、严密的体系出现了。马克思主义哲学要建设成为一门科学，就一定要把它的许多原理合理地组织起来，形成一个体系。

我感觉要构建一个科学的哲学体系，至少应该具备上述五个前提。

（二）原有辩证唯物主义和历史唯物主义体系的得失

我们原来的马克思主义哲学体系就是辩证唯物主义和历史唯物主义，这也是目前唯一的一个相对科学的、相对成熟的体系，至今还没有第二个能够取代它的更加科学、更加成熟的体系。近年来，很多同志经过研究，认为马克思主义哲学是实践唯物主义，而且也提出了一个实践唯物主义的思想体系。但是，实践唯物主义的思想体系还很不成熟，在信奉实践唯物主义的同志中间争议很多，历史也很短。所以，实践唯物主义体系同辩证唯物主义和历史唯物主义体系是无法相比的。至于说别的体系，基本上都是个人的体系，很难说是马克思主义哲学这门学科的体系。在这种情况下，如果我们要构建一个新的马克思主义哲学体系，我们不能丢开原有的辩证唯物主义和历史唯物主义体系，而必须深入研究这个体系的是非得失，并在这种研究的基础上提出我们的新的体系。我认为，构建新的马克思主义哲学体系应以对原有体系的评论为起点。对于这个原有的体系，我想作出如下几点评价。

首先，辩证唯物主义和历史唯物主义这一体系可以说是苏联模式、苏联的体系，但绝不是斯大林模式。

多年来，有一种甚为流行的观念，认为辩证唯物主义和历史唯物主义这一体系是斯大林模式。一些年轻人、中年人在这样讲，一些老同志也在这样讲，其实，这种讲法是对这一体系的误解。这种说法是不是想故意先歪曲辩证唯物主义和历史唯物主义，然后再攻击它，我不得而知。但我觉得，尽管你可以反对它，但不可以把不是它的东西强加于它。最近，我看了一些资料，进一步搞清楚了一些老同志也有此误解的缘由，原来这些老同志是在新中国成立初期学的辩证唯物主义和历史唯物主义，而新中国成立初期学的这一体系就是斯大林体系，这也就是新中国成立初期苏联专家在中国人民大学以及其他一些大学传授的那个体系。因此，这些同志就先入为主地形成了它是斯大林体系的看法。实际上，我们后来写的教科书不是根据斯大林的体系即联共党史四章二节的体系，而是根据四章二节以前的苏联体系。这个过程我是清楚的，因为我不是新中国成立后从苏联专家那里学的辩证唯物主义和历史唯物主义。而是在七七事变以前就接触辩证唯物主义和历史唯物主义了，而我接触到的这一体系是苏联于20世纪二三十年代建立起来的，这也是李达、艾思奇、毛泽东他们所学的那个体系。这个体系的出现最初与斯大林没有关系，但斯大林是支持它的。斯大林体系是1938年才出现的，该体系对原来的体系不仅作了简化，而且作了很大改变。

从时间来说，斯大林体系是从1938年到斯大林逝世，即到1953年这一段时间内流行的，在他逝世以后就不再流行了，特别是赫鲁晓夫批判斯大林以后，苏联就再也不用这个体系了。在中国，尽管斯大林体系新中国成立以后有几年流行，但毛泽东对斯大林体系的一些提法是有意见的，所以，在苏联批判斯大林以后，中国也就不用这个体系了。随后，胡绳、艾思奇在编写辩证唯物主义和历史唯物主义教材时，就恢复了20世纪二三十年代的体系。因此，不能说我们后来的辩证唯物主义和历史唯物主义体系是斯大林模式，这不符合历史事实。斯大林在 1906 年发表过一篇叫作《无政府主义还是社会主义》的文章，其中有辩证唯物主义内容，但很简单，后来斯大林关于方法是辩证法、理论是唯物主义的提法就来自此文。此文对二三十年代苏联哲学界几乎没有什么影响。

再从内容上看，斯大林体系与 20 世纪二三十年代的体系差别是很大的。原来的体系是先讲唯物主义，后讲辩证法，而斯大林体系是先讲辩证法，后讲唯物主义。后者的这种做法是错误的，因为辩证法不是既不唯物也不唯心的中性的辩证法。在对马克思主义哲学基本内容的论述上，斯大林体系也大大缩小了马克思主义哲学所应有的信息量。辩证法原来的讲法是三个规律，若干范畴。斯大林把它抛弃了，只讲四个特征。三个规律他只吸收了其中两个。在对立统一问题上他也只讲对立，不讲统一。对于唯物主义，斯大林也讲得很简单，只讲了哲学基本问题，其他丰富的内容都没有了。历史观也讲得非常简略，而且里面有一些提法也是错误的。因此，从内容上讲，斯大林体系与 20 世纪二三十年代的体系差别是很大的。

总之，无论从时间上还是内容上，旧体系都不能叫作斯大林模式、斯大林体系。其实，称呼并不重要，重要的是予以客观准确的评价。

其次，原有体系在对象和组成部分方面的得失。

旧体系坚持把作为整体的世界、宇宙作为研究对象，坚持了世界观、宇宙观在哲学中的核心地位，在这一点上是正确的。旧体系所说的宇宙，其内容包括了整个的宇宙，对于这个宇宙，它既形而上地研究，也形而下地研究，而且把形而上与形而下统一起来进行研究；它既研究本质，也研究现象，而且还把现象和本质统一起来研究；它既研究一般的东西，也研究个别的东西，而且还认为一般的不能脱离特殊，不能脱离个别，等等。旧体系的这种研究，显然与过去的形而上学形成了显著的区别。由此可见，在研究对象方面，旧体系坚持了正确观点，这点我们不能否定。

在组成部分方面，旧体系是不明确的，这种不明确与它对对象的具体理解有关。旧体系主要是三部分，但这三部分并不清楚。这三部分一般来说是唯物主义、辩证法、历史唯物主义，其中唯物主义里面包括认识论。如果要认真地从对象来加以区分的话，旧体系的三部分不应是这三部分，而应该是世界观、认识论、历史观，辩证法应属于世界观。

辩证法这个概念中文翻译得不好。中文辩证法这个概念，极易理解为辩证方法，其实辩证法主要不是这个意思。辩证法首先是观点，是理论，是辩证论。可以说，唯物主义是研究世界的物质本性的，而辩证法，即辩证论实际上是研究世界的运动、变化、发展的一般规律的，这两部分合起来才是一个完整的宇宙观。所以，完整的辩证唯物主义世界观，既研究世界整体，也研究世界整体的发展变化规律，这就是唯物主义和辩证法，或叫作辩证唯物主义宇宙观、世界观。当然，辩证法可以作为方法，唯物主义也可以作为方法，但这是另外一个问题。对于唯物主义和辩证法相结合构成宇宙观、世界观的问题上，旧体系显然存在着一些不明确的地方，极易引起唯物论只是理论，辩证法只是方法的误解。

认识论应该是哲学里面的一个部门哲学，因为认识论所研究的对象是认识，而认识是人类社会里面的一种现象，所以它应该从宇宙观中区分开来，而旧体系没有区分。没区分的原因是由于哲学基本问题。哲学基本问题讲存在和思维或物质和精神的关系的两个方面，第一方面属于世界观，第二方面属于认识论，以哲学基本问题作为框架来构建哲学体系，认识论就同世界观连在一起了，而没有把认识论区分开来。所以，在旧体系中，唯物主义包括宇宙观和认识论。这里我的意思不是说要把认识论从宇宙观中割裂出来，而是说作为不同的组成部分，要相对区分开来。

在旧体系中，历史观那一部分比较清楚。现在有些人认为历史唯物主义不是宇宙观在人类社会历史里面的运用，并据此来攻击旧体系，这种攻击是没有道理的。辩证唯物主义与历史唯物主义的关系从对象上讲是作为整体的宇宙与作为部分的人类社会的关系，这种关系非常清楚。

总之，从对象和组成部分来讲，旧体系有正确的地方，但也有不确切、不明确或不清楚的地方。这个问题我们应该加以具体地分析。

再次，旧体系在内容方面的得失。

从内容上讲，旧体系的大部分原理是应该给予肯定的，其中不少原理，不论自然科学和社会科学怎么发展，恐怕是很难推翻的，如物质第一性原理以及辩证法的许多原理等。这些年来，马克思主义三个主要组成部分比较起来，马克思主义哲学原理变化比较小，原因就是马克思主义哲学原理具有极高的普适性，能够经受住实践的检验。当然，对于这些原理我们也需要用新的科学事实、新的经验去丰富它们，去发展它们。

对旧体系对原理的论证方法也应给予正确的评价。现在大家经常批评和反对的一点就是旧体系中原理加例子的做法，这里面存在着一些误解乃至曲解。如果旧体系仅仅是在原理下面举几个实例，这种做法显然是一种简单化的做法，但这种做法的原意是用事实来论证原理，不能根本否定。前面讲过，哲学原理也需经实践检验，但由于哲学原理是不能直接用实践检验的，只能通过自然科学和社会科学的实践间接地加以检验，而这就需要利用自然科学和社会科学中的大量事实，在这种情况下，我们所说的例子，其实就是事实根据。可以说，只要我们运用得好，以例子分析、说明哲学原理的做法是无可厚非的。现在哲学界有一种趋势，就是大搞思辨哲学，不讲事实，只是从一个概念推到另一个概念，从一个推论到另一个推论，完全抽象地讲。我读过一些博士论文，整个博士论文都是完全抽象地讲，不讲事实。我认为这种做法不值得提倡。旧的体系在这个问题上的基本做法体现了哲学原理要经过实践检验的精神，是非常正确的，当然，我们也不能仅仅停留在罗列事实的水平上，而是要分析，要论证，但绝不能不讲事实。

原有的体系在内容上存在着一系列问题。第一是实践在世界观中的地位问题，这在原来的体系中不清楚，或处理得不妥当。原来的体系是在认识论中讲实践，但实践首先不是认识论范畴，而是历史观范畴。有人类社会就有实践，有实践才有认识。旧体系仅仅在认识论中讲实践，这是不合适的。实践是不是世界观范畴呢？我认为不是。在整个宇宙中，实践并不是普遍的东西，它不像物质和运动那样，到处都存在，而只是在地球上人类社会中存在，它在宇宙中是微乎其微的，因此，实践不能是世界观、宇宙观的范畴。但是，要完整地了解宇宙，又必须把实践看成宇宙的一个重要的组成部分，因此，实践有宇宙观的意义，这就要求我们把它作为完整宇宙里的一个必要因素来讲。与此同时，需要突出来讲的还有人类社会、人的思想意识等。总之，实践在宇宙观中应该讲，但如何讲，讲到什么程度，这一问题有待研究。在我看来，实践主要还是应该在历史观中去讲。

第二是对一般规律的概括，我认为这一问题旧体系讲得也不清楚。在旧体系中，唯物主义部分讲的是原理，而没有说原理是规律。在辩证法中讲三个规律及若干范畴，但规律是不是范畴、范畴是不是规律呢？可见，在旧体系中，范畴、规律、原理这些概念都是不够清楚的，必须加以进一步明确。

第三是方法论问题。现在我们都在讲宇宙观和方法论的统一，但旧体系的方法论在哪里呢？没有一个叫作方法论的组成部分。当然，旧体系包含了很多方法，因为每一个原理都是方法，但方法不等于方法论。方法论应该是关于方法的系统的理论，是把方法作为对象来研究，它应当研究什么是方法、有多少种类方法、方法的作用等问题。例如，在方法的种类上，就有实践的方法，有认识的方法，有评价的方法，有自然科学的方法，有社会科学的方法等，这些方法都需要我们系统地加以研究。

第四是人的地位和作用问题。西方马克思主义总是批评辩证唯物主义没有人，不见人，特别是他们认为讲唯物主义就是敌视人，这完全是误解或是污蔑。讲唯物主义就一定会忽视人吗？不能这样说。但原来的体系尽管涉及人，它在研究人时，侧重研究的是人民群众、阶级，而对于构成社会的细胞的一个个的人，却缺乏专门的、充分的研究。现在，人的问题越来越突出，已变成社会发展的重大的尖锐的问题，这就特别需要我们加强对人的专门研究。

第五是价值问题。旧体系对价值问题是忽视的，在这个问题上存在缺口。实际上，价值对于实践活动是不可或缺的，列宁讲实践里有目的，目的包含价值、价值取向或价值观。一般来讲，我们的实践是由三个因素来支配的，一个是认识，一个是价值评价、价值观或价值取向，另外一个是方法，这里的方法是指思想方法。旧体系对价值论采取了否定态度，认为它是唯心主义的，这是不正确的。实际上，价值论可以是唯心主义的，也可以是唯物主义的。在过去的20多年中，我国学者对哲学价值论作了专门研究，这种研究是非常必要的，在建构马克思主义哲学新体系时，一定要注意吸取其中的有益成果。

当然，旧体系在内容方面的问题绝不止这几个。由于时代的发展，由于自然科学和社会科学的发展，所有哲学原理都应有或多或少的变化与创新，我们必须一一加以研究。

最后，旧体系在体系的构成方面的得失。

在旧体系中，先讲唯物主义，后讲辩证法，再讲历史唯物主义，这个顺序应该说是合理的。但它在历史唯物主义前面讲认识论，甚至在辩证法前面就讲认识论，这就不合适了。因为认识是一种人类社会现象，人类社会还没讲就讲认识，这在逻辑上是说不通的。造成这种状况的原因恐怕与按物质和意识、存在和思维这个哲学基本问题构建体系有关，因为在讲哲学基本问题时，就把唯物主义世界观和认识论捆在一起讲了。我认为不应该机械地按照哲学基本问题来安排，认识问题应该放在后面讲。特别让我感到体系安排不顺的一个问题是原来的教材很早就讲意识，在实践还未讲时就讲它，这恐怕也与哲学基本问题有关。我认为意识应放在实践后讲，因为意识是人的意识，人的意识归根结底是一种社会意识，归根结底是实践的产物，早讲讲不清楚。此外，在一些具体的安排上，也有许多问题，例如辩证法的范畴应如何安排，三个基本规律应如何安排等，都值得推敲。

总而言之，旧的体系有很多是值得保留的，但也存在不少的问题。

（三）对马克思主义哲学新体系的构想

根据我对构建哲学体系的一般原则的理解和我对旧体系的评价，我对新体系有一种构想。我的构想很简单，有如下几点。

第一，关于马克思主义哲学的研究对象和组成部分。

我认为马克思主义哲学的研究对象应该包括三个层次。第一个层次是整个宇宙，整个世界。第二个层次是人类社会，人类社会可分为人类社会和人。第三个层次是人的精神活动，或者说精神领域，其中主要是认识、价值、方法。这样一来，马克思主义哲学就有六个组成部分。第一个层次是宇宙观或世界观；第二个层次有两个组成部分，一个是历史观、另一个是人学；第三个层次有三个组成部分，即认识论、价值论、方法论。

为什么这样安排呢？我觉得这种安排同许多科学的做法是一致的。每一门科学都应该有个明确的对象，生物学研究的是生命现象，哲学研究的是宇宙的整体，即对整个宇宙进行宏观研究。正如生物学要对生命现象作整体的研究就不能不对某些局部的生命现象作研究一样，哲学要对整个的宇宙进行研究，就不能不对这个宇宙的某些局部进行研究。因为整体是由部门来构成的，不研究部门就不能研究好整体。当然，哲学所讲的宇宙的整体不仅是从空间上讲的，而且是从人类的角度出发来考虑其局部的。也正是由于这个角度，我们除研究整个的宇宙这个第一层次外，特别需要研究的局部就是人类社会。人类社会是由人来构成的，这就又特别需要我们专门研究人。所以第二层次由社会和人这两个部门组成。从人出发进一步具体化，就要研究人的活动，而人的最主要的活动就是实践活动，这就又需要我们特别关注人类实践活动中的几个关键部门，这就是认识、价值、方法。当然，作这样的安排，也是从我们哲学两千多年的发展经历中，从旧体系的经验教训中，获得教益的结果。我们把认识、价值、方法突出出来作为部门哲学研究，这方面的考虑也是重要原因。

由上述六大部分构成的新体系并不是要囊括所有哲学部门，只是包括了关键的哲学部门。第三个层次最好能有一个对人的活动的整体研究，即活动哲学，包括实践哲学和精神哲学，由于考虑不成熟，暂时只讲认识、价值、方法三个部门。还有一些问题也很重要，但由于它们已作为相对独立的学科出现了，而且研究已相当深入了，就没有必要包括在这个体系里面了，如伦理学、美学、宗教学等。对于新体系的内容，有的同志也提出了补充意见，认为在新体系中还应包括文化学，这个问题可以进一步讨论。

总之，我认为马克思主义哲学应当包括上述这些层次，但最主要的层次是宇宙观层次，这一点不能够忽视，一旦忽视，哲学就失去了根本。有些同志认为整体的宇宙是无法研究的，能够研究的只是些部分，我认为这种观点是不能成立的。科学都要研究相应的整体，这些整体在宇宙中就是局部。如果对宇宙不能作整体研究，对局部也就不能作整体研究，那么，任何科学都不能成立了。

第二，关于新体系的基本原理。

在新体系中，哲学原理的确立应该分层次，并应该根据相应层次的现代科学所提供的那些带有一般性的科学原理，概括出每个部门中一般性的哲学原理。当然我们要利用过去已经获得的许多原理，但我们要特别关注新的原理。这方面，不少同志已经做了大量的工作，例如在世界观方面、历史观方面、人学方面、认识论方面、价值论方面、方法论方面以及文化学方面等，都已经取得了不少新成果，总结出了一些新原理。我认为，现在已经到了从建构新体系的高度把这些原理进一步加以概括、筛选的时候了。

第三，关于这些原理如何构成体系的问题。

构成体系的原则过去有很多提法，我认为，最主要的提法是逻辑与历史的统一。我们这个体系是个逻辑体系，但这一体系不是简单地按照形式逻辑规律加以推演，也就是说，我们这个体系不仅仅是演绎的体系，而且也是归纳的体系。所以我们要强调逻辑与历史一致。历史指的什么？历史当然首先是客观历史，其次是认识的历史，或者说科学的历史。逻辑与历史一致首先是与客观的历史一致，如果有些东西没有客观的历史可言，那就要与认识的历史一致。总之，就是要把逻辑的关系与历史的时间关系这两个方面结合起来。当然，有的时间指的是客观历史的时间，有的时间指的是认识历史的时间，这一点也须注意。

逻辑与历史相统一的原则是黑格尔首先提出来的，马克思、恩格斯、列宁对这一原则都表示了认同。可以说，这一原则是对客观事物的发展过程和人类的认识过程的正确反映。把这一原则再加以通俗化，再加以简单的概括，就是从抽象到具体，从简单到复杂。这一点，马克思在《〈政治经济学批判〉导言》中作过详细论述。我们可以看到，任何一门科学的体系大体上都是这样安排的，都是从抽象到具体，从简单到复杂，前面的范畴或原理较抽象、一般，后面的则越来越具体。如果从中间开始，叙述就乱套了。黑格尔的逻辑学尽管总体上不科学，但在叙述方法上是科学的。它从存在开始，认为存在是最抽象的，最简单的，也是最一般的，而这个最一般的也就包括了或者隐含了最丰富的、最复杂的内容。而后，黑格尔通过逐步地具体化，建构起了他的辩证法体系。我们建构马克思主义哲学新体系，也应全面地遵守这一原则。无论在大的组成部分的安排上，还是在每一组成部分的内部安排上都应如此。

从这个原则还可以引申出很多原则。例如，先讲静止、后讲运动的原则；先讲客观、后讲主观的原则；先讲感性、后讲理性的原则，等等。

可以说，如果按照逻辑与历史相统一的原则来构建马克思主义哲学体系，一个比较科学的新体系是可以建立起来的。

建构一个马克思主义哲学的新的科学体系的工作不是一个人可以完成的，也不是 10 年、20 年能够完成的，而是一项长期的工作，当然也是一项会遇到不少困难的艰苦的工作。尽管如此，这项工作我们必须做，而且要努力把它做好。只要我们把哲学作为科学来建设，一代代坚持下去，总有一天我们的目的是可以达到的。

四 马克思主义哲学的科学体系的构建

哲学史就是作为一门学科的哲学如何成为科学的历史，就是作为一门科学的哲学萌芽、成长、诞生和发展的历史，这门作为科学的哲学就是马克思主义哲学。20 世纪 30 年代以来，辩证唯物主义和历史唯物主义曾经被公认为马克思主义哲学的科学体系，特别是在苏联和中国。斯大林逝世以后，这个体系逐渐为苏联哲学界所摒弃，其地位为人道主义哲学所取代。在中国，它至今仍然是中国共产党和多数哲学工作者所承认的马克思主义哲学的科学体系。但自从 20 世纪 80 年代以来，有不少哲学学者主张摒弃这个体系，先后主张以主体性哲学、实践人本主义哲学，尤其是实践唯物主义取代它。同时，坚持这一体系的人也认为这个体系在真实性、完整性、严密性上有不少问题，主张按照构建一门科学体系的原则加以改造，使之成为一个更真实、更完整、更严密的科学体系，本章的任务就是根据构建科学体系的一般原则来评价辩证唯物主义和历史唯物主义体系并提出一个对马克思主义哲学的科学体系的构建方案。

（一）构建一般科学的理论体系的基本原则

既然哲学是一门学科，马克思主义哲学是一门科学，其体系的构成应该符合一般理论体系的原则。

按照当代各门科学的理论体系的实际情况，可以看出它们构建其理论体系时至少有四个原则为大家所共同遵守。

1. 对对象的明确规定

所谓科学就是对客观世界进行分门别类的研究，是分科的学问，其对象无疑应该是明确的。客观世界中的事物都是互相联系的，分析研究必须按照一定的标准把它们区分开来。一门科学就是对这个世界的某一部分、某一层次、某一方面、某一领域、某一范围，也就是某对象的研究，就是关于这个对象的系统的真理性的理论。因此，对象是这门科学的根据，必须首先明确，否则，下笔千言，离题万里，根本谈不上科学。

今天人类拥有的科学，其对象一般说来都是十分明确的，甚至是不言而喻的，因为它们都以其对象来命名，从名字即可知其对象，例如天文学的对象就是天文或宇宙天体，气象学的对象就是气象或气候现象，地学的对象就是地球，生物学的对象就是生物，社会学的对象就是人类社会，经济学的对象就是人类经济活动，政治学的对象就是人类政治活动，伦理学的对象就是人类的伦理关系……但是也有很少的科学不是以对象来命名的，或者其名字所指的对象与其实际的对象有较大差异，如仅仅从名字来推知其对象，就会犯错误。这种不一致或不完全一致也会引起理解上的分歧和争论。例如物理学，其名实就不完全一致。顾名思义，物理学的对象可以被理解为整个自然界，这样，物理学就成了世界观或自然哲学，我们的日常用语"物理世界"（physical world）即指客观世界或自然界，但今天人们已达成共识的物理学的对象只是自然科学的基础科学之一，主要研究物质的基本结构、属性及其相互作用和物质运动的基本规律，其组成部门有力学、热学、声学、光学、电磁学等。作为一个学科门类的人文科学，其对象也是很不明确的。人文科学过去指哲学、历史学、文学，与法科学（经济学、政治学、法学）并列。显然，人文科学与法科学这两个学科门类，其对象都是不太明确的。新中国成立以后，由于马克思主义观点得到普遍认同，这两类学科被重新区分为哲学与社会科学，过去的哲学仍叫哲学，其余学科合称社会科学，因为哲学的对象既包括社会，也包括自然界，哲学跨越自然科学和社会科学，不属于社会科学，当然也不属于自然科学。这一变化使这些科学之间的关系更加合理，也使这些科学的对象更加明确了。近年来在这些学科的称呼上又有些变化，即出现了以"人文社会科学"取代"哲学社会科学"的趋势。这实际是把哲学再次与历史学、文学合称人文科学，保留社会科学不变。社会科学的对象是明确的，即人类社会。人文科学的对象是什么呢？当然是"人文"，但什么是人文呢？人文同社会的区别是什么呢？如果人文可以理解为人的文采，即人的精神文化，那么，人文与社会是无法分开的，社会包含人文，人文离不开社会。人文科学应该包括在社会科学之内，而社会科学的任何部门也不能没有相应的人文。这样，把哲学归属于人文科学，就把自然界排除于哲学对象之外了。历史学的对象是人类社会的历史，不能把历史学限于人文史。文学当然表现人文，难道不表现社会？经济学、政治学、法学研究的社会经济现象、政治现象、法现象也均有其人文。因此，在我们看来，从哲学社会科学这一比较明确的称呼返回人文社会科学这一更加混淆不清的称呼不是科学的进步，而是退步。哲学的对象问题今天更是一个争论不休的问题，这个问题我们将在后面讨论。

　　一门科学对象明确不明确是这门科学成熟程度的标志。物理学中有争议的问题也不少，但作为科学是高度成熟的，它的名称虽然不能完全准确地表明它的对象，然而它的对象是毫无疑义的。哲学社会科学或曰人文社会科学虽有科学之名，但作为科学，其成熟的程度是不高的，几乎处处都有争议，其对象很不明确。一门科学要建设成为真正高度成熟的科学不能不使自己的对象明确起来。

　　2. 对每一门科学的组成部分的合理规定

　　每门科学的组成部分的划分根据是其对象的组成部分。一门科学的对象都不是一个绝对单纯、不可分解的东西，它必然是一个系统，可以分成不同层次或不同部分。我们要对这个对象的整体获得完整认识，必须首先把它分解为若干组成部分，获得对多个组成部分的认识，然后加以整合，形成一个完整的认识。对这些组成部分的认识也就是这门科学的组成部分。这些组成部分，每一个都可以独立形成一个部门科学。例如，生物学要对生物的整体形成一个完整的认识，除了认识生物的一般特征、机制、规律而外，还要认识生物的组成部分。从种属来讲，生物可分为微生物、植物和动物，我们必须分别认识这些部分，再加以整合；从生物的特征、机制来讲，生物又可分为形态、生理、遗传、胚胎等方面，我们也要认识这些方面，再加以整合；这些也都可以独立形成若干部门科学，即微生物学、植物学、形态学、生理学、遗传学、胚胎学等。生物与非生物的区别比较明显，而生物学的对象和组成部分也易于理解，但并非所有科学都是这样。例如前面提到的物理学、人文科学、哲学，由于对象不明显，其组成部分引起的争议也比较多。由于对象本身和科学发展情况等多种原因，物理学没有总论部分，而由若干部分构成，即由力学、热学、光学、电磁学等部分构成，天文学、地学、化学、生物学本应是属于物理学的部门，但早已成为与物理学并列的基础科学。人文科学是一类科学，没有形成一门科学，因而没有一般人文学，它究竟应该有几个部分，这些部分又如何整合为一个整体，当然也无从说起。社会学的情况比较特别。社会学的对象显然就是人类社会，作为对象它是非常明确的，与非社会（自然界）有明确的界限。马克思主义有一般社会学，即历史唯物主义，但在西方，却没有一般社会学，社会学实际是一类科学，按理即社会科学，包括人口学、人类学、经济学、政治学、法学、文化学、民族学、宗教学、伦理学等，但实际上有些学科如经济学、政治学、法学均已成为与社会学并列的学科门类，而宗教学、伦理学则被看成哲学。总之，一门科学包括哪些组成部分是构建一门科学的理论体系的条件之一，是必须解决的问题，满足了这个条件我们才能把这些组成部分整合而成为一个完整的整体。

3. 对每一门科学的客观内容的具体制定

每一门科学的内容是一定数量经过实践检验而得到确证的命题、原理、规律，它们是对象的属性、特征、本质、关系、运动机制、发展规律之正确的反映。这一观点应该是得到普遍认同的，问题在于如何确证。事实命题应有事实根据，这也是明显的，问题在于理论命题如何确证。按照马克思主义认识论，社会实践的总和是检验一切科学命题的真理性的唯一最后标准，但检验的具体方法和过程在不同科学中又有一定的差异，大致可以分为数学、自然科学、社会科学和哲学等几种类型。

学过一些数学的人都知道，一个数学定理的确立不能靠实地的测量（实践），例如一个简单的几何定理"三角形三内角之和等于二直角"，不能靠对三内角度数的测量，而必须靠推理来证明，即运用逻辑形式把结论从一些前提中推演出来，这个结论就确立了。但是这些前提的真理性又是怎样确立的呢？它们可能也是从另一些前提通过逻辑推理确立的，如此继续往前追溯，最初的前提只能是来自实践，由人类千千万万次实践反复验证确立的，这就是那些公理、定义、最简单的定理以及逻辑的推理形式，这些命题的真理性只能由实践来检验。因此，数学原理的真理性从最终的意义讲，也是由实践来确立的。同时也应指出，实地测量虽然不能确立一个数学原理的真理性，但绝不是无关紧要的，相反，也是一种有意义的检验。

对自然科学原理的真理性的检验，则必须直接通过实践特别是科学实验、观察和测量。自然科学的原理或理论直接表述自然界某一领域特征、关系或运动规律，其真理性只能通过两种方法来确立：一是直接观察（包括测量）；一是实验。观察，包括通过仪器的观察，只能确证那些现象范围之内的东西，对于那些不能直接观察的过于细致或过于宏大的东西和那些通过抽象思维才能认知的普遍性、整体性的本质和规律，则必须通过实验来验证。实验的优点在于它不仅包括观察，而且是对客体的改造，这种改造活动由于是在主体的某种假设指导下设计的，改造的过程和结果就可以检验出这种假设是否与客体一致。这种实验还必须是能够重复的，经过多次同样重复，结果相同，这种假设也就确立为真实的原理。氧化说的确立是一个很典型的以实验来验证一个原理的例子。直至 18 世纪，燃烧一直被认为是可燃物中存在的"燃素"的逸出现象，燃素说可以说明部分燃烧现象，但有些金属燃烧后反而加重，燃素说就无法解释了。法国化学家拉瓦锡怀疑燃素说的真实性，设想燃烧是空气作用于可燃物的现象。1774 年，他遇见英国化学家普利斯特列，后者告诉他曾加热燃烧后的汞灰得到了一种气体。1775 年，他重复了普利斯特列的实验，加热汞灰（氧化汞），得到了汞和一种气体，他称之为"纯粹空气"（氧气）。他受此启发，于 1777 年设计了一个实验：对一个密封的容器内的汞加热，使之逐渐变成红色，测量汞灰的重量和失去的气体的体积；然后将汞灰放入另一容器并加热，使之还原为汞，并收集其所放出的气体。他发现当汞燃烧变为红色汞灰时失去的空气，在汞灰还原为汞时全部获得。他建议把这种"纯粹空气"叫作"氧气"，汞的燃烧就是汞的氧化，并不存在所谓的"燃素"。不仅汞的燃烧的实验证明了汞的氧化，一切可燃物质的燃烧的实验也都证明了该物的氧化，这些实验也都是可以重复的。这样，燃烧的氧化说就确立起来，逐渐为科学界所接受，完全取代了燃素说的位置。燃烧现象是可见的，氧化作用看不见，但只有氧化作用能够解释一切燃烧现象，氧化说因而得以成立。后来发现太阳的燃烧不是氧化作用，但这只是限制了氧化说的范围，其真理性在一定范围内仍然是可靠的。[①]

　　社会科学的真理性的确立同样必须通过实践及其效果，但同自然科学比较起来，有很明显的差异。社会科学成为科学远比自然科学为晚。学者们从来不承认社会理论能够成为科学，认为社会现象中充满了人的主观随意、千差万别的思想意识，不存在重复性；没有规律可言，科学就是自然科学。只有在19世纪中叶马克思、恩格斯创立了唯物主义历史观之后才有真正的社会科学可言，同时也有其特点。一门社会科学在建立之后，同自然科学比较起来，其原理大致有以下一些主要差别：（1）它们具有较强的主体性，社会科学家的立场、动机、观点有明显的作用；（2）具有较明显的复杂性，社会现象比自然现象复杂，作为其反映的社会科学当然不可能不复杂；（3）具有较明显的多变性，人类社会的变化比自然现象大得多，快得多，作为其反映的社会科学的变化当然也很大、很快；（4）一门社会科学很难像自然科学那样得到所有学者们的认同，其中许多原理都有不同的观点，甚至完全对立的观点。但是社会科学作为科学与自然科学具有相同的共性，那就是对客观世界（人类社会）及其规律的正确的反映，即科学性。那么，社会科学的科学性是如何确立的呢？仍然只能最后通过社会实践来确立。在社会科学领域，不能像在自然科学领域那样，制造出理想的条件和环境通过实验来验证一个社会科学原理。历史上的空想共产主义者都曾建立过小型的"理想社会"来验证他们的学说，均以失败而告终，即使有短时间内的成功，也无法证明涉及全社会的某种社会

---

　　① 关于氧化说取代燃素说的过程，《自然科学发展简史》（潘永祥主编，北京大学出版社1984年版）一书有比较详细的介绍，请参阅该书第235—241页。

理想的正确。但社会科学原理除以实践来检验而外别无他法。实践虽然不能像检验自然科学原理那样具有更长的时效和更强的稳定性，只要我们能紧密依靠实践，不断用实践来矫正理论的缺失，社会科学理论也会随着实践的步伐而不断进步和完善的。

　　哲学原理当然也只能以实践作为最后的检验标准，这个问题将在后面详加讨论。

　　4. 对每一门科学的内容的逻辑联系的合理安排

　　每一门科学的组成部分及其原理按照从简单到复杂、从抽象到具体的原则联系起来，构成一个理论体系，理论体系是否建立及其真实完整严密的程度是一门学科是否已建立成为科学和成熟程度的标志。一个学科体系首先是一个介绍、叙述这门学科的全部内容的观点体系，从简单的、抽象的观点开始，循序渐进，当然是最方便的，也是最易为学者所掌握的。其实一门学科的如此方式展开不仅是一个叙述过程，也是一个研究过程，反映了人们系统认识某一对象的规律，开始只能认识那些比较简单、抽象的东西，然后才能一步步认识更复杂、更具体的东西。许多学科的体系不一定是研究者一次构建起来的，往往是在其萌芽、诞生、发展的过程中形成的，因此，今天已经建立起来理论体系的学科差不多都不约而同地呈现出从简单到复杂，从抽象到具体的过程。《中国大百科全书》第1版各卷所提供的学科体系无一不符合这一原则。

　　第1版是按照学科的不同分卷出版的，其中词条是按照汉语拼音的顺序安排的，但每门学科均有一篇长文介绍这门学科，放在卷首，还有一个《条目分类目录》紧随其后，这篇长文的体系与这个目录的体系基本上是一致的，大体上都是按照从简单到复杂、从抽象到具体安排其内容的：一般理论（包括基本范畴）——科学史（或在一般理论之前）——组成部分（部门学科），各组成部分的排列也是从比较基本的一般的部分开始向比较具体的部分推移，每一组成部分内部原理的展开也遵循着相同的原则。各个学科的特点、条件、历史各不相同，在体系的构成上当然也有很多差异，但都大体上符合从抽象到具体、从简单到复杂的原则，这不是出于各科学者的约定，而是因为这个原则反映了人们学习、认识、研究的规律。

（二）构建马克思主义哲学的科学体系的基本原则

哲学如果要作为科学来建设，其体系无疑也应该按照一般科学构建其体系的原则来构建，不过由于哲学具有与一般科学大不相同的特点，哲学家们对体系的构建又有很高的要求，有必要作一番更加具体深入的讨论。下面一一讨论与前面提到的相应的四个原则：

1. 对哲学对象的明确规定

对象是什么，这对于一般科学不是一个问题，绝大多数科学仅仅从它们的名字就可以明确地知道它们的对象是什么，但哲学没有这个方便。哲学家对这个问题的看法各式各样。这里我们只考察一下我国改革开放以来几种有代表性的观点。

第一种观点是以恩格斯的某些言论为根据否定哲学对象的传统规定，认为哲学研究的对象是思维及其规律。恩格斯说："一旦对每一门科学都提出要求，要它们弄清它们自己在事物以及关于事物的知识的总联系中的地位，关于总联系的任何特殊科学就是多余的了。于是，在以往的全部哲学中仍然独立存在的，就只有关于思维及其规律的学说——形式逻辑和辩证法。其他一切都归到关于自然和历史的实证科学中去了。"① 有的学者认为恩格斯的话符合人类科学史的实际过程，各门实证科学从无所不包的哲学中一一分化出来，哲学的地盘到今天只剩下思维及其规律了。仔细推敲，这段话问题颇多，很难以它为根据来规定哲学的对象。首先，对思维及其规律的研究诚然不同于一般实证科学，但并非完全不需要实证研究，而且思维完全可以成为一个特殊的研究领域，即思维科学，这样分化出去，哲学连立锥之地也没有了，哲学就消灭了。其次，事实表明，各门科学只能管自己在科学体系中的位置，各门科学的总联系，即世界各个组成部分的总联系（世界整体）仍然需要专门研究，并非无事可做。再次，恩格斯在同一本书中又说："辩证法不过是关于自然、人类社会和思维的运动和发展的普遍规律的科学。"② 这个对象不就是总联系吗？这还说明辩证法并不仅仅是思维科学，而且是关于世界整体的科学。最后，恩格斯指的是"以往"哲学。他不是在讨论自己关于哲学对象的观点。总之，

---

① 《马克思恩格斯文集》第 9 卷，人民出版社 2009 年版，第 28 页。

② 同上书，第 149 页。

以恩格斯的这段话来证明哲学的对象只是思维及其规律，难以成立。

　　第二种观点与第一种观点接近，把对象扩大了一点，认为哲学的对象是认识或知识。这是一种很流行的观点，这种观点的根据很多，一种根据是：由于时代的发展，古代哲学的对象（整体世界）在近代已转换成认识。另一种根据是：科学以客观世界为对象，哲学以知识为对象；科学是客观的对象的知识，哲学是知识的反思，是知识的知识，哲学就是认识论或知识论。第三种根据是：列宁、毛泽东都说过哲学就是认识论，毛泽东还说过："哲学则是关于自然知识和社会知识的概括和总结。"① 这种观点把哲学研究的对象与哲学研究的途径混为一谈了，同时也歪曲了哲学的性质。近代欧洲哲学家把认识论作为研究的一个重点，这是事实，但除个别怀疑主义哲学家以外，多数哲学家都不否定哲学是一种对象性的知识，即对客观世界的知识。康德的理性批判工作并不是为了以认识论取代本体论，而是为了使本体论成为一种科学的认识。哲学家们对实证科学知识进行总结和概括并非改变了哲学的对象，而是通过实证科学的成果来认识客观世界。有的学者把实证与思辨对立起来，把哲学看成纯粹的思辨的学问，实证科学没有思辨，这是一种误解。其实一切科学都既是思辨的，又是实证的，不过思辨性与实证性的程度有所不同而已。哲学原理主要依靠对知识的反思，但归根结底检验哲学原理真理性的还是实践。实证科学也不能完全是实证材料的堆积，一定程度的思辨是不可少的。至于列宁、毛泽东说是认识论，并不是否认哲学的本体论性质，而是说哲学是认识方法，哲学包括认识论。从他们关于哲学的言论来看，谈到哲学是世界观（本体论）的地方是很多的。

　　第三种观点是以恩格斯关于哲学基本问题的言论为根据，认为哲学对象是思维与存在、物质与意识的关系，因为哲学基本问题就是哲学对象。有的学者又加以引申，认为物质与意识的关系实质是人与自然、人类社会与自然界的关系，也就是中国哲学所说的天人之际。并认为这才是对人有意义的，符合马克思实践观点的。研究不以人的意识为转移的客观自在的世界是没有意义的。人类社会与自然界的关系问题无疑是哲学的根本问题，当然包括在哲学的对象之内，与传统的哲学对象的规定是相容的，不是互相排斥的。至于恩格斯所说的哲学基本问题，其具体含义是不全面

---

① 《毛泽东选集》第3卷，人民出版社1991年版，第815—816页。

的。他只是从近代哲学中唯物主义和唯心主义的相互对立与影响，概括出区分唯物主义与唯心主义的两个标准并称之为哲学基本问题，如果要全面概括天人关系或人类社会与自然界的关系，至少有四重关系：第一是产出关系，自然界是原物，人类社会是产物，也是整体与部分的关系，自然界是整体，人类社会是其组成部分，二者的区分是相对的；第二是实践关系，人类社会是改造主体，自然界是被改造的客体；第三是认识关系，人类社会是认识主体，自然界是被认识的客体；第四是评价关系，人类社会是评价主体，自然界是被评价的客体。这个自然界实际包括人类社会在内，但加以区别，可以引申出它与人类社会的这四重关系。由于近代哲学没有在实践和评价上展现出唯物主义与唯心主义的对立，恩格斯谈哲学基本问题时，只谈了产出与认识两个方面。因此，把恩格斯提出的哲学基本问题看作哲学研究的对象，认为哲学只以思维和存在的"关系"、物质和意识的"关系"作为对象，而不以存在、物质为对象，显然是不对的，这既不符合恩格斯的思想，也不符合哲学学科的实际情况。实际上哲学基本问题的两个方面都蕴含了本体论的意义，无论产出关系还是认识关系都逻辑地设定了物质、存在的先在性和客观性前提，即第一性前提或本原性前提，有的人把第一方面称作本体论方面不是没有道理的。

　　第四种观点是以实践作为哲学研究的对象。这种观点在马克思的哲学思想研究者中甚为流行。他们认为马克思把哲学的对象从认识转换成实践，实践观点是马克思主义哲学，特别是马克思的哲学的首要的基本观点，他把哲学建立在实践的基础上，这标志近代哲学向现代哲学的转移。在他们看来，马克思以前直观唯物主义所说的世界是离开人的实践的世界，是与人的实践无关的世界，而马克思的唯物主义是实践唯物主义，是关于实践的唯物主义，正如马克思所说，我们应该把对象、现实、感性"当作感性的人的活动，当作实践去理解"①，实践"正是整个现存的感性世界的基础"②。因此，那种仍然把不以人的意识为转移的客观物质世界作为哲学对象的观点是过时的、陈旧的观点，现代的哲学应该以实践视域中的世界为对象，以依存于实践的世界为对象，或者简单地说，以实践为对象，哲学就是实践论，或曰实践本体论、实践一元论。这种观点把哲学

---

① 《马克思恩格斯文集》第 1 卷，人民出版社 2009 年版，第 499 页。
② 同上书，第 529 页。

的基础与世界的基础混为一谈了。实践是认识的基础，不仅是哲学的基础，而且是一切知识、一切学科的基础。至于世界的基础，有多种层次，最根本的基础任何时候都是物质，这是一切唯物主义的共同观点，马克思的唯物主义也不会例外。马克思所说"整个现存的感性世界的基础"，从上下文看谈的是人类的实践活动对地球面貌的改变，并不是说地球的存在依赖于实践，更不是说整个宇宙的存在依赖于实践。实践是物质长期发展的产物，物质先于实践，其存在不以实践为转移，相反，实践依存于物质，始终是物质的一部分。实践观点可以说是历史观、实践论、认识论的首要的基本的观点，而哲学的首要的基本的观点只能是物质观点，即承认物质世界的客观存在的唯物主义观点。马克思在哲学史上第一次提出实践是检验知识的唯一标准的观点，引起了哲学上的革命，使历史观成为科学，使哲学（世界观）有可能成为科学，但他没有全盘否定旧唯物主义，唯物主义世界观仍然是其全部哲学思想的基础。如果把实践的地位夸大成超越一切，以至超越物质，成为实践本体论或实践一元论，它就不再是唯物主义，而是实践主义即唯心主义了。

第五种观点是只以人类社会作为哲学研究的对象。这种观点与第四种观点是一致的，这种观点从实践出发把哲学研究的对象限于实践所及的范围之内，即人类社会，包括人类社会赖以生存的自然环境，至于实践范围以外的广大世界不是哲学的对象，或者说，根本是人类不能认识和言说的，对人是没有意义的。因此，马克思只有历史观，即唯物史观，没有世界观，马克思的哲学就是唯物史观。有的学者可能感到排斥世界观，难以自圆其说，于是把历史观加以无限扩大，认为历史观就是世界观，历史是整个宇宙的历史，从而把人类社会扩大为整个世界，整个宇宙。这种观点其实是马克思主义形成时的情况，那时马克思主义哲学的系统理论只是历史观，虽然马克思和恩格斯仍有许多世界观的观点。马克思主义世界观的系统理论，即辩证唯物主义，在19世纪70年代由恩格斯奠定了基础。但当时仍有人认为马克思主义哲学只是唯物史观，并有人企图以其他非马克思主义世界观如新康德主义、马赫主义来填补这个"空白"，后来经过狄慈根、普列汉诺夫，特别是列宁和苏联哲学家的努力，才使辩证唯物主义以世界观为核心，以自然观、历史观、认识论、方法论为部门哲学形成一个完整的哲学理论，这就是辩证唯物主义和历史唯物主义的哲学体系。把哲学限于历史观显然是过于狭窄了。至于把历史观扩展为世界观的观点，如果只是把历史延伸到人类社会之外，包括社会史之前的自然史，当然是可以的，那就是世界的运动和发展，这无疑是世界观的对象；但有的学者并非如此，而是使人类社会无限膨胀，使之包容了自然界，使自然界成为人类社会的一部分，而不是相反，这就与正常人的常识和科学背离了。

第六种观点是把人看作哲学的对象，认为哲学就是人学。

第七种观点是把人的主体性作为哲学的对象。这两种观点大同小异，其理由与前一种观点类似，因为归根结底，人类社会是由人构成的，研究社会历史当然离不开研究人。即使哲学要研究世界，这个世界也是人的世界，即属人世界、人化自然，而不是离开人的实践、不以人的意识为转移的自在的世界，归根结底，哲学研究的是人或人的主体性。这两种观点的问题与前一种观点相似，过分夸大人的地位和作用。所谓属人世界、人化自然只是客观世界的一个微不足道的部分，以它来代替整个客观世界是不可能的。哲学作为世界观不能与人学混为一谈，这对于哲学的学科建设和人学的学科建设都是不利的。哲学与人学各有自己的特殊的对象，在学科体系中各有自己的确定的位置，合则两伤，分则两全。

这七种观点有以下几种共同点：

第一，除第三种观点对世界观有所肯定（哲学基本问题第一方面实际是世界观或本体论问题）而外，所有观点都是针对世界观，反对哲学研究客观世界，特别是否定唯物主义世界观。

第二，这些观点所说的哲学对象不外是人或人的某一方面，分开来说，有人、人所构成的社会、人的实践、人的认识、人的思维、人的主体性、人的关系等。

第三，这些观点有时也不反对世界观，但其世界是人的世界，说得更确切点，是依存于人的世界，即所谓属人世界或人化世界，而不是唯物主义所说不以人的意识为转移的客观物质世界。

第四，这些观点的最主要根据是时代的转变，有的人把转变划在古代与近代之间，更多的人把转变划在近代与现代之间，这种观点认为近代与现代可从经济、政治、文化多方面加以区别，而从科学史来讲，近代的标志是经典力学，现代的标志是相对论和量子力学；从哲学史来讲，近代的标志是本体论思维方式，现代的标志是认识论、人学或实践论、人本主义思维方式。按照这个标准，费尔巴哈哲学及其以前的欧洲哲学属于近代哲学，其中包括唯物主义和唯心主义，马克思的哲学及其以后的欧美哲学则属于现代哲学。20世纪的苏联"教科书哲学"和中国"教科书哲学"，在这些观点看来亦属于近代哲学，因为它们坚持唯物主义，坚持以世界整体及其规律作为哲学的对象，其中本体论思维方式占主导地位。至于恩格斯和列宁的哲学归属似乎不太明确，但如果以上述标准来衡量，似乎也应划归近代哲学，因为他们的唯物主义世界观的思想是十分鲜明的，苏联教科书的许多观点都是从恩格斯和列宁那里引来的。

这样，关于哲学对象问题的观点基本上可以归结为两种，一种是传统的观点，认为哲学对象是作为整体的客观世界及其普遍规律，这个对象最初在哲学家们的思想中是不很明确的，但随着哲学和整个科学的发展，就越来越明确了，它就是世界观或理论化系统化的世界观。这就是严格意义的哲学，是一切哲学流派中共同的东西。除此以外，哲学还指对这个世界的某些局部的整体研究、宏观研究或综合研究，这就是部门哲学或分支哲学，如自然哲学、社会哲学、精神哲学、人的哲学、实践论、认识论、价值论、经济哲学、政治哲学、文化哲学、科技哲学……不胜枚举，这些局部及其普遍规律就是各式各样的哲学对象，这就是广义的哲学。这种哲学与相应的具体科学，如经济哲学与经济学之间没有明显的界限，并包含于该具体科学之中，是该具体科学的概论或导论。因此，哲学就是一个以世界观为核心的不同层次和不同领域的哲学群，其中只有最高层次和最大领域的世界观能代表这个哲学群，它就是大写字母的哲学，或曰哲学本身，过去哲学界称为本体论、形而上学。另一种是当代中国哲学界颇为流行的观点，即认为哲学的对象不是作为整体的世界，而是人或社会或人与社会的某一方面，上面提到的七种观点除第三种观点以外都属于这种观点。现在的问题是：肯定世界观与否定世界观这两种观点中，究竟哪一种观点更合理，哪一种观点符合历史上和今天哲学的实际情况？

否定世界观的观点很难成立。哲学史上，人们对哲学学科的对象的认识是一个过程，一个从不太明确到比较明确的过程。最初哲学等于学问、智慧，其对象就是万事万物，哲学家等于学问家、思想家。由于各门实证科学从哲学中分化出来，哲学逐渐成为研究整体、研究根本、研究一般之学，其中世界观逐渐凸显出来。即使是科学分化的结果，使哲学原来的地盘被分割殆尽，仍然有一个层次分不出去，那就是最大、最高、最深的层次，即哲学的对象。如果这个对象变了，这门学科就不再是这门学科了。很难想象，一门学科的对象明确起来以后会有根本性的改变，例如生物学发展使生物学不再研究生物，社会学的发展使社会学不再研究社会，世界观（哲学）的发展使世界观不再研究世界。哲学史上哲学对象并没有改变，哲学的发展实际上是研究重点的转移或者说是新的部门哲学学科的出现与发展。无论是从古代到近代的哲学，还是从近代到现代的哲学，都没有发生过哲学对象的转换。

认识论在近代哲学中确实是研究的重点。英国哲学自培根开始就重点研究了感性经验、实验、认识过程和认识方法，后来的休谟、贝克莱等哲学家也对认识提出了许多重要问题和观点。他们对认识论的形成做出了重要贡献。但英国哲学中的世界观观点也是十分丰富的和重要的。英国是近代西方唯物主义世界观的发源地，牛顿的世界观统治了西方近代哲学几百年。明确否定世界观的重要哲学家只有休谟一人，他的不可知论认为经验以外是否存在一个客观世界既是无法肯定也是无法否定的，但这也就是他的世界观，而且他对现实世界是什么也是有所论说的。

欧洲近代大陆哲学中没有一个重要的哲学家否定世界观。康德被认为是对近代认识论有重大贡献的哲学家，他的三大"批判"系统考察了人的理性活动，但他毫无以人的理性论来取代世界观的意图，相反，他的"理性批判"正是为把"形而上学"建设成为科学，是他要建立的"未来形而上学的导言"。他的不可知论完全肯定"自在之物"的客观存在，只是认为它不能像现象世界那样为我们所认识罢了。后来黑格尔构建的唯心主义哲学体系正是对康德的未来形而上学的一种实现，当然是按照黑格尔的方式加以实现。除德国的唯心主义以外，笛卡儿的二元论、法国和费尔巴哈的唯物主义都是谈的世界观。前面提到的"哲学基本问题"第一个方面是本体论方面，第二个方面是认识论方面，这是恩格斯对欧洲近代哲学的总结，这个总结是符合欧洲近代哲学的历史的，黑格尔对欧洲近代哲学也有此看法，怎么能说欧洲近代哲学以认识论取代了本体论呢？

不但在近代哲学中认识论未能取代世界观，在现代欧美哲学中实践论、主体论或经验论也未能取代世界观。关于现代哲学，我们分为两部分来谈，首先谈一下马克思主义哲学。

马克思主义哲学是由马克思主义创始人马克思和恩格斯构建的新型哲学，哲学家的哲学是学院哲学，马克思主义哲学是实践哲学，更确切点说是革命哲学。它批判了学院哲学，但并未完全抛弃学院哲学，而是在继承学院哲学合理成分的基础上创立实践哲学，具体讲，是在继承德国传统哲学的辩证法因素和欧洲（英国的、法国的和德国的）唯物主义传统的基础上创立其实践哲学，即唯物史观的。换句话说，他们是先有了辩证法和唯物主义世界观，后有实践的唯物史观，但当他们创立实践的唯物史观思想体系时，只有一些辩证唯物主义世界观的某些观点，并没有辩证唯物主义世界观的思想体系，从这里，我们只能说实践哲学是他们当时关注的重点，不能说他们想用，更不能说他们已经用实践论或唯物史观取代了世界观。这个空白，前面已谈到，后来是由恩格斯、狄慈根、普列汉诺夫、列宁和苏联哲学家们补上的。他们构建的辩证唯物主义和历史唯物主义是革命的世界观，其中包括了实践论、认识论、唯物史观等组成部分，虽然有这样那样的问题，仍不失为一个科学的哲学体系，马克思主义哲学的萌芽、诞生和发展的过程是一个不断完善的前进的过程，而绝不是一个倒退的过程。

　　现代西方专业哲学家的哲学，即学院哲学，100多年来，倒是出现了一股否定世界观，特别是否定唯物主义世界观的思潮，并在学院哲学中占据了优势，即"拒斥形而上学"的思潮。现在的问题是：这种思潮的出现是历史的进步还是历史的倒退？"形而上学"是否被拒斥了？世界观是否被消解了？唯物主义是否被打倒了？

　　"拒斥形而上学"的口号是逻辑实证主义提出来的，它继承了休谟主义和实证主义的怀疑主义传统，以现代实证科学的实证原则和形而上学的思想混乱为依据，反映了现代社会生活和社会关系的多样化和复杂化。从消极方面讲是拒斥形而上学，从积极方面讲是使哲学扩展到人与人类社会的各个领域、各个层次，特别是人的精神领域，出现了各式各样哲学的流派，形成了丰富多彩、百花齐放的哲学世界：实证主义的经验哲学、唯意志主义的意志哲学、非理性主义的生命哲学、实用主义的实践哲学、逻辑实证主义的语言哲学、存在主义的人学、人本主义的哲学人类学、弗洛伊德主义的意识哲学、哲学解释学、科学哲学、宗教哲学、后现代主义的社会哲学以及其他哲学，它们实际都是一些部门哲学，学派林立，日新月异。不管用什么观点来研究，多种多样部门哲学的研究总比单单研究基础哲学（世界观）更能真实地反映社会生活的发展，就此而言，现代西方哲学的现状应该说是历史的进步而不是倒退。但是"拒斥形而上学"仍然是不对的，是因噎废食，我们不能因为形而上的研究陷于简单化、抽象化而加以全盘否定，世界观的研究还是十分必要的。基础研究与部门研究是互补的，事实上现代西方哲学研究中，世界观问题的研究并未停止，也不能停止。且不说在马克思主义中，唯物主义世界观中的许多问题如辩证法问题的研究从未中断，就是上面提到的那些哲学流派，除了少数明确否定形而上学（本体论、世界观）以外，多数仍然认为自己研究的是本体论，当然不一定是唯物主义本体论。事实上，任何部门研究，只要抱严肃认真的态度，也都具有本体论的意义，因为任何部门都是整体（本体）的一部分，否定本体论就会否定自己。即使逻辑实证主义对现实世界也不能不承认其真实存在，否则自己的研究对象也会成为虚幻的东西了。

特别应该指出的是 20 世纪初科学革命以来，一大批科学家更加自觉地加入了世界观、本体论研究的行列，尽管他们没有举起辩证唯物主义的旗帜，实质上是丰富和发展了辩证唯物主义世界观。放射现象和放射性元素的发现、物质微观结构理论的提出、相对论的出现和量子力学的出现把物质观、时空观、天人观（钱学森院士提出的术语，即人与自然关系的理论），也就是把唯物主义世界观推上了一个新的台阶。毋庸讳言，对于量子力学中的测不准原理至今有着截然不同的解释，一种观点认为它说明微观世界的状况离不开主体，一种观点认为它表明微观粒子的不确定性，但两种观点都不否认测不准原理的客观性和普遍性，都不认为测不准现象的出现是由主体随意造成的。测不准现象只说明人类对主客体关系认识的深入，不会消解唯物主义世界观。后来出现的系统科学实质上是对辩证法的普遍联系原则的具体化和深化，更晚出现的自组织理论、协同学、混沌理论等复杂性、交叉性学科所处理的问题实际上都是一些世界观问题，具有世界观高度的普遍性，这些学科又可以说是唯物辩证法的丰富和发展。再加上宇宙大爆炸理论、分子生物学、信息网络的出现，使人们对现实世界的图像的理解焕然一新，但所有这些都丝毫没有动摇唯物主义世界观的真实性和生命力。事实上任何一门科学都具有本体论或世界观的意义，因为本体论研究的是现实世界的整体，而每一门科学研究的是现实世界的某一领域或某一侧面，二者是相辅相成的，没有本体论，各门科学将失去其依托；没有各门科学，整体研究则会陷于抽象与空洞。

无论从西方哲学来看，还是从中国哲学来看，哲学学科都形成了这样的格局：哲学是一个学科群，一个以世界观或本体论为核心的不同层次、不同领域和不同方面的部门哲学群，其数量难以一般地确定，一个科学的哲学体系应该包括哪些部门哲学，应根据需要和各种哲学之间的关系来确定，但世界观、本体论是不可缺乏的。这就是说，哲学以作为整体的世界作为自己的主要研究对象无论如何是不能否定的。

2. 对哲学基本组成部分的合理规定

哲学作为世界观以世界或宇宙的整体作为它的对象，世界观当然要提供一个对这个整体的认识。整体认识就是要认识这个整体由哪些部分构成和这些部分怎样构成这个整体。所以首要的问题是把这个整体的各个部分区分开来，然后才谈得上再把这些部分整合起来。如果仅仅从空间上凭直观把宇宙区分为各个组成部分，那么，这虽然是容易的，也是必要的，但是远远不够的，这不能满足人们研究世界观的需要。哲学家毕竟是从人类的需要出发来研究宇宙的，因而更加关注从人的角度来区分宇宙的组成部分，这就不很容易了，而且由于主体性的作用，问题就更复杂了。自有哲学思维以来，宇宙最早被区分为天与人，即自然界与人类社会，这显然就带有人的主体需要，这种区分是从人的角度出发的。这种区分不是把宇宙简单地一分为二，人类社会与自然界并不是互相脱离、完全并列的。人类社会附着于自然界之上，即附着于地球之上，是地球上的一种特殊现象或特殊存在，人们根据这种特殊性在理论上把它从自然界中区分出来。由于认识的进步，人们发现了一个新的领域，那就是存在于人的大脑中的精神活动，它逐渐形成了人类社会的精神世界。精神世界同样不是与人类社会互相脱离、完全并列的，它附着于人类社会之上，是一种特殊的社会现象或社会存在，人们根据这种特殊性在理论上把它从人类社会中区分出来。于是在近代形成了世界三分的格局：自然界、人类社会和精神，这一格局几乎为一切哲学流派所承认，不过唯物主义认为精神的存在离不开自然界和人类社会，唯心主义认为自然界和人类社会离不开精神。我们必须分别对这三部分一一加以说明，然后把这三部分整合起来，并找到贯穿于三部分中共同的东西，即共性和一般规律，只有这样，我们才能获得对世界整合的完整认识。当然，这三个组成部分也可以被看作世界的三个方面。

如果说，把世界区分为三个组成部分是多数哲学家认同的，那么，每个组成部分又如何分为低一个层次的组成部分才算完整，就难以达成共识了。事实上，古今的哲学家们很少这样考虑问题。前面我们提到的现代哲学家们各自创立的自己的各式各样哲学大多是把世界的某一方面或部分夸大为哲学的唯一对象或主要对象，以部分充当整体。这些哲学实际上是一些部门哲学或分支哲学，而在一个统一的哲学体系内则是这个体系的若干组成部分。可以说，目前世界哲学的发展已达到一定的高度，使开展以哲学对象为根据来合理规定哲学的组成部分的研究以构成完整的哲学体系成为可能和必要。

3. 对哲学客观内容的具体制定

哲学是一种思想体系，其内容不外是一系列基本哲学概念或哲学范畴，表述这些概念之间联系的判断、观点或原理，论证这些原理的理论或学说。这些范畴、原理、理论无疑是由历代的哲学家们制定的，但不是凭空制定的，而是对哲学对象一定程度的正确的或者歪曲的反映。作为科学的哲学，哲学家们当然都力求其哲学内容是与其对象尽可能地一致的，甚至那些否定哲学的科学家们也力图证明他们所讲的是正确的，是千真万确的真理，否则他们就会缄口不言，搁笔不写了。

因此，哲学内容的具体制定关键在于保证其真实性、客观性，即科学性。为此，必须解决两个问题：

第一，保证概念和原理的可靠来源。哲学概念和原理有几个来源，个人的创造、日常语言、各种知识、各种科学，以及人类文化的其他组成部分，事实上一个哲学范畴和原理的出现往往是这几个因素共同作用的结果，是几代人不断探索的成果。人类文化的各个组成部分中原来包括丰富的哲学内容，要把它们提炼出来，就必须加以分析、鉴别、挑选、打磨、加工、升华，其中当然包含了创造，可以说，绝大多数哲学概念和原理都是如此制定出来的。各个概念和原理中包含的创造性有程度的不同，但只要是有着客观的依据，在一定程度上正确地反映了客观事物的本质和规律，就是可靠的，就是有利于正确地认识世界和成功地改造世界的，但有的创造全凭主观的想象，完全脱离现实世界，或者颠倒地，或者歪曲地反映现实世界，这种"创造"如果加以合理地限制也可以发挥一定的启迪人的创造力的积极作用，但如果把这种创造看成真实的东西，那就会导致理论上的谬误与实践上的失败。哲学史上曾经出现过的理念世界、绝对精神、万能的神、超自然的力量、超人都是这种创造的产物。我们在制定哲学的概念和原理的时候，既然是人在制定，无疑应该充分发挥人的主观能动作用，特别是人的创造能力，但同时必须确实保证其可靠来源。

第二，严格论证哲学原理和理论的真理性。数学被认为是科学的典范，因为它具有最严密的论证过程，从而获得了最广泛的认可与尊崇。这种情况导致哲学界的一种误解，一切哲学原理都应像数学原理那样经过逻辑的严密论证来建立。近代欧洲大陆理性派作过这样的努力，但均以失败告终，因为经过如此论证的原理并未得到广泛的认可。尽管如此，今天仍有这种观念，哲学是反思的、思辨的，不是实证的，无须事实根据。其实，不仅哲学不是纯粹思辨的，逻辑学、数学也不是纯粹思辨的。逻辑学原理、数学原理诚然都要经过严密的推理才能成立，但作为推理出发点的前提如公理、定义、推理的公式，都是来自人类千万年来的社会实践，都是以大量确实可靠的事实为根据，否则这些原理就不可能得到人们的广泛的认同。

马克思主义哲学彻底抛弃了思辨哲学的做法，主张以社会实践为检验哲学原理的最后依据，诉诸确实可靠的事实材料，但不是简单罗列观察和实践所得的事实材料，而是通过深入的分析，借以证明某一哲学原理的真理性。这种方法不是单纯的实证方法，也不是单纯的思辨方法，而是二者相统一的方法。哲学原理的普遍性是无限的，这是争论的焦点。实证主义认为这种证明方法只能证明这一原理在实践的范围内是真实的，但实践总是有限的，只是人的实践，只是某人某时某地的实践，不能肯定他人他时他地的实践，而哲学原理的普遍性需要无限次实践的肯定结果才能成立，这是人类做不到的，因此，这种证明方法难以证明普遍的哲学原理。

显然，这种诘难不是没有道理的。哲学原理由于不是像逻辑学那样只涉及思维领域，也不是像数学那样只涉及数量关系，因而不能只凭推理即可证明其真伪；哲学原理又不是像实证科学的多数结论那样可以通过实践或实验来检验其真伪，这使哲学原理处于两难之中，成为一个难题。但是，如果可以像对待一般科学那样来对待哲学，这个难题还是可以解决的。

人所共知，无限普适性不仅是哲学原理的特征，也是许多实证科学原理的特征，例如物理学、化学的原理都是根据地球上已有的实践加以肯定的，没有地球以外或今日以后的实践作为根据，那么，它们的无限的普适性来自哪里呢？就是来自实践对于有限的实践所具有的无限的普适性，恩格斯的一段话可能是一个合理的解释。他在说明实践检验枪炮射击中因果性的无限普适性时说："如果我们把引信、炸药和弹丸放进枪膛里面，然后发射，那么我们可以期待事先从经验已经知道的效果，因为我们能够在所有的细节上探究包括发火、燃烧、由于突然变为气体而发生的爆炸，以及气体对弹丸的压挤在内的全部过程。……确实有时候并不发生同样的情形，引信或火药失效，枪筒破裂等。但是这正好证明了因果性，而不是推翻了因果性，因为我们对这样偏离常规的每一件事情加以适当的研究之后，都可以找出它的原因，如引信发生化学分解，火药受潮等，枪筒损坏等，因此在这里可以说是对因果性作了双重验证。"① 这就是说，因果性的无限的普适性不是靠无限多实践的效果验证的，而是靠实践以及对实践的分析来验证，也就是说实践的验证不是单纯的实践效果的验证，而是由实践结合全部人类已有的科学知识来验证的。如果如此的验证仍然被认为是不可靠的，那么整个人类的科学知识也就不可靠了。

4. 对哲学范畴和原理的科学体系的构建

哲学体系当然是一个思想体系，但作为一个科学的思想体系，它的各种思想必须按一定的科学原则联系起来。那么，这个科学原则是什么呢？为什么它是科学的呢？前面谈到一般学科的科学体系的构建时，我们曾经指出过这个原则就是从抽象到具体、从简单到复杂的原则，由这个原则构建起来的思想体系才能正确地反映客观世界的各种层次的系统或体系。这个原则在一般学科体系中是体现了的，但多半是自发体现的，自觉地提出并按照这个原则来构建自己的体系的是黑格尔，虽然他的唯心主义观点使他未能构建起真正科学的哲学体系，反而把自己的哲学变成了思辨哲学。马克思和恩格斯在唯物主义基础上改造了这个原则，科学地表述了这个原则，并运用它来构建自己的各种科学体系，马克思的《资本论》的体系就是一个卓越的典范。列宁在《哲学笔记》中把这个原则称作逻辑与历史一致的原则，又称唯物主义逻辑学、辩证法和认识论的同一的原则，并根据这个原则提出了一些关于马克思主义哲学的科学体系的设想，可惜后来的苏联的哲学家们尽管也构建了一个基本上科学的哲学体系，却未能在这个体系中彻底贯彻这个原则。这里我们先简略叙述一下这个历史过程，然后对这个原则的内容作些进一步的分析和介绍。

（1）黑格尔关于体系的思想

黑格尔可以说是西方哲学史上具有自觉的体系思想并提出了最完整严密的哲学体系的哲学家，尽管他的体系从整体上说是不科学的。他在《小逻辑》导言中说："哲学若没有体系就不能成为科学。没有体系的哲学理论，只能表示个人主观的特殊心情，它的内容必定是带偶然性的。哲

① 《马克思恩格斯文集》第9卷，人民出版社2009年版，第483页。

学的内容，只有作为全体中的有机环节，才能得到正确的证明，否则便只能是无根据的假设或个人主观的确信而已。"① 诚然，体系只是哲学成为科学的必要条件，不是充分条件，同时不成体系的哲学可能有个人主观的看法，但未必没有科学的正确的观点，但是他强调体系的重要性仍然是很有意义的，不仅如此，他还提出了构建科学体系的基本原则，并努力加以贯彻，虽然他的努力不很成功。他构建体系的基本原则是很著名的，那就是正反合的三段式，而且他创造了一个哲学史上绝无仅有的从"有"开始终于"绝对精神"的大大小小由正反合"圆圈"构成的庞大体系，他的《哲学全书》就是对这个体系的全部内容的叙述。他的体系呈现一个圆圈接着另一个圆圈，大圆圈套小圆圈的整齐划一的图景。按照他的说明，这些圆圈都不是封闭的，而是螺旋式上升的，因而才能形成一串圆圈，甚至最初的范畴"有"与最后的范畴"绝对精神"也不是封闭的，"绝对精神"不过是充分展现了的"有"，"有"不过是还未展开的"绝对精神"。但是，这个如此整齐划一、似乎完整严密的体系只是形式上的，尽管其中包含十分丰富的辩证法思想，而牵强附会、自相矛盾的地方也不少，其内容从总体上说是不科学的，然而，黑格尔构建体系的基本原则正反合三段式中包含的合理思想十分宝贵，马克思、恩格斯、列宁均予以肯定，今天对于构建科学的哲学体系仍然具有重要意义。那么，其中的合理思想是什么呢？概括一下，大致有以下几点：

第一，哲学范畴和原理不是纯思维形式，而是有实际内容的思维形式。黑格尔虽然坚持大陆理性主义哲学传统，认为哲学原理应该像数学定理那样由逻辑推演来证明，但又明确反对把哲学范畴和原理看成与现实世界无关的纯粹思维形式，坚持认为它们是有实际内容的，这实际是承认哲学是世界观，是关于现实世界的观点。他的这种说法是针对他的《逻辑学》的范畴和原理，如有与无、质与量、本质与现象等，它们既然是有现实内容的，它们就必须有现实的根据而不能仅仅靠逻辑推演来证明，这样黑格尔就给哲学开辟了一条通向科学从而通向现实世界的通路，给思辨哲学的樊篱打开了一个大大的缺口。

第二，哲学体系形式上是一个演绎过程，实质上是对科学和科学史、认识和认识史的总结和概括。黑格尔的体系呈现出一个正反合圆圈环环相

① 黑格尔：《小逻辑》，商务印书馆 1985 年版，第 56 页。

扣的推演过程，实际上每个范畴和原理都有大量科学事实作为根据。黑格尔在《逻辑学》的各节正文内都是抽象地论证，绝不涉及事实材料，而把事实材料放在附释内。因此，费尔巴哈曾嘲笑他把事实材料都"放逐"到附释中去了。而且大家知道，黑格尔的《逻辑学》的第三编概念论中许多内容都直接涉及外部世界，如机械性、化学性、生命等，至于他的《自然哲学》《精神哲学》就更不用说了，讨论的大多是自然界和人类社会的问题。他的《哲学百科全书》不是一般百科全书，即由多种基本学科构成的学科总汇，而是"百科全书哲学"，即百科的总结和概括。

　　第三，哲学体系的展开应该与历史一致，历史包括客观的历史和认识的历史。黑格尔是一个绝对唯心主义者，绝对观念决定一切，归根结底是历史与思维一致，但按其体系的内容与具体论述过程来说，他的绝对唯心主义实际上表达了客观世界及其发展规律的最后决定作用，蕴含了列宁后来讲的逻辑与历史一致的思想。这一思想是辩证唯物主义的精髓，最早蕴含在黑格尔哲学之中，后来为马克思与恩格斯所继承与发扬，列宁把它明确地表达出来。我们可以先看一下黑格尔的《哲学百科全书》的体系。这个体系的第一部分是《逻辑学》，如果以逻辑与历史一致的原则来要求，就认识史说，它是可取的，但就客观历史说，其中大部分哲学范畴都属于抽象思维，很难说有时间上的先后。第二部分才是《自然哲学》，这意味着自然界来自抽象思维，或来自某种抽象的普遍的东西，这当然是很荒谬的，但就局部而言，它倒是大致反映了当时自然科学所达到的对宇宙发展的认识水平，如他提出的从机械性、化学性、生命到精神的顺序，但其中看不出社会的发展。黑格尔的《精神哲学》主要研究人的精神，只在个别地方谈到社会，而且把社会问题也归结为只是人（个人）的问题，这也反映了当时处于萌芽状态的社会科学的水平。黑格尔关于逻辑与认识史一致的思想是很明确的，他的《逻辑学》中哲学概念的排列多次引起列宁的关注，他在他的《哲学史讲演录》中明确谈到这一思想。他说："历史上的那些哲学系统的次序，与理念里的那些概念规定的逻辑推演的次序是相同的。"[1] 在他看来，每一个哲学体系都是一个哲学范畴，如巴门尼德的体系是"有"，赫拉克利特的体系是"变化"等。这些哲学范畴在现实世界中，即在时间的推移中当然说不上先后，但人类对它们的认识

---

　　① 　黑格尔：《哲学史讲演录》第 1 卷，商务印书馆 1960 年版，第 34 页。

是有先后的。还有一点也应该指出，这种一致不可能丝丝入扣，只是大体一致，因为历史中存在大量偶然性。

第四，逻辑与历史一致的原则表现为从简单到复杂，从抽象到具体。逻辑指的是一个思想体系中的基本范畴、原理的逻辑顺序，即思维逻辑。作为一种思维联系，它应该与客观历史和认识史一致，而不是相反，历史与逻辑一致。黑格尔作为绝对唯心主义者是主张历史与客观逻辑一致的，虽然其中包含了主观思维与客观规律一致的合理思想。黑格尔的哲学体系的逻辑推演表现为简单、抽象的范畴、原理向较为复杂、具体的范畴、原理过渡的过程，他认为最初的范畴、原理是最简单、最抽象的，最后的范畴、原理是最复杂、最具体的。有是最简单、最抽象的范畴，绝对精神是最复杂、最具体的范畴。有是毫无内容的、最空洞的，绝对精神是无所不包的、最丰富的。

第五，推动范畴、原理不断向更复杂、更具体范畴、原理前进的动力是范畴、原理的内在矛盾关系。黑格尔自认为他的体系的展开是一个逻辑的演绎过程，但他又认为这个过程不同于一般形式逻辑的推论，而是辩证逻辑的推演，即按照对立面的统一的公式不断前进，呈现出正题$_1$→反题$_1$→合题$_1$，合题$_1$就是正题$_2$，于是出现第二次正反合，如此前进，以至无穷。这就是黑格尔的否定之否定，或称三分法、三一体、三阶段论。显然，三分法包含了矛盾运动，这是普遍的，而三阶段并不普遍，黑格尔的体系硬把许多范畴、原理强纳入否定之否定框架中，许多地方牵强附会，例如机械性—化学性—目的性、生命—认识—绝对理念、艺术—宗教—哲学三段式都是难以自圆其说的。如果予以合理的解释，其中确实蕴含着科学的东西，那就是矛盾运动。矛盾运动呈现出阶段性、重复性，但不一定只重复一次，只表现为三段，事实上是多次重复，表现为多段。在黑格尔看来，辩证法的核心是否定之否定；在列宁看来，辩证法的核心是对立统一规律。列宁的观点是他唯物主义地改造黑格尔的否定之否定的结果，我们在后面对此将作出进一步的说明。

（2）马克思、恩格斯关于体系的思想

大家知道，人们对外部世界的认识是从具体的事物开始，获得的是感性认识，然后对感性认识进行抽象思维，才能获得理性认识，理性认识是抽象的。为什么黑格尔的哲学体系反而是从抽象到具体呢？对此，马克思作过解释。他认为认识客观世界的过程最初当然是从具体事物开始的，但人们这时获得的认识却是很抽象的，从抽象的认识开始前进才能使之越来越具体。"后一种方法显然是科学上正确的方法。具体之所以具体，因为它是许多规定的综合，因而是多样性的统一。因此，它在思维中表现为综合的过程，表现为结果，而不是表现为起点，虽然它是现实的起点，因而也是直观和表象的起点。在第一条道路上，完整的表象蒸发为抽象的规定；在第二条道路上，抽象的规定在思维行程中导致具体的再现"。① 有的学者认为从抽象到具体只是表达、叙述的过程，不是研究的过程，这种理解显然是片面的。它诚然是叙述的过程，即构建体系的过程，但体系之所以如此构建，正因为它符合认识的过程，即逻辑与认识史的一致。马克思称之为"科学上正确的方法"，显然指的是科学研究的方法，而绝不仅仅是构建体系的方法。可见，这个"具体"不是感性的具体，而是理性的具体。从抽象到具体不是从感性认识到知性认识，而是从知性认识到理性认识；不是分析过程而是综合过程，是人类认识愈来愈丰富、愈深入、愈全面、愈系统的过程。马克思不仅是这样理解的，而且是这样做的，他的《资本论》的展开就是这样的，列宁称之为"《资本论》的逻辑"。②

　　恩格斯曾被认为反对构建哲学体系，因为他曾批评黑格尔的绝对唯心主义哲学体系；曾讥笑19世纪70年代德国大学生的哲学体系如雨后春笋般涌现；尤其是反对包罗万象的世界观体系，认为这种体系的领地已被各种实证科学分割殆尽，哲学只剩下思维领域作为自己的研究对象了。这种观点是把恩格斯在某些特殊情况下的言论加以夸大的结果。对于科学的哲学体系，他是十分重视的，而且他对马克思主义哲学的世界观体系做出过开创性的贡献。他在读黑格尔《逻辑学》关于判断的论述时说："辩证逻辑和旧的单纯形式的逻辑相反，不像后者那样只满足于把思维运动的各种形式，即各种不同的判断形式和推理形式列举出来并且毫无联系地并列起来。相反地，辩证逻辑由此及彼地推导出这些形式，不把它们并列起来，而使它们互相从属，从低级形式发展出高级形式。"③ 诚然，他谈的是黑格尔的《逻辑学》的体系，但从他随后的陈述来看，他是赞成黑格尔理解的、判断的各种类型之间的逻辑联系的。黑格尔把判断分为从简单到复

---

① 《马克思恩格斯文集》第8卷，人民出版社2009年版，第25页。
② 《列宁全集》第55卷，人民出版社1990年版，第290页。
③ 《马克思恩格斯文集》第9卷，人民出版社2009年版，第487页。

杂、从低到高的 4 种类型，即从实有的判断、反思的判断、必然性的判断到概念的判断，并认为第一类是个别的判断，第二、三类是特殊的判断，第四类是普遍的判断。恩格斯赞赏说："这种分类法的内在真理性和内在必然性是明明白白的。"① 他还以人类对热的认识为例说明这 4 类判断的排列顺序是与人类认识史一致的，显然这是逻辑与历史一致的表现之一。黑格尔主张存在与思维同一，恩格斯加以颠倒，主张思维与存在一致，唯物主义地改造了黑格尔的思想。他主张："我们重新唯物地把我们头脑中的概念看作现实事物的反映，而不是把现实事物看作绝对概念的某一阶段的反映。这样，辩证法就归结为关于外部世界和人类思维的运动的一般规律的科学，这两个系列的规律在本质上是同一的，但是在表现上是不同的，这是因为人的头脑可以自觉地应用这些规律，而在自然界中这些规律是不自觉地、以外部必然性的形式、在无穷无尽的表面的偶然性中实现的，而且到现在为止在人类历史上多半也是如此。"② 科学的哲学体系是思维的表现，应该也是客观历史或认识史的体现和反映。恩格斯不仅有这些思想，他实际上对哲学的系统化做出了很多开创性的贡献。他反对黑格尔把客观辩证法归结为主观辩证法，主张主观辩证法（思维规律）是客观辩证法（客观规律）的反映，因此他批判黑格尔的体系，并不一般地否定体系，因为规律必然是系统，系统必然表现为思想体系。他虽然没有提出一个完整的辩证法体系，却提出了辩证法三个"主要规律"的思想，这是构建唯物辩证法体系的核心观点。这三个规律均已包含在黑格尔体系中，马克思也多次提到这三个规律，但都没有三个主要规律的思想。恩格斯于 1876—1877 年写作《反杜林论》的哲学篇时萌芽了这一思想，但还未直接明确地提出来，因为其中谈到辩证法时就谈了这三个规律。第十二章标题为《辩证法·量和质》，第十三章标题为《辩证法·否定之否定》，其实第十二章首先谈了矛盾规律，然后再谈量变质变规律，可见他当时已有三个规律的思想，却没有明确提出来。1878 年他在其写作自然辩证法的计划中明确提出三个规律的思想，称之为"主要规律"，计划第 3 条说："辩证法是关于普遍联系的科学，主要规律：量和质的转化——两极对立的相互渗透和它们达到极端时的相互转化——由矛盾引起的发展或否

---

① 《马克思恩格斯文集》第 9 卷，人民出版社 2009 年版，第 488 页。
② 《马克思恩格斯文集》第 4 卷，人民出版社 2009 年版，第 298 页。

定的否定——发展的螺旋形式。"① 1879 年，他以《辩证法》为题论证这三个规律，一开头就说，"可见，辩证法的规律是从自然界和人类社会的历史中抽象出来的。辩证法的规律无非是历史发展的这两个阶段和思维本身的最一般的规律。它们实质上可归结为下面三个规律：

量转化为质和质转化为量的规律；

对立的相互渗透的规律；

否定的否定的规律。"②

紧接着他解释这三个规律的历史来源，第一规律是在黑格尔的《逻辑学》的第一部分中，第二规律占据了它的第二部分，第三规律是构筑整个体系的基本规律。他并说明这篇论文的目的是阐明它们的自然科学根据，说明它们对自然研究是有效的，不打算写辩证法的小册子，因而不能深入考察它们之间的内部联系。可惜他只写了第一规律就中断了，没有完成。显然，既然它们是主要规律，一定还有非主要规律，恩格斯留下许多关于因与果、偶然与必然、可能与现实等辩证范畴的论文片段和札记应当就是非主要规律。主要规律与非主要规律当然存在着内部联系，循着恩格斯指引的途径，从人类实践和科学研究的成果中揭示其内部联系而不是像黑格尔那样凭主观臆断把人为的框架强加于这些规律，一个科学的辩证法体系是可以构建起来的。此外，恩格斯还有些思想对于构建科学的哲学体系具有重要的意义，如关于哲学基本问题的理论，关于辩证唯物主义世界观的一些基本论断。后来苏联哲学家们构建辩证唯物主义体系时曾以这些思想作为他们的主要依据。

（3）列宁关于哲学体系的思想

列宁主要是一个马克思主义革命家，然而他特别重视马克思主义哲学的学科建设，这是很值得深思的。

19 世纪下半叶，马克思主义理论界和读书界知道的马克思主义哲学就是唯物主义历史观，马克思主义似乎没有世界观和认识论，尽管马克思和恩格斯经常提到他们的世界观是唯物主义，恩格斯还提出了若干具体的世界观原理。狄慈根和普列汉诺夫开始使用辩证唯物主义来称呼马克思主义的世界观和认识论，但没有得到广泛的认同。于是，一些马克思主义的

---

① 《马克思恩格斯文集》第 9 卷，人民出版社 2009 年版，第 401 页。

② 同上书，第 463 页。

信奉者纷纷从现代西方哲学那里去寻求马克思主义的世界观和认识论的前提，有的找到康德主义，有的找到黑格尔主义，有的找到经验批判主义。列宁力排众议，明确指出马克思主义的哲学基础只能是辩证唯物主义，并为此专门写了《唯物主义和经验批判主义》。经过这场论战，"辩证唯物主义"世界观和认识论在马克思主义中的地位就基本树立起来了。这是马克思主义哲学体系化道路上的一大进步，为苏联20世纪二三十年代建立的辩证唯物主义和历史唯物主义体系开辟了道路。列宁没有明确地提出辩证唯物主义理论体系，虽然他提出的认识论的三个重要结论以及关于物质、实践等原理对以后辩证唯物主义理论体系的出现有着明显的影响。但是列宁在其《哲学笔记》中却对哲学体系问题作过深入的思考，而且提出了不少独到的见解。

1913年，列宁读到马克思在写给恩格斯的一封信中谈到想系统阐明唯物辩证法时写了一段批语："黑格尔《逻辑学》中合理的东西在于他的方法。[马克思1858：又把黑格尔的《逻辑学》浏览了一遍，并打算用两三个印张把其中合理的东西阐述一番。]"① 马克思想阐述的应该就是"大写字母的'逻辑'"（列宁语），即哲学体系，但马克思未能实现这一愿望，只构建了"《资本论》的'逻辑'"（列宁语），即政治经济学体系。1914—1916年列宁阅读哲学著作时就十分关注黑格尔关于哲学体系的思想，并努力以唯物主义来改造黑格尔的合理思想，而且有意无意地提出了一些唯物辩证法，亦即辩证唯物主义的纲要。列宁提出的关于唯物主义逻辑学、认识论和辩证法三者同一的思想集中体现了他关于如何构建哲学体系的基本思想。

对"三者同一"一直有分歧意见。一种观点认为三者同一是三门学科的统一，另一种观点认为是同一门学科的三个方面，指唯物辩证法既是世界观，又是认识论，还是逻辑学。世界观、认识论和逻辑学无疑是统一的，这是非常清楚的，但如此理解离列宁原文太远，而且意义不大，事实上一切学科都是统一的，何止三门？如果理解为一门学科的三个方面不仅符合列宁的表述方式，而且符合列宁的一贯思想。列宁是这样说的："在《资本论》中，唯物主义的逻辑、辩证法和认识论［不必要三个词：它们是同一个东西］都应用于一门科学，这种唯物主义从黑格尔那里吸取了

---

① 《列宁全集》第58卷，人民出版社1990年版，第35—36页。

全部有价值的东西并发展了这些有价值的东西。"① "这种唯物主义" 只能是辩证唯物主义,作为世界观,它是客观规律的反映;作为认识论,它是认识规律的反映;作为逻辑学,它是思维规律的反映;三者是同一个东西,实际上体现了客观规律、认识规律和思维规律是同一个东西。这就是我们在前面谈到的逻辑与历史的一致,首先是与客观历史一致,其次是与认识史、科学史一致。② 三者同一的论断是列宁首先提出来的,但这个思想实际上早已包含在黑格尔哲学中,但被唯心主义重重掩盖着,列宁加以深入挖掘、改造,提出了构建哲学体系的若干原理,并以三者同一的论断加以概括。前面我们谈到的黑格尔关于哲学体系的五点合理思想经过列宁加以唯物主义地改造后成了构建辩证唯物主义体系的原则,这里我们再给以简略的叙述:

第一,哲学是世界观,是关于世界整体及其发展规律和对它的认识的发展规律的学说。列宁关于哲学体系的基本思想都包含在他的逻辑学、辩证法和认识论三者同一的思想之中。在《哲学笔记》中列宁只一次讲到三者同一,但谈到逻辑学是辩证法,辩证法是认识论,认识论是逻辑学之处甚多,还有一处虽没有明确讲 "三者同一",实际上讲的是 "三者同一",这段话是:"逻辑不是关于思维的外在形式的学说,而是'关于一切物质的、自然的和精神的事物'的发展规律的学说,即关于世界的全部具体内容的以及对它认识的发展规律的学说,即对世界的认识的历史的总计、总和、结论。"③ 说得明白一点,这里讲的是:哲学的逻辑体系是辩证唯物主义世界观,是认识论。这同恩格斯关于辩证法的定义 "辩证法不过是关于自然、人类社会和思维的运动和发展的普遍规律的科学"④是完全一致的。

第二,哲学是对自然科学和社会科学的总结和概括,其逻辑体系是人类认识史和科学史的最高概括和总结。哲学既然是对世界的一般规律的认识,那么,它来自哪里呢?与唯心主义的观点相反,列宁认为它不能单凭

---

① 《列宁全集》第 55 卷,人民出版社 1990 年版,第 290 页。

② 由于篇幅的限制,这里只简单介绍了这第二种观点,没有提出这种观点的论据。读者如果想作进一步理解,请参阅拙作《〈哲学笔记〉与辩证法》,北京出版社 1984 年版,第 27—61 页。

③ 《列宁全集》第 55 卷,人民出版社 1990 年版,第 77 页。

④ 《马克思恩格斯文集》第 9 卷,人民出版社 2009 年版,第 149 页。

思维的逻辑推理来构建，而只能是人类认识史和科学史的总结和概括。列宁在《哲学笔记》中常常谈到此点。除上面的那段引文而外，在有的地方，列宁还对总结和概括过程作了较具体的解释，例如他说："逻辑学是关于认识的学说。它是认识论。认识是人对自然界的反映。但是，这并不是简单的、直接的、完整的反映，而是一系列的抽象的过程，即概念、规律等的构成、形成过程，这些概念和规律等（思维、科学 = '逻辑概念'）有条件地、近似地把握永恒运动着和发展着的自然界的普遍规律性。"①

第三，对科学史的概括之所以能够得出哲学的逻辑体系，是因为逻辑是与历史一致的。逻辑与历史一致的思想实际是黑格尔提出来的，这在前面已谈到，但明确作出这种表述的是列宁，而且列宁的思想与黑格尔的思想还有一个根本性的差别。他们都承认二者互相一致，但从根本上说，列宁讲的是逻辑与历史一致，而黑格尔讲的是历史与逻辑一致，所以这里有一个以唯物主义来改造黑格尔的唯心主义思想的问题。这里的逻辑指思维规律及其所决定的思想（范畴、原理）顺序，历史指客观规律及其所决定的历史顺序，历史包括自然的历史、人类社会的历史和思想的历史（认识史、科学史）。认为归根结底逻辑与历史一致的是唯物主义，反之，认为归根结底历史与逻辑一致的是唯心主义。逻辑与历史一致实际涉及三个方面：逻辑体系、宇宙史和思想史，三者同一涉及的也就是这三个方面：逻辑学、辩证法和认识论，因此，我们应以逻辑与历史一致来理解三者同一。在《哲学笔记》中，列宁特别关注的是逻辑与认识史、科学史一致，而就哲学的逻辑体系而言，他更加关注逻辑与哲学史的一致。这也与黑格尔的思想有关。他的《逻辑学》中的范畴、原理及其逻辑顺序是逻辑顺序，不是历史顺序，但这个顺序的安排参考了它们在哲学史上的顺序，这两个顺序只是基本一致，而不是完全一致，这是因为历史中充满了偶然性，偶然性经常会扰乱范畴、原理的逻辑顺序，使二者之间产生不一致，甚至背离。

第四，逻辑与历史一致的原则表现在体系构建上主要是体系从抽象到具体的展开。哲学范畴、原理，按照传统的观点，是抽象的，只有现实事物才是具体的。黑格尔一反这种传统观点，主张概念不仅是抽象的，也是

① 《列宁全集》第55卷，人民出版社1990年版，第152—153页。

具体的，这不是说概念是现实事物，而是指概念反映了现实事物的丰富属性、关系、规律等，具有丰富的具体内容。因此，概念从抽象到具体的展开就是从较抽象、较空洞的概念到更具体、更丰富的概念的展开，或者是一个概念的内容的不断丰富、不断表露的过程。在他看来，他的《逻辑学》的第一个范畴是最抽象的，最后一个范畴是最具体的。这种具体我们称之为理性具体。列宁对黑格尔的"具体概念论"一贯十分赞赏，在《哲学笔记》中多次加以肯定，主张在唯物主义的基础上理解它。那么，怎么在唯物主义基础上理解呢？我们认为一方面这是人类认识规律的反映，另一方面也是客观世界的发展的反映。不管今天人们对这个宇宙的起源与演变的过程有多大意见分歧，总是承认它是从比较单纯、简单的状态开始愈来愈复杂，这一过程在地球上表现得尤其明显，这个从简单到复杂的过程无人能够否认。无论是一个个体，或是一个门类，都是从萌芽状态开始，随着时间的推移，在与其环境的互相作用下逐渐展开其可能性，愈来愈丰富、愈复杂。人类的认识作为人类社会的一种现象自然不会例外。在具体的认识过程中，人们对某一认识对象的认识最初一定是比较肤浅的、笼统的，即比较简单的、抽象的，随着实践和认识的发展，人们的认识才能逐渐深入和扩大，即比较具体、比较复杂。列宁正是根据当时科学提供的现实世界的发展史和人类认识史，才高度评价了黑格尔构建哲学体系的从抽象到具体的原则。从抽象到具体的"逻辑"是由从简单到复杂的"历史"决定的，这还可以进一步引申出从静止到运动、从客观的到主观的、从自然界到人类社会等，因为相对而言，静止、客观的、自然界是比较简单的，运动、主观的、人类社会是比较复杂的。

第五，对立统一规律是哲学体系的核心。所谓"核心"指的是推动哲学体系从抽象到具体的发展过程的根本动力。过去的看法包括黑格尔本人都认为这个核心是否定之否定，恩格斯也如此看，他在谈卢梭和马克思使用过的一系列辩证法用语时举出了"按本性说是对抗的、包含着矛盾的过程，一个极端向它的反面的转化，最后，作为整个过程的核心的否定的否定"。[①] 其中虽然包含了对立统一规律，即矛盾规律，但"三段式"或"三分法"一直为世人所诟病，因为在历史过程中"三阶段"告一段落固然经常出现，但不一定都是三段，也有两段、四段或多

---

① 《马克思恩格斯文集》第 9 卷，人民出版社 2009 年版，第 148 页。

段，三段式总是勉强的，它是黑格尔体系出现许多牵强附会的根源。列宁一直对"三段式"有保留，曾指出过马克思和恩格斯曾经肯定过三段式，"不过是科学社会主义由以长成的那个黑格尔主义的遗迹，是黑格尔主义表达方式的遗迹罢了"。① 在《哲学笔记》中他把否定之否定理解并改造为"仿佛是向旧东西的复归（否定之否定）"②，即他所经常谈的"圆圈"或"螺旋式"运动，确切点讲，就是马克思主义辩证法讲的反复中的前进运动、循环中的上升运动，或者反复与前进的统一。至于辩证法的核心，列宁认为是对立统一规律。他说："可以把辩证法简要地规定为对立面的统一的学说。这样就会抓住辩证法的核心。"③ 按照列宁的这种理解，辩证法体系就应该抛弃三段式的体系，而以对立统一的形式贯彻始终，呈现出各种矛盾规律的从抽象到具体、从简单到复杂的前进运动。

列宁在《哲学笔记》中曾经提出了几个带有系统性的唯物主义辩证法纲要，其中的"辩证法"要素16条内容最丰富，我认为其前7条是一个纲，后9条是目，可以分别纳入前7条中，一起形成一个唯物主义辩证法体系的雏形。这可以看作是列宁贯彻其体系思想的一次尝试。

1916年，由于俄国国内革命形势日益紧张，列宁的实际政治活动日益繁多，他不得不中断对哲学的专门研究，但他仍然十分关注辩证唯物主义的系统研究。1922年，在被称为他的"哲学遗嘱"的《论战斗唯物主义的意义》中，他仍念念不忘这项工作，他说："自然科学家应该做一个辩证唯物主义者，为了达到这个目的，《在马克思主义旗帜下》杂志的撰稿人就应该组织从唯物主义观点出发对黑格尔辩证法作系统研究，即研究马克思在他的《资本论》及各种历史和政治著作中实际运用的辩证法"。④ 后来苏联哲学家在二三十年代构建的辩证唯物主义和历史唯物主义体系，在一定程度上实现了列宁的这一遗嘱，但未完全地、更未完满地实现，1938年，斯大林体系出现并被视为最权威的体系，列宁提出的"系统研究"就完全停止了。斯大林逝世后，我国重新采用苏联30年代体系，并有所改进。改革开放以来，我国展开了对马克思主义哲学体系创新的研

① 《列宁选集》第1卷，人民出版社1995年版，第31页。
② 《列宁全集》第55卷，人民出版社1990年版，第191页。
③ 同上书，第192页。
④ 《列宁选集》第4卷，人民出版社1995年版，第652页。

究，我们重温黑格尔和马克思主义经典作家关于哲学体系的观点，对这一工作是会大有裨益的。

（三）辩证唯物主义和历史唯物主义体系的是非得失

经过长期教学实践和研究，苏联 20 世纪二三十年代形成的辩证唯物主义和历史唯物主义体系是自马克思主义哲学诞生以来终于出现的比较完整严密的科学体系，它出现以后曾获得全世界马克思主义理论界的普遍认同，后来情况虽有较大变化，但至今还没有一个新的体系超过它的影响，尤其值得注意的是今天中国各高等院校的马克思主义哲学课的基本框架仍然是来自这个体系。今天，我们进行的马克思主义哲学学科建设不能绕开它，应该在保留其科学合理的因素而克服其不足之处的基础上继续前进。

1. 辩证唯物主义和历史唯物主义体系的出现与变化

马克思主义当然是一个科学体系，它的三个组成部分当然也是三个科学体系，但三个体系的情况不完全一样。作为资本主义政治经济学的《资本论》是一个完整严密的科学体系，它是马克思吸取了黑格尔建立哲学体系的合理思想而精心构造出来的，它的系统性是得到公认的。科学社会主义的理论体系也是比较完整严密的，《共产党宣言》相当充分地表达了它的系统性。至于哲学，专就世界观来说，在马克思和恩格斯那里，却连《共产党宣言》这样的体系也没有。马克思曾经计划写一本系统阐述唯物辩证法的书，但未能实现，只留下了"《资本论》的逻辑"。恩格斯研究自然辩证法显然不想把自己限制在自然界的范围之内，他关于自然辩证法的许多篇章都超出了自然界而涉及整个世界，如他谈到的物质世界的大循环、辩证法的三个主要规律等，但他未能构成完整严密的哲学体系。在后人给他整理出版的《自然辩证法》中，他只提出了一些带有系统性的思想，提出了辩证唯物主义的大量观点，这本书本身仍然是一本由论文、大纲、论文片段、笔记编纂起来的集子。恩格斯的《反杜林论》和《费尔巴哈与德国古典哲学的终结》是两本哲学专著。著作本身当然有其思想体系，但能否说它们是马克思主义哲学的思想体系呢？对这个问题难以简单地回答是或不是。就辩证唯物主义来说，一方面他在这些著作（包括《自然辩证法》）中确实提出了不少带有系统性的思想，如哲学基本问题、关于物质、运动、时间、空间、世界的物质统一性的原理、辩证法的基本规律和范畴、关于认识的实践基础的理论，等等。我国许多学者根据这些事实认为恩格斯对辩证唯物主义的形成做出了重要贡献，这绝不过分，但另一方面也应该说，他并没有提出一个完整的辩证唯物主义的科学体系。他甚至没有提出"辩证唯物主义"这一名称，尽管他多次提到过"辩证法"和"唯物主义"的名称，还提到过"唯物主义辩证法""辩证的同时又是唯物主义的自然观"的名称。

据考证，最早使用"辩证唯物主义"来称呼马克思主义世界观的是狄慈根（见他于 1886 年出版的《一个社会主义者在认识领域中的漫游》一书），其次是普列汉诺夫（见他于 1891 年发表的《黑格尔逝世 60 周年》一文）。后来列宁多次使用这个名称，特别是在《唯物主义和经验批判主义》一书中用得最多，书名中的"唯物主义"实际就是辩证唯物主义的简称。他在《向报告人提出 10 个问题》的提纲中提的第一个问题就是"报告人是否承认马克思主义哲学是辩证唯物主义?"[①] 并在这 10 个问题中提到辩证唯物主义的基本内容。他们都没有提出过表达辩证唯物主义的完整体系的著作或文章，甚至没有提出过由他们有意建构的辩证唯物主义体系的框架，尽管列宁后来在若干笔记中确实提出过一些如何建构辩证唯物主义或唯物主义辩证法（这两个称呼是同义的）的科学体系的思想和若干可以看作体系框架草图的笔记，其中"辩证法要素"16 条是最著名的。

第一篇以"辩证唯物主义"命名的文章和第一本以"辩证唯物主义"命名的著作都是德波林撰写的。《辩证唯物主义》一文是一篇几十页的长文，发表于 1909 年彼得堡出版的论文集《在分界线上》。列宁对此文作过摘录和批注。[②] 从列宁的摘录看，此文主要谈认识论问题。列宁除批评此文在表达上有些"笨拙""莫名其妙""不清楚"，甚至"胡说"而外，没有批评它的基本观点。德波林同时还写有《辩证唯物主义哲学入门》一书，书与文的内容基本一致，但此书直到 1916 年才公开出版，普列汉诺夫为此书写了一篇长序。[③] 1931 年，此书出了第 6 版。看来此书还未达到苏联二三十年代辩证唯物主义的规模。奥古斯特·塔尔海默（August Thalheimer）的《马克思主义世界观辩证唯物主义导论》，是作者 1927 年

---

① 《列宁全集》第 2 卷，人民出版社 1984 年版，第 10 页。
② 《列宁全集》第 55 卷，人民出版社 1990 年版，第 516—522 页。
③ 《普列汉诺夫哲学著作选集》第 3 卷，人民出版社 1974 年版，第 698—726 页。

在莫斯科中山大学对中国学生所作的讲演，共 16 讲，当年出版。1936
年，纽约的英文版内容为：宗教两讲，哲学史八讲，唯物论一讲，认识论
一讲，辩证法两讲，历史唯物论两讲，辩证法包括三个基本规律，未讲其
他范畴。看来此书仍未达到苏联体系后来的规模。20 世纪 20 年代末至 30
年代初出了多本"辩证唯物主义"或"辩证唯物主义与历史唯物主义"，
作者有阿克雪里罗德、米丁、西洛科夫、爱森堡、哈尔科夫、贝霍夫、斯
波科内伊、特姆扬斯基、特拉赫坦贝尔、阿多拉茨基等，逐渐形成了人们
所熟悉的框架：唯物论（哲学基本问题、世界的物质统一性、运动、时
间与空间）、认识论、辩证法（三个基本规律、若干范畴）、历史唯物论。
其中最具代表性的是米丁主编的《辩证唯物论》和米丁与拉祖莫夫斯基
主编的《历史唯物论》。《辩证唯物论》的主要内容是：世界的物质性和
物质存在形式、反映论、真理论、实践标准论；辩证法的三个主要规律和
六对主要范畴。①

---

①　见米丁主编《辩证唯物论》，沈志远译，商务印书馆 1936 年版。安启念教授曾在《北京
行政学院学报》2006 年第 6 期上详细介绍了这个体系的形成过程，这里转录其中若干段落，供
读者进一步研究参考：在十月革命以前，已经有为数不多的阐述马克思主义哲学的专门著作问
世。十月革命后，世界上出现了第一个由马克思主义政党领导的国家——苏联，学习马克思主义
在这里成为热潮。适应学习的需要，马克思主义哲学著作大量出版。一直到 20 世纪 20 年代末，
这些著作大多数以历史唯物主义命名，为数不多的以辩证唯物主义命名的著作，主要出版于 1922
年列宁的《论战斗唯物主义的意义》发表以后。在这部著作中，列宁号召党内外的唯物主义哲
学家与自然科学家结成联盟，向宗教唯心主义发起进攻。这一号召被称为列宁的哲学遗嘱，激起
了学习和研究辩证唯物主义的兴趣。在此之前，以辩证唯物主义命名的著作，迄今有案可查的只
有一本，即由普列汉诺夫作序，1916 年出版的德波林的《辩证唯物主义哲学导论》。这些著作，
或者以辩证唯物主义为名，或者以历史唯物主义为名，把这两个概念结合在一起概括马克思恩格
斯哲学思想的著作，无论在苏联，还是在其他国家，尚未出现。
　　除此而外，这些著作在内容上也非常不规范，十分庞杂。以辩证唯物主义为名的著作包含历
史唯物主义的内容，反之也一样。不论以什么为名，基本上都包括哲学史、苏联党和政府的政治
主张、某些社会学方面的内容，甚至对领袖的赞颂，等等。各种内容缺少内在联系，杂乱地堆砌
在一起。我们试以几本有代表性的著作的目录为例：
　　A. 德波林：《辩证唯物主义哲学导论》，1916 年初版，1922 年再版，内容未变。第一章，培
根；第二章，霍布斯；第三章，洛克；第四章，贝克莱的现象主义；第五章，休谟；第六章，先
验方法；第七章，辩证方法和辩证唯物主义；附录：再论辩证唯物主义；第八章，新休谟主义；
第九章，马赫主义与马克思主义；第十章，辩证唯物主义与经验符号论；第十一章，实用主义与
唯心主义。全书附录：一，A. 波格丹诺夫：经验一元论；二，Л. 阿克雪里罗德：哲学概论。
　　B. 萨拉比扬诺夫：《历史唯物主义》，1925 年第 7 版。第一章，社会科学研究概况；第二
章，什么是历史唯物主义；第三章，作为统一体的世界；第四章，为什么我们的方法被称作唯物
主义的；第五章，需要的作用；第六章，理性的作用；第七章，国家、法、个人；第八章，种

这个框架在 20 世纪 30 年代流行于中国，然后出现了一批中国人采用这个框架自己写作的马克思主义哲学著作，如沈志远的《现代哲学的基本

族——民族；第九章，地理环境；第十章，社会关系；第十一章，上层建筑对基础起作用吗？第十二章，辩证法；第十三章，从辩证法出发理解的相互作用；第十四章，技术；第十五章，马克思《政治经济学批判》的序言；第十六章，我们自己在创造历史；第十七章，"归根结底是……"；第十八章，辩证法和自然知识；第十九章，质。

C. 沃里弗松：《辩证唯物主义》，1922 年 10 月初版，1929 年修订第 7 版。这是苏联高校第一本辩证唯物主义教材，1922 年出版后受到广泛好评。（前后担任莫斯科大学哲学系副主任、主任长达近 40 年的俄罗斯著名哲学家 A. 科西切夫，在与本文作者的谈话中对此书予以高度评价，认为它实际上是辩证唯物主义历史唯物主义体系的雏形。）第一部分：第一章，古代的唯物主义；第二章，中世纪的反唯物主义；第三章，唯物主义的再生（培根、霍布斯、洛克、斯宾诺莎）；第四章，18 世纪唯物主义；第五章，从形而上学唯物主义到辩证唯物主义。第二部分：第一章，马克思的发现的社会前提；第二章，马克思和恩格斯；第三章，马克思主义的理论认识论；第四章，辩证法；第五章，决定论；第六章，从对历史的唯心主义理解到对历史的唯物主义理解；第七章，生产力基础与上层建筑；第八章，主体与历史过程；第九章，阶级与阶级斗争。第三部分：第一章，家庭与婚姻；第二章，法与国家；第三章，道德；第四章，宗教；第五章，艺术。

由上所述可以看出，虽然马克思主义哲学在苏联得到前所未有的重视，相关著作大量出版，广为学习和宣传，但人们对它的认识，意见极不统一，从名称到内容都有很大分歧，对马克思主义哲学的理解与阐述尚处于起步阶段。在马克思主义哲学体系的形成历史上具有里程碑意义的，是 20 世纪 30 年代初主要由 M. 米丁主持编写的《辩证唯物主义》一书。经过 1930 年对德波林学派的批判，在斯大林的支持下，米丁取代德波林成为苏联哲学界的领袖。该书在米丁的领导下由当时苏联共产主义科学院哲学研究所集体编写，供全苏各级党校和普通高校马克思主义哲学教学使用。其内容为：

第一卷，辩证唯物主义（M. 米丁主编，1933 年出版，第 352 页）：第一章，马克思列宁主义——无产阶级的世界观；第二章，唯物主义与唯心主义；第三章，辩证唯物主义；第四章，唯物辩证法的规律（内容包括三大规律和 11 个范畴——本文作者）；第五章，哲学中的两条战线的斗争；第六章，辩证唯物主义发展中列宁阶段的基本问题。

第二卷，历史唯物主义（M. 米丁、И. 拉祖莫夫斯基主编，1932 年出版，第 504 页）：第一章，辩证唯物主义对历史唯物主义的理解；第二章，关于社会经济形态、生产力和生产关系的学说；第三章，资本主义生产体系与社会主义生产体系；第四章，关于阶级和国家的学说以及资本主义社会的阶级斗争；第五章，无产阶级专政和过渡时期的阶级斗争；第六章，社会意识形态的作用与意识形态斗争的形式；第七章，作为战斗无神论的马克思列宁主义；第八章，马克思列宁主义关于革命的学说；第九章，马克思主义、修正主义、社会法西斯主义。

与以往的类似著作相比，本书有三个突出特点：

第一，第一次建立了一个完整的马克思主义哲学的体系。该书明确把马克思主义哲学分为两个相对独立的部分，通过把历史唯物主义解释为"辩证唯物主义对社会的认识"，使二者成为一个有机整体，并首次使用"辩证唯物主义历史唯物主义"概念来概括马克思主义哲学。每一个部分内部，理论内容也具有了系统性，建立起一个完整的结构。

第二，对马克思主义哲学具体内容的理解比较准确和成熟了。以往的相关教科书中大量不属于辩证唯物主义历史唯物主义核心思想的内容，除了明显具有当时政治斗争需要痕迹的内容之外，均被剔除出去。

问题》、艾思奇的《大众哲学》、李达的《社会学大纲》等，毛泽东的
《辩证法唯物论（讲授提纲）》也采用了这个框架，但同时也吸收了中国
传统哲学的内容和形式（如多数篇名称"××论"），中国特色十分突出。
1938年，苏联出版了《联共党史》，其中第4章第2节专门介绍哲学，篇
名叫《辩证唯物主义和历史唯物主义》，它把当时流行的框架简化为辩证
法四个特征、唯物主义三个特征、历史唯物主义四个特征，同时删去了不
少内容。这就是哲学界所谈的"斯大林体系"，这个体系出现后便取代了
苏联体系的权威地位，直至1953年斯大林逝世。有些人把这两个体系完
全等同起来，这是一个天大的误会。下面专门谈一谈这两个体系的同异。

　　这两个体系都叫"辩证唯物主义与历史唯物主义"，它们的主要组成
部分都是唯物论、辩证法和历史唯物论，斯大林体系本来就是经过斯大林
改造过的苏联体系，因此，它们无疑都是马克思主义哲学的辩证唯物主义
与历史唯物主义体系。但是，它们之间差别也是很大的。

　　从时间来说，斯大林体系是从1938年到斯大林逝世，即到1953年这
一段时间内流行的，在他逝世以后就不再流行了，特别是赫鲁晓夫批判斯
大林以后，苏联就再也不用这个体系而是恢复了原来的苏联体系。在中
国，尽管斯大林体系新中国成立以后有几年流行，但毛泽东对斯大林体系
的一些提法是有意见的，所以，中国人对这个体系一直有所保留，而在苏
联批判斯大林以后，中国也就不用这个体系了。随后，胡绳、艾思奇在编
写辩证唯物主义和历史唯物主义教材时，就恢复了苏联体系。因此，不能
说我们后来的辩证唯物主义和历史唯物主义体系是斯大林模式，这不符合
事实。斯大林在1906年发表过一篇叫作《无政府主义还是社会主义》的
文章，其中有辩证唯物主义内容，但很简单，后来斯大林关于方法是辩证

　　第三，影响巨大。该书奉苏共中央之命编写，由当时哲学界的领导人物主持，供全国高校统
一使用，是具有权威性的马克思主义哲学理论的样板。该书第一版便发行10万册，对哲学著作
而言，前所未有。20世纪80年代，该书建立的马克思主义哲学体系，包括基本框架、基本观点
以及名称，已为苏联及世界许多国家的马克思主义者普遍接受。米丁的体系并非凭空而来。它是
数十年间俄罗斯马克思主义哲学家研究、总结马克思恩格斯哲学思想并力图对它加以系统阐述这
一努力的集大成者，尤其与沃里弗松的成果有着明显的继承关系。它产生于20年代苏联哲学家
开始的出版马克思主义哲学教科书的热潮之中，可以说是苏联哲学家的集体成果。该书之所以提
出"辩证唯物主义历史唯物主义"这一要领来概括马克思主义哲学，是因为正如列宁所说，辩
证唯物主义和历史唯物主义是"一块整钢"，而在此前的十几年间许多人尝试单独使用"辩证唯
物主义"或"历史唯物主义"来称呼马克思主义哲学，显得名不副实。

法、理论是唯物主义的提法就来自此文。此文对 20 世纪二三十年代苏联哲学界几乎没有什么影响。

再从内容上看，斯大林体系与苏联体系差别是很大的。苏联体系先讲唯物主义后讲辩证法，这是合理的，而斯大林体系先讲辩证法，后讲唯物主义，是错误的。因为唯物主义比辩证法更根本。斯大林把辩证法仅仅理解为方法，把唯物主义仅仅理解为理论也是错误的，因为辩证法也是理论，唯物主义也是方法。在对马克思主义哲学基本内容的论述上，斯大林体系也大大缩小了马克思主义哲学所应有的信息量。辩证法原来的讲法是三个规律、若干范畴。斯大林把三个主要规律的概念抛弃了，只讲四个特征。他首先讲普遍联系和运动、变化、发展两个特征，这是斯大林体系唯一优于苏联体系的地方。对三个规律他只吸收了其中两个，完全否定了否定的否定，而且大大破坏了对立统一规律，只讲对立，不讲统一。对于唯物主义，斯大林也讲得很简单，只讲了哲学基本问题，其他丰富的内容都没有了。历史观也讲得非常简略，而且里面有一些提法也是错误的。因此，从内容上讲，斯大林体系与苏联体系差别是很大的。我们绝不能把苏联体系看成斯大林体系。由于只有苏联体系具有原创性，而斯大林体系是它的后退的变种，不能代表辩证唯物主义与历史唯物主义。下面我们就以米丁与拉祖莫夫斯基分别主编的《辩证唯物主义与历史唯物主义》代表苏联体系，并对苏联体系作一评论，不涉及斯大林体系。

2. 苏联体系在哲学对象和组成部分的规定上的得失

对象是否明确，是一门科学能否成立的前提，而所谓明确与否不在于它是怎么说的，而在于它是怎么做的。苏联体系一般都承认哲学是世界观，其对象自然是作为整体的世界及其发展规律，人们经常提到的表述方式是：哲学研究自然界、人类社会和思维的普遍规律。一般来说，苏联体系对哲学对象的理解是明确的。应指出，这种理解与传统哲学中大多数流派，即那些承认世界观的流派的理解是一致的，但苏联体系继承了马克思主义的现实性精神，不像传统哲学那样把世界观理解为"形而上学"或"本体论"，不研究"形而下东西"或现象世界，从而把哲学歪曲成思辨哲学，而是把对象看成普遍与特殊、共性与个性相结合的现实的具体的真实的世界，即实证的世界，因而总是从现象去研究规律，从具体的事实出发通过层层的抽象去研究一般的东西，以各种科学为根据来研究哲学。还应指出，在对哲学对象的理解中有一个单纯性与复合性、单层性与多层性问题。这就是说，哲学对象在定义中是单纯的、一个层次的，而在实际论述中是复合的、多层的，这就是差不多所有概念在使用中的狭义与广义的问题。一般来说，马克思主义哲学就是世界观，但唯物主义历史观也被看成哲学，这实际是把哲学和哲学对象扩大了，成为复合的、多层的、广义的。这是研究中难以避免的，因为要说明整体，不得不说明局部，特别是那些举足轻重的局部。在整个宇宙中，人类是微不足道的，但从人的角度看，宇宙整体中的人类社会是特别重要的局部，历史观被看成世界观中的特别重要的组成部分是可以理解的。总之，苏联体系坚持哲学的科学性质，始终把哲学看成科学家族中的一员，而不是科学以外的东西，并从此出发来确定哲学的对象，这种做法和理解应该受到充分的肯定，也是我们今天必须坚持的。但是，苏联体系在对象问题上还有不明确的地方，应该给予认真的分析和对待。

苏联体系在对象上的主要问题是对待恩格斯提出的"哲学基本问题"。苏联体系没有明确把哲学对象定义为哲学基本问题，但实际上是这样做的。物质和意识、存在和思维的关系问题，实质是人与世界、人类社会与自然界的关系问题，不但在西方是哲学基本问题，在中国几千年传统中也是一个基本问题，即所谓"天人之际"。它当然包括在哲学的对象之内，人们从未怀疑过，但具体分析一下苏联体系对哲学基本问题的做法就可看出其中存在着问题。

按照恩格斯的说法，哲学基本问题有两个方面，第一方面是物质与意识孰为实体，孰为机能；第二方面是二者孰为原物，孰为反映。一般把第一方面理解为世界观或本体论方面，第二方面为认识论方面。这种理解实际上已经把哲学基本问题分属于两门学科：世界观和认识论，第一方面是世界观的对象，第二方面是认识论的对象。这两门学科在哲学史上都被看成哲学，但它的地位是不同的，世界观是基础哲学，亦称本体论或形而上学，而认识论是部门哲学，因为世界是整体，认识现象是一种社会现象，是局部。苏联体系把认识论看作辩证唯物主义的组成部分而不是辩证唯物主义的局部体现（辩证唯物主义认识论），便引起了一些混乱。不仅如此，哲学基本问题其实不仅有这两个方面。人类社会与自然界的关系还有谁改造谁的问题，即实践问题。实践问题比认识问题更根本，但实践仍然是一种社会现象，是局部。如果像当代实践哲学那样，把实践论同世界观混同起来，或把实践论看成世界观的组成部分而不是辩证唯物主义世界观的特殊体现，也会引起一些混乱。人类社会与自然界的关系是多方面的，为了说明世界整体而涉及人类社会与自然界的关系当然是必要的，但因此而把人类社会的某种特殊现象提升为世界观的对象，混乱就难以避免。在苏联体系中，另外一个混乱就是把意识看成世界观的对象。认识是一种意识，它们的基本性质是相同的。意识同认识一样，对于说明世界整体是有意义的，但它不是世界观的对象。但苏联体系由于物质与意识的关系问题是哲学基本问题，除专门谈论物质外，也专门谈论意识，事实上把它当成了世界观的对象。苏联体系没有笼统地把人类社会当成世界观的对象，而是把它看成历史观的对象，并在辩证唯物主义后另设历史唯物主义谈论人类社会，这是很正确的，但它却在历史唯物主义之前就专门谈论意识和认识，这显然是不妥的，因为意识和认识都是社会现象，整体还没有专门谈论过，局部怎么谈得清楚呢？

哲学基本问题实际上涉及哲学的复合对象，其中既有狭义哲学（世界观）的对象，又有广义哲学（认识论、意识论、实践论等部门哲学）的对象，苏联体系没有作这种区分，一概视之为世界观的对象，不免引起一些混乱。苏联体系明确地把人类社会看作历史观的对象，没有笼统地把它视作世界观的对象，这种做法是合理的。

一门学科对对象的理解决定了其组成部分的构成。苏联体系认为其对象首先是世界整体，也认为人类社会是自己的研究对象，即部门哲学的对象，因而其主要组成部分是十分明确的，即两个组成部分：辩证唯物主义和历史唯物主义。这两部分的关系也是很明确的，它们不是并列的，前者是世界观，后者是历史观，即社会观，历史观是世界观在历史领域的贯彻和表现，历史观从属于世界观。

中国理论界对这种组成颇多指责，认为这是一种板块结构，把世界观和历史观并列起来了。辩证唯物主义与历史唯物主义形式上诚然是并列的，但在人类的语言习惯上，并列只是意味二者可以相对地区别开来，不一定意味二者是分裂的或对立的。苏联体系对于二者的不可分割的有机联系，不仅有明确的说明，其间内容上的实际联系也是很清楚的。苏联体系在组成部分上的问题，不在于世界观与历史观的并列，而在于仅仅设置一个部门哲学。辩证唯物主义本身实际上已包含两个组成部分，即世界观和认识论，这在前面已指出它实际有两个对象，即世界整体和人类社会的认识现象，但二者并没有明确区分开来，因而也没有形成两个组成部分。此外，唯物主义与辩证法似乎也是可以区分开的两个组成部分，这样辩证唯物主义就分成了三个组成部分：世界观、认识论和辩证法。看来，这种情况的出现是由于马克思主义哲学发展过程中形成了这些系统思想，而不是苏联哲学家们根据哲学的明确的对象规定自觉地制定的。

苏联体系对哲学对象以及根据对象对组成部分的规定基本上是正确的，这一点应坚持，其主要缺点是对部门哲学的对象和构成不尽合理，这是今天必须解决的问题。

3. 苏联体系在内容上的是非得失

前面我们多次提到过马克思主义哲学的一个显著的特征是它的内容深深植根于人类社会实践的总和，随着人类实践的发展，它的内容无疑要不断发展。它创立于 19 世纪 40 年代，到 20 世纪 30 年代苏联体系形成之时已近 100 年，那么，这个体系的内容是否正确反映了人类实践近 100 年来的发展了呢？从这个体系的代表作米丁和拉祖莫夫斯基主编的《辩证唯物论与历史唯物论》来看，它基本上是符合马克思主义哲学的这一特征的，但问题也不少。下面我们试从世界形势的发展、人类科学的发展和人类哲学的发展三方面作一简单的考察。

教科书鲜明地批判了以普列汉诺夫为代表的一种流行观点，即认为辩证唯物主义是黑格尔哲学的合理因素——辩证法和费尔巴哈哲学的合理部分——唯物主义的结合的观点，指出："马克思主义底哲学是一切过去科学和哲学底发展之历史的总结或结论。但是马克思主义并非简单地、机械地把过去一切学说结合为一体，它决不是（像孟什维克的唯心论者所设想那样）过去一切理论底简单的、机械的综合，而是一切理论学说之批判的改制。它是一种新的、完整的哲学学说，根据自然、历史和社会实践之研究结论的哲学学说。"① 这就是说，马克思主义哲学的基础是客观世界的变化发展，其中主要的无疑是人类社会及其实践的变化发展，而哲学与科学的发展是它的思想来源。它绝不是封锁在主观世界之中而与世隔绝的纯思辨的东西。这一观点至今仍然得到一切马克思主义者的认同，问题在于这个观点在教科书中贯彻得怎样，有些什么经验教训。

就世界形势而言，教科书关于时代性质及其与马克思主义哲学的关系

---

① 米丁和拉祖莫夫斯基主编：《辩证唯物论与历史唯物论》上册，商务印书馆 1936 年版，第 14 页。

的观点是很鲜明的。它认为当前的时代是帝国主义与无产阶级革命时代，马克思主义哲学相应地发展到了一个新阶段，而且指出这个新阶段就是列宁主义阶段。关于时代性质的判断是当时马克思主义者的共识，这个判断也是有充分事实根据的，第一次世界大战的爆发、俄国十月革命的胜利及其在全球的影响为这个判断提供了事实根据。但这一判断关注的主要是经济政治制度的性质和形势，对生产发展和文化进步的情况比较忽视，这使教科书内容偏重于批判性、革命性、斗争性、实践性，使科学性、建设性、统一性、理论性显得不够。作为世界观，教科书满足于恩格斯在几十年前所提出的一些判断，如世界的统一性在于它的物质性等，这些判断无疑是非常重要的，应该永远坚持的，但仅仅如此是不够的，它还应该立足于当时人类实践和科学的水平、人类社会发展的状况，给出宇宙发展及其现状的整体面貌，教科书似乎缺乏这种视野和气魄。

就科学发展水平而言，教科书作了一定努力，使其内容与现代科学发展水平相适应，例如它曾提到爱因斯坦的相对论的时空观是与辩证唯物主义的时空观一致的。但教科书的注意力集中在揭露和批判当代科学研究中的唯心主义影响，而不在当代科学究竟提供了怎样的宇宙发展的完整图景，科学发展修正了或者补充了哪些哲学原理，提供了哪些哲学原理。这可能是由于教科书未能正确理解列宁的《唯物主义和经验批判主义》的历史意义，把一个时期的需要看成马克思主义哲学与科学的经常关系。这种偏向后来在苏联理论界形成了一种恶劣作风，随意给科学问题的研究扣上唯心主义、形而上学的帽子，阻碍了科学的发展和创新，也阻碍了哲学从科学中去汲取积极的营养来丰富和发展自己。当然，也应指出，后来也有不少苏联哲学家作了很多努力来使哲学原理内容与现代科学发展水平相适应。

就马克思主义哲学与当代非马克思主义哲学的关系而言，教科书主要的努力在于同当代西方哲学划清界限，在于批判和清除它们在马克思主义哲学研究中的影响。列宁的《唯物主义和经验批判主义》所批判过的那些西方哲学流派是它批判的重点。教科书上册《辩证唯物论》共6章除第1章为导论，第3、4章具体阐述哲学原理而外，其余3章均讨论哲学观问题：第2章谈马克思主义哲学的哲学史来源，第5章谈马克思主义哲学对西方当代哲学的批判，第6章谈马克思主义哲学新阶段——列宁哲学，其重点也是对西方当代哲学的批判。其中被点名批判的几乎囊括了全部 19 世纪末到 20 世纪初的所有著名哲学流派，如新康德主义、新黑格尔主义、实证主义、经验批判主义、意志主义、机械主义、均衡主义等。教科书关于马克思主义哲学与非马克思主义哲学的关系的观点有一个明显的特点：它不把当代非马克思主义哲学看成学术派别，不把它们看成可以参考、借鉴、吸收的对象，因而没有对它们进行系统的考察和客观的评价，而只是把它们看成资产阶级的哲学意识形态或党内反对派的哲学基础来批判。这样，教科书就使苏联马克思主义哲学的发展与世界哲学发展的潮流隔绝起来，使之失去面对世界哲学问题发展自己的机会，例如人学、价值学、逻辑学等领域长期停滞，延缓了马克思主义的发展。

就马克思主义哲学的自我关系，即马克思主义哲学史而言，教科书无疑是正确地坚持和发挥了马克思、恩格斯和列宁的哲学思想，但问题也不少。教科书把《形态》看作马克思主义哲学形成的标志，这是正确的，但对于《形态》成为标志的理解是不全面的。它只注意到《形态》提出了唯物史观的系统思想，忽视了《形态》提出的实践观点对于建立新世界观的重要意义，这一点恩格斯在 1888 年把马克思的《提纲》作为《费尔巴哈论》的附录第一次发表时也谈到过，他说："《提纲》作为包含着新世界观的天才萌芽的第一个文件，是非常宝贵的。"① 恩格斯当时谈的"新世界观"就是辩证唯物主义世界观，"天才萌芽"指的应该就是实践观点对于建立新世界观的重要意义。那么，这个重要意义具体指什么呢？

有一种观点认为马克思的新世界观就是实践本体论或曰实践一元论，这种理论否认现实世界是不以人的意识为转移的客观世界，认为这是旧唯物主义的观点，新世界观认为现实世界的基础是实践，它依存于实践。但事实绝不是这样。马克思在《提纲》和《形态》中从来没有完全否定过旧唯物主义，只是指出它有"缺点"，第一个缺点是直观性，忽视了主体通过实践改变了客体；第二个缺点是不彻底性，下半截是唯物主义的自然观，上半截是唯心主义的历史观。从马克思和恩格斯的原话来看，当他们批评费尔巴哈的唯心主义不懂实践的作用时，指的是人类实践对地球的作用，绝没有把实践夸大为改变了整个宇宙的东西，绝没有说现实世界从此依存于实践，不再具有客观性；他们不仅坚持整个现实世界的客观性，而且认为人类社会本身也是客观存在的。如果把实践概念的世界观意义夸大

---

① 《马克思恩格斯文集》第 4 卷，人民出版社 2009 年版，第 266 页。

成实践本体论，这是把他们没有的思想强加在他们的名下。

正确理解的实践概念的世界观意义应该是指与旧唯物主义不同，新唯物主义所理解的世界是出现了人类社会的世界，是包括了实践的作用的世界，是经过了人类的一定程度的改变的世界，所谓一定程度是就今天人们所知道的而言，就是对地球的改变。在这一定程度之内的世界与原有的世界已大不一样，而且还在实践作用下不断改变，但这不是说实践已经改变了整个宇宙，更不是说已经由实践改变了的部分以及整个宇宙不再是客观存在，而是依存于实践了。这就是实践概念的世界观意义。教科书对于实践概念的世界观意义缺乏明确的认识，因而只强调《形态》对于唯物史观思想体系的创立，而忽视了《形态》提出的实践概念的世界观意义。不仅如此，这一失误还使教科书把实践仅仅看成认识论概念，把实践的作用限于检验真理的标准，实际上缩小了实践作用的范围。从恩格斯的一贯思想来看，实践是古猿得以转变成为人的最根本的原因，是历史观的首要的基本概念，然后它才是认识论的首要的基本概念。

教科书充分继承了恩格斯所提出的大量世界观原理，结合马克思和恩格斯的一贯思想，创造性地构建了辩证唯物主义思想体系，这是对恩格斯晚年世界观研究的肯定，当然也是一种发展。应该充分肯定教科书这一重大的贡献，但这个体系也有曲解恩格斯的地方，其中最主要的是把哲学基本问题全部纳入世界观之中，把世界观与认识论混同起来，这在前面我们已有所论述。其实，恩格斯是用哲学基本问题概括了近代欧洲哲学中唯物主义和唯心主义相对立的两个领域，即本体论（世界观）和认识论，没有说两个方面都是世界观问题。教科书采用了恩格斯在《自然辩证法》中提出的辩证法的三个主要规律的观点，但改变了它们的排列顺序，即把对立统一放在首位，而把量变质变规律放在第二位，这种排列同他的公开出版的《反杜林论》中的排列是一致的，他在那里没有"三个主要规律"的提法，但实际上是先讲对立统一规律，再讲量变、质变规律。教科书采用这一顺序是正确的，这个顺序符合从抽象到具体的原则。

教科书在对待列宁的哲学思想上也是有得有失。它对列宁哲学贡献的评价有过高之处，也有不足之处。它提出列宁的哲学思想是马克思主义哲学的新阶段的论断，这是从列宁主义是马克思主义新阶段推导出来的，并没有充分的事实根据。实事求是地讲，列宁对马克思主义哲学发展的最大贡献是在马克思主义者中间，特别是在俄国马克思主义者中间牢固地树立了辩证唯物主义世界观的权威。19 世纪末，马克思主义者所知道的马克思主义哲学就是唯物史观，不知马克思主义也有自己的世界观，因而多从西方流派中去寻找马克思主义的世界观前提，主张新康德主义的有，主张新黑格尔主义的也有，还有主张马赫主义的等，虽然狄慈根、普列汉诺夫先后提出辩证唯物主义。辩证唯物主义确实是马克思主义世界观的前提，但认同的不多。列宁的《唯物主义和经验批判主义》批判了当代西方各式各样的唯心主义流派，论证了辩证唯物主义是马克思主义哲学，是马克思和恩格斯的哲学。此后，辩证唯物主义不仅在俄国马克思主义者中得到广泛的承认，在国际马克思主义者中也得到较大范围的承认。这本著作也在若干地方发展了马克思和恩格斯的思想，如关于物质概念、物质和它的存在形式的关系、实践与认识的关系、认识论的三个重要结论、真理论、哲学党性原则等都提供了新的因素，但这些发展似乎还难以形成马克思主义哲学的一个新的阶段，倒是苏联哲学家们在列宁逝世后根据马克思、恩格斯、列宁的哲学思想构筑的辩证唯物主义与历史唯物主义的哲学体系可以说是一个新阶段，因为从整体上讲，同 19 世纪马克思主义哲学形态相比较，它是一个崭新的哲学形态。教科书高度评价《唯物主义和经验批判主义》的哲学贡献是应该的，但有些过分了。教科书对列宁《哲学笔记》的评价显然不足。

教科书只看到《哲学笔记》继承和发展唯物辩证法的意义，没有看到它对于构建马克思主义哲学的科学体系的意义，不了解列宁当时研究哲学，写下大量笔记，除了为了研究和运用辩证法，还是为了构建哲学的科学体系。它专门介绍和论述了列宁提出的逻辑学、辩证法和认识论三者是同一个东西的观点，但没有阐发这一观点在构建哲学的科学体系方面的重要意义。因此，当教科书在构建马克思主义哲学的体系时，这个体系不是根据列宁在《哲学笔记》中提出的一些构建哲学体系的科学原则，而是根据了马克思、恩格斯和列宁的哲学观点和论述方式以及具有一定系统性的理论或学说，在相当长时间内经过多人之手的梳理、调整逐渐形成的。这可能是由于列宁的《哲学笔记》出版不久，哲学家们对它缺乏全面深入的研究所致。列宁曾在 1922 年发表的《论战斗唯物主义的意义》中号召哲学家们"从唯物主义观点出发对黑格尔辩证法作系统研究，即研究马克思在他的《资本论》及各种历史和政治著作实际运用的辩证法"①，这一号召同列宁在《哲学笔记》中的思想和做法是一致的，如得以认真贯彻，无疑会大大有助于苏联哲学家们构建辩证唯物主义和历史唯物主义哲学体系的工作，可惜不久以后黑格尔哲学在苏联被贬低为德国贵族的哲学，列宁的号召当然就无从谈起了。

按照一般教科书的发展过程，苏联教科书体系形成以来，将随着时间的推移而不断改进，但1938年斯大林体系公布以后，这个过程就中断了。斯大林逝世后，苏联一度恢复了教科书体系，但由于国内外的复杂局势，马克思主义哲学的科学体系的构建在苏联没有取得明显的进展。

4. 苏联体系在体系构成顺序上的是非得失

任何一个思想体系中的原理的排列顺序都应该是从抽象到具体、从简单到复杂，按照这个原则来考察苏联体系，可以看出它的原理的排列顺序基本上是符合这个原则的，但有的地方是违背这个原则的。

从它的组成部分的排列来看，辩证唯物主义在前，历史唯物主义在后，这无疑是正确的，世界观应该是历史观的逻辑前提。但其世界观中的几个组成部分的顺序中，唯物主义排在最前面是合理的，但认识论排在辩证法之前则不合理，因为辩证法是发展观，是世界观的一部分，而认识论则是历史观的组成部分。苏联体系的这种安排是先谈论认识的变化发展，后谈一般的变化发展，这在逻辑上显然是不顺的。苏联体系的世界观从物质范畴开始，继而谈存在形式——运动、空间、时间，紧接着它应该谈运动、发展的具体形式，但它没有这样，而是一下子就跳到意识，并进一步谈到意识的一种具体形式——认识，从而展开了认识论的系统内容。它在此时本已谈到辩证法不仅是方法，而且是世界观的一部分，即世界发展的学说，可能是怕把哲学基本问题的两个方面隔开了，于是在谈了物质及其存在形式之后立即转向意识，而把辩证法摆到认识论之后。

辩证法部分谈了9个题目，前3个是辩证法的3个主要规律，即对立统一、量变质变和否定之否定，其顺序与恩格斯在《自然辩证法》中提出的顺序不同，在恩格斯那里是量变质变、对立统一、否定之否定。紧接着是4对范畴——本质与现象、原因与目的、必然与偶然、可能与现实。最后2个题目是一般性的。这部分的顺序如何体现从抽象到具体是一个有

---

① 《列宁选集》第4卷，人民出版社1995年版，第652页。

待研究解决的问题。恩格斯对三个主要规律的安排顺序是根据黑格尔《逻辑学》中量变质变在先、对立统一在后（存在论在先、本质论在后）的顺序，但如果把量变质变、否定之否定看成对立统一的展开，其顺序显然更加合理。至于除三个主要规律之外，辩证法部分应该包括哪些范畴、这些范畴的顺序如何安排，看来苏联体系未系统考虑。

苏联体系的历史唯物主义部分，由于其中原理的顺序根据了马克思和恩格斯现成的体系，一般都符合从抽象到具体的原则，但它也没有系统考虑在历史观这一层次应有哪些组成部分、这些组成部分以及其中原理的逻辑顺序，这个问题在今天应该予以解决。因此，我们认为，要构建马克思主义哲学的新的科学体系，不应跳过或绕过苏联体系，而应以对它的分析与评价作为起点。

苏联哲学界在构建马克思主义哲学的科学体系方面的是非得失，都是宝贵的精神财富，对今天继承和发展马克思主义哲学具有重要价值。

（四）怎样构建马克思主义哲学的科学体系

前面我们已经论述构建一门科学的思想体系的一般要求，还以苏联体系为代表分析了旧的马克思主义哲学体系，即辩证唯物主义和历史唯物主义体系的是非得失，现在我们应该对如何构建当代马克思主义哲学的科学体系提出我们的看法了。下面我们就三个方面谈一谈我们的初步看法。

1. 关于马克思主义哲学的对象和组成部分

尽管哲学界对哲学是什么理解十分分歧，但在使用哲学一词时大家实际上有一个共同的理解，即把它理解为狭义的与广义的。狭义的哲学就是世界观或宇宙观，即对整个宇宙作整体研究和一般研究，对这种哲学，历史上有多种称呼，在西方有形而上学、本体论、第一哲学、哲学的哲学等，在中国有道学、玄学、理学等。广义的哲学则指对这个宇宙的某一部分、层次、方面作整体研究或一般研究的学问，即今天我们常说的部门哲学、分支哲学，如伦理学、美学、逻辑学、宗教哲学、认识论、价值论、方法论、自然哲学、历史哲学、政治哲学等，难以计数。部门哲学与科学在理论上很难明确区分，如宗教哲学与宗教学、政治哲学与政治学无法明确区分，一般认为哲学偏重于整体研究、宏观研究，而科学则除整体研究外还有很大部分为实证研究、微观研究。几乎所有概念在实际使用时都有狭义与广义两种理解，狭义就是严格的意义，广义就是宽泛的意义，一个概念使用的人多了就难免多种用法，只有极少数专门科技人员使用的专科术语才有极严格的定义，不允许有不同理解。像世界观这种概念也有广义与狭义之分，狭义指对整个世界的整体研究和一般研究，但历史观、人生观、价值观等部门哲学也常被称为世界观，这就把世界观等同于哲学了。

作为一种哲学，马克思主义哲学的对象与整个哲学的情况是一致的。它研究的对象首先是整个世界，其次是这个世界的若干局部。主要问题是马克思主义哲学除了研究整个世界而外，还应该研究哪些局部。也就是说，除世界观是马克思主义哲学的核心组成部分而外，它还应该有哪些组成部分。有研究价值的局部甚多，我们凭什么标准来进行取舍呢？有两个标准，一是在马克思主义哲学发展史中专门研究较多的那些局部，二是虽然专门研究不多但有巨大价值的那些局部。至于其他局部，当然不是说不能研究，只是不纳入体系之内。下面我们一一作些考察。

马克思主义哲学研究的主要对象是作为整体的世界，因而它的核心组成部分就是世界观。有一种十分荒谬的观点，即认为马克思主义哲学没有世界观，而且举出了种种理由，对于这种观点我们已在适当的地方作了批驳，这里不再赘述。我们还要强调指出，无论其他组成部分怎样变化，也不能没有世界观，因为世界观是整个马克思主义理论体系的最后根据，也是马克思主义思想路线的最后根据，还是各个部门哲学得以存在的根基，是各个组成部分定位的坐标。如果它没有自己的世界观，即辩证唯物主义，就会有各式各样非马克思主义世界观来填补这个空白，其结果可想而知。马克思主义世界观无疑是马克思和恩格斯创立的，但他们毕竟没有提出过像历史观、政治经济学、社会主义理论那样完整而严密的科学体系，这就给后代留下了可以随意发挥的空间。经过狄慈根、普列汉诺夫、德波林、列宁和其他苏联哲学家近半个世纪的努力，马克思主义世界观的科学体系才真正建立起来，又经过半个多世纪的传播、研究、运用、争论的曲折发展过程，才达到今天的状况，如果加以抛弃，这将是哲学史上的大倒退。

马克思主义哲学除了作为世界观研究世界整体而外，也研究这个世界的某些局部，那么，研究哪些局部呢？或者说，应该把哪些局部的研究作为它的部门哲学纳入其体系中呢？无疑，作为首选的应该是对自然界的研究，即自然哲学。自然哲学现已并入科学哲学（学位专业目录中的哲学学科之一）中，作为部门哲学，研究者甚多，也是应该研究的，但作为一个组成部分纳入马克思主义哲学的科学体系之中则是不必要的，因为世界观的大部分内容就是自然观的内容，谈了世界观之后又把自然观作为一个相对独立的组成部分来谈，就简单重复了。自然观的对象是自然界，自然界的概念也有狭义与广义之分，广义的自然界包括人类社会及其一切附属物，实际就是整个世界、宇宙；狭义的自然界则将人类社会除外。但是人类社会永远附依于自然界之上，不可能离开自然界存在，人类社会与自然界的区分永远是相对的。自然界的普遍规律当然就包括作为一种自然存在的人类和人类社会，例如辩证发展的规律，无法区分作为自然规律的辩证法和作为宇宙规律的辩证法。因此，在哲学体系中，世界观与自然观合而为一，自然观包含在世界观之中，不再于世界观之外讲自然观。于是，人类社会就成为首选的部门，历史观成为首选的部门哲学。

人类社会在这广袤无垠的茫茫宇宙中是微不足道的，我们知道的人类社会至今只存在于小小的地球之上，它的作用基本上限于地球，对这个宇宙实在是微乎其微。但我们毕竟是从人的角度，而不是从宇宙的角度来讲哲学，历史观自然成为部门哲学的首选。特别是由于唯物主义历史观的创立导致社会主义从空想到科学的转变，直接指导着社会主义革命运动，马克思和恩格斯便把历史观的科学体系的构建摆到了他们理论工作的首要地位。苏联体系把历史观与世界观并列起来，把这个体系命名为辩证唯物主义和历史唯物主义，不是没有理由的。

第二个部门哲学应该是人学。人类由人组成，没有人就没有社会，因而以人类社会及其发展为研究对象的历史观常常谈到人，说唯物史观不谈人、没有人，不符合事实，但人在马克思主义哲学的原来体系中却没有成为部门哲学的对象，部门哲学中没有"人学"。细胞是生物体的最小单位，细胞学成为重要的部门生物学，同理，人也是人类社会的最小单位，人学也应该成为一门重要的部门哲学。在革命年代，阶级、人民、群众的问题比较突出，但在和平建设年代，一般人的问题更加突出，如人与自然的关系问题、人际交往问题、人权问题等都涉及所有的人，把人学作为一门部门哲学来研究，不仅是理论建设的需要，也是时代发展的需要。

哲学研究的历史形成了哲学对象的三个层次，第一是世界整体，第二是在这个世界（自然界）的基础上产生的人类社会，但它并未离开世界整体，第三是在人类社会基础上产生的精神世界，即人的主观世界。第一层次是世界观的对象，第二、三层次都是部门哲学的对象。我们只把第二层次的人类社会整体和人纳入哲学体系之中，历史观和人学成为哲学体系的组成部分，此外，当然还有很多部门哲学，如经济哲学、法哲学等均未纳入，但其基本内容已蕴含在历史观之中。第三层次是人类社会的产物，也没有离开人类社会，它是许多部门哲学的研究对象。哪些第三层次部门哲学应纳入哲学体系之中，是一个有待深入研究的问题。

按理，精神或意识应该成为哲学体系的一个重要的部门哲学的对象，黑格尔的哲学全书的第三部分就叫精神论，苏联体系也对意识进行过专门论述，但精神论今天要作为一门科学的部门哲学纳入哲学体系之中，条件似乎还不成熟。有几门关于精神活动的部门哲学已有多年研究的历史，可以考虑是否纳入哲学体系之中，它们是心理学、逻辑学、认识论、思想方法论、伦理学、美学、价值论、科学哲学和宗教学。

心理学原来与哲学关系十分密切，实际上是一门重要的部门哲学，类似上面谈到的精神意识论。但19世纪以来，心理学逐渐偏重于研究心理现象的生理机制、社会心理问题和部门心理学问题，有大量研究人员，形成了一个完全独立于哲学之外、庞大的学科门类。心理学中包含的哲学内容当然可以成为一个部门哲学，名曰心理哲学，条件成熟时可能纳入哲学体系之中。

逻辑学同哲学的关系也是非常密切的，但哲学家们对逻辑的理解多种多样。逻辑学就其原来的字义讲，意为规律学或宇宙规律学，后来从中演化出思维规律学，又从思维规律学演化出思维形式规律学。黑格尔的逻辑学包括思维规律（涉及思维内容，即对外部世界的概括）与思维形式规律（与思维内容无关）。前一部分实即世界观，其内容已在哲学体系之中；后一部分演化为形式逻辑和现代逻辑，已成为一个内容庞大、实用价值很高的学科群，没有必要纳入哲学体系之中。

现代科学哲学包括三个主要组成部分，即自然哲学、关于自然科学一般理论和科学方法论。自然哲学已包含在世界观之中，科学方法论的内容可以包含在方法论中，这样，科学哲学的大部分内容已经纳入哲学体系之中，没有必要再单独成为哲学体系的一个组成部分。

宗教学近年来在我国发展迅速，也已成为一个颇具规模的学科群，它虽然属于哲学门类，也无必要纳入哲学体系之中。

认识论不应与世界观相混同，但就其与世界观的密切关系和重要性而言，都应作为一个重要的部门哲学纳入哲学体系之中。

伦理学与审美问题是哲学史上的热门话题，发展到今天，伦理学与美学均已成为颇具规模的部门哲学，那么，有没有必要纳入哲学体系中呢？这个问题应结合价值论一起来考虑。价值论是19世纪以来慢慢形成的一门部门哲学。马克思主义创始人谈过价值问题，如人的价值、商品的价值、道德价值、欣赏价值等，但他们没有一般价值理论，即价值论。由于价值论是在西方哲学中发展起来的，在苏联被一概视为唯心主义的或资产阶级的而被排斥于马克思主义哲学之外。其实马克思主义创始人虽然没有系统的价值论，但价值论思想还是很丰富的，我国学者已以马克思主义为指导研究价值论多年，价值伦理应作为一个部门哲学纳入哲学体系之中。伦理学和美学，作为特殊的价值论，当然就没有必要纳入了。

方法论常常成为马克思主义哲学的另一称呼，如说哲学是马克思主义思想方法论，辩证唯物主义是马克思主义的世界观和方法论。这两种理解都不确切。方法论是理论，不完全是方法。辩证唯物主义是世界观，是理论，当其原理被运用来指导实践和认识时就是方法或思想方法，所以辩证唯物主义是世界观和方法，不是方法论。唯物辩证法是辩证唯物主义世界观的组成部分，所以唯物辩证法是世界观，也是方法，不是方法论。哲学体系中应该纳入一个部门哲学，它研究方法的本质、分类、来源、意义以及如何保证正确地使用方法等问题，它就是方法论。

我国学位专业目录中的哲学是一级学科，即一个学科门类，它拥有8个二级学科，即8个学科，其中中国哲学和外国哲学是按地域来规定的，并不是严格意义的学科，其余6个二级学科都有统一的对象，可以说是真正的学科。其中5门，即逻辑学、伦理学、美学、宗教学，都是部门哲学。只有马克思主义哲学是包括整体哲学（世界观）的哲学体系。马克思主义哲学的科学体系应由世界观和若干部门哲学构成，已成为二级学科的5门部门哲学，按照上面的分析均没有必要纳入哲学体系之中，但另外5门，即历史观、人学、认识论、价值论和方法论则应纳入哲学体系之中，这样我们的哲学体系便由一整五部的结构构成，由作为整体哲学的世界观和作为部门哲学的历史观、人学、认识论、价值论和方法论构成。这5门部门哲学又可分为两个层次，历史观与人学属社会层次，认识论、价值论和方法论属社会意识层次。

2. 关于马克思主义哲学的科学体系的内容

马克思主义哲学的内容是其对象决定的，科学体系就是其对象在人类思想中的展开，具体表现为概念、范畴、判断、规律、原理、理论等。

任何一门学科都要提供其对象的整体图景。整体图景有两个方面，一是共时性的整体图景，即现时的静止图景；二是历时性的整体图景，即从诞生到消灭过程。当然，这对于有限对象来讲是可以做到的，但世界观的对象是无限的宇宙，我们既无法提供一个真正完全的静态的宇宙图景，也无法提供一个真正完全动态的宇宙图景。但是，根据今天的科学发展水平，提供一个相对完全静态的宇宙图景和动态的宇宙图景，不能说是不可能的，除非我们的所有科学都是不能成立的，都是虚假的。

一个静态的整体图景由两方面构成，一是它的构成要素，一是多个要素之间的联系。多个要素之间的联系是非常复杂的，各式各样的，其中那些具有普遍性必然性的联系就是联系的规律。一个动态的整体图景也由两方面构成，一是它的历史的各个发展阶段，一是这些阶段的连接。各个阶段之间的连接是非常复杂的，各式各样的，其中那些具有普遍性必然性的连接就是连接的规律，亦即发展规律。宇宙的静态的整体和动态的整体的各个局部实际，就是各种科学研究的对象，哲学家的任务不是研究这些局部，他不可能一一研究这些局部，他只能借助于各种科学的研究成果，做整合、综合、总结和概括的工作。这不是一种机械的、简单的工作，而是一种创造性工作，实际上是比局部研究更复杂、更困难的工作。有一种观点认为各个局部都有人研究了，都瓜分走了，整体研究就不必要了，这种观点把复杂的事情简单化了。在工业生产中，总装的工作比制造零部件的工作更复杂、更困难。这个比喻在哲学工作中有一定道理。这不仅是指把各种科学提供的材料整合为一个整体，而且特别是把各种科学原理加以总结，从中得出规律，包括联系的规律和发展的规律，两千多年来哲学家们一直感到这是一项艰辛困难的工作。

整合一个有限的整体应该说不是太难，因为它的局部是有限的，只要我们肯下功夫，把一个一个局部弄清楚了，总可以把它适当地"总装"起来；整合一个无限的整体，则是很难很难的。"无限的整体"本身就是一个开放的东西，没有边际，是不确定的，因而我们今天只能按照我们所知道的加以整合，这个整合实际是不完全的，不断变化的。也正因此，在哲学体系中，如何规定世界观的内容争议颇大，在细节上争议当然就更多了。

世界观的内容无论就共时性还是就历时性的角度加以规定，都有两种情况，一种是普遍存在的，如物质与运动、空间与时间、实体与属性、关系者与关系、静止与运动、运动者与运动，等等；一种是特殊存在的，如化合物与化合作用、化合与化分、生物与生命、人与社会、实践与认识（意识），等等，这些东西在其他星球上也可能存在，如水这种化合物已有一定证据，肯定其在其他星球的存在。又如太阳系中行星上的沙尘岩石也是化合物，但这些东西只是在地球或一些星球上存在，而不是普遍存在。前者是世界观中的普遍原理，后者是世界观中的特殊原理，在一些部门哲学中成为普遍原理，如生物与生命在生命哲学中，人与社会、实践与认识（意识）在历史观中，把部门哲学中的特殊原理当成普遍原理，是当今哲学中的一些混乱现象的思想根源。

3. 关于哲学原理的展开的顺序

前面我们已反复论述过哲学原理以及一切科学原理在其科学体系中展开的从抽象到具体、从简单到复杂的原则，并指出这个原则的根据就是逻辑（范畴、原理的思维顺序）与历史（客观的历史和认识的历史）的一致。哲学体系的展开也就是这个原则的具体体现。

首先是哲学体系的各个组成部分的排列顺序问题。根据前面的分析，就目前来讲，马克思主义哲学应该包括 6 个组成部分，即世界观、历史观、人学、认识论、价值论和方法论。那么，它们的顺序如何安排呢？世界观无疑应该摆在首位，因为它是最高层次的学科，其内容是最抽象的，即最普遍的；也可以说是最根本的，即一切学科的前提。

历史观与人学应该属于第二个层次，问题是：历史观在前还是人学在前？这取决于它们的对象在时间上或逻辑上的先后。但人和社会在时间上是同时出现的，在逻辑上是互相依存的。科学告诉我们，社会是由一个个的人组成的，而人又是作为社会的分子从类人猿演化为人的，没有单纯生物的人，人总是社会的人，所以，马克思说"人的本质在其现实性上是一切社会关系的总和"。因此，从逻辑上说，人是社会的前提，社会也是人的前提。然而，社会毕竟是整体，人毕竟是个体，社会与人的关系正如生物体与细胞的关系，二者相比较，社会是主要方面，人是次要方面。社会与人的变化发展总是从社会开始的，虽然人的变化发展也会引起社会的变化发展。因此，把历史观摆在人学前面是更加合理的。

认识论、价值论和方法论应该属于第三个层次，它们讨论的问题都是人的活动，都是人类社会的精神现象，是历史观和人学的进一步深化。

西方传统哲学对人的精神世界有一种十分流行的区分方法，即把它区分为知意情（认知领域、意志领域和情感领域），这三个领域的活动成果就是真善美（真理、道德价值观和审美价值观）。这一区分方法在我国今天也十分流行，人们在口头上和各种文字上都经常提到真善美，被认为是建设文明生活的一般目标，尽管何谓真善美，人们的观点是十分分歧的。哲学史上只有德国哲学家康德曾经以知意情作为他的哲学体系的主要骨干，建立起他的哲学体系，即他的三大批判：《纯理性批判》研究知，《实践理性批判》研究意，《判断力批判》研究情。从今天的眼光看，康德的做法不太科学。

康德强调道德价值观的实践性，这是很正确的，这也是中国传统哲学的一个特点，但他把实践等同于道德实践则是一大缺点，这也是中国传统哲学的一大缺点。在马克思主义创立以前，中外哲学都鄙视生产劳动，都把生产劳动排除在实践之外，把实践等同于道德实践，更不了解生产劳动是最主要的实践活动。因此，他们把实践只看成精神活动，而不把实践首先和主要看成物质活动。马克思主义认为实践主要是物质活动，即主体改造物质世界的活动。马克思主义的历史观就是马克思主义的实践观，因为社会历史不外是社会实践的总和，所以在这个哲学体系中没有必要在历史观之外设立一个实践论。

人的活动除实践活动之外，还有本能活动和精神活动。本能活动是作为动物的人的与生俱来的活动，包括人的生理活动和部分心理活动，属于生理学和心理学的研究范围，精神活动应该是部门哲学研究的对象。传统哲学中关于知意情和真善美的研究都是对精神活动的研究。精神活动究竟包括哪些因素是一个有待研究的问题，但知意情无论如何是非常重要的精神活动。知意情包括两种精神活动，即认知活动和评价活动。

认知活动和评价活动都是适应实践的需要，在实践过程中萌芽、出现和发展的，是实践的派生物。实践的成功有赖于主体对客观规律的掌握和对改造目标的正确规定，这就要求主体对对象规律的正确认识和目标价值的正确评定。认知活动是认识论研究的对象，认识论是马克思主义哲学中的热门，评价论应该是马克思主义哲学的一个重要部门，但过去研究较多的是两种特殊的评价活动，即道德评价与审美评价，也就是人们比较熟悉的伦理学和美学研究的对象，而对一般评价活动以及另一种特殊评价活动——利益评价缺乏专门研究。今天一般评价论，通称价值论，已得到理论界的认同。把认识论与价值论纳入马克思主义哲学的科学体系中显然是很必要的。此外，在人的精神领域中还有一个特殊领域应该区分出来作些专门研究，即人们在实践、认识、评价中都要涉及的一个领域——对方法的使用，它不是与实践并列的领域，也不是与认识、评价并列的领域，而是包含在三者之中的一个更特殊的领域，研究这个领域的学科应称为使用方法论，通称方法论。①

　　这样，我们就把认识论、价值论和方法论纳入马克思主义哲学的科学体系之中。由于人的认识活动在人的整个精神领域中处于主导地位，我们把认识论摆在价值论前面；由于认识活动和评价活动都有方法的使用问题，我们把方法论摆在认识论和价值论的后面。

　　其次是哲学体系的各个组成部分的起始原理问题。既然哲学体系的所有原理将按从抽象到具体、从简单到复杂的原则排列，那么，每个组成部分的起始原理都应该是该部分最抽象、最简单的，也就是最一般的原理，而后面的原理应该一个比一个更具体、更复杂，因为后一个原理都以前一个原理为前提，而把它包含于自身之中。因此，找出各个组成部分的起始原理非常重要，也非常困难，特别是世界观的起始原理，因为它是整个体系的第一个组成部分，其起始原理就是整个体系的起始原理。

　　一般唯物主义世界观，包括辩证唯物主义世界观，都把物质范畴或世界是物质的这一原理作为起始原理，这当然没错，但仔细推敲起来，也并非毫无问题。物质诚然是对一切物或物体（物质实体、物质载体）的最高概括，但这个世界除了物质之外，并非就没有其他存在，物质的属性、关系、存在形式等，如空间、时间、联系、运动等，都是存在的，然而不能简单说它们是物质。这样，最普遍、最抽象的范畴应该是存在而不是物质，世界观的起始范畴是存在。

　　黑格尔就是这样安排他的逻辑学（世界观或本体论）的起始范畴的。列宁在《哲学笔记》中没有明确表示肯定或否定，但曾谈到马克思的商

---

　　① 知识论与认识论有区别，价值论与评价论有区别，伦理学与道德评价论有区别，美学与审美论有区别，方法论与使用方法有区别，每一对的前项研究的是结果，后项研究的是活动，这是应该进一步研究的，由于篇幅的限制，这里暂且把每一对的两项都看成一样东西。

品范畴就是政治经济学中的"存在",① 看来列宁对这种做法有所肯定。但黑格尔是个唯心主义者,他对存在的理解不同于唯物主义者。黑格尔的"存在"(或译有)可以离开物质,而唯物主义者的存在则离不开物质,存在就是客观实在,归根结底是物质的存在。如精神,作为人类社会的一种现象,不是虚幻的,而是实际存在的。一般来说它不是物质的存在,但归根到底仍离不开物质。精神中的思想、感情、观念、意识或潜意识作为大脑的机能和作用离不开大脑、人体,作为信息离不开书本、光盘、电波等。因此,恩格斯认为"世界的统一性并不在于它的存在,……世界的真正的统一性在于它的物质性"。② 物质是一切存在的基础。唯物主义一般认为物质是不依存于人的感觉、意识的,或者,不以人的感觉、意识为转移的客观实在。反驳者认为这实际是以人的感觉、意识作为客观实在的前提,但又说不以人的感觉、意识为转移,这是自我矛盾。反驳者是把说明方式与存在条件混为一谈了。如果这个世界上根本没有人,当然没有说明的问题,而客观实在同样存在,但既然有了人,人又要对世界有所言说,就只能把世界同人相对起来。把世界放在人的坐标里说明,不能把这一关系等同于世界存在于人的坐标里。恩格斯之所以说物质是世界统一的基础,是因物质是一切存在的最后载体,不管科学的发展找到什么新的载体。

历史观的"存在"应该是实践。苏联体系中的历史观以生产作为起始范畴,这并不错,但不够。人的生产活动是主要的实践活动,但毕竟只是一种实践。实践比生产更普遍、更抽象,从逻辑上讲是生产的前提。从认识史上看,实践也在生产之前。马克思和恩格斯正是先认识实践,然后才进一步具体化认识生产的。例如马克思从 1842 年开始的思想转变就表现从实践深入到生产的从抽象到具体的过程。

一般来说,如果一门学科的对象十分明确,它的科学体系的第一个范畴就是它的对象,因为对象的概念,应该就是这门学科的最普遍、最抽象的范畴,说它最抽象并不是说它只是个抽象的东西,相反,它实际上是最丰富、最具体的,全部学科的具体内容就是它的内容,但此时,在学科内容展开之始,我们对它的理解是最抽象的。就哲学体系的其他组成部分而

---

① 《列宁全集》第 55 卷,人民出版社 1990 年版,第 291 页。
② 《马克思恩格斯文集》第 9 卷,人民出版社 2009 年版,第 47 页。

言，人学的起始范畴就是人，认识论的起始范畴就是认识，价值论的起始范畴就是价值，方法论的起始范畴就是方法，等等。

一门学科有了起始范畴，其科学体系就可以以起始范畴为起点而展开了。

第三是哲学体系的展开问题。前面已多次谈到体系按从抽象到具体、从简单到复杂的原则，以该对象范围内最抽象、最简单的范畴或原理为起点展开。为什么要两个原则并提呢？因为有的范畴的展开只是与认识史一致，而在客观史中只有从简单到复杂的发展，并无从抽象到具体的运动，客观史自始至终都是一个具体的过程。这就是说，从简单到复杂是客观史与认识史所共有的，而从抽象到具体只是认识史所特有的，是宇宙的发展史的进步性的表现。

宇宙发展史都是进步吗？当然不是，有进步，也有退步；有产生，也有灭亡；有创新，也有衰败。宇宙发展史的进步性是就宇宙发展过程的整体来说的，这是辩证唯物主义根据近代科学对各个领域的历史研究中的成就逐渐形成的观念，这种观念认为宇宙是无始无终的，但就人类知识所达到的范围而言，今天的宇宙是一个从单质的、简单的宇宙经过长期的演化过程逐渐形成的多质的、复杂的宇宙，其间经过了几次转化：从弥漫宇宙空间的单纯的物质到星罗棋布的宇宙、从无生命的物质到生命物质的出现、从动物到智能动物的出现，后两次转化尤其是最后一次转化，至今仍限于地球。宇宙进步史的主要标志就是复杂化，宇宙史就是一部复杂化的历史，从比较不复杂到越来越复杂的历史。最初的单质演化成多质，单一演化为多数，然后是新东西的出现；新东西从少到多，从中又诞生更新的东西，如此前进，层出不穷，越来越多，越多样、多质、多元、多层、多构，现代亦肯定这一总趋势，称之为复杂性。①

认识史、科学史也是一个从简单到复杂的进步过程，这是客观史在认识史、科学史中的反映，也可以说是客观史的一个组成部分。但在认识史中，这个进步过程有其特点，那就是表现为从抽象到具体的过程。人们对一个对象的认识最初是从对具体现象的认识开始的，认识的前提是从具体

_____

①　近年来，国内外兴起的复杂性的研究也足以说明辩证唯物主义在近代科学发展的基础上形成的进步观念，用复杂化来概括是合理的。赵光武教授在其主编的《复杂性新探》（人民出版社 2007 年版）中论述了辩证唯物主义与复杂性研究的密切关系，可以参考。

到抽象，即从感性认识通过归纳、分析、概括向理性认识过渡，在这个过程中人们对这个对象的整体认识实际上是抽象的、简单的，于是认识又开始了一个从抽象到具体、从简单到复杂的过程，但它不是从抽象理性回到具体感性，而是从抽象理性前进到具体理性，即形成理论体系的过程。那么，理性如何从抽象而达到具体呢？

当我们对对象初步形成抽象的理性认识时，我们对该对象的认识是抽象的、笼统的、片面的、零碎的，要对它形成具体的理性认识，就得把抽象的理性认识联系起来，形成一个完整严密的理论体系。完整意味着不片面，严密意味着不零碎，具体意味着不笼统、不空洞。这就需要整合、综合、演绎。一个完整、严密的理论体系如果是与对象相一致、相符合的，就是说，真实的，它就是一个科学的理论体系。马克思主义哲学就应该是一个这样的理论体系。我们前面曾指出，苏联的辩证唯物主义和历史唯物主义体系基本上是一个科学的哲学体系，但不够完整、不够严密。应该建构更加完整、更加严密的科学的哲学体系。下面我们以世界观为例设想一下怎样构建这个体系。

世界观的对象是作为整体的宇宙，因此，其理论体系应该提供关于这个宇宙的整体图景和一般规律。整体图景由宇宙的主要组成部分及其联系组成，一般规律包括联系规律和发展规律。宇宙的主要组成部分，从人类的角度来考虑，应包括三部分，即自然界、人类社会和人类精神活动。宇宙应区分为哪几个主要组成部分，人们的观点颇为分歧，但如此区分是比较通行的。这样，宇宙的整体图景就是说明这三者之间的关系，使三者整合成为一个整体。这个整体有两种形态，即静态的整体和动态的整体。静态的宇宙图景把三者并列起来，并说明三者之间的相互关系；动态的宇宙图景提供宇宙的生成史，从今日的宇宙往前追溯和往后预测，描绘出一个动的宇宙图景。

宇宙的一般规律是自然界、人类社会和精神世界共有的规律，包括联系的规律和运动的规律，也就是人们经常所说的辩证法或辩证规律。联系的规律就是具有普遍性、必然性的联系，运动规律就是具有普遍性、必然性的运动、变化、发展，然而联系与运动是无法分开的，联系规律与运动规律实际上也无法区别开。

苏联体系中的辩证唯物主义世界观分为唯物主义与辩证法两大部分，大致说来，唯物主义部分提供的是世界图景，辩证法的主要内容是一般规律，但构建唯物主义世界图景的意识不够鲜明，因而体系不够完整，有可以商榷之处。根据今天的研究和苏联体系的缺点，辩证唯物主义世界观的构建，应该怎样构建这个整体图景和一般规律呢？

这个整体图景由两个组成部分，即静态的和动态的。静态的宇宙图景并不是宇宙今天的横剖面，也不是星体的空间结构，而是宇宙中那些具有永恒性的要素通过一定联系而形成的网络结构，问题有三，第一个问题是它们包括哪些要素？苏联体系提供了物质、空间、时间、联系、运动等，这显然是很不够的。有些哲学史上曾经出现过的范畴，如存在、实体、属性等对于描绘世界图景都有重要意义，存在（亦译有或是）是黑格尔哲学的第一个范畴，在现代哲学中亦有重要地位。现代科学的发展也提供了许多重要范畴，如系统、信息、场、微粒等。关于这个问题，人们的意见十分分歧，需要作深入的研究。第二个问题是这些范畴如何构成一个严密的体系？无疑，根据从抽象到具体的原则来构建。这些永恒的、普遍的方面无客观史可言，只能按认识史上的先后排序，存在、运动、空间、时间等在前，场、微粒、系统、信息等在后，形成一个相对严密的体系。第三个问题是这些范畴的永恒性、普遍性的根据何在？前面多次提到，它们的根据只能是科学的发展，有的范畴的普遍性、永恒性如为科学的发展所否定，自然就应从这个图景中排除出去。

宇宙的动态图景则应包括那些具有部分普遍性的范畴，即宇宙在发展过程中新产生的、可能消逝的东西。老实说，在茫茫宇宙的遥远的星体上有什么新东西，有过什么东西，我们至今无从知晓，甚至对我们的近邻火星也知之甚少，我们知道的，而且对我们具有重要意义的还是我们人类生活的家园——地球上的变化发展，因此，我们所说的宇宙的动态的图景实际上主要是地球的发展史。这部发展史的主要组成部分就是自然界、人类社会和人的精神世界，这个动态图景就是要呈现出人类社会怎样从自然界中产生并区别出来，在这过程中人的精神世界又怎样从人类社会中产生并区别出来，当然还要呈现出三者之间如何彼此联系、相互作用的复杂图景。

苏联体系中的辩证法为一般规律的体系奠定了较好的基础，但从前面提到的世界图景的三个问题来看，还是可以进一步改进的。第一个问题是：这些范畴是否完整？苏联体系采用了恩格斯的辩证法主要规律的提法，并把对立统一规律摆在最前面，应该说，这是很正确的，但把其余非主要规律称作范畴，则缺乏科学的根据。其实规律必须用范畴来表述，范畴是表述规律的主要形式，二者是不能并列的，应该一律称为规律，只需把对立统一、量变质变、否定之否定三个规律视作主要规律。在辩证法规律中还应增加一些，例如整体与部分、一般与个别、普遍与特殊、绝对与相对等。第二个问题是：这些规律如何排序？这些规律当然无客观史可言，认识史亦难以确定它们的先后，比较妥善的做法应该是根据它们之间的关系。三个主要规律的排序就是比较合理的：对立统一是辩证发展的源泉，量变、质变是对立统一的具体表现，否定之否定是一个发展阶段的完成。这三个规律无疑应排在最前面，其作用将贯穿在其他规律之中。其他规律的排序亦应由它们之间的关系来决定。应该指出，这些规律的关系往往是相互的，即双向的，它们的先后关系也不可能是绝对的。第三个问题是：规律的普遍性的根据何在？当然还是在于科学的发展，科学的发展如果否定了某一规律，这个自然也要从辩证法中排除出去。

马克思主义哲学的其他组成部分，亦即几种部门哲学，均有自己的明确的对象，都应该按照世界观的模式展开，形成自己的体系。

总体来讲，马克思主义哲学的科学体系，在现当代条件下，应该是一总五分，即一个世界观，五个部门哲学——历史观、人学、认识论、价值论和方法论。我们目前呈献读者的这本书，就是按照这种构想撰写的。最后，我们想对大家感兴趣的两个问题谈一点想法。

一是名称问题。名实相符无疑是普遍认同的命名原则。按照上述内容，我们认为还是"辩证唯物主义"的名称能够最准确地表达马克思主义哲学的本质特征，最能代表它的根本精神。辩证与唯物代表了马克思主义哲学世界观的两个主要方面，世界观贯穿于所有部门哲学，因而辩证与唯物成了世界观与其他组成部分的共名，不仅世界观是辩证唯物主义，历史观、人学、认识论、价值论和方法论也都是辩证唯物主义的。马克思主义创始人虽然没有用过这一名称，但他们对辩证法与唯物主义的鲜明立场足以说明这一名称是完全符合他们的思想的。

二是前景问题。在有些人看来，辩证唯物主义是过时的、陈旧的东西，行将进入历史垃圾箱。这一预言毫无根据。真理、科学是不会完全过时的，即使像加减乘除那样简单的、初步的东西，人民的生活永远不能离开它，何况真理、科学！它们永远年轻，永远充满生机活力，与时俱进，日新月异！辩证唯物主义就是这种真理的哲学、科学的哲学。它的生命力来自全人类的实践，它的伟大的功能是服务于实践，实践使它生机勃勃，它使实践硕果累累。辩证唯物主义一旦出现，就将与人类实践共同前进，共同繁荣兴旺。由于认识上和意识形态上的原因，辩证唯物主义至今未能得到全人类的认同，但这一天最终是会到来的。

第 三 章

关于文化问题的探索

一 论文化在人类社会中的地位和作用[*]

在文化问题的讨论中，某些观点有一个没有明确提出来论证的理论前提：一个国家、一个民族、一个地区的最根本的东西就是它的文化，它不仅以文化与动物根本区别开来，而且各个国家、各个民族、各个地区也以不同类型的文化而区别开来。例如一种颇为流行的看法是：中国与西方的根本区别就在于文化，一个是天人合一的文化，一个是主客二分的文化。这个前提能成立吗？这就是文化在人类社会中的地位和作用问题。本文试图探讨一下这个问题。

（一）文化是什么？

这是必须首先明确的问题，否则，各人所理解的文化各不相同，问题就无法讨论下去了。事实上人们对文化已有比较一致的理解，但明确一下还是必要的。一般都承认文化有广义与狭义两种理解，广义的文化就是人化或社会化，即经过人或社会加工改造过的东西都是文化，也就是文明，因而文化或文明可以分为三类：物质文化（物质文明）、制度文化（制度文明）和精神文化（精神文明）。狭义的文化就是精神文化或精神，它包括精神领域里的一切东西，如思想、意识、感情、意志、知识、信仰、能力等人的主观活动及其成果如科学、理论、学说、语言、文字、文学、艺术、哲学、宗教、道德、教育、技术、风俗、习惯、爱好等。还有一种更

---

　　[*] 本文为黄枬森、王东合写，发表于《建设有中国特色社会主义文化理论文集》，四川人民出版社 1997 年版。

狭窄的理解，即一般所说文化水平中的文化，主要指科学知识、语言文字、文学艺术等，不包括宗教、道德、风俗等因素。在这几种理解中，有没有一种更加合理呢？

我认为是有的，即狭义的理解。有三点理由：第一，有较多的人倾向于这种狭义的理解。许多人都把经济、政治、文化三者并列，认为三者是构成人类社会的基本组成部分，那就是说，经济、政治不是文化，文化是区别于经济、政治的东西，即只能是精神的东西。约定俗成，多数人的用法当然能得到多数人的认同。第二，即使是广义的文化，如食文化、酒文化、穿文化等，实质上指的并不是食品、酒、衣服等物质实体，而是包含在这些物质实体中的精神因素，如科学、知识、技术、风俗、习惯、美感、趣味、使用的方法或方式等，其中包含的精神因素愈多，其文化水平愈高，食仅能果腹，衣仅能蔽体，则没有什么文化可言。第三，只有把文化看成人类社会的一个组成部分，才有文化在人类社会中的地位和作用可言，如果文化的外延同人类社会的外延是完全一致的，文化在人类社会中的地位和作用就无从谈起了，那样，问题将变成：文化中的几个组成部分：物质文化、制度文化和精神文化之间的关系问题。因此，对文化采取狭义的理解不仅是约定俗成，而且也是合理的，至于那种更狭义的理解往往是指文化中的这一部分或那一部分，带有一定的随意性，只是为了行文或表述的方便，很难说是文化的确切的含义。

（二）文化在人类社会中的地位

文化在人类社会中的地位问题，实际是人类社会的各个组成部分的关系问题，而由于经济、政治与文化是人类社会的三个主要组成部分，因此，这个问题就主要成为经济、政治和文化的关系问题，说得更具体一点，就是：经济、政治和文化三者中哪一个是最根本的，起最后决定作用的？是经济还是文化？这里存在着两种截然相反的论点：文化史观认为文化是人类社会的最根本的起最后决定作用的东西，是它最后决定了一个国家、一个民族、一个地区的基本面貌，是它的不同类型区别了不同的国家、不同的民族、不同的地区；而唯物史观认为是经济，而不是文化。下面举几个例子来说明。

梁漱溟在《东西文化及其哲学》中提出了一种颇为典型的文化史观，认为文化是"民族生活的样法"，而"生活是没尽的意欲和那不断的满足和不满足罢了"，用现代话来说，生活就是人们的实践活动，样法就是方式、基本原则、基本精神。他又说文化是"吾人生活所依靠之一切"。他认为世界上有三种基本文化，即西方文化、中国文化和印度文化，三种文化决定了三种社会。西方文化的核心是科学技术，中国文化的核心是伦理道德，印度文化的核心是宗教。科学技术处理的是人与自然的关系问题，伦理道德处理的是人与人的关系问题，宗教处理的是人与自己的关系问题。在他看来，科学技术社会是人类社会发展的低级阶段，伦理道德社会是它的高级阶段，宗教社会是它的最高阶段。人类社会应该从低级阶段向高级阶段发展，但中国社会和印度社会并未经过科学技术社会阶段，处于早熟状态，因此国力孱弱，备受欺凌，而西方社会尚处于低级阶段，虽国力强大，但人们生活弊端甚多。他从这种观点出发提出了中国现代化的道路就是要把三者结合起来，即以儒家思想为本，吸收西方文化成分，复兴中国文化，真正达到人类社会发展的高级阶段，进一步再过渡到宗教社会阶段，即人类社会发展的成熟的最高阶段。显然可见，梁漱溟把文化看成是一种精神性的东西，它是决定人类社会发展的根本力量，是区别不同社会类型的根本标准。这种观点是与唯物史观根本不同的文化史观。

英国现代历史学家汤因比在他的代表作《历史研究》中提出了另一种文化史观，即宗教史观。他认为人类社会的单位不是国家，而是文明，文明包括三个组成部分，即经济、政治和文化，其中文化是文明的核心和精髓，而文化中最根本的是宗教，"宗教是文明生机的源泉"，不同类型的宗教决定了不同类型的文明。因此，他根据不同类型的文化，确切点说，根据不同类型的宗教，把世界区分为二十多个类型的文明，如基督教文明、东正教文明（俄罗斯和东亚的基督教）、伊斯兰文明、印度文明、远东文明（中国、朝鲜、日本等）。在他看来，人类社会史就是文化史或宗教史。

名噪一时的美国学者亨廷顿的文章《文明的冲突》对世界的现状和前景提出了许多观点，引起了很大的反响，我国学者也发表了不少评论文章。我这里只想评论一下它的理论基础——一种文化史观。他认为"文明是一种文化的实体"，"文明是人们的最高文化凝聚物"，这同汤因比的观点是一致的：文化是文明中最根本的东西。他也把文化同政治、经济并列，认为"以文化和文明划分这些国家集团远比以政治经济制度或经济发展水平来进行划分有意义"。在他看来，"文明间的差异不仅是现实的差异，而且还是基本的差异"，而文明间的差异主要是思想观念上的差异，"不同文明的人们既在权利和义务、自由和权威、平等和等级的关系何者更重要有分歧，也在神人关系、个人与集体关系、市民与国家关系、双亲和孩子关系、夫妇关系等方面持不同看法。这些差异作为历史的积累非短期所能消除，它们比政治意识形态和政治权利间的差异更为根本"。因此，"人类历史在更宏观的尺度上是文明的历史"。按照亨廷顿关于文明、文化的观点，人类社会的历史实质上就是文化史或思想观念史。亨廷顿也像汤因比那样把世界划分为若干文明，他说汤因比所确认的 21 种主要的文明大多数已消逝，只留下了 6 种文明，因此，他把世界划分为 7 种或 8 种文明，"它们包括西方文明、儒教文明、日本文明、伊斯兰文明、印度文明、斯拉夫—东正教文明、拉美文明以及可能的非洲文明。未来最大的冲突将沿着分隔这些文明的断裂带进行"。①

从以上举例，我们可以概括出文化史观或文明型态历史观的几个特点：第一，划分世界不同地区的主要标准不是经济发展水平或经济政治制度，而是文明或作为文明的核心的文化。第二，文化与经济、政治并列，并共同组成人类社会，属于人类社会的精神领域。第三，文化在整个人类社会中起最后的决定作用，是人类社会中最根本的东西。亨廷顿的文明型态历史观比汤因比更重视经济政治的作用。他并不否认在冷战期间世界曾由于经济政治的差异而划分为第一、第二、第三世界，不过这种划分今天过时了。他在文章的后部甚至承认"权力上的差距以及为军事、经济和机构组织权力的争夺斗争是西方和其他文明冲突的一个根源；而文化上的差异，也即基本价值和信仰的差异则是冲突的第二个根源。"② 如果这里的"一个"和"第二个"意味着最根本的和较根本的，那么，这就同文化史观的基本观点矛盾了，因为文化史观是把文化放在最根本的地位，而经济、政治只能占据次根本的地位。当然，从《文明的冲突》整篇文章的基本倾向来看，这种论断可能是亨廷顿的偶尔失言。

同文化史观相反，唯物史观认为人类社会的基础、根基是经济，政治是经济的产物；经济和政治又是文化的基础、根基，文化是经济和政治的产物，而经济、政治和文化又通过直接和间接的、简单和复杂的相互作用

---

① 以上引文均参见《现代外国哲学社会科学文摘》1994 年第 8 期。
② 《现代外国哲学社会科学文摘》1994 年第 9 期。

形成一个有机的立体网络，文化的作用是巨大的重要的不可缺少的，但决定整个社会面貌的最后的根基、推动整个社会前进的最后的动力是经济，这是不能含糊的。所谓"经济"当然不仅是经济制度，它首先是一定水平的社会物质生产，即人类的经济生活，然后才是建立在物质生产上的经济制度。所谓"文化"当然不仅是意识形态或思想上层建筑，它首先是直接反映物质生产的精神因素如科学知识、语言等，然后才是反映经济制度、政治活动的思想上层建筑。马克思主义经典作家没有系统地论证过经济、政治和文化的关系，但这些思想已包含在他们关于社会基本矛盾，即生产力与生产关系、经济基础与上层建筑的矛盾的理论之中。毛泽东正是根据唯物史观的基本观点在《新民主主义论》中系统地论证了经济、政治和文化的关系，确认了文化的重要地位。他说："一定的文化（当做观念形态的文化）是一定社会的政治和经济的反映，又给予伟大影响和作用于一定社会的政治和经济；而经济是基础，政治是经济的集中的表现。这是我们对于文化和政治、经济的关系及政治和经济的关系的基本观点。"接着他就引证了马克思的话来说明他的观点的理论根据就是马克思主义，并指出，"我们讨论中国文化问题不能忘记这个基本观点。"① 毛泽东运用这个基本观点来分析中国文化的过去、现在与将来，认为中国的旧文化是封建文化，当时的文化是殖民地半殖民地、半封建的文化，而中国要建立的新文化应该是新民主主义的文化，也就是人民大众反帝反封建的文化，是民族的科学的大众的文化。对毛泽东的文化理论有一个正确理解问题，它有可能使人误认为经济只包括经济制度，即唯物史观所说的经济基础，不包括生产及其他经济活动，文化就是意识形态（观念形态）或唯物史观所说的上层建筑，不包括那些非意识形态的东西如自然科学、语言等，这不是毛泽东的本意。毛泽东讲新民主主义文化是民族的科学的大众的，显然包括那些全民族的科学的东西，而不仅仅是占统治地位的意识形态或上层建筑。总体来看，唯物史观认为：①人类社会可以区分为经济、政治、文化三个组成部分，这一点是与文化史观一致的；②经济、政治、文化三者中最根本的或起最后决定作用的是经济，不是文化；③划分世界各个地区、国家的主要标准是经济（包括生产发展水平和经济制度），而不是文化。这后两点是与文化史观相反的。

① 《毛泽东选集》第 2 卷，人民出版社 1991 年版，第 663—664 页。

文化史观把文化看成是人类社会的最后决定的最根本的东西，而文化或文化的核心是精神、观念、思想，所以文化史观是一种唯心史观。文化无疑是人类社会的一个重要组成部分，在人类社会中具有不可缺少的巨大的作用，在某些条件下发挥了决定性作用，也是不同国家、不同民族、不同地区相区别的重要标志之一，而且不同地区的文化上的差异是经过长期社会生活和历史的积累而形成的，具有相对的独立性和稳定性，对于一个国家、一个民族是一种强大的凝聚力，是绝不可忽视的。文化史观强调文化的重要地位和巨大作用，具有一定的合理性，因而它对文化问题的分析和论证往往具有重要的启发作用，但它毕竟是一种唯心史观，是片面的，从整体上说是不科学的。因此，不但不能以文化史观作为实现我国现代化的基本指导思想，也不能以它作为我国文化建设的基本指导思想。我们应该充分吸取它合理的因素，但也应防止它可能产生的模糊、动摇唯物史观，引导人们忽视经济的最后决定作用和政治的重大作用的消极影响。

（三）　应以唯物史观为指导来进行中西文化的比较

如果只有唯物史观才是科学的，就应该以唯物史观来考察中国传统文化和现代文化，而不能以文化史观为指导。正是以唯物史观为指导，毛泽东断言中国传统文化是封建文化。我国近年来关于中国传统文化的研究和讨论中，许多人回避用什么观点来指导这个问题，而是就事论事，就文化论文化，例如对中国传统文化与西方文化的比较问题就是这样。一种颇为流行的观点认为中国传统文化的精髓就是天人合一思想，这导致科学技术不发达，但天人（自然与人）关系和谐，而西方文化的精髓是主客二分思想，这导致科学技术发达，但天人关系紧张。有些人不同意这个观点，我也不同意这个观点。由于这个争论涉及用什么观点来考察中国传统文化和一切文化的问题，下面试作一些分析。

表达这个观点的论著很多，陈国谦教授的一段话讲得最为明确、集中、简练。1994 年《哲学研究》第 5 期陈国谦的文章《关于环境问题的哲学思考》认为，"在人与世界万物的关系问题上，西方文化主张主客二分，凭逻辑抽象能力取同去异，追求普遍统一性，促使科学技术发达，增强了人类对自然的实际认识和改造能力；但如果停留于主客二分阶段，主客彼此隔绝，人与环境无法交融，心灵难得自由，实际生活亦可能引致环境的破坏性反作用。中国文化主张主客混沌，凭生命直觉任万物自然，创造了万物一体、人与自然交融的内心高远境界；但缺乏主客二分的理性精神，难以发展近代科学技术，人在与环境的关系上缺乏实践能动性。可见中西文化各执一端，各自的长处亦正是各自的短处。如何从主客二分达到主客一体，从人与环境分离达到人与环境相融，是环境哲学的根本问题"。同年《哲学研究》第4期罗卜的文章《国粹·复古·文化》针锋相对地反对这种观点，他说："人类文化发育史所遵循的共同规律表明：无论是东方文化，还是西方文化，都是具体的、历史的、多样的。在特定历史时期，某种思潮可以成为主宰大众文化的主流，但绝不可能有万古不变的单一文化图景。文化在一定意义上就是文化史，而文化史本身就是多重因素彼此交融的产物。任何文化都是共性与个性的统一。有鉴于此，笔者认为，所谓西方文化是主客二分文化，中国文化是主客浑沌（或天人合一）文化，是一种任意的虚构。"

"任何文化都是共性与个性的统一"，这话讲得很对，但罗卜并没有讲清楚中国文化的共性是什么，西方文化的共性是什么，更没有讲清楚人类文化的共性是什么，而是强调文化的个性，甚至说文化就是文化史，否定了文化的共性。陈国谦倒是讲了中国文化的共性（天人合一），西方文化的共性（主客二分），但也没有讲人类文化有没有共性，如果有，共性是什么。

人类文化的共性与个性问题直接涉及马克思主义是否适合中国国情的问题。这是一个大问题，也是一个老问题。马克思主义刚传入中国时争论过这个问题，近一个世纪过去了还有争论。在有些人看来，马克思主义不是本土的东西，而是舶来品，它的传播导致民族文化传统的失落和断裂。中国现代文化的核心只能是本土的东西，即儒家思想和其他本土的思想。这就否定了作为西方现代文化一部分的马克思主义与中国传统文化有任何共同之处或相通之处，然而近一个世纪的实践证明，马克思主义的理论体系中包含了许多对于东西方有普遍意义的东西，这些东西既然具有普遍意义，只要能找到它们在中国的具体表现形式，它们就是与中国国情相适应的。毛泽东思想与邓小平建设有中国特色社会主义理论就是这种表现形式，即中国的马克思主义，它们是马克思主义的普遍原理与中国社会实践相结合的产物，来自中国实践，又成功地指导了中国实践，这就证明了马克思主义的普遍原理是适应中国国情的。毛泽东思想和邓小平理论又是中国特有的思想体系，它们深深根植于中国土壤之中，是中国优秀文化传统的继承与发展，是中国现代文化的精髓，正如儒家思想曾是中国封建文化的精髓一样。它们是地地道道的国产，而不是舶来品。不仅如此，中国现代文化是一个庞大的复杂的精神系统，其主要部分（主体）当然是本土的，外来的因素（包括马克思主义的因素）只能是局部，起指导作用的马克思主义也只是局部。马克思主义只是文化因素，不是一个文化的完整体系，不可能取代中国文化。它作为指导思想也不是以其纯粹原有的形态起作用，而是通过其中国化的形态即毛泽东思想、邓小平理论起作用。中国文化仍然是中国文化，它没有变成德国文化，也没有变成苏联文化或俄国文化。它仍然是中国传统文化的继续和发展。由于中国历史发展的复杂性和曲折性，今天当然存在着对中国传统文化的重新认识和评价问题，重新分析和吸取问题，但这也离不开马克思主义的指导，即离不开毛泽东思想和邓小平理论的指导，根本不存在由于马克思主义的传入而出现的中国民族文化传统的断裂问题，有的只是中国封建文化的断裂，或者说中国殖民地、半殖民地半封建文化的断裂，这是不可避免的，也是不可逆转的；今日中国存在着对儒家思想的重新认识和重新评价，根本不存在，也不可能存在恢复儒家思想的权威地位问题。

（四）　应该以唯物史观来指导中国现代文化的建设

毛泽东在唯物史观指导下作出中国新民主主义文化是民族的科学的大众的文化的结论，这一结论在今天仍是正确的，但要加上一个特点，即现代化的特点，这个民族的科学的大众的现代化的文化也就是有中国特色的社会主义文化，它无疑也应在唯物史观指导下来建设，即首先按照唯物史观来区分社会主义文化体系的各个因素，其次按照唯物史观来处理各个因素之间的关系。因此，我认为有中国特色的社会主义文化可以从以下几个方面来建设：

1. 作为我国物质生产水平之直接反映并直接推动我国生产发展的科学技术（这里指的主要是自然科学技术）。从整体上说，我国生产水平是不高的，还处在发展中国家的水平，因而其科技水平也是不高的，但我国毕竟生活在世界经济高度发达的环境之中，100多年以来，特别是改革开放以来，大力引进高新科学技术，因此，在我国中世纪的落后的科学技术与20世纪世界第一流的最新科学技术同时存在。为了发展我国生产，我国应大力建设我国科学技术，这不仅包括引进外国最新科学技术，而且包括我国在已有基础上的发明创造；不仅包括提高科技专业队伍的水平，而且包括提高广大劳动者的科技水平。

2. 作为我国经济制度之直接反映并直接推动和引导我国经济制度变化的经济理论和经济思想。我国的基本经济制度是社会主义公有制，但同时存在着其他经济成分，其经济体制正处于从计划经济向社会主义市场经济的转变过程之中。这种状况反映在思想上就是各种经济思想和理论同时存在，而且互相争论，但占主导地位的是，而且不能不是马克思主义的经济理论。为了胜利地进行我国经济体制改革和建立完善的社会主义市场经济体系，必须坚持、建设和丰富发展马克思主义经济理论，保证它在各种经济思想中居于主导地位。

3. 作为文化因素之一的政治法律思想和理论。它一方面是我国国体和政体的反映，一方面又是我国经济制度的反映，对我国政治体制的改革、法制建设和政治民主化起着重大的推动作用。由于多种经济成分的存在，政治思想的多元性是不可避免的，但由于社会主义公有制的主体地位和人民民主专政的存在，马克思主义政治法律理论占据着，而且不能不占据主导地位。马克思主义政治法律理论无疑将在我国建设有中国特色社会主义的政治实践中的不断丰富、完善和发展。

4. 中国语言文字，其中主要是汉语汉字。语言文字是人类文化的重要组成部分，是人类生产劳动和全部社会实践的产物，服务于全部社会实践，贯穿于人类社会的一切领域。汉语和汉字是我国传统文化中的永久性瑰宝，形成于古代，100多年来又有极大的丰富和发展。汉字虽然在读音上有较大的缺点，但由于一音一字，其抽象水平在全世界各种文字中首屈一指，这产生了极强大的表达能力，已成为表现现代文明的最优秀的文字之一。

5. 中国社会的道德伦理观念、善恶标准和道德伦理理论。道德伦理现象是文化的重要组成部分，也是观念上层建筑的重要组成部分。我国的伦理道德思想和理论无疑也是多元的，不但有资产阶级的，甚至有封建阶级的、奴隶主阶级的，但主导的仍然是社会主义道德和共产主义道德。怎样在社会主义市场经济条件下提高全体人民的道德水平，特别是巩固和加强社会主义道德体系的主导地位，是我国目前文化建设中的一个迫切的任务。

6. 中国社会的宗教现象。从理论上讲，宗教与马克思主义唯物主义是不相容的，但它作为人类传统文化的重要组成部分已深深地生长在现代社会中，成为现代文化的重要组成部分。各种宗教在中国社会主义文化中也占有重要的地位。作为一种文化现象，宗教在一定条件下对社会主义现代化建设有着积极作用，应该创造条件使宗教发挥这种作用。

7. 中国社会的文学艺术。文学艺术是具有最广泛群众性的文化现象，可能没有人不欣赏文学艺术，因而文学艺术对于人的观念、思想、情感具有最强大的影响作用。在我国，文学艺术的趣味、欣赏标准、思想和理论是各式各样的，无疑应该百花齐放，但社会主义的文艺思想必须占主导地位，以优美的文学艺术作品引导人们在欣赏过程中培养情感健康、趣味高尚、思想端正、积极向上的人生态度，决不能放任那些庸俗下流、海淫海盗的东西自由泛滥。

8. 中国社会的哲学和社会学说。哲学和各种社会学说（包括前面的经济理论和政治法律理论）也是文化的重要组成部分，它们的性质比较复杂，一方面是知识，因而可以成为科学，一方面是意识形态，表现了一定的阶级利益。因此，在这个领域，一方面有百家争鸣问题，一方面存在着意识形态斗争。所以在哲学社会学说这个领域，马克思主义（包括列宁主义、毛泽东思想、邓小平理论）的指导是一点也不能含糊的。不仅如此，马克思主义本身也是属于这个领域的文化因素。在我国的现实生活中，哲学社会科学不受重视，是我国社会主义文化的一个薄弱环节，必须大大加强建设的力度。

9. 中国社会的教育和教育思想。以上8个文化领域彼此可以相对地分开，但作为文化的一个重要领域的教育却无法与这些领域分开。教育活动本身诚然是一种特殊的文化活动——知识、技能的传授与学习、品德的陶冶与修养、身体的锻炼等，但教育的内容却离不开上述各个领域。因此，教育在文化中具有综合性、代表性，教育水平的高低能够代表一个国家的文化水平的高低，要提高文化水平，加强教育是唯一途径。

10. 中国社会的新闻出版事业。新闻出版事业是另一个具有综合性的文化因素。新闻工作以报道各种当前发生的重要事件为主，实际上无所不包，出版工作当然更加如此。新闻出版运用语言、文字、图像、广播、电视、电脑各种传播工具反映和沟通整个世界，影响及于每一个人，在文化领域处于十分重要的地位。

11. 中国社会的民间文化。民间文化也是一个具有综合性的文化领域，即自发地流行于民间的通俗的素朴的文化，缺乏自觉性、理论性、系统性，然而为广大群众所喜闻乐见，对群众具有潜移默化的作用，有强大的影响力。其具体内容甚为复杂，难以尽述，例如民间文艺活动、节日活动、娱乐活动、风俗习惯、时尚、流行音乐、近年来颇为流行的夜总会、歌舞厅的活动等。由于这些活动甚为广泛，有时甚至很隐秘，难免包含若干淫秽的不健康的内容，因此，对民间文化活动不可不加以正确而有效的引导。

以上所谈 11 个领域都是作为现实的经济政治之反映的文化现象，除此之外，在我国的文化当然还包括从古代遗留下来的文化因素，即传统文化因素，和从国外传播进来的文化因素，特别是西方文化因素。它们的力量都是很大的，不能视而不见，听而不闻，因此，在我国文化建设中始终存在如何正确处理古代文化与现代文化、外来文化与本土文化的关系问题，其中核心问题是马克思主义与西方文化、传统文化的关系问题。我们的态度始终是坚持马克思主义基本观点的指导，对西方文化与传统文化持分析态度，去其糟粕，取其精华。

党的十四届六中全会通过的《中共中央关于加强社会主义精神文明建设若干重要问题的决议》实际上就是关于建设有中国特色的社会主义文化问题的全面的系统的论述。从字面上看，精神文明范围很广，而文化只是精神文明的一部分，即文学艺术、新闻出版和哲学社会科学，这就是前面所谈到的对文化的更狭窄的理解，但这绝不是说道德、宗教、教育等不是文化。从唯物史观角度研究文化问题，把社会主义文化看成与社会主义精神文明基本一致还是合适的。

文化问题始终是我国理论界的一个热烈讨论的问题，已发表的论著甚多，但谈论具体文化问题的论著多，而研究文化基本问题的论著偏少，这不利于我国有中国特色的社会主义文化建设。我认为关键的关键是坚持以唯物史观为指导来建立马克思主义文化观，来作出关于中国文化问题的结论，来建设有中国特色的社会主义文化，避免不知不觉间陷入文化史观的窠臼、以文化史观为指导来考察中国文化问题，并进而以文化史观为指导来考虑整个中国的现代化建设问题。

二　文化基本问题与中国文化现代化*

文化问题是国际理论界十分关注的问题之一。"文化"二字在马克思主义著作中也经常出现，但马克思、恩格斯、列宁以及其他马克思主义理论家都没有系统地论述过文化问题。毛泽东在《新民主主义论》中对文化问题作了一定的系统的论述，但文化问题在一般马克思主义基本理论的著作中仍然缺乏系统的论述。因此，长期以来，文化的确切含义是什么、文化在人类社会的地位和作用以及其他文化基本问题，没有得到系统的深入研究和论述。人们对文化问题意见分歧，莫衷一是。改革开放以来，文化成为我国理论界的热门话题，进行了广泛的研究和讨论，在许多问题上形成了一定程度的共识。1997 年 9 月 12 日江泽民同志在党的十五大上的报告《高举邓小平理论伟大旗帜，把建设有中国特色社会主义事业全面推向 21 世纪》在理论上有许多新的突破，其中关于文化问题的论述可以说是重要的理论突破之一。报告把有中国特色的社会主义社会区分为三个方面：经济、政治和文化，并对如何建设有中国特色的社会主义文化作了专章论述，对文化问题提出了许多新的科学论断，这对文化的基本理论问题，特别是文化的建设问题的深入研究会发挥重要的引导和推动作用。下面拟以马克思主义基本理论和党的十五大报告为指导，参考改革开放以来的讨论，简略论述文化基本问题和建设有中国特色的社会主义文化问题。

（一）文化的含义

要弄清楚一个概念的含义必须从内涵与外延两个方面着手。一个概念的内涵指它的定义，而定义必须揭示这个概念所指该类事物的本质。文化是一类社会现象，那么，它是哪一类社会现象呢？不管人们对文化的定义有多少，若只问它是哪一类社会现象，人们的看法还是比较一致的。几乎各种论著都指出，文化的含义有广义与狭义之分，广义的文化现象等同于社会现象，狭义的文化现象就是精神现象，不包括客观现象或物质现象。这里我们只举《中国大百科全书》的社会学卷和哲学卷来说明这点。社

---

* 本文发表于《世界经济文化年鉴》(1997—1998)，人民出版社 1998 年 7 月版。1996 年以来作者发表了几篇关于中国文化建设的文章，本文是在这几篇文章的基础上撰写的。

会学卷说："广义的文化是指人类创造的一切物质产品和精神产品的总和。狭义的文化专指语言、文学、艺术及一切意识形态在内的精神产品。"① 哲学卷说："广义的文化总括人类的物质生产和精神生产的能力、物质的和精神的全部产品。狭义的文化指精神生产能力和精神产品，包括一切社会意识形式，有时又专指教育、科学、文学、艺术、卫生、体育等方面的知识和设施，以与世界观、政治思想、道德等意识形态相区别。"② 这两个定义基本上是一致的，不同的只是后一个定义把精神产品又分为两类，一类是意识形态，一类是非意识形态，认为更狭义的文化指非意识形态的精神产品。那么，在这广狭两种定义中有没有一个为人们更多地使用呢？这两卷都没有提出和回答这个问题，但社会学卷曾指出，从词源上讲，在西方，文化（culture）的含义是从农作物的培育引申出来的，指人的品德和能力的培养；在中国，与文化相并列的是武功，文化即文治教化之意，并说："文化一词的中西两个来源，殊途同归，今人都用来指称人类社会的精神现象"，但是"历史学、人类学和社会学通常在广义上使用文化概念。"③ 我认为，应该指出，对文化作狭义的理解是具有更广泛性的趋势，而且从文化理论和文化建设来讲，应该使用狭义的理解。狭义的文化是严格意义的文化，即人类的精神现象和精神产品。为什么这样说呢？

把文化与经济、政治并列起来使用，已经成为一种相当普遍的趋势。应该说，在过去广义的文化被更多地使用。而20世纪以来，经济、政治和文化就经常被并列起来使用了。例如英国著名历史哲学家汤因比的文明形态理论认为人类社会表现为各种文明形态，而文明包括三个组成部分，即经济、政治和文化。又如近年来在国际理论界引起很大争议的美国学者亨廷顿的文章《文明的冲突》也是把文化与经济、政治并列。

文化一词在马克思主义经典作家的著作中多次出现，但不是一个特定的术语，其含义是比较广泛的。他们没有把经济、政治和文化三者并列起来说明社会结构。他们用以说明社会结构的术语是社会存在与社会意识、生产力和生产关系、经济基础（生产关系总和）和上层建筑，上层建筑

---

① 《中国大百科全书》社会学卷，中国大百科全书出版社1987年版，第409页。
② 《中国大百科全书》哲学卷，中国大百科全书出版社1987年版，第924页。
③ 同上。

包括政治和意识形态。如果把文化与经济、政治并列起来，显然文化与意识形态不能相等，文化包括意识形态，比意识形态更广。一般马克思主义哲学教科书创造了"意识形式"一词用以称呼包括意识形态在内的全部意识，但也没有用"文化"一词。毛泽东在《新民主主义论》中提出了经济、政治和文化三者并列的社会结构理论，并规定了三者之间的关系。其他马克思主义者也常常采用社会结构三分理论来阐明一些问题，例如江泽民同志也把三者并列说："有中国特色社会主义的经济、政治、文化，是有机统一、不可分割的整体。"① 他在中国共产党第十五次全国代表大会报告中又进一步把社会主义建设区分为这三个方面。不管人们如何理解三者的关系，只要把三者并列，就是承认文化不是经济、政治，而是经济、政治以外的东西，即精神活动及其产品。这就是前面提到的狭义的理解。有了这个共识，我们就可以进一步弄清它的内涵，即它的本质。

在这个问题上，唯物史观和文化史观的观点是根本对立的。唯物史观认为，文化作为精神活动及其产品是经济、政治的反映，经济是物质活动及其产品，政治不是物质活动，但也是改造社会的客观活动，由于它是经济的集中表现，因而在经济与文化之间起着中介作用，因此，文化是经济与政治的反映，而归根结底是经济的反映。但是，文化还具有相对独立性，因而能给予巨大反作用于经济和政治，其本身也具有传承性和稳定性，是人类社会结构不可缺少的一部分。文化水平的高低也是衡量一个社会文明程度的标准之一。文化史观夸大文化的地位和作用，亦即夸大精神活动的地位和作用，认为文化不是来自人类的物质活动，而是人生来就具有的精神活动的能力及其产品；认为人的一切活动都由人的精神来支配，因而它是人类活动中最根本的活动，决定着人类社会的一切，决定着人类社会的经济和政治。这两种观点的对立和争论实际是唯物主义与唯心主义的对立和争论，这里暂不讨论这个古老而又常新的问题。本文所遵循的是唯物史观关于文化内涵的观点，因此，本文对文化内涵的回答就是：文化是人类的精神活动及其产品，是经济和政治的反映，归根结底是人类物质活动的反映。

弄清楚了文化的内涵，还必须弄清楚它的外延，否则我们对文化的理解仍然是抽象的。文化的外延不是很容易弄清楚的。我们无法把文化所具

---

① 江泽民：《庆祝中国共产党成立 70 周年大会上的讲话》1991 年。

有的具体的分子——指陈出来，唯一的办法只能是根据其内涵来分门别类地列举其各个组成部分。这样做，有两个不可少的前提：1. 经济、政治和文化包括了人类社会全部现象，三者之外就是社会之外的自然界了。2. 经济、政治和文化三者尽管有互相渗透和互相包含的关系，但从概念上是不相容的，也就是说，有明确区别的。这样，我们就可以把文化的外延表述为若干类文化现象。

首先应该指出的是作为经济之直接反映的精神活动及其产品。经济活动可以分为两个方面，一是生产活动，一是生产交往，即生产关系。因此，第一类文化现象就是科学技术（这里指的主要是自然科学技术），它是一个社会的物质生产水平的直接反映并直接推动生产的发展。

第二类文化现象是经济思想和经济理论，它是经济制度的直接反映并直接推动和指导经济制度的变化。

第三类文化现象是政治法律思想和理论，它诚然是一个社会的政治活动的反映，但首先却是社会经济制度的反映。

第四类文化现象是语言文字，语言文字是人类文化的重要组成部分，是人类生产劳动和全部社会实践的产物，服务于全部社会实践，贯穿于人类社会的一切领域。

第五类文化现象是道德伦理观念、善恶标准和道德伦理理论。道德伦理现象是文化的重要组成部分，也是观念上层建筑的重要组成部分。

第六类文化现象是宗教现象。从理论上讲，宗教与马克思主义唯物主义是不相容的，但它作为人类传统文化的重要组成部分已深深地生长在现代社会中，成为现代文化的重要组成部分。

第七类文化现象是文学艺术。文学艺术是具有最广泛群众性的文化现象，可能没有人不欣赏文学艺术，因而文学艺术对于人的观念、思想、情感具有最强大的感染作用。

第八类文化现象是哲学和社会学说。哲学和各种社会学说（包括前面所说的经济理论和政治法律理论）也是文化的重要组成部分，它们的性质比较复杂，一方面是知识，因而可以成为科学，一方面是意识形态，表现了一定的阶级利益。因此，在这个领域，一方面有百家争鸣问题，一方面存在着意识形态斗争。

第九类文化现象是教育和教育思想。以上 8 个文化领域彼此可以相对地分开，但作为文化的一个重要领域的教育却无法与这些领域分开。教育行动本身诚然是一种特殊的文化活动（知识、技能的传授与学习、品德的陶冶与修养、身体的锻炼等），但教育的内容却离不开上述各个领域。因此，教育在文化中具有综合性、代表性，教育水平的高低能够代表一个国家的文化水平的高低，要提高文化水平，加强教育是唯一途径。

第十类文化现象是新闻出版事业。新闻出版事业是另一个具有综合性的文化因素。新闻工作以报道各种当前发生的重要事件为主，实际上无所不包，出版工作当然更是如此。新闻出版运用语言、文字、图像、广播、电视、电脑各种传播工具反映和沟通整个世界，影响及于每一个人，在文化领域处于十分重要的地位。

第十一类文化现象是公共文化设施及其活动，它是由政府或社会设立的面向社会大众的文化设施及其活动，例如图书馆、博物馆、文化宫、文化活动室等及其活动。这也是一种综合性的活动，是不可缺少的文化活动。

第十二类文化现象是民间文化。民间文化也是一个具有综合性的文化领域，即自发地流行于民间的通俗的素朴的文化，缺乏自觉性、理论性、系统性，然而为广大群众所喜闻乐见，对群众具有潜移默化的作用，有强大的影响力。其具体内容甚为复杂，难以尽述，例如民间文艺活动、节日活动、旅游活动、娱乐活动、风俗习惯、时尚、流行音乐等。

以上所谈 12 个领域都是作为现实的经济、政治之反映的文化现象，除此之外，当然还包括从古代遗留下来的文化因素，即传统文化因素和从国外传播进来的文化因素，特别是西方文化因素。

那么，以上 12 个领域是否包括了经济、政治以外的全部社会现象呢？当然没有。至少还有两个领域没有涉及，一是卫生，一是体育。它们无疑是物质活动，因为它们都是改造人体的活动，而人体是一种物质。它们无疑包含着丰富的文化因素，即精神因素，如医药学、医疗道德、体育学、体育艺术等。也许把卫生、体育归属于文化现象更合适一些。文化的外延问题是一个需要进一步研究的问题，以上意见只是一孔之见，提供讨论而已。

（二）研究文化的方法

文化作为科学研究的一种对象，当然是需要用一般科学研究方法来研究，但它又是一种社会研究的对象，需要用社会科学研究方法来研究。它还是一种特殊的社会研究的对象，即文化学研究的对象，需要用文化学研究方法来研究，但文化学研究方法的基础是文化学，而现在这正是我们要解决的问题，因此，这最后一个层次的方法还无从谈起，这里我们只能谈谈前两个层次的方法。

首先是一般科学研究方法。一般研究方法包括两个主要部门，一是收集和整理材料，一是对材料进行从感性到理性的加工制作，这是一般科学研究的两个阶段，是唯物主义和辩证法原理的运用。为什么要收集和整理材料，怎样收集和整理材料？这是因为我们承认理论观点和体系是外部世界及其客观规律的反映，所以研究的首要任务就是从实际出发，从客观世界去收集感性材料，并努力做到去粗取精，去伪存真，求全觅细，分类排列，显然，这里的主导原则是唯物主义。对感性材料进行理性的加工制作则是运用辩证法的范畴对这些材料进行归纳与演绎、分析与综合，从中引出带有一定程度的普遍性的理论观点，并把这些观点构成一个具有内在逻辑联系的理论体系，在这里所有辩证法范畴或原则都是不可少的，矛盾的对立与统一、质与量、反复与前进、静止与运动、原因与结果、一般与个别、偶然与必然……都是经常要用到的，亦即运用辩证法来做到由此及彼，由表及里，由材料到规律，由理论观点到理论体系，显然这里的主导原则是辩证法。当然，这种阶段或部门的区分是相对的，在第一阶段，辩证法也在起作用；在第二阶段，唯物主义也是不可少的。当然，还有第三阶段，那就是对理论研究成果进行检验、修正、发展的阶段，这个阶段实际还包括进一步收集和整理材料，对材料进行加工制作的内容。不仅如此，它实际不是三个阶段，而是反复进行的无限个阶段。毛泽东的《实践论》就是对一般科学研究方法的系统论述，这里我们就不作进一步论述了。

其次是社会科学研究方法。最主要的社会研究方法就是辩证唯物主义历史观的方法，即以辩证唯物史观的基本观点为指导来研究各种现象，其中当然包括研究文化现象。辩证唯物史观的基本观点很多，第一是社会及其规律的客观性的观点，用这个观点来指导研究文化就是要寻找文化现象的客观性和规律性。第二是社会存在决定社会意识，社会意识反作用于社会存在的观点，用这个观点来研究文化现象，就要寻求文化现象的客观根源和它对社会存在的作用。第三是社会发展基本规律的观点，即生产力与生产关系、经济基础与上层建筑的矛盾发展规律的观点，用这个观点研究文化现象就要研究文化怎样表现了社会发展基本规律的作用，文化与生产力、生产关系、经济基础、上层建筑的关系。第四是阶级和阶级斗争的观点，即原始公社瓦解以来人类社会分裂为阶级、主要阶级的斗争推动社会发展的观点，用这个观点研究文化就要研究文化与阶级的关系、文化的阶级性与非阶级性。第五是实践观点，即社会实践是人类社会的本质和基础，一切社会现象均有其实践的根源的观点，用这个观点研究文化就是要弄清楚文化与实践的关系，寻求一切文化现象的实践根源。辩证唯物史观的所有观点对于研究文化都具有指导作用，因为辩证唯物史观是关于人类社会的一般理论，而文化是一种社会现象。人们研究文化不可能没有任何思想指导，区别只在于自觉还是不自觉。不自觉地用唯一科学的历史观，即辩证唯物史观来指导，就可能用其他历史观来指导，而其他历史观就其整体说都是非科学的。非科学的历史观主要有自然主义历史观和唯心主义历史观，前者把人类社会的一切因素归结为人的自然基础，即认为人的一切因素都是作为有血有肉的动物的人与生俱来的，然后由人的因素形成社会的因素；后者把人类社会的一切因素归结为人的与生俱来的理性、智力、思想，然后由人的因素形成社会的因素。可以明显看得出来，这两种历史观是相通的，都主张人的因素是与生俱来的，不同之处在于前者强调人的自然性或动物性，而后者强调人的精神性。用这些观点自觉地或不自觉地来指导文化研究，是不可能对文化问题作出科学结论的。

应该进一步指出，即使自觉地应用辩证唯物史观来指导文化研究，也只解决了一般方法问题，并不能保证结论的科学性。应用科学方法来研究任何问题，都有一个会用与不会用，正确应用与错误应用的问题。最容易出现的错误应用是把一般观点强加于具体现象，并通过逻辑演绎引出结论而不管具体现象的特点。正确的应用只是以一般观点为指导具体分析具体现象，再从中得出与具体现象一致的结论。用辩证唯物史观指导文化研究也是如此，切忌单凭一些一般观点逻辑地引申出若干结论，这样做不是得出空洞的抽象的结论，就是得出错误的结论。

（三）　文化在人类社会中的地位

文化在人类社会中的地位问题实际是人类社会的各个组成部分的关系问题，而由于经济、政治与文化是人类社会的三个主要组成部分，因此，这个问题就主要成为经济、政治和文化的关系问题，说得更具体一点，就是：经济、政治和文化三者中哪一个是最根本的，起最后决定作用的？是经济还是文化？这里存在着两种截然相反的论点：文化史观认为文化是人类社会的最根本的起最后决定作用的东西，是它最后决定了一个国家、一个民族、一个地区的基本面貌、是它的不同类型区别了不同的国家、不同的民族、不同的地区；而唯物史观认为是经济，而不是文化。下面举几个例子来说明。

梁漱溟在《东西文化及其哲学》中提出了一种颇为典型的文化史观。他认为世界上有三种基本文化，即西方文化、中国文化和印度文化，三种文化决定了三种社会。西方文化的核心是科学技术，中国文化的核心是伦理道德，印度文化的核心是宗教。在他看来，科学技术社会是人类社会发展的低级阶段，伦理道德社会是它的高级阶段，宗教社会是它的最高阶段。中国社会和印度社会并未经过科学技术社会阶段，处于早熟状态，因此国力孱弱，备受欺凌，而西方社会尚处于低级阶段，虽国力强大，但人们生活弊端甚多。他从这种观点出发提出了中国现代化的道路就是要把三者结合起来，即以儒家思想为本，吸收西方文化成分，复兴中国文化，真正达到人类社会发展的高级阶段，进一步再过渡到宗教社会阶段，即人类社会发展的成熟的最高阶段，显然可见，梁漱溟把文化看成是一种精神性的东西，它是决定人类社会发展的根本力量，是区别不同社会类型的根本标准。这种观点是与唯物史观根本不同的文化史观。

英国现代历史学家汤因比在他的代表作《历史研究》中提出了另一种文化史观，即宗教史观。他认为人类社会的单位不是国家，而是文明，文明包括三个组成部分，即经济、政治和文化，其中文化是文明的核心和精髓，而文化中最根本的是宗教，"宗教是文明生机的源泉"，不同类型的宗教决定了不同类型的文明。因此，他根据不同类型的文化，确切点说，根据不同类型的宗教，把世界区分为20多个类型的文明，如基督教文明、东正教文明（俄罗斯和东亚的基督教）、伊斯兰文明、印度文明、远东文明（中国、朝鲜、日本等）。在他看来，人类社会史就是文化史或宗教史。

美国学者亨廷顿的文章《文明的冲突》对世界的现状和前景提出了许多观点，引起了很大的反响，我国学者也发表了不少评论文章。我这里只想评论一下它的理论基础——一种文化史观。他认为"文明是一种文化的实体"，"文明是人们的最高文化凝聚物"，这同汤因比的观点是一致的；认为"以文化和文明划分这些国家集团远比以政治经济制度或经济发展水平来进行划分有意义"。在他看来，"文明间的差异不仅是现实的差异，而且还是基本的差异"，而文明间的差异主要是思想观念上的差异，"不同文明的人们既在权利和义务、自由和权威、平等和等级的关系何者更重要方面有分歧，也在神人关系、个人与集体关系、市民与国家关系、双亲和孩子关系、夫妇关系等方面持不同看法。这些差异作为历史的积累非短期所能消除，它们比政治意识形态和政治权利间的差异更为根本。"因此，人类社会的历史实质上就是文化史或思想观念史。他把世界划分为7种或8种文明，"它们包括西方文明、儒教文明、日本文明、伊斯兰文明、印度文明、斯拉夫—东正教文明、拉美文明以及可能的非洲文明。未来最大的冲突将沿着分隔这些文明的断裂带进行。"①

从以上举例，我们可以概括出文化史观或文明形态历史观的几个特点：1. 划分世界不同地区的主要标准不是经济发展水平或经济政治制度，而是文明或作为文明的核心的文化。2. 文化与经济、政治并列，并共同组成人类社会，属于人类社会的精神领域。3. 文化在整个人类社会中起最后的决定作用，是人类社会中最根本的东西。

同文化史观相反，唯物史观认为人类社会的基础、根基是经济，政治是经济的产物；经济和政治又是文化的基础、根基，文化是经济和政治的产物，而经济、政治和文化又通过直接和间接的、简单和复杂的相互作用形成一个有机的立体网络，文化的作用是巨大的重要的不可缺少的，但决定整个社会面貌的最后的根基，推动整个社会前进的最后的动力是经济，这是不能含糊的。所谓"经济"当然不仅是经济制度，它首先是一定水平的社会物质生活，即人类的经济生活，然后才是建立在物质生产上的经济制度。所谓"文化"当然不仅是意识形态或思想上层建筑，它首先是直接反映物质生产的精神因素如科学知识、语言等，然后才是反映经济制度、政治活动的思想上层建筑。马克思主义经典作家没有系统地论证过经济、政治和文化的关系，但这些思想已包含在他们关于社会基本矛盾，即生产力与生产关系、经济基础与上层建筑的矛盾的理论之中。毛泽东正是根据了唯物史观的基本观点在《新民主主义论》中系统地论证了经济、政治和文化的关系，确认了文化的重要地位。他说："一定的文化（当做

---

① 以上引文均见《现代外国哲学社会科学文摘》1994 年第 8 期。

观念形态的文化）是一定社会的政治和经济的反映，又给予伟大影响和作用于一定社会的政治和经济；而经济是基础，政治是经济的集中的表现。这是我们对于文化和政治、经济的关系及政治和经济的关系的基本观点。"接着他就引证了马克思的话来说明他的观点的理论根据就是马克思主义，并指出，"我们讨论中国文化问题不能忘记这个基本观点。"毛泽东运用这个基本观点来分析中国文化的过去、现在与将来，认为中国的旧文化是封建文化，当时的文化是殖民地、半殖民地半封建的文化，而中国要建立的新文化应该是新民主主义的文化，也就是人民大众反帝反封建的文化，是民族的科学的大众的文化。对毛泽东的文化理论有一个正确理解问题，它有可能使人误认为经济只包括经济制度，即唯物史观所说的经济基础，不包括生产及其他经济活动；文化就是意识形态（观念形态）或唯物史观所说的上层建筑，不包括那些非意识形态的东西如自然科学、语言等，这不是毛泽东的本意。毛泽东讲新民主主义文化是民族的科学的大众的，显然包括那些全民族的科学的东西，而不仅是占统治地位的意识形态或上层建筑。总体来看，唯物史观认为：一、人类社会可以区分为经济、政治、文化三个组成部分，这一点是与文化史观一致的。二、经济、政治、文化三者中最根本的或起最后决定作用的是经济，不是文化。三、划分世界各个地区、国家的主要标准是经济（包括生产发展水平和经济制度），而不是文化。这后两点是与文化史观相反的。

文化史观把文化看成是人类社会的最后决定的最根本的东西，而文化或文化的核心是精神、观念、思想，所以文化史观是一种唯心史观。文化无疑是人类社会的一个重要组成部分，在人类社会中具有不可缺少的巨大的作用，在某些条件下发挥了决定性作用，也是不同国家、不同民族、不同地区相区别的重要标志之一，而且不同地区的文化上的差异是经过长期社会生活和历史的积累而形成的，具有相对的独立性和稳定性，对于一个国家、一个民族是一种强大的凝聚力，是决不可忽视的。文化史观强调文化的重要地位和巨大作用，具有一定的合理性，因而它对文化问题的分析和论证往往具有重要的启发作用，但它毕竟是一种唯心史观，是片面的，从整体上说是不科学的。

根据辩证唯物史观来处理文化与政治、经济的关系问题，就能正确理解文化在人类社会中的作用。我们既不能像庸俗经济主义那样低估它的作用，也不能像文化史观那样夸大它的作用，这对认识文化在人类社会中的重大作用，对于建设我国现代文化都是至关重要的。

（四）文化的共性与个性

在文化问题的研究中，中西文化比较是一个讨论十分热烈的问题。文化比较研究就是研究文化的共性与个性，就中西文化而言就是研究中国文化与西方文化有什么共同之处和差别，即中西文化的共性和个性。除中西（或中外）比较而外，还有古今文化比较，如中国古代文化与现代文化比较，这种比较不大为人们所重视，其实也是很重要的。

文化无疑是具体的历史的多姿多彩的，但它也有共性。文化的共性，或曰普遍性、一般性，又分为若干层次，否定共性是不对的，只承认地区文化的共性，否定人类文化的共性也是不对的。当然，共性是什么也是要进一步研究的。那么，人类文化的共性是什么呢？

要回答这个问题，可以有多种方式，最一般的方式就是从各地区、各时代的文化现象中寻求其共同点，但这样找到的共同点不一定是最根本的，因为文化现象十分复杂，极其多样化，很难归纳。另一种方式是从其根源去寻求，也就是以唯物史观为指导，把文化看成在经济、政治的基础上产生的社会现象，不能离开社会实践，就文化谈文化。

人类社会的历史告诉我们，人和人类社会都是人的社会实践的产物，所谓历史归根结底不外乎是人的社会实践的总和。人类社会的文化，作为与经济、政治并列的人类社会的三大组成部分之一，其根源也是人的社会实践。因此，文化的共性与个性是社会实践的共性与个性决定的。那么，社会实践的共性是什么呢？

实践的最根本的共性是实践的本质，即自觉地改造自然、改造社会和改造自我的活动。一是改造，二是自觉。所谓自觉不仅是有意图、有目的，而且是有思想指导，即多多少少的规律性认识的指导。有自觉而无改造，即无实际行动，谈不上实践；有改造而无自觉，则是动物式的活动，也谈不上人的实践。一个民族、一个国家、一个社会的生存和发展，都是以它的成员的自觉改造活动为基础的。不管哪个地区的社会，不管哪个时代的社会，都是如此，无一例外。文化既是以社会实践为其产生和发展的根源，它的共性就应该是社会成员的自觉改造的思想。这种自觉改造世界的思想是任何地区、任何时代的任何民族、任何国家、任何社会都必然具有，而且不能没有的，否则它就只有萎缩、凋零、消灭。

诚然，在人类历史上，思想家们真正科学地认识到自觉改造世界活动在社会中的地位和历史上的作用是很晚的事情，即在马克思和恩格斯大约150年前创建马克思主义的时候。由于体力劳动和脑力劳动的分离，历史上思想家们绝大多数都是轻视劳动的，从而也是轻视实践的。但是，既然实践活动是人类社会生死存亡所系的活动，怎么可能没有思想家对它有所认识呢？而且，一个人即使对实践活动的意义毫无认识，在实际行动中也不能不对世界进行自觉的改造。试想，人类在进行采集、渔猎、畜牧、农业、工业生产活动的漫长过程中，怎么可能不按照一定的规律性认识来指导自己的改造活动呢？这种活动怎么可能不反映到自己的头脑里并影响自己的文化活动呢？回答是肯定的。我们可以从历代各国的文献中摘引大量言论来印证这种推断。

按照这种观点，自觉改造世界的思想应该是世界上从古到今一切类型文化的根本的共性，也是中国文化与西方文化的根本的共性。有一种颇为流行的观点认为中国传统文化的精髓就是天人合一思想，这导致科学技术不发达，但天人（自然与人）关系和谐，而西方文化的精髓是主客二分思想，这导致科学技术发达，但天人关系紧张。这种观点是难以成立的。

"天人合一"在中国思想史上有多种含义，其中包含的神秘的封建的含义暂时不予考虑，这里只谈其中包含的合理思想。1. 天人合一是指人与自然是一体，人不能存在于自然之外，人自始至终都是自然的一部分。这当然是对的，也是有意义的，可以防止我们去做超越自然的蠢事。2. 天人合一是指自然与社会的和谐，即人们所熟知的生态平衡，但所谓"和谐""平衡"都是从人的角度来说的，是以人类为中心的和谐与平衡，人类保护自然资源、保护动植物、治理环境污染、维持生态平衡，并不是因为自然界有什么权利，完全是为了人类自己。人与自然的和谐状态就是最宜于人类居住、生存和发展的状态。自然界本身是无所谓和谐不和谐的。因此，要达到人与自然的和谐，只能采取自觉地改造自然的办法，而绝不能抛弃科学技术、停止自觉地改造自然，让自然界回到人类出现时的原始状态。不存在是否要改造自然的问题，只存在怎样改造自然的问题：是把自然界改造得更宜于人类的生活，还是只顾局部利益与眼前利益而把自然界改造得越来越不宜于人类的生活，这才是问题的关键。如此理解的"天人合一"，不但与改造自然不冲突，而且正是人类自觉改造自然的积极结果。

"主客二分"当然也有一个理解问题。有的人把主客二分理解为主客对立，理解为作为主体的人对作为客体的自然贪得无厌、肆无忌惮地索取和掠夺，而且把生态平衡的破坏归罪于主客二分的思维方式，并把它说成是西方文化的共性，似乎它不是中国文化的共性。这完全是对主客二分的误解。合理地理解主客二分，不过是指人在实践与认识的过程中把自己与客观世界相对地区别开来，这是人类生存与发展所必需的，是不可避免的。只要人类不毁灭，人类永远要把自己看成主体，而把世界看成客体。至于人如何处理主客关系，是第二个层次的问题，不能因为主客关系处理不好就根本否定主客关系，那不是因噎废食吗？

主客体的区分，人把自己从混沌的世界里区别出来，是在类人猿变成人的过程中发生的，是在劳动和实践的过程中发生的。从逻辑上说，首先是实践的主体与客体的区分，然后是认识的主体与客体的区分，还有评价的主体与客体的区分，这种区分将与人类相终始。主客二分从空间上讲是普遍的，不仅西方那里有主客二分，中国这里的主客二分一点儿也不少。人的活动只要是自觉的活动，人就是作为主体来活动。西方唯心主义哲学家把区分主客的唯物主义叫作二元论，那完全是一种歪曲和诬蔑。

主客二分并不排斥主客统一，主客统一也是首先在劳动和实践的过程中发生的，也就是改造世界的成功，是主体目的的实现。主客统一在认识活动和评价活动中也时时出现。上面讲的天人合一从一定意义上讲也就是主客统一。因此，主客二分与天人合一，如果给以合理的解释，实际是人类实践活动的两个侧面，不仅是不冲突的，而且是相互依存的，互补的，谁也离不开谁。只有主客统一而无主客二分，那就没有人类及其活动；只有主客二分而无主客统一，那就会使人类无法生存和发展下去。西方人，东方人，北方人，南方人，概莫能外。主客二分与主客统一反映在文化上就是自觉改造世界的思想，它是文化的本质，没有主客二分的文化和没有主客统一的文化都是不可能的，不仅如此，偏重一个方面的文化也是不可能长期存在的。如果中华民族偏重主客统一，而不与天斗、与地斗、与人斗，它能绵延存在到今天而且日益兴旺发达吗？如果西方各国偏重主客二分，它们能创造出高度的现代文明吗？

那么，各民族、各地区、各国家的文化是否各自有其共同的特色呢？这当然是有的。人类文化的共性只能通过多种文化的特殊性、个性表现出来。这些特殊性、个性对于各自文化来讲，也是普遍性、共性。把"天人合一"看成中国文化的共同特性，把"主客二分"看成西方文化的共同特性，我认为是难以成立的；即使说中国文化偏重于主客统一，西方文化偏重于主客二分，也是难以成立的。你可以在中国思想家中找出许多强调主客统一的话，我也可以在中国思想家中找出同样多的强调主客二分的话；你可以在西方思想家中找出许多强调主客二分的话，我也可以在西方思想家中找出同样多的强调主客统一的话。但是，这并不是说，各种文化没有任何共同的特性。中国理论界除了以主客统一与主客二分来区分中西文化之外，还提到另外一些中西方文化的区分，如中国文化强调把整体摆在第一位（整体主义），西方文化强调把个人摆在第一位（个人主义）；中国文化重视伦理道德，西方文化重视宗教；中国文化强调精神享受，西方文化强调物质享受；中国文化重视经世致用，西方文化重视系统研究，这些都是有道理的。但是有些说法不见得能成立，除了上面提到的主客统一与主客二分而外，有人认为中国哲学以"和为贵""仇必和而解"，而西方哲学，特别是包括在西方范围内的马克思主义则主张斗，"仇则仇到底"，这是不符合实际的。无论中西，思想家们都是讲和多，强调斗的毕竟是少数。西方文化当然讲斗，但中国文化中斗的记录绝不次于西方。有人讲过二十四史就是一部"相砍书"，几千年不但斗争不断，而且战争频繁，这是不错的。马克思主义在革命年代当然强调斗争，但在从革命过渡到建设时，和即统一，就成了主旋律。毛泽东讲斗也讲和，邓小平强调和平与发展是当代世界的两大主题，但也没有忘记斗争，这些是大家都很熟悉的。

　　人类文化的共性与个性、普遍性与特殊性，各个民族、各个地区、各个国家的文化的差别与比较是一个大题目。为了创建 21 世纪的文化，为了各种文化互相取彼之长，补己之短，应该广泛而深入地研讨文化的共性与个性问题，但是无论如何不要忽视整个人类文化的共性——自觉地改造世界的思想。如果没有这个根本的共性，各种文化的互相学习和互相吸取将成为不可能。我们经常听到世界各种文化要融合，特别是中国文化与西方文化要融合的主张，如果人类文化没有共性，这种融合也是不可能的。不仅如此，21 世纪的文化将是在人类历史新阶段，亦即人类社会实践新阶段的基础上来建立的。它更加离不开人类文化的根本共性——自觉地改造世界的思想。

（五） 文化的类型

文化类型问题即对文化分类的问题。对一类事物进行分类首先有一个分类标准的选择问题。可以选择任何标准来分类，但有些标准并不是本质的东西，按照它们来分类只能有某些方面的意义，没有根本的意义。例如人，可以按照性别分为男人和女人，或按照年龄来分为婴儿、儿童、少年、青年、中年和老年，或按肤色分为黄种人、白种人和黑种人，或按地区分为亚洲人、欧洲人、非洲人、美洲人和澳洲人，或按国别分为中国人、俄国人、英国人、法国人、德国人、美国人、日本人等，或按职业分为哲学家、科学家、文学家、艺术家、画家、政治家、军人、公务员、律师、医生、演员等，或按阶级关系分为工人、雇员、资本家、农民、地主、个体劳动者，等等。在这里标准就是共性，不同的类型就是个性，共性是抽象的，没有独立的存在，共性存在于个性之中，即存在于不同的类型之中。

对文化分类也有一个选择标准问题。文化可以按时代分为古代文化、近代文化、现代文化，也可以按地区分为亚洲文化、欧洲文化、非洲文化、美洲文化、澳洲文化，或东方文化、西方文化，也可按国别分为中国文化、印度文化、日本文化、埃及文化、俄国文化、英国文化、法国文化、德国文化、美国文化等，也可按宗教分为基督教文化、天主教文化、东正教文化、伊斯兰教文化、佛教文化、儒家文化（严格讲，儒家并不是宗教），等等。当然我们还可以提出其他标准，对文化的类型进行其他划分。问题在于这些划分有什么意义？我们采取某种划分有什么意义？

仔细推敲，上面有的划分是很笼统的、空洞的，如果不加以具体化，很难说有多大意义。例如，东方文化与西方文化，如果仅仅指地区的不同，东方文化就是亚洲文化，西方文化就是欧美文化，究竟这两种类型的文化有什么重要的区别并不清楚，所以人们都在努力寻求一种更有意义的区别，即各自不同的特色，特别是那种根本性的区别。前面提到过几种观点都是对于西方文化与东方文化或中国文化的根本区别的回答。梁漱溟认为区别在于西方文化的核心是科学技术，印度文化的核心是宗教，中国文化的核心是伦理道德。但是，汤因比和亨廷顿却把宗教看成一切文化的共性而不仅是印度文化的特色，并以不同的宗教来区分不同的文化。而中国的一些学者，包括一些外籍华人学者，则以不同的哲学思想，即天人合一与天人对立，来区分中国文化与西方文化。这些学者还未像梁漱溟、汤因比、亨廷顿那样明确提出文化类型问题，没有说人类文化有两大类型。但既然如此规定中国文化与西方文化的特色，实际上就是以关于天人关系的哲学思想为标准来区分文化类型。有的学者还预言东方文化将在世界历史舞台上再度辉煌，并取代西方文化近代以来所占有的支配地位。但我认为以上几种观点并未找到区分文化类型的最根本的东西，这个问题的解决有赖于唯物史观的指导。

那么，根据唯物史观，应该怎样来区分文化的类型呢？

前面已谈到文化与经济、政治构成社会的整体，文化是由经济、政治决定的，既然如此，文化的类型应该是同社会的类型一致的，文化的类型应该按照社会的类型来划分。唯物史观把人类社会的类型划分为五种，文化的类型也应该划分为五种，即原始公社文化、农业奴隶制文化、农业封建制文化、工业资本主义文化和工业社会主义文化，每一种类型的名称都包括了生产力水平和经济政治制度的内容。可以看出，生产力水平在第二、三类型是接近的，在第四、五类型也是接近的，但经济制度在这几种类型中的区别是比较明显的。

文化类型的这种区分不过是对文化本质的抽象把握，各种类型文化的实际存在是具体的，因而是十分复杂的、多种多样的、丰富多彩的。分析起来，其复杂情况大致有三种：一是每种类型均有其特殊的表现形式，如美国文化和西欧文化同是工业资本主义文化，即在本质上属于同一类型，但其具体表现各有不同特色，例如，英美哲学偏重于经验主义，西欧大陆哲学偏重于理性主义，等等。二是各种类型文化的相互渗透，你中有我，我中有你，如中国文化与美国文化按其基本性质来讲，属于不同类型，一是工业社会主义文化，一是工业资本主义文化，但这两种类型文化之间相互影响是很多的。工业资本主义文化一般所说西方文化，大量涌进中国社会，影响十分明显，而现代资本主义国家也吸收了很多社会主义文化因素，如对自由市场进行适当的国家调控的思想、缓和贫富对立的尖锐性的思想、适当提高人民群众的福利的思想，等等。至于现代资本主义文化中还存在着古代封建制度文化的因素，甚至奴隶制文化的因素，也是很平常的。三是中间类型或混合类型的存在。人类社会除五种正常的类型之外，还存在着由于多种原因而出现的多种中间的或混合的社会类型，如从一种类型向另一种类型过渡的时期往往出现具有两种类型基本特征的社会，或者由于内外原因而出现混合型的社会，因而其文化也出现多种不正常的类型。这两种情况在中国历史上都出现过。春秋战国时代的中国的社会制度一般认为是从奴隶制到封建制的过渡时期，但这个时期很长，长达 800 年，两种社会制度的交错导致两种类型文化的交错，奴隶制的思想与封建制的思想不仅在社会上同时存在，甚至在一个流派或一个人的思想中存在，如儒家的思想就很复杂，包含了这两种文化的因素。不仅如此，由于文化的积累作用，有许多原始社会文化的因素，也在儒家的思想中存在。19 世纪中叶以来，中国社会逐渐沦为半封建半殖民地社会，这种社会就是一种混合型社会。有人认为半殖民地是一个政治概念，半封建和半殖民地无法结合在一起。其实，半殖民地或殖民地是一个政治概念，半殖民地本身的经济制度可能大部分保持其原有形态，但从整体上说，它已被纳入帝国资本主义的经济体系之中，并必然有外国资本主义进入其中，正如封建制不仅是一个经济概念（地主所有制），而且是一个政治概念（君主专制或军阀专制）一样。半殖民地不仅指政治上的部分独立性的丧失，而且指经济上的部分资本主义性的存在。半封建半殖民地实质上是封建主义和资本主义经济政治制度的混合。这种混合型的社会产生了混合型的文化，即半封建半殖民地文化。毛泽东在《新民主主义论》中说当时中国社会是半封建半殖民地社会，其文化是半封建半殖民地文化，即一种混合的文化，这种观点是科学的，符合当时的实际情况。当然，还应指出，当时的中国还有着原始公社的和奴隶制的文化因素，这些是中国历史长期发展所积累下来的。

（六）文化的不同类型的进化和相互影响

不同类型的文化可以在同一地域或不同地域先后存在，也可以在不同地域同时存在，不管是哪种情况，多种文化都有运动变化和相互影响。文化的运动变化不外乎两种情况：一是在内外原因的推动下自身的进化运动；二是由于不同文化之间的相互影响而发生的变化，下面分别做些说明。

一种社会形态为另一种社会形态所取代，即五种社会形态中的前一种形态为后一种形态所取代，是一种合乎规律的过程，与此相应，一种文化类型为另一种文化类型所取代，即五种基本文化类型中前一种类型为后一种类型所取代，也是合乎规律的过程。这种过程是一种进化，是循着从低级到高级、从简单到复杂、从单一到多样的前进运动，但是前进运动不限于这五种类型的循序渐进，如果由于内外原因，发生了跳跃式或中断式的运动，也是一种前进或进步。例如，中国封建社会由于外国势力的侵入而逐渐演变为半封建半殖民地社会，其文化从而也逐渐由封建文化演化为半封建半殖民地文化，尽管其间付出了丧权辱国、人民惨遭杀戮的代价，仍然包含了前进的意义。而且正由于中国的半封建半殖民地性质，它才有可能过渡到社会主义社会，从而建立起社会主义文化，中国社会和文化的发展可以说是跳跃了作为一种完整的社会形态的资本主义社会，也可说是通过半封建半殖民地社会（一种畸形的资本主义社会）从封建社会演变为社会主义社会，这也是历史的进步，在文化上也是如此。又如西藏社会，本是一个农奴制社会，由于社会主义制度在全国范围内建立，便经过和平民主改革直接从农奴制过渡到社会主义制度，其文化也如此，这也是历史的进步。

在今天的地球上，历史上曾经出现过的文化类型都同时存在，尽管资本主义文化占据着绝对的优势，因此，这些文化类型之间便产生了相互影响，不仅先进的文化影响着后进的文化，后进的文化也在多方面影响着先进的文化，使现代社会的文化呈现出丰富多样的、姹紫嫣红的色彩。先进文化影响后进文化是易于理解的，似乎是理所当然的，后进文化何以也能影响先进文化呢？这是因为在人类文化中积累了许多永久性、普遍性的因素，这些因素对于任何时期和任何地域都是适用的，即或者是有益的，或者是无害的。许多哲学思想、科学思想、价值观念都具有普遍性，如按照自然规律而不是随意地贪婪地改造自然的思想、所有的人应友好相处的思想、勤劳节俭的品德、各种科学的观点和理论、积极向上的人生态度等都具有永恒的普遍的价值，任何类型文化都是应吸收的。针刺治疗是中国古老的医疗技术，在现代医学空前发展的今天仍然具有重要的价值，已得到美国政府和医学界的承认，在全世界得到广泛的赞赏。自有人类以来，特别是今天各地区交往方便而频繁，各种文化之间的影响是很明显的，而且是无法阻止的。

这种相互影响无疑有负面的消极的作用，但从整体上看，从长远看，其作用是积极的正面的。这种作用不仅使各种文化更加丰富多彩，而且可以扩大与加深人类的智慧与才能，提高人们的品德与趣味，推动整个社会和文化的发展。因此，我们应该推动并正确引导文化之间的交流与相互影响，避免不利的影响，扩大与加深有利的影响。

（七）中国的传统文化的解体与现代文化的形成

如果按照历史学的一般划分，中国历史在鸦片战争（1840 年）以前为古代，鸦片战争至五四运动（1919 年）为近代，五四运动以后为现代，那么，就可按照年代的划分把中国文化史划分为古代文化、近代文化和现代文化。这样，就有一个为这三个时代的文化定性的问题。根据以上关于文化的一般观点，我们就可以把中国古代文化定性为农业封建文化（秦汉以前暂不考虑），近代文化为半封建半殖民地文化，现代文化为半封建半殖民地文化经过新民主主义文化向工业社会主义文化的过渡。中国文化史是一个复杂的问题，应该开展专门的研究。从近年来的讨论来看，大家最关注的是传统文化与现代文化的关系问题，下面就这个问题谈些看法。

如何给中国传统文化定性？如何给现代文化定性？我认为传统文化指两千多年来逐渐形成的相对稳定的文化，即农业封建文化，亦即中国古代文化，它的下限是五四运动，此时它开始了急剧的变化，加速半封建半殖民地化的过程，也开始了向现代文化的过渡。中国现代文化十分复杂，包含着封建的资本主义的文化因素，但就其最后形成的相对稳定的文化类型而言，它应是工业社会主义文化。

两千多年以来，中国的生产水平一直停留在手工农业的水平，而经济政治制度则是封建主义。封建主义的经济制度近百多年来由于暴露出它阻碍中国生产发展和综合国力的提高的严重弱点，受到各种批判，成为一个纯粹的贬义词。但中华几千年灿烂文化正是在这种制度上创造出来的。农业封建主义文化包含着糟粕，也包含着丰富的具有永恒价值的精华，它已成为人们的共识。当人们要消灭封建制度的时候，对封建文化采取了过激的态度，这是难以避免的。革命完成之后就应予以有分析的公正的评价。现在是在这样努力了，已经取得巨大的成果，这种努力还要大力进行下去，但这并不能改变它的农业封建主义的本质。

中国传统文化的内容十分丰富和复杂。现在似乎公认传统文化就是儒家文化，因为儒学是中国传统文化的精神支柱，即最主要的指导思想。这种观点一般来说是可以接受的，但还要具体分析，尤其不能忽视其他文化因素。首先不能轻视儒家以外各家思想在中国文化中的地位和作用，特别是道家、法家、佛家的思想。反孔的思想家历代都有，实际上儒家思想在其漫长的形成和发展的过程中吸收了诸子百家以及反孔各派的大量思想。其次应看到儒家本身也有许多门派，儒学并不是一个结构严谨、思想一贯的理论体系，其中不仅主观唯心主义与客观唯心主义并存，甚至唯心主义与唯物主义同在。再次，尤其不能忽视的是我国古代各族人民在改造自然的物质生产活动中积累的生产经验、作出的创造发明、提出的科学理论、写出的科学著作，以及他们在同自然的斗争中培养出来的勤劳、勇敢、节约、自强不息等优良品德，正是这些智慧、才能与品德使中华诸民族在这片并不太广阔，更不太丰腴的土地上几千年子孙繁衍，生生不息。但是，这些文化因素却被排斥于儒家的视野之外，轻视劳动和劳动人民成为儒家的一贯思想。最后，尤其不能忽视的是中国古代各族人民在反抗剥削压迫和外来侵略的斗争中所培养出来的不畏强暴、不怕牺牲、坚韧不拔的斗争精神和扶危济困、舍己为人、大公无私的高贵品质，正是这些精神因素使中国古代人民能够对己和、对敌狠，前仆后继去争取胜利而岿然独立于世。这些因素在儒家思想中有所反映，但由于儒家阶级性的局限，没有占据主要的地位。中国传统文化非常丰富而复杂，如果把它归结为儒家思想，又把儒家思想归结为天人合一、以人为本、和为贵等思想，就未免片面化了。

中国传统社会及其文化真正发生变化是从鸦片战争开始的。

中国传统社会在历史上曾经有过非常辉煌灿烂的时期，但近三四百年来逐渐大大落后于西方，鸦片战争的失败是它的落后性的大暴露，从此中国成为强国欺凌侵略的对象。中国需要赶上西方国家，用后来的话讲，就是要现代化。中国的落后最明显表现在经济方面，经济要现代化的内部阻力主要来自传统的政治和文化，而文化又是政治变革的主要阻力。在经济、政治和文化的这种错综复杂的相互作用之中，有识之士先后提出过实现中国现代化的种种主张，掀起了各种运动，如洋务运动、维新运动、民主革命运动。这些主张的提出是受西方文化的影响，也反映了中国社会现代化的需要，这就意味着中国传统文化在悄悄地发生变化。

辛亥革命的胜利从政治上动摇了中国传统文化的根基，但它第一次遭到的真正的冲击是五四运动前后的新文化运动。由于儒家思想是中国传统文化的精神支柱，新文化运动的矛头直接指向儒家思想，提出"打倒孔家店"的口号，从当时来看这是无可厚非的，也是难以避免的。当然，应该看到，新文化运动对孔子及其学派的思想的批判有许多过激之处，今天必须加以纠正。当时更重要的问题是：新文化是什么？具有不同观点的人有不同的回答，大体上有三种回答：全盘西化派主张的西方自由主义文化、新儒家主张的传统文化的现代化和共产党人主张的新民主主义文化，即毛泽东所说的作为新民主主义经济政治之反映的民族的科学的大众的文化。这三派都是在中国传统文化解体过程中产生的，都主张向西方学习，都属于新文化运动。现代新儒家并不是复古派。这三派的区别在于对待西方文化的态度、对待中国传统文化的态度和对待马克思主义的态度。

中国封建统治阶级在文化问题上对资本主义侵略的反应，除盲目地顽固坚持闭关锁国政策之外，最初就是要在原封不动地保持传统文化的条件下，发展工业，用坚船利炮武装自己，这就是主张中学为体，西学为用的洋务运动。洋务运动之后兴起的改良主义的维新运动对中国传统文化采取了一定的批判态度。民主革命运动则进一步主张以西方的经济、政治、文化来取代中国传统社会，这就是西化。在民主革命影响下陈独秀 1915 年创办《新青年》，掀起专门的文化运动——批判旧文化、创立新文化的新文化运动，它的核心就是后来得到广泛认同的"科学与民主"。俄国十月革命的胜利大大影响了中国新文化运动，使它发生了分化，陈独秀、李大钊等人从西化派转为马克思主义派，胡适成了西化派的主要代表。西化派与马克思主义派有许多共同之处，它们都主张向西方学习，都主张科学与民主，都对传统文化持批判态度，但它们之间又存在着根本性的分歧。首先一个分歧是对马克思主义的态度，西化派想把西方工业资本主义文化全盘搬到中国来，反对马克思主义，而马克思主义派则反对资本主义，而赞成作为资本主义批判者的马克思主义。对西方文化，马克思主义派虽然也主张加以吸收，但赞成采取分析的态度，从工人阶级和社会主义的立场加以取舍，或加以重新理解。例如，科学与民主的旗帜，马克思主义者也是主张高举的，认为科学是应该充分吸收的，而民主则不应该是少数人的民主，而应该是真正的彻底的民主，是包括工人阶级在内的人民的民主。西化派对传统文化基本上抱虚无主义态度，而马克思主义派则主张加以批判地继承，如抨击当时的尊孔复古思潮最有力的李大钊主张以今日的标准对孔子思想进行取舍，说："孔子之道有几分合于此真理者，我则取之；否则，斥之。"现代新儒家创立者应该说是提倡东方文化的梁漱溟。现代新儒家不是尊孔复古的顽固派，而是一些具有现代西方文化素养，赞成科学与民主的学者。以梁漱溟来说，他原本是赞成西化的，由于看见西方资本主义社会的各种弊端，才转向佛学，又转向儒家，于1917年进入北大讲学时第一次明确发表了后来被称作现代新儒学的这一思路。现代新儒家的特色在于坚持以儒家思想为核心来形成现代中国文化，或者说，把中国传统文化现代化，借以实现中国社会现代化。从时间上讲，尊孔复古的顽固派早于新文化运动，而现代新儒家是在新文化运动中出现的，稍晚于西化派和马克思主义派。现代新儒家容易被误解为尊孔复古派，但实际上它是跟着西化派的现代化道路前进的，绝不想保持农业封建文化。相反，它也反对这个传统文化的经济政治基础，只是鉴于资本主义社会的各种弊端而主张以儒家思想来加以补救。因此，从实质上讲，它所设想的文化是自认能够克服资本主义弊端的资本主义现代文化。

总之，中国传统文化之所以受到新文化运动的冲击而逐渐解体，其原因不在于传统文化本身，而在于它的经济政治基础在逐渐解体，新文化运动正是适应了中国经济政治基础中的变化才兴起的，才能如此波澜壮阔地凯歌前进。当然，新文化运动的兴起、扩大与深入大大加速了中国传统文化的解体，对此，新文化运动中的三个基本派别都是发挥了积极作用的，其中马克思主义派起了突出的领导的作用。新文化运动的倡导者和主要代表最初都属于西化派，但后来转变成为马克思主义派的是其中起主导作用的一些人物，如陈独秀、李大钊等，而这些人在新文化运动中最活跃、最坚决、影响最大。

中国现代文化萌芽于五四运动，经过30年的演化而于1949年后形成的，所谓"萌芽"，所谓"形成"，都带有很强的相对性、模糊性，实际上并没有准确的时间，只是大体上有一个阶段的划分。所谓·"现代文化"也没有一个完成了的形态，而是一个过程，只是大体上有一定的确实的内容。也就是说，它的形成有一定的经济政治基础，而形成以后它有一定的确实的内容。

我认为它的经济政治基础形成于1949年至1956年之间。从生产力来说，中国仍然是一个农业国家，现代工业产值在整个国民经济中比重仍很小。在经济制度方面，中国经历了半封建半殖民地（半资本主义）和各种经济成分并存的新民主主义经济制度（社会主义、资本主义和个体经济），已过渡到社会主义。在政治制度方面，中国经历了中华民国的政治制度和新民主主义政治制度，已过渡到了人民代表大会制度和多党合作的人民民主专政。现代文化正是建立在这样的基础上，其内容是这样基础的反映。由于这个基础 1956 年后仍处于不断变化的过程中，这个文化也在不断地变化，特别是改革开放以来，变化更大，但其根本性质并没有改变，仍然是社会主义的。那么，它有些什么实际内容呢？我认为其内容是十分复杂的。

第一，它的核心或指导思想无疑是马列主义、毛泽东思想、邓小平理论，这是社会主义经济政治制度的反映，又是为这个制度服务的。但同时在这个文化的实际指导思想中又混杂了不少非马克思主义的因素，如教条主义、个人迷信、极"左"思想等，这些因素是各种错误的思想根源。

第二，在这个文化中也保留了许多传统文化因素和革命传统因素。传统思想十分复杂，是长期积累而沉淀下来的，具有相对的独立存在，不易随着旧经济政治基础的消失而消失。这些传统思想包括封建时期的思想，也包括民主革命时期的思想；既包括传统文化的精华，也包括传统文化的糟粕；既包括用文字传下来的，也包括口头相传或潜藏在人们头脑中而在人们的实际活动中起作用的思想，即所谓"无意识"或"潜意识"。

第三，在这个文化中也存在着许多外来的东西。外来的思想也十分复杂，是通过各种传媒或中外人士的直接间接接触而传过来的。特别是改革开放以来，由于市场经济的发展，外来思想，尤其是西方思想蜂拥而至，进入中国文化之中。其中不少科学的东西，如高精尖的科学技术思想、科学的管理思想、积极进取创新的思想、文学艺术哲学中的合理思想，等等。也有许多消极的东西，如极端个人主义、金钱至上思想、极端享乐主义、非理性主义，等等。

第四，中国新文化的主要部分是直接反映中国当前经济政治的精神因素。一是反映中国生产水平，即科学技术管理水平的思想和理论，其中有很现代化的，也有很落后的，甚至是很原始的。整体说来，它还不是现代化的，仍属于发展中国家的行列，没有达到发达国家的水平。二是直接反映中国当前经济政治制度的思想和理论，其内容也十分复杂。中国基本经济制度是以公有制为主体的多种经济成分共存的制度，经济体制正处于从计划经济向国家宏观调控下的市场经济转轨的过程之中。中国基本政治制度（国体）是工人阶级领导下的人民民主专政，政治体制（政体）是人民代表大会制度和中国共产党领导的多党合作和政治协商制度，这种制度既不同于西方的多党制，也不同于苏联的一党制，而是在长期政治实践中逐渐形成的适应中国国情的特殊的民主制度，这种政治体制目前正处于不断完善和发展之中。直接反映这种经济政治制度的经济思想和政治思想是中国现代文化的重要组成部分。三是间接或直接反映这种经济政治基础的文化因素，具体讲就是语言、文学、艺术、宗教、道德、哲学、教育、体育、卫生、风俗习惯、社会风气、礼仪，等等。这些文化因素中既有社会主义的与工人阶级的，也有资本主义的与资产阶级的、小资产阶级的，还有中性的与各阶级共同的；既有积极的，也有消极的；既有精华，也有糟粕。中国的语言文字是中国现代文化的重要组成部分，它是中国社会的全部经济、政治与文化生活得以运转的不可缺少的因素。汉语与汉字是中国语言文字的主体，此外还有少数民族和外国的语言文字。关于汉字改革，人们之间存在着意见分歧。在我看来，汉字有其优越性，也有其局限性。语言文字是以抽象的形、声、意来描写或者说明具体的复杂的东西，形与声的抽象性愈高，其描写或说明就愈方便愈精确。汉字的声的抽象性很高，一个音节就是一个词，而西方文字则否。但汉字的形的抽象性则比西方文字要低，造成了一定程度的不便。如何解决这个矛盾是一个十分困难的问题，意见分歧就是围绕这个矛盾发生的。但无论如何，汉字是世界文化中的一笔巨大精神财富，在世界文化中居于崇高的地位，是大家都认同的。

中国现代文化，作为一个整体，不仅是多因素的、多侧面的、多样性的、多层次的，而且是多元的；其多元性表现在它的多种来源、多民族性、以多种经济成分为基础、多阶级性，但是它的总的发展趋势不是多元化或多极化，相反，它的总的趋势从一定意义上讲是一元化，这就是说，它有一个统一的指导思想，这个指导思想一般说来就是马克思列宁主义，具体说来就是毛泽东思想和邓小平理论。马列主义就其原来形态说诚然是外来的东西，但由于它的普遍性适应中国国情，80年来经过中国共产党人的宣传、研究、运用、发展，它已深深根植于中国历史和中国社会，并形成了它的中国化的形态——毛泽东思想和邓小平理论，成为中国现代文化的核心，即指导思想。它之所以能成为中国文化的核心因素还由于它有着中国的经济政治作为它的坚实的基础，由于它实际地指导着中国经济、政治、文化的建设和发展。

以上所谈主要指中国大陆而言，不包括台湾、香港和澳门地区，虽然中国大陆、台湾、香港、澳门地区有大量文化因素是共同的，特别是在传统文化方面是共同的。

（八）中国文化的现代化

在中国经过近一个世纪成千上万人民前仆后继英勇顽强的艰苦奋斗，已经基本建立起工业社会主义社会及其文化，它是现代人类社会的一部分，而由于它原来的历史基础十分落后及其达到现时状态的曲折道路，它在许多方面都还没有达到现代社会的先进水平，即没有现代化，因而它还有现代化的任务。毛泽东及其战友提出的四个现代化的任务主要是就生产力而言的，绝不是说，中国社会实现四个现代化就足够了，中国社会的现代化是作为整体的社会及其各个方面的现代化包括经济、政治和文化的现代化，这是不言而喻的。有人说，中国只搞四个现代化，不要民主，如果这不是有意的歪曲和攻击，也是天大的误解。邓小平理论就是一个全面建设现代化中国的理论，其内容不仅包括发展生产力，而且包括经济、政治和文化的现代化，其中当然包括扩大社会主义民主。江泽民在党的十四大报告中已经全面地系统地阐述过这个理论，在党的十五大的报告中又特别从经济、政治、文化三个方面论述了邓小平的现代化理论。党的十五大报告指出："最大的实际就是中国现在正处于并将长期处于社会主义的初级阶段"，"社会主义初级阶段，是逐步摆脱不发达状态，基本实现社会主义现代化的阶段"，其具体内容包括我国社会的一切方面。报告指出："全党要毫不动摇地坚持党在社会主义初级阶段的基本路线，把以经济建设为中心同四项基本原则、改革开放这两个基本点统一于建设有中国特色社会主义的伟大实践之中。……根据这个理论和基本路线，围绕建设富强民主文明的社会主义现代化国家的目标，进一步明确什么是社会主义初级阶段有中国特色社会主义的经济、政治和文化，怎样建设这样的经济、政治和文化，是必要的。"报告就这三方面的现代化建设作了详细的规定。对于文化建设的任务，报告说："建设有中国特色社会主义的文化就是以马克思主义为指导，以培育有理想、有道德、有文化、有纪律的公民为目标，发展面向现代化、面向世界、面向未来的，民族的科学的大众的社会主义文化。"这就是现代化的中国文化。为了实现这个任务，我认为应该正确解决以下一些问题：

1. 中国现代化文化建设的指导思想

中国文化建设的指导思想应该是什么，自五四运动以来，一直是一个争论激烈的问题。

对未来的中国现代化文化建设有可能起指导作用的主要有三个思想体系，除马克思主义以外就是儒家思想和西方自由主义思想。谁有最大的可能成为中国未来文化的指导思想呢？

现代新儒家认为是儒家思想，其理由主要有二：第一，儒家思想是中国本土思想，土生土长，源远流长，两千多年来成为中国文化的根本，最适应中国社会生存与发展的需要。第二，儒家的若干基本思想诚然是古代的东西，但加以现代化就可能成为中国现代文化的核心，用于指导实现中国社会的现代化。人们谈得较多的儒家思想有：天人合一思想（人与自然应保持协调与和谐的关系）、人文精神（从人的需要，按人的标准来考虑一切问题，从事一切活动）、集体利益原则（把集体利益摆到个人利益的前面，个人利益应服从集体利益）、中庸哲学（不趋极端，不为已甚，力求适中），等等。

我认为儒家思想要成为中国未来文化的指导思想是不可能的，有三个主要理由：第一，中国传统文化已经解体，儒家思想体系已为历史所否定，其根本原因是由于其经济政治基础已经崩溃，除非恢复传统社会和传统文化，否则儒家思想的权威是不可能恢复的。第二，现代社会远比古代为复杂，儒家思想作为一个思想体系无法适用于现代社会，80 年前新文化运动的领袖已做过这种评价，时至今日就更加如此了。第三，儒家思想中有许多合理因素，这些因素在今天是有价值的，如上面所说的那些思想，此外还有很多别的思想今天都是有价值的，但是，且不说这些思想是不是中国传统文化所独有的，这些思想也只能起一定的积极的作用，而不能起根本的指导作用，也不是儒家思想作为一个体系起作用。

西化派认为西方自由主义应是中国未来文化的指导思想，把传播这种思想视作"新启蒙"运动。这种观点的理由有三：第一，西方发达国家从整体上说是现代社会发展的最高水平，现代化就是西方化，自由主义思想是现代西方社会和西方文化的指导思想，理应成为中国社会和文化的现代化的指导思想。第二，中国正处于从计划经济向市场经济的转轨过程之中，市场经济与私有制是不可分的，市场经济发展下去，终将走向资本主义，自由主义是资本主义的产物和资本主义文化的核心。第三，中国奉行开放政策，向西方学习，西方生活方式和西方文化大量涌入，渗透进从科学技术、经济思想、政治思想到文化娱乐、文学艺术、宗教、哲学等各个领域，实际上发生了全盘西化的过程，自由主义是这个过程的指导思想。

这种观点无疑有一定事实根据，它所预言的后果不是不可能，但其可能性不是很大。第一，现代化不等于西化，更不等于全盘西化。中国社会在各个方面都要吸收西方的合理的东西，但绝不是照搬。在科学技术方面学得很多，但在经济制度和政治制度方面只吸收从社会主义角度看来可以吸收的东西，文化方面更是如此。在此情况下，自由主义难以发挥指导作用。第二，在中国有的人不相信社会主义可以同市场经济相结合，有的人希望社会主义通过市场经济而转化为资本主义，但从改革开放十多年的经验来看，建立正常而有效运转的社会主义市场经济是完全可能的，因为近十多年来中国经济体制实际上已处于转轨之中，市场经济的发展既推动了中国经济的高速发展，又保证了公有制的主体地位。实践证明，只要改革的措施正确，执行得力，公有制企业完全可以成为市场活动中强有力的竞争者。第三，只要社会主义公有制的主体地位能够确保，自由主义在中国文化中就不可能起指导作用。西方文化中那些健康的积极的合理的因素将为中国文化所吸收，而成为马克思主义指导下的中国文化的有机组成部分。

剩下来有可能对中国文化建设起指导作用的就只有马克思主义了。文化建设的指导思想问题实质上是整个国家和全体人民的实践活动的指导思想问题。马克思主义能否成为指导中国社会的发展的根本思想是一个老问题，即马克思主义是否适合中国国情的问题。马克思主义刚传入中国时曾争论过这个问题，近一个世纪过去了还有争论。在有些人看来，马克思主义不是本土的东西，而是舶来品，它的传播导致民族文化传统的失落和断裂。中国现代文化的核心只能是本土的东西，即儒家思想和其他本土的思想。这就否定作为西方现代文化一部分的马克思主义与中国传统文化有任何共同之处或相通之处，然而近一个世纪的实践证明，马克思主义的理论体系中包含了许多对于东西方有普遍意义的东西，这些东西具有普遍意义，只要能找到它们在中国的具体表现形式，它们就是与中国国情相适应的。毛泽东思想与邓小平理论就是这种表现形式，即中国的马克思主义，它们是马克思主义的普遍原理与中国社会实践相结合的产物，来自中国实践又成功地指导了中国实践，这就证明了马克思主义的普遍原理是适应中国国情的。毛泽东思想和邓小平理论又是中国特有的思想体系，它们深深根植于中国土壤之中，是中国优秀文化传统的继承与发展，是中国现代文化的精髓，正如儒家思想曾是中国封建文化的精髓一样。它们是地地道道的国产，而不是舶来品。不仅如此，中国现代文化是一个庞大的复杂的精神系统，其主要部分（主体）当然是本土的，外来的因素（包括马克思主义的因素）只能是局部，起指导作用的马克思主义也只是局部。马克思主义只是文化因素，不是一个文化的完整体系，不可能取代中国文化。它作为指导思想也不是以其纯粹原有的形态起作用，而是通过其中国化的形态即毛泽东思想、邓小平理论起作用。中国文化仍然是中国文化，它没有变成德国文化，也没有变成苏联文化或俄国文化。它仍然是中国传统文化的继续和发展。由于中国历史发展的复杂性和曲折性，今天当然存在着对中国传统文化的重新认识和评价问题，重新分析和吸取问题，但这也离不开马克思主义的指导，即离不开毛泽东思想和邓小平理论的指导，根本不存在由于马克思主义的传入而出现的中国民族文化传统的断裂问题，有的只是中国封建文化的断裂，或说中国殖民地、半殖民地半封建文化的断裂，这是不可避免的，也是不可逆转的；今日中国存在着对儒家思想的重新认识和重新评价，根本不存在，也不可能存在恢复儒家思想的权威地位问题。

　　从正面说，马克思主义之所以能成为中国现代化文化建设的根本指导思想有以下原因：（1）马克思主义本身的科学性和实践性。马克思主义包含着科学的宇宙观和历史观，是人们自觉改造自然与社会的普遍指导思想，对于人类任何自觉的认识活动和实践活动都是必要的和有效的，中国建设社会主义文化当然不能例外。正如前面谈到文化研究的方法时所说，唯物史观具有更加直接和重要的意义，文化建设如无唯物史观的指导必将事倍功半，甚至走到相反的道路上去。（2）中国已经在马克思主义指导下进行了长期的革命和建设，其中包括文化上的争论、斗争和建设，尽管发生过重大的偏差和错误，如"文化大革命"，但总地说来，马克思主义的指导还是成功的，特别当它正确地同中国国情创造性地结合起来，形成适应中国社会发展需要的毛泽东思想和邓小平理论，其指导作用尤其显著。中国今天正在邓小平理论指导下阔步前进，有什么理由抛弃它的根本理论基础——马克思主义的指导呢？（3）文化的基础是经济政治，中国在工业上已经达到相当高的水平，经济制度坚持了公有制主体，正在建立社会主义市场经济体制，政治制度坚持了人民民主专政的国体和人民代表大会、共产党领导的多党合作和政治协商的民主制度，在这样的基础上建立的文化只能是社会主义的，亦即只能是以马克思主义为指导的文化。
（4）如果马克思主义的指导在"文化大革命"中曾被歪曲，实际上是被
糟蹋的话，那么，新中国成立以来的长时期中，特别是在改革开放以后，
马克思主义的指导对于文化建设所起的积极作用则是有目共睹的。邓小平
及其他领导人努力在文化建设中贯彻马克思主义的指导，党中央两次制定
关于精神文明建设的方针政策，这些方针政策的贯彻执行都卓有成效，这
就在实践上证明了马克思主义指导的必要性和合理性。

　　2. 正确处理中国传统文化与文化建设的关系

　　五四运动以来，"孔家店"是被打倒了，中国传统文化是否被消灭了
呢？应该说，由于西方文化（包括马克思列宁主义）的冲击，特别是由
于经济政治的变革，从整体上讲，中国传统文化已不复存在，但它的各种
因素，包括积极的和消极的，精华和糟粕，还大量存在，在个别地方甚至
占有优势。这些因素短时间内不可能消逝。其精华还将永远保留下去，造
福于中华民族的子孙万代。

　　有一种观点认为，五四运动以来，中国文化失落了，这对于弘扬爱国
主义、树立民族自信心和增强民族凝聚力是不利的，应该加以恢复，但也
不是简单地恢复，而是加以现代化。我认为这是把中国传统文化与中国文
化混为一谈了。中国存在中国文化的现代化问题，不存在中国传统文化的
现代化问题，正如中国存在中国社会的现代化问题，不存在中国传统社会
的现代化问题。中国传统社会和传统文化已经成为过去，不必要也不可能
加以恢复并使之现代化。中国文化的现代化只能是中国现代文化的现代
化。传统文化立足于传统社会之上，现代文化立足于现代社会之上，传统
文化与现代文化之间存在着中断与继承的关系，不能只承认传统社会与现
代社会之间的继承而否定其间的中断，也不能只承认传统文化与现代文化
之间的继承而否定其间的中断。传统文化失落不等于中国文化失落，难道
中国现代文化不是中国文化？

　　应该指出，"文化大革命"结束以前，虽然毛泽东和中国共产党对传
统文化一直采取了批判与继承的正确的方针，但实际上在理论工作中重视
批判而忽视继承，甚至在"文化大革命"中发展到对孔子和儒家思想的
全盘否定。这种片面性近十多年来逐渐得到了纠正，开始对传统文化采取
了实事求是的态度，但这十多年来由于西方文化和西方生活方式的冲击，
中国传统文化以及整个中国历史传统在许多人心目中日益淡薄，有的人甚

至耻为中国人，有鉴于此，近年来党和政府加强了全民的爱国主义教育，号召和支持文化界整理和研究中国传统文化，弘扬中国优秀传统文化，这是完全正确的，这个工作正在开始，还须继续加强。但这绝不是要把中国传统文化现代化，而是对传统文化采取实事求是的科学态度，取其精华，去其糟粕，使传统文化的精华更充分地融入中国现代文化之中，这也就是批判与继承的方针的真正贯彻。中国传统文化的精华不仅将有机地融入中国现代文化之中，而且将融入中国现代化文化之中。

显然，在建设我国现代化文化的过程中，必须妥善地处理对待传统文化的态度问题，民族虚无主义与复古主义都是错误的。中国传统文化是中华多民族在世世代代的改造自然与改造社会的斗争中逐渐形成起来的，深深根植于中国的历史传统之中，其影响虽然也有负面的，但也有许多正面的东西，于今天仍有重要意义，是不应抛弃的，而且也不可能抛弃。但是，如果要一成不变地加以保留，或者要把它作为一个整体来取代现代文化，即所谓"中学为体，西学为用"（实际是完整地保留中国传统文化、但物质生活是西方的），不但是不应该的，而且是不可能的。批判与继承是对传统文化唯一正确的态度。

3. 正确处理西方文化与中国文化建设的关系

西方文化主要指西方发达国家的文化，对中国影响最大的当然是西方现代文化。中国近几百年来落后了，其具体含义就是中国的经济政治文化落后于西方。西方已经步入现代，而我国还停留在近代，甚至中世纪的水平。前面我们已经谈到，俄国十月革命以前，在一般人看来，中国要现代化也就是要在经济政治文化上赶上西方，现代化实际上就是西方化。这是以前的情况。那时主张现代化的人主要分成两派，一派是中学为体、西学为用的改良派，即主张保持中国传统文化，但在经济上学习西方；另一派是全盘西化派，即主张经济政治文化全面学习西方的自由派，这两派都失败了。十月革命后出现的马克思主义派主张向俄国革命学习。改良派演化为后来的现代新儒家，它同自由派实际上都主张中国走资本主义道路，马克思主义派主张中国走社会主义道路。由于国际国内历史现实主观客观的种种原因，社会主义道路走通了。有的人喜欢把中国共产党领导的中国革命的道路称为"俄化"，这是很不确切的。中国现代革命诚然是大量吸取了俄国革命的理论和经验，但中国革命的根本指导思想是马克思主义、列宁主义，而具体指导中国革命的则是马列主义与中国革命实践相结合的毛泽东思想。而所谓"俄化"则是脱离中国实际照搬俄国经验，这曾经发生过，并给中国革命造成了重大损失，中国革命的胜利正是抵制了这种错误倾向并创造性地贯彻了马列主义指导的结果。

　　现代新儒家没有使中国实现现代化，且不说其他原因，理论上的致命的弱点，就足以导致它的失败，这就是颠倒了文化与经济政治的关系。文化只有与经济政治相适应，才能对经济政治的发展起积极的推动作用，用新儒家思想来指导，则是要用古代的文化来指导现代的经济政治，尽管戴上现代的桂冠，但毕竟是古代的东西，怎么能对远比古代为复杂的现代经济政治的发展起积极的推动作用呢？

　　比较起来，倒是全盘西化派没有这个毛病，但他们完全否定中国传统，特别是不管中国国情，主张照搬西方经济政治文化，其失败也是不足为奇的。

　　我们既不应全盘否定传统文化，也不应全盘否定西方文化，中国文化的现代化与西方文化之间有着密切而复杂的关系。中国社会和中国文化的现代化离不开西方文化。不仅西方高度发达的科学技术管理的思想和理论是必须吸取的而且已经大量吸取了，经济政治的思想和理论也有许多值得学习和借鉴之处，实际上已对中国建设产生了巨大的影响。社会主义经济政治思想也是西方社会的产物，资本主义与社会主义的关系是十分复杂的，中国过去对社会主义认识不清楚，与对资本主义认识不清楚有关，西方文学、艺术、道德、教育、宗教、哲学中当然都有许多值得借鉴之处。西方文化同中国传统文化一样有精华，也有糟粕；有积极因素，也有消极因素。总之，我们对西方文化也应采取分析的态度，取其精华，去其糟粕，以我为主，洋为中用。当然吸取西方文化的精华也要与中国实际相结合，而不能生搬硬套。

　　4. 中国的现代化文化就是有中国特色的社会主义文化

　　中国现代文化不等于现代化的中国文化。要使中国文化现代化，还有一个努力建设的过程。我们要建设的现代化的中国文化是怎样的呢？按照以上对文化在人类社会中的地位的理解和对中国现代文化的认识，现代化的中国文化应该是现代化的中国社会的一部分，而现代化的中国社会就是邓小平同志所指明的有中国特色的社会主义社会，因此，现代化的中国文化就是有中国特色的社会主义文化。它将随着中国现代化建设的发展而逐步形成，成为有中国特色的社会主义社会的一个重要组成部分。具体说，我认为它有以下几个特点：现代化的中国文化的现实基础是中国特色的社会主义经济政治。它首先包括高度发达的生产水平和科技水平，其次是与生产水平相适应的以公有制为主体的基本经济制度和充分发达的社会主义市场经济体制，最后是与这种经济制度相适应的具有中国特色的完善的社会主义民主制度，即人民代表大会制度和中国共产党领导的多党合作和政治协商制度的进一步完善化，它就是中国的人民民主专政。与西方那种表面上热热闹闹，实际上为少数人所控制的资产阶级民主制度相比较，这种民主制度将是人类历史上出现过的最真实最广泛最有效的民主，是中国人民对人类政治制度史的独特贡献。这样的经济政治是中国现代经济政治之进一步发展和完善，要经过长期的艰苦努力才能充分建立起来。

现代化的中国文化的思想来源是中国传统文化与现代文化以及西方文化、东方文化和苏联的社会主义文化。关于它与中国传统文化、西方文化的关系前面已经谈到，这里谈谈它与苏联和东欧文化、东方文化的关系。苏联和东欧各国的社会主义虽然都失败了，但它们都创造了灿烂辉煌的社会主义文化，其中有许多因素对于建设中国现代化文化是有很大的参考价值的，它们失败的教训也是一种有价值的文化因素。东方各国文化虽然在整体上也落后于西方发达国家，但近年来若干国家和地区的文化在一定程度上已赶上西方，而且由于同属东方，它们与中国有更多的共同之处，过去也有过更多的交流，因此，它们的文化中可借鉴的东西也是不少的。当然对于它们，如同对西方文化那样，我们也应采取分析的态度。

社会主义文化因素在整个现代化中国文化中占主导地位。中国经济政治中存在多种成分，这决定了中国文化中存在多种成分，这种状况在实现了现代化之后也不会消逝，但与经济政治中社会主义因素占主导地位相适应，文化中也必然是社会主义因素占主导。因此，中国现代化文化必然是为人民服务的、为社会主义服务的文化。无论在文学、艺术中，还是在教育、伦理中都应该是如此。例如，在人们的价值取向中，由于私有制还存在，个人主义是不会消逝的，但社会主义集体主义又不能不占主导，如果让个人主义占了主导，这样的文化将不再是社会主义文化，经济政治上的社会主义就难以坚持下去了。

现代化中国文化将集中表现在"四有"新人的大量涌现上。现代化的中国文化是实践的具体的活生生的文化，它必然体现在现实的人身上，否则它就只是空洞的理论，正如中国社会的现代化必然体现在人的现代化上一样。江泽民同志说："同经济、政治的改革和发展相适应，以'有理想、有道德、有文化、有纪律'为目标，建设社会主义精神文明。"（党的十四大报告）这里说的正是现代化的中国文化的标志和具体体现。他在党的十五大报告中又重申了这一点。

　　马列主义、毛泽东思想和邓小平理论是现代化的中国文化的指导思想。全盘西化派、现代新儒家和马克思主义派在中国文化现代化问题上的分歧实际上是指导思想上的分歧，即用资本主义思想，还是儒家思想，还是马克思主义来指导？既然现代化的中国文化就是有中国特色的社会主义文化，它的思想当然只能是马克思主义。以资本主义思想来指导，只能建立资本主义文化，从而只能为资本主义的经济政治开辟道路。以儒家思想来指导，即使它是"现代化"了的，也只能通过改良道路来建立资本主义文化，从而也只能为资本主义开辟道路。它们实际上走的是自由化的道路，而绝不是社会主义现代化的道路，而自由化，历史已经证明，是不可能在中国实现社会的现代化的。马克思主义的指导并不排斥文化上的多样化，相反，中国现代化文化必然贯彻"百花齐放、百家争鸣"的方针，多种文学艺术形式，多个学术流派，只要是有益于社会主义的文化因素都可以得到存在和发展，共同促进中国现代化文化的繁荣。江泽民同志在党的十五大报告中不仅把经济、政治、文化建设作为中国整个社会主义现代化建设的三个不可分割的任务提出来，而且对这三项任务作了具体的规定。他对文化建设的任务作了一个精练而全面的概括，他说："有中国特色社会主义文化，是凝聚和激励全国人民的重要力量，是综合国力的重要标志。它渊源于中华民族五千年文明史，又根植于有中国特色社会主义的实践，具有鲜明的时代特点；它反映我国社会主义经济和政治的基本特征，又对经济和政治的发展起巨大的促进作用。建设有中国特色社会主义，必须着力提高全民族的思想道德素质和科学文化素质，为经济发展和社会全面进步提供强大的精神动力和智力支持，培育适应社会主义现代化要求的一代又一代有理想、有道德、有文化、有纪律的公民。这是我国文化建设长期而艰巨的任务。"为了完成这个任务，全国人民都要进行艰苦的奋斗，尤其是从事文化工作的知识分子更具有不可推卸的责任。这个任务，我相信是可以同整个社会主义现代化事业一起完成的。

三 孔子与儒学*

世界文化名人、中国古代伟大的哲学家、思想家、教育家、政治家孔子和他所创立的学派——儒家，他们的思想持续影响中国历史两千多年，成了中国传统文化的核心部分，对世界很多国家，特别是亚洲国家也有着明显的影响。在科学技术和物质文明高度发达的今天，儒家思想对于克服片面追求物质享受所产生的流弊是否可能发挥一定的积极作用，这一问题引起了人们的普遍关注，成为国际理论研究的一个热点。

（一）孔子及其思想

孔子名丘字仲尼（孔子是一种尊称），中国春秋时代鲁国（今山东曲阜）人，生于公元前551年，死于公元前479年。祖先是宋国贵族，后逐渐没落，父亲叔梁纥是鲁国的一个低级官吏——陬邑大夫。他3岁丧父，寡母孤儿，生活十分贫困。孔子一生主要活动有教育、从政、游说、整理古籍，他在这些活动中发表自己的各种思想。自15岁以后，他的一生大致可以分为四个阶段：

1. 15岁至30岁为学习阶段。孔子自己说："吾十有五而志于学，三十而立。"他学习了六艺（礼、乐、射、御、书、数）和他后来又加以整理修订的六经（《诗》《书》《礼》《乐》《易》《春秋》），直到30岁，为他从事教育和政治活动打下了坚实的基础。其后，特别是他母亲于他17岁时逝世后，他独立生活，从事过多种劳动，还做过婚丧礼仪中的司仪、管理牛羊的小吏和管理仓库的小吏。

2. 30岁至55岁为从事教育、政治活动的阶段。孔子在30岁左右开设私学，是中国最早兴办私学的教育家。他同时进行了一系列政治活动，希望跻身于鲁国贵族统治集团之列，但直至51岁才当上鲁国的中都宰（县长），后来又升任司空（工程管理长官）和大司寇（公安司法长官），

---

* 本文写于1991年，为 Companion Encyclopedia of Asian Philosophy（Edited by Brian Carr and Indira Mahalingam，Routledge，1977）之第26章，英译有删节。作者从20世纪50年代开始发表文章以来，没有写过一篇有关中国哲学史的文章，只是在"文化大革命"时期参加过《〈论语〉批注》一书的写作，批判了《论语》中的每一句话。此书内部发行，影响恶劣，是"左"倾路线的典型产品。作者常为此事感到内疚。本文可以说是对《〈论语〉批注》的一种批判。

还代理过宰相。孔子55岁时，由于触犯了鲁国的权臣季桓子，不得不辞职离开鲁国，开始了周游列国之行。

3.55岁至68岁的游说阶段。孔子周游列国的目的是为了寻求国君的支持，以便实行他的政治主张。他先后访问了卫、陈、曹、宋、郑、蔡等6个国家。他带着几十名随从弟子，所到之处颇受国君的尊重和礼遇，但没有一个国君给予他高官和大权，采纳他的政治主张。有时也受到冷遇，特别是在途中还受到过包围，甚至断粮，被弄得十分狼狈。

4.68岁至72岁的整理文献阶段。孔子是鲁国宰相季康子欢迎回来的，但鲁国国君除了给予他较高物质待遇外，也不采纳他的主张，孔子于是把精力集中在整理文献和教育事业上。孔子一生从事教育事业从未中辍，号称有三千弟子，其中有七十二贤人，逐渐在他周围形成了儒家学派，这使他成为中国第一个伟大的教育家。他整理修订的文献，相传就是六经。六经均不是他的著作，但经过他整理修订才呈现出今天所见到的面貌，这对于这些文献的保存、传播与使用无疑是具有历史意义的重大贡献。

孔子没有写出专著来系统阐述自己的思想，而是在他的各种活动中，特别是教育活动和政治交往中，发挥自己的观点。他的弟子们以极其精练的语言记录下他的言行，整理成书，这就是流传下来的《论语》。《论语》是中国古代典籍中流传最广、影响最大的著作，被视作儒家的"圣经"。此外，左丘明的《左传》和司马迁的《史记·孔子世家》以及其他著作也都有着关于孔子言行的可靠的记载。

孔子思想涉及的领域十分广泛，比较集中的是哲学、伦理、政治、教育等方面的思想。下面就这几方面作一简略介绍。

1. 孔子的哲学思想。在古代中国人的思想里，天或天地就是自然界，人们把自然界视为神，把自然规律神化为天命，孔子沿袭了这种原始宗教的有神论思想。由于孔子过分强调知识的实用性，他忽视对世界本体和自然界的研究和思考，对鬼神采取敬而远之的态度，认为"敬鬼神而远之，可谓知矣"。"未能事人，焉能事鬼"。

孔子哲学主要是社会哲学和人的哲学。孔子哲学的核心是什么？是仁还是礼？学者们对这个问题至今意见分歧。据多数学者的意见，孔子哲学的核心是仁与礼的统一，即关于贯穿着仁的精神的社会秩序或社会制度的理论。孔子对自己的哲学观点缺乏明确的规定和形而上学的论证，他对于礼的理解是明确的，即鼎盛时期的周代的经济、政治和文化，亦即被孔子理想化了的周代社会制度。中国学者对周代的社会性质存在着意见分歧，但在孔子心目中，它显然不是奴隶社会，而是封建社会。从孔子的言论来看，这是一个人丁兴旺，生活富裕，人民安居乐业，天子和诸侯的等级井然有序，礼乐兴盛，盗贼绝迹，安定和谐，道德高尚，人人严于律己，彼此相亲相爱的理想社会。什么是仁？从孔子的各式各样的回答中可以看出，仁的根本含义还是爱人。从这种精神出发，孔子十分重视社会关系的协调，他的学生有子说，"礼之用，和为贵"。孔子把这种状态又称为中庸，说"中庸之为德也，其至矣乎"，因此，人们在自己的活动中要"允执其中"，"过犹不及"。为什么要以仁作为社会的根本精神？孔子似乎要以人性善来解释（"性相近也，习相远也"），但他没有展开论证。孔子对他所在的春秋社会十分不满，认为当时礼崩乐坏，上下颠倒，立志恢复或建设一个仁的社会，并以此为目标而提出了他的伦理、政治、教育思想。

2. 孔子的伦理思想。孔子极端重视个人的道德修养，把仁人或君子看成理想人格。他说的仁人君子无疑是统治阶层中的人，但他的伦理观点具有一定普遍意义。他的伦理思想可概括为以下几点：（1）以等级名分来严格要求自己，"君君，臣臣，父父，子子"，"克己复礼"，即孔子所说的"正名"。（2）爱人，这种爱无疑有等级和亲疏的差别的，但他也承认爱的广泛性（"泛爱众"，"博施济众"）。（3）推己及人，"己欲立而立人"，"己欲达而达人"，"己所不欲，勿施于人"。（4）重义轻利，孔子认为"君子喻于义，小人喻于利。"主张"见利思义"，杀身成仁，舍生取义，并围绕仁义提出了一系列道德规范如孝、悌、忠、恕、智、勇，等等。

3. 孔子的政治思想。孔子把仁的思想应用于政治，强调仁政德治，反对单纯依靠行政命令和刑罚来治理国家。他的政治思想的大前提是维持和巩固封建等级制度，因此，他要求统治阶层"克己复礼""事君以忠"，特别是尊崇周王。而对于人民，他主张"道之以德，齐之以礼"，实行重教化，省刑罚，薄赋税的政策，这样，人民就能安居乐业，社会秩序就稳定了。这就是孔子的仁政德治。靠什么人来实行仁政德治呢？靠贤才。孔子虽然并不反对封建贵族的世袭特权，但由于他本人出身平民，又一贯从事教育活动，他更强调"举贤才"，即在贵族等级之外选拔人才。他认为最好的统治者就是君子，他们是具有多种优良品德和才能的人。孔子把伦理思想与政治思想统一起来，形成一个统一理论，后来《大学》把它概括成"正心、诚意、修身、齐家、治国、平天下"的理论，亦即"内圣外王"之道。

4. 孔子的教育思想。孔子在长期的教育实践中形成的教育思想贯穿了他的哲学思想，是为他的政治理想服务的，其中也包含了许多教育经验，至今为人们所传颂。尽管孔子在理论上承认有生而知之者，但他说自己不是这种上智之人，而是"好古，敏以求之者也"。在他看来上智之人是极少的，因此他十分重视学习和教育，说自己"学而不厌，诲人不倦"。孔子从事教育的目的是培养出能够实现他的政治理想的人。他认为，修身是为了治国（"修己以安百姓"），"学也，禄在其中矣"，"君子忧道不忧贫"。为了培养合格人才，孔子打破过去贵族垄断学习与教育的局面，主张"有教无类"，为平民大开校门。这使孔子的门庭中多数是平民。孔子对学生进行全面教育，既有理论，又有实习；既有知识，也有品德（"子教以四：文、行、忠、信"）。孔子的教学方法有许多符合科学精神，至今仍有重要价值，如"学而不思则罔，思而不学则殆"，"学而时习之""温故而知新"，"举一反三"，"因材施教"，等等。

总体来说，孔子思想有以下几个特点：（1）重视人类社会，忽视自然界；强调学以致用，忽视学术研究。其影响使中国文化具有实用特色和务实精神，也使中国的自然科学的系统化落后于西方。（2）重视和平稳定，协调统一，追求长治久安，反对"犯上作乱"。这使孔子思想为历代统治者所尊崇，因为这种思想对于维持已有秩序是有利的，但革命者或造反者没有不批判孔子的。（3）强调人的精神需要，主张提高人们的道德修养，忽视人的物质需要。这一点在今天得到一些东亚国家的重视，认为可以对过度物质欲望，起一定的抑制作用。（4）孔子思想中有非常丰富的人生经验，许多言论已成为中国传统的警句、格言、公德，如"知之为知之，不知为不知，是知也"，"政者正也，子帅以正，孰敢不正？""三军可夺帅也，匹夫不可夺志也"，"朝闻道，夕死可矣"，"听其言而观其行"，"后生可畏"，"其身正，不令而行；其身不正，虽令不从"，"欲速则不达"，"人无远虑，必有近忧"，"当仁不让于师"，等等，这些名言具有广泛的长远的价值。

（二）儒家的创立和发展

孔子及其弟子在孔子在世时形成了一个学派——儒家。儒本是当时从事文化活动的知识分子的通称，他们通晓诗、书、礼、乐，以巫、史、祝、卜为业。孔子青年时期曾以相礼司仪为业，就是一个儒。后来他长期不仕，以授徒为业，做了一辈子的儒。当时便把以孔子为首的这个学派称为儒家，后世也把一切崇奉孔子的知识分子称为儒家。由于孔子的思想和言论并不十分严密，给人以不同解释的可能，因而在春秋战国时代儒家就分裂成了不同派别，韩非曾谈到儒家当时有八派："自孔子之死也，有子张之儒，有子思之儒，有颜氏之儒，有孟氏之儒，有漆雕氏之儒，有仲良氏之儒，有孙氏之儒，有乐正氏之儒。"其中的孟氏之儒和孙氏（荀子）之儒是战国时代儒家的两大派，在当时和后代都有巨大影响，形成了孔子之后儒家发展的第一个高峰。秦始皇焚书坑儒，汉代初年崇尚黄老，儒家一度被冷落。汉武帝在董仲舒的鼓吹下，认识到儒家思想对于巩固统治的作用，于是就罢黜百家，独尊儒术，形成了儒家发展的第二个高峰，从此确立了儒家思想在中国封建社会意识形态中的统治地位，直到1911年辛亥革命，才从根本上发生动摇，汉唐之间，由于佛教的传入和发展，儒家与佛教展开了激烈的争斗，互有消长，但儒家的统治地位一直是巩固的，孔子受到历代帝王的尊崇。宋明理学吸收了佛教与道家的思想，在理论上有重大突破，形成了儒家发展的第三个高峰。由于宋明理学在理论上的重大成就，它又被称为新儒家。下面简略介绍这三次高峰。

1. 战国时期的儒家。这个时期的儒家以孟子一派和荀子一派最重要，对后世的影响最大。

孟子（约公元前372—前289年）名轲，邹国（今山东省邹县）人，是孔子的孙子子思的学生的学生，曾周游列国，劝说国君实行他的政治主张，受到多国国君礼遇，但无人真正实行他的主张。他以授徒讲学终其生，宣扬和发挥孔子思想，其行为和对话记录由他及其学生整理编纂为《孟子》一书。较之《论语》，《孟子》思想具有更高的系统性、论证性，极为雄辩。后代把他尊崇为亚圣，仅次于孔子。

孟子主要发展了孔子关于天命、人性、仁义、王道的思想。孟子从天命那里寻找社会历史、人性、伦理的形而上学根据，认为"莫之为而为者天也，莫之致而致者命也"，人性是天生的、共同的、善的，具体说，"恻隐之心，人皆有之；羞恶之心，人皆有之；恭敬之心，人皆有之；是非之心，人皆有之"。这就是仁义礼智的根源。但他并不赞成宿命论。他认为这些善性最初是以萌芽状态存在于每一个人身上，必须经过自觉的修养和社会的磨炼，一个人才能成为圣贤。因此，在他看来，主观的努力十分重要，只要充分发挥潜在的善性，"人皆可以以尧舜"。人成为圣贤的目的是推行儒家的德政和王道。孟子的政治主张的目的无疑在于维持和巩固君主的统治，但如何才能做到呢？他反对暴政和霸道。他认为人民安居乐业，生活富裕，是政治统治稳定的基础，并从此作了进一步引申，认为"民为贵，君为轻，社稷次之"，主张千方百计获取人民的拥戴，"乐民之所乐者，民亦乐其乐；忧民之所忧者，民亦忧其忧。乐以天下，忧以天下，然而不王者来之有也"。他甚至激进到主张人民可以惩办暴君污吏，"闻诛一夫纣矣，未闻弑君也"。孟子的这些言论尽管是从统治者的立场讲的，在一定程度上也反映了老百姓的愿望。

荀子（约公元前 325—前 238 年），名况，亦称苟卿或孙卿，赵国（今山西省南部）人。他自认师承孔子及其弟子仲弓，曾任齐的学官祭酒，楚的兰陵令，一生大部时间从事讲学和学术活动。他的主要著作《荀子》，是他本人撰写或学生记录整理的。荀子是当时与孟子齐名的儒家主要代表，但他发挥的重点与孟子不同，观点也针锋相对，具有显著特色。他的思想实际概括了老庄和法家学派的思想成果。荀子也谈天，甚至称之为神，但他的天实际是自然界，天命就是客观的自然规律，"天行有常，不为尧存，不为桀亡"，强调掌握和运用自然规律来为人服务，"大天而思之，孰与物畜而制之。从天而颂之，孰与制天命而用之"。他把人性看成人的生物本能，认为"人性恶，其善者伪也"，强调人的伦理道德观念是后天养成的，这同孟子的性善论是对立的。荀子不否认仁义的作用，但更重视礼乐对维持和巩固君主统治的意义。他认为"人无礼不生，事无礼不成，国家无礼不宁"。（《大略》）他很重视音乐，认为乐能陶冶人的性情，是君主实行礼的辅助手段，"乐合同，礼别异；礼乐之统，管乎人心矣"。荀子的礼的具体内容已不再是周礼，而是他所理想的地主阶级的规章制度，其中就包含了法，所以他说，"礼者法之大分，类之纲纪也"。他提出"法后王"的口号，取代孔孟的法先王的思想。法家著名代表李斯、韩非都是他的学生，他们运用他的思想指导秦国的政治，辅佐秦王统一了中国，这说明荀子的思想比较适应统一的需要。

2. 儒家思想统治地位的树立。儒家思想的统治地位是西汉武帝时期树立的，其代表人物是董仲舒，他不但进一步发展了儒家思想，而且假借政治势力，把儒学抬高为封建时期的国家哲学。

　　董仲舒（公元前 179—前 104 年）是中国西汉的经学学者。经学是汉代开始并延续到唐代的以注释、诠诂经书（《诗》《书》《易》《礼》《春秋》）为任务的学问，也是儒家的一个学派。董仲舒是《春秋公羊传》的专家，曾任博士，讲授《春秋公羊传》。公元前 134 年他上书汉武帝建议"罢黜百家，独尊儒术"，得到汉武帝采纳。后两度出任汉亲王的相国，一直得到汉武帝的尊重与崇敬，常常以国家大事向他咨询。他留传下来的主要著作有《春秋繁露》等。他把儒学推向一个新的高峰，牢固地树立了儒学在中国古代意识中的统治地位。

　　董仲舒思想的特色是进一步发扬儒家的忠君思想，而抛弃其爱民思想，并为这种思想寻求一种形而上学根据，形成了比较严密的思想体系。他提出了著名的"三纲"说，即君为臣纲，父为子纲，夫为妻纲，主张臣民要绝对忠于君主，"善皆归于君，恶皆归于臣"。为什么要这样呢？董仲舒认为这是上天决定的。如果说孔子的天作为人格神的含义还不十分明确的话，董仲舒的天就完全是上帝了。在他看来，地上的一切都是上天决定的，君主就是天的儿子（天子）。不仅如此，他还认为上天一直严密地监视着地上的活动，各种自然灾害都是上天对君主的警告，天与人可以互相感应。他以神学的形式、迷信的语言猜到了人与自然界的相互作用，创立了天人感应说。同孔孟一样，他主张德政而反对刑罚，"任德不任刑"，因为刑罚虽可见效于一时，而长治久安还是需要仁政和教化。他综合孟荀的人性论，提出性三品说，认为圣人之性善，斗筲之性恶，但圣人与斗筲都是少数，多数人的性是中民之性，即善恶混合，这部分人可以为善，也可以为不善，所以需要教化。

　　3. 新儒家的出现。新儒家即宋明理学，亦称道学，是儒家发展中的第三个高峰。两汉经学自三国以来日益衰落，老庄思想在魏晋时期逐渐抬头，佛教在南北朝隋唐五代则大为盛行，但儒家并未完全丧失其在古代思想中的统治地位。儒家思想除了仍受君主的尊崇外，在魏晋玄学和南北朝隋唐的佛学中也有相当的影响。宋明理学使儒家思想无论在理论高度上还是在实际地位上都登上了新的阶段。唐代韩愈、李翱是宋明理学的先驱。韩愈的道统说（主张尧、舜、禹、汤、文、武、周公、孔子、孟子一脉相承）等对宋明理学产生了巨大的影响。宋明理学人物众多，派别林立，著名的人物和派别有：北宋初期的范仲淹、欧阳修和胡瑗、孙复、石介（三先生），北宋中期的周敦颐（濂学）、邵雍（象数学）、张载（关学）、程颢、程颐（洛学）、司马光（朔学），南宋的朱熹（闽学）是理学的集大成者，此外还有南宋的陆九渊（江西之学）和明代的王守仁（阳明学），陆王的思想又称心学。

宋明理学之所以成为儒学的新阶段，是由于它具有若干新的特点：第一，它形成了儒家思想发展史上的内容最丰富、精细、完整的思想体系。儒家学说的中心内容是政治伦理哲学，在这一点上宋明理学是与以前的儒家学说一致的，但它在探寻政治伦理哲学的形而上学根据的过程中发展了本体论和认识论以及其他方面，大大提高了儒家学说的理论性。第二，宋明理学是在反对和批判佛教和道家思想的过程中产生的，在论战的过程中，不仅回答了佛教与道家提出的问题，从而发展了儒家学说，而且从儒家的立场出发吸收了它们的若干思想，从而丰富了儒家学说。第三，宋元明几代君主对儒家的尊崇使儒家学说得到了空前的发展，形成宋明理学，而它也为封建君主专制制度的巩固提供了更加完备的思想工具。如朱熹把《论语》《孟子》《大学》《中庸》从《十三经》中突出出来，称为《四书》，为之作注，即《四书集注》，元明以来它被规定为科举考试的必读教科书，确立了它在中国古代经典中的核心地位。下面分别介绍一下宋明理学中的三个主要派别的代表：

（1）张载（1020—1077 年），北宋气一元论的主要代表。他担任过一些政府官职，但一生主要活动是讲学。他崇奉、宣扬并发挥了儒家伦理道德思想，努力维护封建社会秩序，对佛教和道家的出世、无为和唯心主义思想采取了批判态度。他用气一元论作为他的政治伦理思想的本体论根据。他认为世界的本源是太虚，太虚也就是气，气凝聚而成万物，万物散而为气。人和万物一样，都是气凝聚而成。气体现在人身上即为人性，人性有两种，一为天地之性，一为气质之性，前者是天地的本来状态，清澈纯一，即理性，是善的，后者则掺杂了人的欲望感情，混乱不纯，是恶的。因此，人应该通过修身养性，限制气质之性，恢复天地之性。他把封建社会看成是一个与天地合一的大家庭，认为"天称父，地称母，予兹藐焉，乃混然中处……大君者，吾父母宗子，其大臣，宗子家相也"。以此论证封建社会的永恒性、绝对性。张载的社会伦理思想为二程、朱熹所继承，其唯物主义思想对明代的王廷相、王夫之有很大的影响。

（2）二程和朱熹是理一元论的主要代表。理一元论是宋明理学的主流，狭义的理学就是程朱理学。程颢（1032—1085 年）和程颐（1033—

1107 年）兄弟是理一元论的奠基人，朱熹（1130—1200 年）是其完成者。朱熹认为中国的道统至孟子而中断，二程才把道统连接起来，二程之后就是他了。他们都担任过一些政府官职，但主要活动都是授徒讲学。

程朱理学把理看作最根本的东西，是一种客观唯心主义，但程颢有主观唯心主义倾向。他们继承了儒家的政治伦理思想，而在同佛、老的争论中吸收了佛、老的唯心主义思辨性，提出以理为世界的本原，使儒家传统思想得到较为严密精致的论证。理即共相、理念、规律，是使事物成为该事物的东西。程颐说："天下万物皆可以理照，有物必有则，一物须有一理。"他们区分形而上与形而下，理是形而上的，气是形而下的，形而上的理比形而下的气更根本。

朱熹发展这一思想，提出"理在事先"的观点，事也就是气。朱熹认为从时间上说，"理气本无先后之可言，然必欲推其所从来，则须说先有是理"。这个先后是一种逻辑关系，即前提与结论的关系，所以他说："未有这事，先有这理。如未有君臣，已先有君臣之理；未有父子先有父子之理。"在他们看来，理不是杂乱无章的，而是统一的，说到底，理只有一个，"理一分殊"。程颢把这个统一的理看成心，程颐把它看成天理，朱熹把它称为太极。太极有什么具体内容呢？他说"太极只是个极好至善底道理，……是天地人物万善至好的表德"，"其中含具万理，而纲领之大者有四，故命之曰仁义礼智"，这样，朱熹就赋予了封建伦理道德以绝对的无限的形而上学意义。程朱理学从理一元论引申出他们的人性论和政治伦理观点。二程把人性区分为天命之性和生之性，朱熹则区分为天命之性和气质之性，前者来自理，后者来自气，前者是善的，后者按是否受天理制约而有善有恶，如"饮食，天理也；要求美味，人欲也"。他们进一步提出禁欲主义的主张，朱熹主张"革尽人欲"和"复尽天理"的口号，程颢提出"饿死事极小，失节事极大"的口号，从这里不难看出佛家禁欲主义的影响。在他们看来，做到存天理、灭人欲的人便是有德之人；人人如此，则君臣父子各尽其职，和谐共处的社会秩序就可以长期稳定下来了。

他们的认识论是唯理主义的先验论，是从属于理一元论的。程颐说："知者吾之所固有，然不致则不能得之，而致知必有道，故曰致知在格物。"认识的目的是穷理，即致知，通过什么途径呢？通过格物，即研究外部事物，他们把这种认识过程叫作即物穷理。朱熹进一步发挥了即物穷理的理论，认为即物穷理，"至于用力之久，而一旦豁然贯通焉，则众物之表里精粗无不到，而吾心之全体大用无不明矣。"即物穷理的结果就是认识我自己心中原有的理。这样，人们就可以成为有德之人了。

（3）陆九渊和王守仁是心一元论的主要代表，他们的理论又称心学。陆九渊（1139—1193 年）与朱熹同时，曾任地方官，赞同程颢的主观唯心主义观点，主张理就是心，并同朱熹展开过激烈的争论。王守仁（1472—1528 年），号阳明，担任过明代政府高级官职，进一步发展了陆九渊的思想，提出"心外无理""心外无物"的极端的主观唯心主义观点。他们的政治伦理思想同宋明理学的其他各派基本上是一致的，但其哲学基础不同，论证方法不同。他们反对程朱派区别心与理的观点，陆九渊认为"宇宙便是吾心，吾心即是宇宙"，"人皆有是心，心皆具是理，心即理。"为什么呢？他认为至高原则只能有一个，"至当归一，精义无二，此心此理实不容有二。"既然如此，那么，心外还有没有什么呢？王守仁明确地回答说："心外无理"，"心外无事"，"心外无物。"对此，他的弟子提出诘难："天下无心外之物，如此花树在深山中自开自落，于我心亦何相干？"王守仁回答说："你未看此花时，此花与此心同归于寂，你来看此花时，则此花颜色一时明白起来，便知此花不在你的心外。"这个观点的提出显然是受了佛教禅宗的影响。陆九渊说的心内的理也就是仁义礼智，它们是人心所固有的"本心"，只是由于物欲的侵染，才出现了异端、邪说、错误和罪恶。因此，他认为程朱的即物穷理太繁难，大可不必，只要反省内求就可认识这些理。修养不在于增加什么品德，而在于清除外来污染，"切己自反，改过迁善"就行了。王守仁把"本心"称作"良知"，反省内求就可以"致良知"。他在此基础上提出了"知行合一"的思想。王守仁把良知理解为伦理道德规范，这种良知的根本特点就是实践，因而他特别重视实践。他认为"知是行的主意，行是知的功夫；知是行之始，行是知之成"。尽管他把知行统一夸大成合一，这一学说毕竟是在中国哲学史上第一次对知行关系问题的系统论述，这是王守仁的独特贡献。

（三）儒家与现代文化

宋明理学流行到明末清初就大为衰落，除官方仍予以支持外，在思想界遭到许多人的批判，如王廷相、王夫之、顾炎武、黄宗羲都批判理学，主张以实学取代空疏说教的理学，李贽甚至公开批评孔子。尽管如此，儒家思想两千年来的思想统治仍未从根本上动摇过。在中国古代的三家主要思想派别儒、释、道中，儒家思想从整个过程来说也一直占主导地位，这是因为儒家思想是中国封建社会制度的直接的肯定的反映，它的政治伦理思想（"三纲五常"、仁义礼智等）是有利于维护和巩固封建社会秩序的。因此，从19世纪中叶以来，当中国封建社会制度面临被推翻的命运时，儒家思想的统治就从根本上动摇了。在最后一个王朝——清王朝被推翻后，儒家思想统治借以维持2000年之久的政治基础就不复存在了，儒家思想统治就开始崩溃了。

1. "五四"运动所掀起的批孔倒孔运动。近代首先起来反对孔子的是太平天国的领袖们。维新派康有为则采取托古改制策略，把孔子改造成为现代改良主义的圣人。实际上是以民主主义取代儒家思想。民主主义革命派孙中山、章太炎也是反孔的。袁世凯为了恢复帝制，把儒家思想定为国教，大搞尊孔读经。1919年的"五四"运动是反对帝国主义和封建主义的政治运动，也是一个高举民主和科学两面旗帜的新文化运动，"打倒孔家店"是这次运动的主要口号之一。随着新文化运动的发展和深入，儒家思想受到了系统而彻底的批判。"五四"运动宣告了儒家思想统治的结束。

"五四"新文化运动的主将们陈独秀、李大钊等对儒家思想采取了根本否定的态度。陈独秀在《新青年》创刊号上号召青年们奋起反对儒家所维护的封建制度和封建思想，认为"倘不改弦更张之，则国力将莫由昭苏，社会永无宁日"。李大钊还主张区别孔子本人和历代统治者为了适应自己的政治需要而塑造出来的孔子，申明"余掊击孔子非掊击孔子之本身，乃掊击孔子为历代时君雕塑之偶像的权威也；非掊击孔子，乃掊击专制政治之灵魂也"。吴虞认为孔子宣扬的忠孝观念是为维护君主专制制度和家族宗法制度服务的，被誉为"打倒孔家店的老英雄"。毛泽东把儒家所代表的制度和思想概括为政权、族权、神权、夫权，认为它们是束缚中国人民特别是农民的四条极大的绳索。孔子和儒家的思想作为中国封建社会的统治思想，在反封建的革命运动中会受到猛烈的冲击和彻底的批判是很自然的，不可避免的。

但是，就是在这种反孔的浪潮中，"五四"新文化运动倡导者中间也有人主张给予孔子在历史上的功过是非以科学的评价。例如，胡适在其

《中国哲学史大纲》中把孔子的言论行动摆到他生活的春秋时代中来考察，认为春秋时代是一个社会大变动的时代，孔子总是力图变无道为有道，变乱为治，因而"正名"成为孔子的中心政治主张。胡适认为孔子把君子推崇为模范人格，注重个人道德修养，提倡行"仁"道，不过是要人都成为人。不管胡适的分析和评价是否正确，把孔子和儒家作为一种历史现象和一些历史人物来对待总是必要的。后来毛泽东也主张为了推进中国现代文化，对包括儒家在内的中国文化遗产，既不能盲目照搬，也不能一概排斥，"从孔夫子到孙中山，我们应当给以总结，承继这一份珍贵的遗产"。

2. 现代新儒家的出现。儒家思想统治的终结并不意味儒家学派的终结，更不意味儒家思想影响的终结。在"五四"运动以后，不仅那些支持保皇立场，提倡尊孔读经的前朝遗老以儒家自居（康有为、辜鸿铭），还陆续出现过一批具有现代文化素养，赞成科学和民主的学者肯定儒家基本精神，主张把儒家思想现代化，并以现代化的儒家思想指导中国实现现代化，形成以儒家思想为核心的中国现代化文化。这一批人被称为现代新儒家。

穷竟哪些人是现代新儒家？他们的演变情况怎样？现代新儒家的基本特点有哪些？如何评价他们在现代历史中的作用？他们的发展前景怎样？……这些问题，海内外学者均在研究，意见很不一致，下面根据多数学者的看法作一简略介绍。

许多学者认为现代新儒家从创始至今已经经历了三代。第一代活动于20世纪20—40年代，第二代活动于50—70年代，第三代活动于80年代。早在1917年梁漱溟跨进北京大学讲学时就明确表示要发扬孔子的思想，后来在其《东西文化及其哲学》中预言西方哲学会走上中国的路、孔子的路。张君劢在参加科学与人生观的论战中认为孔孟以至宋明理学家侧重内心修养，树立了高度的精神文明，主张复活宋明理学。熊十力的《新唯识论》以重建中国儒家的本体论哲学为目标，意图为弘扬儒家提供一个坚实的形而上学基础。钱穆则在治史的过程中着意提倡复兴中国文化，拓建儒学传统。冯友兰把新实在论同程朱理学结合起来，形成自己的哲学体系，自称新理学，并写了专著《新理学》。贺麟则把新黑格尔主义同陆王心学结合起来，形成自己的哲学体系，自称新心学。1939年马一浮在乐山建立了复性书院，1940年梁漱溟在北碚建立了勉仁书院，张君劢在大理建立民族文化书院，培养了一大批现代新儒家的追随者。中华人民共和国成立后，张君劢、钱穆和一批新儒家的追随者迁到香港、台湾，继续从事复兴儒家学说的活动，留在大陆的现代新儒家停止了活动，其中一些人如冯友兰、贺麟还公开申明接受马克思主义，放弃原来的思想体系。

现代新儒家的第二代主要在台湾和香港从事活动。除老资格的张君劢、钱穆而外，较年轻的新儒家的著名代表有方东美、唐君毅、牟宗三、徐复观等人。1948 年钱穆、唐君毅在香港创建新亚书院及所属新亚研究所作为讲授和弘扬儒家的机构，同年徐复观在香港创办《民主评论》，1951 年王道在香港创办《人生》，这两个刊物一开始就以复兴中国文化、发扬儒家精神作为自己的主要目标。1958 年牟宗三、徐复观、张君劢、唐君毅 4 人联名发表《为中国文化警告世界人士宣言——我们对中国学术研究及中国文化与世界文化前途之共同认识》，把现代新儒家的活动推向了高潮。这篇宣言的发表引起世界学术界的注意，是现代新儒家走向世界的标志。20 世纪 50 年代，他们进行了一系列发扬儒学的活动，牟宗三先是在台湾师范学院发起人文友会，由他主持讲习儒家思想，后在台中东海大学主持同样的讲习会，对发展新儒家起到了推进作用。1962 年唐君毅、牟宗三、王道、谢幼伟和程兆熊在香港发起创建的东方人文学会，1975 年《鹅湖月刊》的创办，1979 年东海大学哲学系创办的《中国文化月刊》，对于扩大中国文化和现代新儒家的影响都有着明显的作用。

20 世纪 80 年代的现代新儒家具有明显的特点。他们大多是中年人，具有鲜明的时代意识。80 年代期间，西方国家的经济发展到了空前的水平，居民物质生活水平空前提高，但精神文明并未相应提高，社会问题如吸毒、卖淫、谋杀、抢劫、强奸、性关系混乱、道德水平下降、环境污染等层出不穷，愈演愈烈。东方几个受儒学影响较大的国家如日本、韩国、新加坡以及中国的台湾省，在经济上都有飞跃发展。但物质文明高度发展产生的种种弊端也出现了。这些情况使一些新儒家得到极大鼓舞，认为儒家思想不但能防止和补救物质文明片面发展所产生的流弊，而且能推动一国或一地区的经济高速发展。于是，现代新儒家的活动就频繁起来，规模也日益扩大。1982 年 10 月台北中国论坛召开了题为"新儒家与中国现代化"的座谈会，广泛探讨了现代新儒家的问题。与会的余英时、刘述先、张灏、林毓生以及未与会的杜维明、劳思光等被认为是第三代的代表。这一代新儒家的活动还处于起始阶段，谁是第三代的主要带头人，今天还难以认定。1982 年夏威夷国际朱子会议、1983 年多伦多国际中国哲学会第三次会议讨论了牟宗三、唐君毅的儒学思想。近几年来，活跃在港、台、美等地的新儒家日益受到国际学术界的重视，中国大陆学术界也很重视，国家哲学社会科学基金会把对现代新儒家的研究列为第 7 个五年计划的重点科研项目之一。

概括起来说，现代新儒家有以下一些特点：（1）现代新儒家不是一个或多个政治派别，虽然他们都有其政治思想，而是一个学术派别，更确切点说，是由许多学派形成的一个文化思潮。（2）他们都是爱国的，希望中国繁荣富强。他们赞同现代民主制度，绝不想恢复君主专制制度，退回到封建社会或半殖民地半封建社会中去。（3）他们并不反对西方文化，相反，对西方文化都具有较深入的理解，但他们反对全盘西化，反对否定中国传统文化，主张在新的历史条件下复兴儒家，即弘扬儒家思想，特别是宋明理学，有分析地吸收和容纳现代西方文化，正确地解决中国传统文化与现代文化、东方文化与西方文化的结合问题，使儒家现代化，形成以儒学为核心的现代中国文化。（4）现代新儒家在哲学上派别甚多，但在一些儒学基本观点上是一致的。这主要指儒家的道德主义或人本主义，即强调个人的道德修养，个人对物质欲望的自我控制，主张由己及外扩而充之，建立协调的人际关系，提高整个社会的精神文明，形成经济繁荣，生活富裕，品德高尚，政治清明的健康、民主、文明的现代社会。他们赋予"内圣外王""正心、诚意、修身、齐家、治国、平天下"以现代内容和现代意义。

3. 20 世纪 50 年代以来中国大陆对孔子和儒家的研究。中华人民共和国成立以来，马克思主义成为整个国家生活的指导思想，孔子和儒家被作为历史人物来研究和评价。学者们对孔子和儒家的评价有高有低，但一般都肯定他们在中国传统文化中的一定地位，他们的思想属于中国优秀文化传统之列。1966—1976 年间的"文化大革命"再次掀起了批孔运动，全盘否定儒家思想。这次"批孔"同"五四"运动的批孔在表面上很相似，但在实质上是根本不同的。"五四"批孔是在反封建的民主革命中不可避免的一次历史性行动。而这次批孔是少数人为了某种政治目的而人为地煽动起来的，因此，"文化大革命"一结束，这次批孔就被根本否定了。不仅如此，随着改革、开放的进展，随着"双百方针"的贯彻，对孔子和儒家的研究活动，以前所未有的规模与深度开展起来。在"文化大革命"

中遭到严重破坏的"三孔"（孔庙、孔府、孔林）已修整如新，接待了大量国内外的瞻仰者和参观者。对孔子和儒学的研究是近 10 多年来中国大陆集中进行的重大学术活动之一。

10 多年来对孔子和儒学的学术活动可以概括为以下几个方面：

（1）建立了大量从事孔子研究的学术机构和团体。10 多年来陆续建立了中国孔子基金会、中国孔子学会、中华孔子研究所、山东孔子学会、山东社科院儒学研究所、曲阜师大孔子研究所，全国其他省市和多所大学也建立了一定数量的研究机构和团体。

（2）召开了大量专门讨论孔子和儒学的大大小小的学术会议，其中包括若干国际会议。如 1987 年 9 月在曲阜召开的儒学国际学术讨论会、同年 10 月在济宁召开的国际孔子讨论会、同年 11 月在台湾召开的国际孔学会议、1982 年在夏威夷和 1987 年在厦门召开的两次国际朱子学术讨论会。规模最大的国际会议是 1989 年 10 月在北京，然后在曲阜举行的孔子2540 周年诞辰纪念和学术讨论会，这是由联合国教科文组织和中国孔子基金会联合举办的，主题是"孔子儒家思想在历史上的地位和对现代社会的影响"，与会者 300 余人，其中包括台、港、澳和世界 20 多个国家和地区的学者，提供了 200 多篇论文。

（3）发表了大量学术文章、论文集和专著，据统计，截至 1988 年止，共发表文章近 400 篇，著作 30 余部。中国孔子基金会主办的《孔子研究》季刊是 1986 年创刊的，它为孔子和儒家思想的研究提供了专门的阵地。山东推出的《孔子文化大全》全面系统地掌握和整理了 2000 多年来孔子的言论、著述以及后人对孔子思想的研究、继承和发展的各种资料，包括珍贵的档案资料，由图书系列、音像系列、工艺系列和孔膳系列构成。孔子基金会会长匡亚明撰写的《孔子评传》对孔子的言行及其对后代和世界各国的影响作了比较详尽的介绍和公允的评价，反映了中国大陆 80 年代研究孔子的水平。

（4）讨论了有关孔子和儒学的各种问题。有许多关于孔子和儒家的意见分歧，经过 10 年来的讨论，已经取得一致，如大家都同意把孔子作为一个历史人物来对待，既不应把他当作偶像来崇拜，也不应把他看作历史的罪人、中国落后的罪魁祸首；一致认为对以儒家思想为核心的传统文化应采取历史的分析的态度，既不应把它看作全部合理、完全可以适应现代化的需要，也不应把它看成纯粹的精神枷锁和历史包袱；对儒家思想的基本特点，多数学者也比较一致。

目前大陆理论界关注的热点是儒学与现代社会的关系问题，亦即儒学在现代社会中的价值问题，这个问题也是 1989 年 10 月孔子 2540 周年诞辰纪念和学术讨论会的主要议题。多数学者都肯定儒家思想在现代社会中的价值。大家认为古代社会和现代社会不仅有其个性和特殊性，也有其共性和普遍性，因此，孔子所提出的处理古代社会生活的一些准则对现代社会也是有意义的。例如，孔子关于"仁"的学说，排除其中的等级观念，就是与现代的"自主、公平、平等、和谐"等美德相通的。但是，对于儒家思想究竟有多大价值，能不能像现代新儒家所主张的那样，把儒家思想现代化，形成现代的儒家思想体系，并用以指导一些国家或地区的现代化事业，学者们的意见是有分歧的。孔子基金会名誉会长在这次大会上发言高度评价了孔子的"和为贵"以及有关的其他思想，认为"这些思想不仅为中国古代社会的昌盛做出过积极的贡献，即使到了今天，它对人类生存和发展也仍然具有现实意义"。当前，研究孔子及中国传统文化的现代价值，建设具有民族特色的，适应时代要求的新文化，所涉及的领域是多方面的，问题是复杂的，还需要我们在今后不断的实践中去探索。

主要参考书目：

The Four Books, Scholars' Facsimiles and Keprimts, 1970.

《中国大百科全书》（哲学卷），中国大百科全书出版社 1987 年版。

任继愈主编：《中国哲学发展史》，人民出版社 1983 年版。

《孔子研究（季刊）》，中国孔子基金会主办，1986—1990 年。

匡亚明：《孔子评传》，齐鲁书社 1985 年版。

《现代新儒学研究论集》，中国社会科学出版社 1989 年版。

Confucianism-The Dynamics of Tradition, Macmillan Publishing Company, 1986.

The Summary of Academic Paper of the 2540 Anniversary of the Birth of Confuaus and the Academic Symposium, Printed by the Preparatory Office. Beijing, 1989.

A Special Issue on the 2540th Anniversary of the Birth of Confuaus, Openings (Two-Monthly), 1989.

四　中国传统文化中的道德主义析评[*]

中国传统文化具有非常浓厚的道德色彩。中国自古以来自称为礼仪之邦，中国古代思想家的思想与理论中充满了道德观点，道德甚至成了他们全部思想的焦点。儒家是中国传统文化中的主流派，儒学从其整体上说就是一个道德学说。尽管中国古代思想家观点各异，但重视道德却是共同的。儒家创始人孔子学说的主要内容有三大部分：道德学说、政治学说和教育学说，其中道德学说占据着主导地位。在孔子看来，社会关系的本质是人伦，即人与人的关系，就是人的道德关系。人类社会的政治现象不过是道德关系在政治领域的表现。而教育的主要内容也是教导学生如何进行道德修养，提高自己的道德水平，将来按照道德原则进行工作，即学习正心、诚意、修身、齐家、治国、平天下。我国学术界也有这种看法，如张锡勤等主编的《中国伦理思想通史》就说："中华民族在 4000 年有文字可考的历史中形成了足可引以自豪的优秀文化传统。传统思想文化的重心，是伦理道德的学说。传统思想文化的突出特点和优点之一就是它的道德精神。故我国素以礼义之邦著称于世。"[①] 几千年的漫长时间里把道德看作文化的核心，这在世界上是少有的，确实是中国传统文化的一个特点。我们把中国传统文化关于道德的地位的这种观点叫作道德主义。中国传统文化中的这种特殊现象我们应该怎么评价呢？这种特殊现象有什么现实意义呢，我们下面拟对这种观点作些介绍和评价。

道德现象或曰伦理关系是一种社会现象，属于社会的上层建筑。伦理关系是一种人际关系，但并非所有人际关系都是伦理关系，人际关系包括经济关系、政治关系、法律关系、党派关系、思想关系……伦理关系只是一个人与他人的交往中，其行为与思想是否符合一定范围内的普遍性原则或规范，这些原则、规范是在人们实践活动的基础上逐渐形成的，我们称之为道德规范或伦理原则。例如，买主与卖主之间的关系本是经济关系，在买卖行为的基础上形成"信"的原则，信就是一个伦理原则。因此，道德规范或伦理原则都是一些价值标准，人们用它们来衡量人的行为，对

＊　本文发表于《保定师专学报》2000 年第 1 期。

① 张锡林、孙实明、饶良伦：《中国伦理思想通史》，黑龙江教育出版社 1992 年版。

人的行为与思想可以起制约作用，从而有利于人的行为的顺利进行。

根据大量事实材料和深入地分析综合，唯物史观认为道德规范是在血缘关系、经济关系、政治关系等社会关系的基础上，在人类社会实践中逐渐形成的，是社会存在的反映，又反作用于社会存在。道德规范虽然表现为普遍形式，其存在绝不是抽象的，它不仅具有时代性、地域性等特性，而且在阶级社会中还具有阶级性。因此，道德不是人类社会中最根本的东西，只有社会生产才是最根本的东西，道德归根结底是生产实践的产物，为生产实践所决定，服务于生产实践。道德现象不是与社会其他领域分立的，而是渗透于所有社会领域之中，这就给人一种假象，似乎道德是最根本的，从而夸大道德的作用，颠倒社会生产与道德的本末关系，于是就出现了道德主义观点。道德主义把道德看成人类社会的基础，用道德状况的变化发展来解释人类社会的变化发展，显然，这是一种唯心主义历史观。道德主义是中国传统文化的明显的特点之一。

中国传统道德主义主要表现于传统文化关于义与利关系的理论中。中国传统道德主义的主要流派是儒家，我们现在就来分析一下儒家的义利观。

儒家创始人孔子关于义与利的名言是："君于喻于义，小人喻于利。"[1] 用现代语言来说，就是：君子讲究的是义，小人讲究的是利。义指高尚的品格，利指物质利益。两千多年来的封建知识分子都把这话奉为天经地义，都耻于谈论物质利益，认为谈论道德是高尚的，谈论物质利益是低下的。这种观点不但是抽象的，而且是虚伪的，实际上任何君子都不能没有自己的物质利益。把孔子的全部言论联系起来看，他并不完全否定物质利益，但认为一个人取得物质利益一定要符合一定的道德原则，他说："见利思义，义然后取。"[2] 就是说要用道德原则来统率自己的行为，财富该取的才取。这里就包含了把义和利统一起来的思想。《礼记·大学》提出的"义本利末"的观点比《论语》更进一步阐述了儒家的义利观："道得众则得国，失众则失国。是故君子先慎乎德。有德此有人，有人此有土，有土此有财，有财此有用。德者本也，财者末也。外本内末，争民施夺。是故财聚则民散，财散则民聚。"《论语》讲"义然后取"与

---

[1]　《论语·里仁》。

[2]　《论语·宪问》。

《大学》讲的"德本财末"是两个观点，前者讲个人对物质利益取之有道，抽象讲，这是正确的，对今天是适用的。当然这个"道"是有相对性的，不同时代、不同地域、不同阶级有不同的"道"；道不仅是道德原则，还有法律和种种规章制度，这种观点谈的是道德对物质利益的反作用；后者讲人类社会以道德为根本或基础，而物质利益是次要的，我们应重道德而轻物质利益，这种观点颠倒了人类社会中道德与物质利益的关系，是一种道德主义观点。当然，《大学》这段话也包含有"义然后取"，强调要以道德来指导物质利益分配的意思。

孟子把道德主义推向了极端。"孟子见梁惠王。王曰：叟不远千里而来，亦将有以利吾国乎？孟子对曰：王何必曰利，亦有仁义而已矣。王曰：何以利吾国？大夫曰：何以利吾家？士、庶人曰：何以利吾身？上下交征利，而国危矣。万乘之国，弑其君者，必千乘之家；千乘之国，弑其君者，必百乘之家。万取千焉，千取百焉，不为不多矣。苟为后义而先利，不夺不餍。未有仁而遗其亲者也，未有义而后其君者也。王亦曰仁义而已矣，何必曰利？"① 孟子就这样把义与利绝对对立起来。他甚至说，为善就是圣人，为利就是恶人，说："鸡鸣而起，孳孳为善者，舜之徒也；鸡鸣而起，孳孳人利者，蹠之徒也。欲知舜与蹠之分，无他，利与善之间也。"② 按照他的说法，一个人只要修身养性就行了，勤奋劳动倒成了恶人。这可以说是极端道德主义。这种极端的思维方式当然是说不通的。孟子在许多地方都不能不承认物质利益的必要性，强调满足人民物质需要的重要性，并提出了许多谋求人民利益的具体建议，如他提出的关于建立井田制的理想就是一个解决人民穿衣吃饭问题的方案。这样，孟子就陷入了自相矛盾之中。儒家这种义本利末、义重利轻、义先利后的道德主义思想成了中国传统文化的主流思想，影响了中国历史，特别是思想史两千多年。后来董仲舒换了一个说法："正其谊，不谋其利；明其道，不计其功。"③ 宋代理学又把这种贵义轻利的传统推向灭绝人欲的极端。但是也应指出，中国历史上也不乏不同的观点。

法家著作《管子》是非常重视道德的，说："国有四维，一维绝则

① 《孟子·梁惠王》。
② 《孟子·尽心上》。
③ 《汉书·艺文志》。

倾，二维绝则危，三维绝则覆，四维绝则灭。倾可正也，危可安也，覆可起也，灭不可复错也。何谓四维，一曰礼，二曰义，三曰廉，四曰耻。"① 但《管子》决不轻视利，相反，认为利是四维的物质基础，说："凡有地牧民者，务在四时，守在仓廪。国多财，则远者来；地群举，则民留处。仓廪实则知礼节，衣食足则知荣辱。" 这并不是说人民富裕了，道德一定高尚，而是说生活富裕是道德提高的物质条件，这种观点比道德主义更加接近真理。

墨子也主张把义与利结合起来。他说："所谓贵良宝者，为其可以利也。""今用义为政于国家，人民必众，刑政必治，社稷必安，所为贵良宝者，可以利民也。而义可以利人，故曰：义，天下良宝也。""义，利也。"② 当然，这个"利"不是一人之私利，而是人民之公利。商鞅更加正确地提出："吾所谓利者，义之本也。"③ 这些观点当然不属于道德主义之列。

下面我们试对这种道德主义做些初步的评论。

第一，道德主义作为一种历史观，是唯心主义的，以它来指导我们的社会实践活动，当然是片面的。但它也具有一定的合理因素，一是它对道德及其作用的重视，一是它主张以一定道德原则来统率物质利益的取舍与分配。道德主义对我国社会发展也产生了两方面的作用，一方面它在社会需要稳定的时候，可以起到稳定社会秩序的作用，这对于生产的发展会起促进作用，但另一方面，道德主义会抑制人们追求物质利益的积极性，限制生产的发展。道德主义与唯物史观是对立的，我们今天以邓小平理论来指导中国的社会主义现代化建设，其中包括唯物史观的指导，当然不能以道德主义来指导。但是，中国传统文化中包含的重视道德的思想，主张以一定的道德原则来约束物质利益的取舍与分配的思想，对于今天的精神文明建设和社会主义市场经济的形成也是有价值的。例如，人们今天普遍关注的公平与效率的关系问题，也就是义与利的关系问题。对于这个问题的解决，我国传统文化可以提供有益的参考。

第二，按照道德主义观点，政治的本质就是道德，政治是道德在政治

---

① 《管子·牧民》。

② 《墨子·经上》。

③ 《商君书·开塞》。

生活中的体现。儒家的道德主义政治就是仁政、王道、德政，他们反对霸道。孔子说："为政以德，譬如北辰，居其所而众星拱之。"① 孟子也说："以力假仁者霸，霸必有大国。以德行仁者王，王不待大——汤以七十里，文王以百里。以力服人者，非心服也，力不赡也；以德服人者，中心悦而诚服也，如七十子上服孔子也。"② 历代封建统治者推崇这种德政，都说自己行的是德政，但在阶级社会中，政治就是一个统治阶级对劳动人民的统治，就是统治者内部的争权夺利，所以孔孟的仁政当时没有实现，也不可能实现，实际上成了阶级统治的装饰，最多缓解一点阶级统治的残酷性。但是，当政权成了真正人民政权的时候，传统文化中的德政思想就具有更多的参考价值，可以发挥一定的积极作用。

第三，按照道德主义观点，法律的本质也是道德，法律是道德在法律生活中的体现。孔子主张德治而反对法治，他说："道之以政，齐之以刑，民免而无耻；道之以德，齐之以礼，有耻且格。"③ 但是，在阶级社会中，道德是有阶级性的，法律也是有阶级性的，因此，在阶级社会中法律是统治阶级的道德原则法律化的结果，实际上是强加于被统治阶级，而绝不是什么全社会共同原则的体现。因此，孔子所说的"道之以德，齐之以礼"，由于其中的"德""礼"体现的是统治阶级的利益，劳动人民未必"有耻且格"。因此，在封建社会，德治仍是一句空话。但是，在社会主义初级阶段，由于人民政权与人民群众根本利益的一致，儒家的德治思想就具有积极的参考价值，有利于使我们的法律的制定与执行更加符合公认的道德原则。

第四，道德主义削弱了宗教在人民中间的影响，有利于无神论的成长与发展。与许多外国不同，中国没有出现过某一宗教长期统治的历史，宗教气氛在广大的人民中远没有像许多外国那样浓厚，宗教生活远没有像许多外国那样普遍，中国人一般没有像外国人那样需要假设一个上帝来给予他终极的关怀，像外国人那样需要假设一个天国来充当最终的精神依托，尽管许多外国人（包括科学家）明明知道没有上帝和天国。为什么这样呢？这是因为外国有源远流长的宗教传统，一个人从孩童开始受宗教气氛

---

① 《论语·为政》。

② 《孟子·公孙丑上》。

③ 《论语·为政》

的熏陶，而中国人则没有。孔子对"天"抱敬而远之的怀疑冷淡态度，祖宗崇拜实际上是伦理原则对死者的延伸（孔子："慎终追远，民德归厚矣"）。后世儒家中还出现过许多彻底的无神论者，如王充、范缜、韩愈等，而他们的理论根据都是道德主义。在他们看来，道德已经足够，就不需要宗教了。

道德主义是中国传统文化的一大特色，其是非得失、历史意义与现实意义值得进行深入、系统地研究。

五　中国传统文化中的人权思想[*]

人权概念来源于西方 HUMAN RIGHTS 一词，20 世纪初才传入中国，是一种"舶来品"。它在西方也出现得比较晚，是资本主义在同封建主义战斗过程中的产物，在西方古代也是没有的。有人从此得出结论：中国传统文化中没有人权思想。我认为这个结论并不符合中国传统文化的实际。这里有一个对"人权"这个概念的理解问题。

什么是人权？我认为人权就是每个人所应有的基本权利，首先是生存权和发展权，其次是其他各种权利，比如受教育的权利、劳动的权利和各种政治社会权利，在这些权利中最重要的是平等的权利，就是每个人都是一个独立的个体，人与人之间在人格上是平等的。

人权理论的形成可以分为五个层次：第一是人权意识，即承认一个人从生下来那一刻开始，就是人，而不是一个物体，不能随意伤害或毁坏他，但这种想法只是头脑里的一种意识，并没有表达出来。第二是人权思想，思想比意识更自觉，即明确表示因为他是一个人，我们就应按一个人应该享受的待遇来对待他。第三是法律上的人权，就是把人权的思想变为法律条文的形式规定下来。在西方，最早的法律规定是 1188 年利比亚半岛莱昂王国的议会得到国王阿方索九世批准的一组权利，包括被告要求正式审判的权利和生活、荣誉、家庭和财产不受侵犯的权利。但是，那时还没有人权的概念，只是在法律上做了某些规定。"HUMAN RIGHTS"这个人权概念最著名的文献是 1776 年美国的《独立宣言》和 1789 年法国的《人权与公民权利宣言》。第四是人权理论，人权的系统思想，最早主要

---

[*]　本文为"东方文化与人权发展国际研讨会"上的发言，2002 年 10 月 29—30 日。

是由西方 17、18 世纪启蒙思想家卢梭、洛克等人提出的，以后得到了进一步的发展。

中国古代有没有人权法律我不敢肯定，这应由法律专家来回答。但是，人权思想、人权意识不仅有，而且非常丰富。那么，人权思想具体表现在哪些方面呢？

概括地讲，人权思想主要有两种表现：首先，人权是相对于神权而言的。毛泽东曾说，在封建社会里，束缚中国人民的有四条绳索：政权、族权、神权、夫权。其次，人权是相对于政权而言的。在封建社会，政权首先是君权，从实质上说，是整个封建社会的等级制度：人分为地主阶级与人民，统治阶级和被统治阶级又各自分成几个等级，这是不平等的。在资本主义社会里，人与人表面上是平等的，但实际上也是有等级的。

但是，在中国传统文化中，仍然存在着人权思想，并在这两个方面都有具体的表现。

第一，作为神权的对立面的人权思想就是重视道德的思想。西方历史上曾经有过神权长期统治的中世纪，但中国封建社会历史中没有任何宗教获得长期统治的地位。因此，在今天的中国宗教气氛在广大人民中远没有别的一些国家那样浓厚，宗教生活并不普遍，中国人一般不像外国人那样需要假设一个上帝来给予他终极的关怀和精神寄托。那么，中国传统社会是依靠什么来维护社会安定呢？

许多从事历史研究的学者认为，在中国的传统文化中，道德主义的思想非常浓厚，中国传统社会主要不是靠宗教，而是靠道德来维护社会安定的。

中国传统文化中，儒家起了主导作用，它从整体上说就是一种道德学说。其他各家观点各异，但重视道德却是共同的。在孔子看来，社会关系的本质是人伦，即人与人的道德关系。人类社会的政治现象不过是道德关系在政治领域的表现。儒家对神保持敬而远之的态度。孔子并不否定神，但不愿谈神，不崇拜神。孔子还说："祭神如神在"，"敬鬼神而远之"，"未知生焉知死"，这些都表明他对神采取回避、怀疑主义的态度。当然，孔子有祖先崇拜，但这实际上是伦理原则对死者的延伸，孔子也说："慎终追远，民德归厚矣。"在后世儒家中，还出现过许多彻底的无神论者，比如南北朝时期的范缜、唐朝的韩愈等。有一些人认为，儒家也是一种宗教。其实，儒家同宗教有本质区别，最多只能说是一种信仰。当然，在中国古代，神权也是统治老百姓的一种手段，但远不像西方那样厉害。总的来说，中国的传统文化重视人、重视现实生活、重视道德，轻视神、轻视天堂，从某种程度上说，这就是一种人权思想。

第二，作为等级制度的对立面的人权思想就是平等思想。中国两千多年来的封建制度是一种等级制度，而等级制度是承认人与人天生不平等的，但这并没有使平等思想在这个等级社会里完全绝迹。有许多思想家认为人与人是平等的，最突出的是墨家。墨家主张兼爱，反对爱有差等。他们甚至主张为了兼爱而不顾个人的利益，成了利他主义者和苦行主义者。墨子认为天下大乱，国与国、人与人互相倾轧，互相伤害，甚至互相残杀，其原因就在于不相爱，因此，只要大家都能做到"视人之国若视其国，视人之家若视其家，视人之身若视其身"，就可以天下大治了，这就是他的"兼相爱，交相利"的主张。他并不彻底否定等级，但认为不能像儒家那样不同等级有不同待遇，主张"不党父兄，不偏贵富"。他并不否定个人利益，但认为只有兼爱，才能实现每个人的利益，他说："夫爱人者，人必从而爱之；利人者，人必从而利之；恶人者，人必从而恶之；害人者，人必从而害之。"墨子不但坐而言，而且起而行，奔走呼号，到处宣传他的主张，希望统治者实行他的主张。墨家的这些言论表现了鲜明的平等思想，即人权思想。

儒家也有平等思想。在西方，亚里士多德曾说："奴隶是会说话的工具"，这是一个很露骨的等级思想，不把人当人看，而中国的许多古代思想家虽然主张等级制度，却也提倡平等待人。比如，孔子的仁说，"仁"是孔子思想的核心。他谈论仁的地方甚多，说法也各不一样，但一切说法中无不包含"爱人"的意思。可以说，仁说的核心就是"爱人"，其他说法，如"己欲立而立人，己欲达而达人。""己所不欲，勿施于人。"无不是主张平等待人。孟子也说，"仁者爱人"。儒家赞美的周礼就是一种等级制度，但他们提倡"仁政"，就是按"仁"的原则来管理国家，不主张镇压老百姓。孟子强调民本思想，认为"民为贵，社稷次之，君为轻"。《尚书》中的《五子之歌》也讲："民为邦本，本固邦宁"，这是中国历代统治者一贯的思想。唐朝的魏征也说，"水可以载舟，也可以覆舟"，老百姓就是水，君主就是船。"民本"思想从一定程度上体现了人权的思想。

孔子的一些生活表现也说明了这一点。《论语》中记载：有一次，孔子的马厩着火了，孔子问人而不问马，"厩焚。子退朝，曰：伤人乎？不问马。"表现了孔子重人、爱人的人道主义精神。另一个例子是，孔子曾谴责用人形物来殉葬的行为，他说，"始作俑者，其无后乎"，这里也折射出孔子的一种人权思想。

儒家经典《礼记·礼运》在描写理想社会时表现了更明显、更集中、更强烈的平等思想："大道之行也，天下为公，选贤与能，讲信修睦。故人不独亲其亲，不独子其子。使老有所终，壮有所用，幼有所长，鳏寡孤独废疾者，皆有所养。男有分，女有归。货恶其弃于地也，不必藏于己；力恶其不出于身也，不必为己。是故谋闭而不兴，盗窃乱贼而不作。故外户而不闭，是谓大同。"从这短短的 107 个字中，我们可以看出这个天下为公的大同世界有如下特点：其一，生产资料公有制，生活富裕；其二，没有等级制度，男人平等，但妇女地位低于男人；其三，没有君主，公务管理人员由选举产生；其四，人人安居乐业，生活困难的人受到特殊照顾；其五，人人互相友爱，互相帮助，道德高尚，生活节约；其六，社会秩序良好，民事纠纷和刑事犯罪活动极少发生。这些话充分体现了人与人平等的思想。

在以后的儒家中，宋代儒家张载说："民吾同胞，物吾与也。"两千多年来，大同思想一直受到多数思想家的赞美和推崇，直至近代具有资产阶级革命思想的政治活动家洪秀全、康有为、谭嗣同、孙中山等也都推崇大同思想。

当然，应该说，在中国传统社会里，更多的是反人权的思想和行为。其具体表现有：一是在实际的行动中更多的是反人道的行为，特别是在历次战争中，成千上万的人被非人道地杀害。二是封建专制下有明显的等级制度，君、臣、民的地位是截然不同的。三是存在家庭奴隶，在封建社会里买卖丫鬟等人口贩卖现象是合法的。

从总体上说，中国传统文化是主张等级制度的，但人权思想、人权意识也非常丰富，它是中国传统文化的优秀部分，是值得我们认真挖掘的。挖掘传统文化中的人权思想是有现实意义的。其意义不在于证明一下外国有的，中国也一定有，而在于证明人权思想植根于人类的社会实践之中，它是社会实践的产物，又大大有利于社会的发展与繁荣。人类社会实践是普遍存在的，人权思想也是普遍存在的。弘扬人权思想将大大推动我国的社会主义现代化事业的发展。

六　中西文化在实践与认识的关系问题上的特点比较[*]

　　文化的共性和个性，即文化的普遍性和特殊性，是文化比较研究中的根本问题，但一般对文化作比较研究时多关注其特殊性，而忽视其普遍性，如人们在比较中西文化时认为天人合一是中国文化的基本精神。那么，中西文化还有没有共同性呢？如果有，又是什么呢？我在《哲学研究》1997 年第 4 期中发表的《唯物史观与文化的共性和个性》文章中作了这种考察，认为天人合一（就其合理含义讲，即人与自然的统一）与主客二分不仅不是中西文化的特殊性而恰恰是它们的共性，因为根据马克思主义的基本观点和人类社会历史的不争的事实，主客二分与主客统一正是人类社会实践的两个不可分割的方面，缺乏任何一个方面人类社会实践都是不可能的，人类社会也是不可能生存和发展的，当然也就没有文化可言，怎么可能有以主客统一为基本精神的中国文化和以主客二分为基本精神的西方文化呢？研究文化的共同性是很重要的，不了解不同文化的共同性就难以认清它们的特殊性，反之亦然。在那篇文章中我也提到了中西文化的几个特殊性，但没有做进一步论述。弄清楚中西文化的特殊性也是非常重要的，因为只有在这种比较中，我们才能清楚认识自己文化的优点和缺点，才能正确地发扬自己的优点和克服自己的缺点。中西文化的不同点当然很多，这里我只谈谈它们在实践与认识关系问题上的特点。

　　任何一个社会的生存与发展都离不开改造世界，为了改造世界就得认识世界。实践与认识，这是一切人类社会的共同之处，中外古今，概莫能外。但实践与认识都是具体的，不可能没有自己的特点。在实践上，能说中国人把自然界看成朋友，力求与之和谐共处，而西洋人把自然界看成奴隶，诛求无厌，竭泽而渔吗？我看不能。西洋文化与中国文化在看待实践上有何特殊性还需要做进一步研究，这里暂且不谈。至于在处理实践与认识的关系问题上中国文化与西方文化的特色确实比较明显。我国多数人认为中国文化重视实践和实用知识，强调学以致用，而西方文化强调对外部世界的分门别类的系统研究，不要求科学研究具有立竿见影的效果。这种

---

　　[*]　本文发表于《理论视野》2000 年第 1 期。

区别可以从两方面加以说明，一是中西思想家的科学思想，一是中西科学的实际情况。

当然不能认为中国古代思想家根本不重视对外部世界的认识，儒家经典《礼记·大学》说："致知在格物，物格而后知致。"后来朱熹加以发挥说："所谓致知在格物者，言欲致吾之知，在即物而穷其理也。"① 又如孟子、荀子、王充以及其他思想家都有许多认为知识来自外部世界，应通过与外部世界的直接接触及其他方式来获得知识，但他们更重视书本知识，更重视关于人和人类社会的知识，更重视有实际价值的知识。格物致知不是目的，而是为了正心修身治国平天下。儒家圣经《论语》中有很多精彩的学习和教育思想，但很少谈到如何通过自己的活动从外部世界去获得知识，他教学生学习的周礼、经典都是间接知识。不仅如此，间接知识中孔子特别重视的不是自然知识，而是社会知识，主要是道德和政治知识。

中国古代的科学水平，与同时代的西方国家相比，毫不逊色。中国古代哲学发展的第一次高潮是先秦，这同西方古代哲学的第一次高潮古希腊哲学差不多是同时的。在中西的哲学高潮中都出现过一些素朴的本体论思想，在西方有水论、火论、气论、原子论等，在中国有气论、道论、阴阳论、五行论等，这些理论说明中西哲学家都很关注人类赖以生存和发展的外部世界，都有着从本原上加以探索的强烈冲动。与此相适应，中西思想家对外部世界也获得了大量科学知识。我国是世界上古代天文学最发达的国家之一。我国古代很早就有准确完整的天象记录，从春秋以来记有日食1000多次，月食900多次，太阳黑子100多次，关于彗星的记录在世界上是最早的。这些以及其他天象记录有很高的科学价值。古代墨家的力学可以同古希腊的阿基米德的力学媲美，他们提出了杠杆平衡原理：标（力臂）×权（砝码）＝本（重臂）×重（重物）。我国古代很早就形成了 10 进位制的运算方式，《易经》中的八卦体系包含了 2 进位制的萌芽，对现代计算机的发明有启发作用。勾股定理（勾方＋股方＝弦方）是周朝的商高最早发现的。汉唐之间的《算经十书》是 10 部数学专著，对全世界，特别是对东北亚洲有重要影响。中国古代在物理学、化学、地学、生物学等方面都有辉煌的成就。但是，在中国古代从不同知识领域来讲，

① 《大学章句补格物章》。

人文社会知识比自然知识更加辉煌，从整个知识领域来说，应用研究和技术的成就和影响也大于基础研究，这是中国传统文化的特点之一，是它的优点，也是它的缺点。

中国古代思想家不重视分门别类的专科研究，这是同西方文化大不相同的。诚然，在西方，对自然和社会的分门别类的研究是近代随着资本主义的出现与发展而发展并繁荣起来的。而由于中国封建社会的长期停滞，科学研究不免慢慢地落在后面，但在古希腊时代，西方人已形成了专门研究的传统。古希腊不但出现了一批对基础科学进行专门研究的专家，如以数学研究著称的毕达哥拉斯学派、几何学家欧几里得、力学家阿基米德等，而且出现了对多种基础学科进行分门别类专科研究的百科全书式的学者亚里士多德。我们一般把知识渊博、博古通今的学者称为百科全书式学者，按照这种理解，这种学者在古代是很多的，但像亚里士多德这样的百科全书式学者却是极少的，他不仅知识渊博，博古通今，而且已有明确地按研究对象的不同区别不同科学的思想，即科学分类思想，同时还进行了分类研究，分科讲授，他的全集就是由这些分科的专著和教材形成的。苗力田教授主编的《亚里士多德全集》中译本由 10 卷构成，第 1 卷是方法论和逻辑学，第 2 至 6 卷是自然科学（物理学、天文学、生物学、心理学、人体学……），第 7 卷是形而上学（宇宙观），第 8、9 卷是社会科学（伦理学、政治学、家政学、经济学）和文艺理论（修辞学、诗学），第 10 卷是其他内容。这个《全集》完全是现代百科全书的一个雏形。这是典型的纯学术典型的基础科学研究，不能说，亚里多德的这种研究方法对近代实验科学的繁荣没有巨大的影响。

中国古代的诸子百家之学极少这种纯学术研究，他们的著述都是为了解决某种实际问题而撰写的。他们的著述涉及的领域虽然十分广泛，包括了自然、社会和精神的全部领域，但更多的是修身齐家经邦济世的人文社会知识，尤其缺少像亚里士多德的这种分门别类专科研究。例如，人物众多、影响深远的儒家，他们的学说绝大部分是人文社会学说。孔子并非不谈自然，他的《论语》中多次谈到"天"，这个"天"有的地方是神，有的地方是自然，但他从不直接对"天"作出什么论断，而是采取一种回避的或敬而远之的态度。子贡说："夫子之文章，可得而闻也，夫子之言性与天道不可得而闻也。"① 《论语》说"子不语怪、力、乱、神。"②
整部《论语》主要是三部分思想：政治思想、伦理思想和教育思想。儒
家的两大分支孟子与荀子的言论谈到自然的当然比孔子多得多，但其言论
的主要部分仍是人文社会知识，而且他们谈到自然时，很少谈自然本身，
多谈自然与人的关系。例如，孟子说："昔者，尧荐舜于天，而天受之；
暴之于民，而民受之。故曰：天不言，以行与事示之而已矣。"③ 荀子有
些言论直接谈到自然本身，如说"水火有气而无生，草木有生而无知，
禽兽有知而无义，人有气有生有知并且有义，故最为天下贵也。"④ 这番
话区别了无生物、植物、动物和人，但其目的还是为了说明人之尊贵。至
于他说的"大天而思之，孰与物畜而制之？从天而颂之，孰与制天命而
用之？"⑤ 其主题仍然是自然与人的关系。因此，像荀子这样唯物主义思
想家也没有对自然进行多少专门研究。孔子办学，也有教育科目，有
《六经》和《六艺》，《六经》是 6 种经典，即《诗》《书》《礼》《乐》
《易》和《春秋》，《六艺》是 6 种技艺，即礼（行礼）、乐（演奏）、射、
御（驾车）、书（书写）、数（运算），这 12 种教育科目有按学科进行教
育的内容，但不是亚里士多德那种分门别类的专科教育。儒家以外的诸家
在观点上各不相同，差别很大，但对实践与认识及其关系的态度却是大同
小异的。

　　概括起来，中西文化在实践与认识及其关系问题上的特点是：一、中
国强调认识的实践性，西方强调认识的系统性；二、中国强调认识的综合
性，西方强调认识的分析性；三、中国强调人文认识，西方强调外部认
识。这些特点是它们的优点，也是它们的缺点，其所以是优点，因为它们
拥有部分真理；说它们是缺点，因为它们有片面性。下面试就中国方面谈
三点看法。

　　1. 人们一般都认为中国文化主张知行合一。知行合一，如果予以正
确理解，并用现代语言来说，就是实践与认识的统一。实践与认识的统一
并不排斥实践与认识的区分，但中国文化所说知行合一则由于强调实践和

---

① 《公冶长》。
② 《述而》。
③ 《万章上》。
④ 《王制》。
⑤ 《天论》。

认识的实践性而流于忽视认识，特别是基础研究，甚至以实践吞并、淹没了认识。在孔子的教育实践和教育思想中，学习是为了实践，学习就是学习实践，他强调学以致用。他的教育学科除前面谈到的《六经》《六艺》而外，在学生方面区分为专业，"德行：颜渊、闵子骞、冉伯牛、仲弓。言语：宰我、子贡。政事：冉有、季路。文学：子游、子夏。"① 这些都是实用学科或人文学科。《论语》记载"子以四教：文、行、忠、信。"② 孔子对学生提出的要求是身体力行。"弟子入则孝，出则悌，谨而信，泛爱众而亲仁，行有余力，则以学文。"③ "学而时习之，不亦说乎！"④ 这个"习"就是实习。学成了，"学而优则仕。"⑤ 中国古代文化如此处理实践与认识的关系，并形成了传统，这种传统虽然在魏晋南北朝时期受到了魏晋玄学的冲击，其统治地位并未动摇。后来王守仁的"知行合一"说把这一态度推向极端。他的知行合一说的本体论根据是心物合一。他说："外心以求理，此知行之所以二也；求理于吾心，此圣门知行合一之教。"⑥ 既然吾心便是天地，吾心一动就把天地改变了，因此他说："一念发动处，即便是行了。"⑦ 严格说，知行合一不能等同于实践与认识的统一。知行合一说有合理的一方面，即包含了实践与认识的统一，但它否定或忽视实践与认识的区分，则是片面的。且不说王守仁的心物合一说，仅就知行合一说本身来说，我们对这个传统也需要具体分析。

人的改造世界的活动，即实践活动，无疑是人的最根本的活动，但人的实践活动之所以根本不同于动物的适应环境的活动，之所以能改变环境来满足人的需要，正由于它是由人的认识来指导的，而且这个认识必须是正确反映客观规律的科学认识，其科学性愈高，实践成功的可能性愈大，实践的效果也愈大；认识愈深入、愈系统，实践的效益也愈高。因此，绝不可以因重实践而轻认识。认识从哪里来？从整体上说，实践出真知，认识归根结底来自实践，但绝不可以因此而轻视认识的相对独立地位，忽视那些似乎没有实用价值的基础学科的系统研究。我们当然要自觉地使实践

① 《先进》。
② 《学而》。
③ 同上。
④ 同上。
⑤ 《子张》。
⑥ 《传习录》（中）。
⑦ 《传习录》（下）。

与认识统一起来，但统一以二者的区分为前提，不能因强调统一而忽视了区分。反之亦然，区分也是以二者的统一为前提，不能以强调区分而忽视了统一。

知行合一可以说是中国传统文化的一个特点，但这一特点有合理性与片面性的两面，这两面对中国文化的整体和后来的历史发展都有影响。中国传统文化重视实践和认识的实践性，这一点与马克思主义的实践观点有共同之处，应该说这是马克思主义得以在中国传播开来的文化因素之一。在运用马克思主义的过程中出现了脱离中国实践的"左"的教条主义倾向使初期革命屡遭失败。后来，在毛泽东为代表的中国共产党人的领导下，中国革命走上了与中国实践相结合的道路，才胜利前进并取得了民主革命的胜利。不能说中国文化重视实践没有对此起重要的作用。毛泽东的《实践论》诚然是采用了马克思主义的理论形式，也明显总结和发扬了中国传统文化的精华因素。20世纪50年代中国共产党采取了与中国实践相结合的社会主义改造的特殊道路，取得了明显的成功。后来社会主义建设有脱离中国实践之处，导致了许多曲折与挫折。"文化大革命"结束后，在以邓小平为核心的领导集体的领导下，恢复了正确的思想路线解放思想，实事求是，即理论与中国实践相结合的道路，社会主义建设和改革才走上了顺利前进的坦途。解放思想，实事求是，这是马克思主义思想路线，也是与中国传统文化的重视实践的精神一致的。

重视实践是优点，但因重视实践而忽视认识，否认认识在人类文化中的相对独立的地位，急功近利，要求任何研究都要立竿见影，轻视系统研究，优点就转化成了缺点，这在中国历史上和现实中都是有教训的。有一些基础科学在古希腊时代已经基本建立了，如形式逻辑、平面几何，近代以来更是纷纷建立了基础科学群。中国古代科学技术的辉煌成就比西方毫不逊色，"四大发明"对世界历史的发展做出了巨大的贡献，但直到"文化大革命"的几千年历史中却没有一门基础学科是中国人建立的，这是值得深思的。在现代民主革命的过程中，轻视知识和知识分子，这在革命战争中可能是难以避免的。但在新中国成立之后，仍然认为知识分子成事不足，败事有余，轻视间接知识的系统学习和基础科学的系统研究，这种倾向发展到极端便是全盘否定传统文化和现代文化的"文化大革命"。1972年周恩来主张恢复和加强各高等院校的系统学习，被批判为右倾机会主义。这种把实践极端化以至否定认识的相对独立的地位和不可替代的重要作用的观点，可以称之为极端实践主义。当然，这种观点并非对科学的实践观点的真正尊重。作为改革开放的思想先导的实践标准的大讨论恢复了实践的权威，也纠正了极端实践主义的错误，摆对了基础学科的位置。但是，20年来，这种极端实践主义的影响并未完全消逝，认为对实践的价值怎么估计也不会太高的人仍然大有人在，甚至把马克思主义哲学等同于实践主义。实践与认识的关系问题是一个重大的理论问题，应该予以恰如其分的论述。把真理夸大一步就走向了它的反面，历史的经验有利于帮助我们掌握好分寸。

2. 从整体来说，人类一切知识在任何时代、任何地域既是综合的，又是分析的。这是因为整体与部分是不可分的，对一个事物的整体描述与部门分析也是不可分的，离开分析的综合是笼统、混沌，并非科学的综合；离开综合的分析是支离破碎，零星片段。任何整体总是由一些部门组成的，任何部门同时又是一个整体，因此，知识的综合性与分析性总是相对的，一定程度的，这样，不同文化在知识的综合性与分析性上可能出现程度上的差异。由于中西文化在实践与认识及其关系上的上述差异，中国文化具有较强的知识综合性，西方文化具有较强的知识分析性。知识综合性或知识分析性强，是特点，是优点，但综合性强可能导致分析性弱，分析性强可能导致综合性弱，这样优点就转化成了缺点。中国文化就有这个问题，前面谈到中国传统文化中分门别类的专科研究少，整体的综合论述多，就是综合性强、分析性弱的一种表现。西方古代文化从整体上讲，也具有这个特点，不同的是那时已出现像亚里士多德这样自觉进行专科研究的思想家，而自近代以来专科研究日益突出，形成形形色色的学科，出现了重分析、轻综合的弊端，但19世纪以来，先是黑格尔的辩证法，后来是马克思主义辩证法，都主张把分析与综合结合起来，强调在分析基础上对世界的综合研究，特别是20世纪出现的现代系统论强调对事物的系统研究，克服了西方文化的重分析轻综合的弊端。我国的专科研究是在20世纪西方科学传入后才逐渐开展起来的，但中国文化仍然保持了重综合的传统，许多有识之士自觉地主张把综合与分析结合起来，如中西医结合的理论和实践，把中医的辩证施治和西医的分科诊治结合起来，就是这种主张的具体表现。重视整体研究的传统有助于马克思主义学说在中国的传播和发展，有助于马克思主义与中国及其文化的结合，也有助于中国科学的建设和发展。我国著名科学家钱学森提出的科学体系把宇宙观（辩证唯物主义）摆在最高的位置，把大部门的科学如自然观、历史观等摆在第二个层次，把各门基础科学如各种自然科学、社会科学摆在第三层次，其下还有更小部门的科学，其中又包含边缘科学或交叉科学，这就充分体现了现代科学把综合与分析研究相结合的精神。有一种观点认为分析研究或专科研究已经过时了，现时代是综合研究的时代，这种观点是片面的。分析和专科研究永远不会过时，正如综合研究永远不会过时一样，分析与综合是相互依存与相互推动的。一个人，一个地区，一个时期可能在一种条件下以综合为重点，也可能在另一种条件下以分析为重点，但如片面强调一个方面而轻视另一个方面，科学的发展将受到损害。历史教训不能轻视。

3. 从前面所提供的材料看来，在认识内容方面，中国传统文化确有重人文社会认识、轻自然知识和重内心反省体验、轻外部知识的特点，这是优点，也是缺点。重视人文社会知识的传统有助于马克思主义在中国的传播和发展，因为马克思主义的主要部分正是社会理论，即经邦济世的理论，马克思主义理论与中国传统文化在这一点上是一致的。但中国传统文化因重视人文社会知识而轻视自然知识，不能说不是一个缺点，这是中国生产长期停滞的反映，又长期阻碍了生产的发展。自从19世纪中国由于生产落后遭受生产和科学发达国家的侵略以来，特别是20世纪"新文化运动"以来，重文轻理的倾向有了根本性的转变，自然科学知识得到了广泛的重视，科学救国、教育救国的思想深入人心，甚至形成了重理轻文的社会心态，这当然是陷入了另一种片面性，但无论如何，几千年的重文轻理的传统是被纠正了。新中国成立之后，由于马克思主义在中国革命中所起的重大作用，人文社会知识同样得到重视。当然，应该指出，由于意识形态的作用，人文社会知识的意识形态性被强调得过分，其科学性受到了一定的损害，滋长了教条主义的倾向。改革开放以来，我国的自然科学与人文社会科学都得到了长足的发展，而由于自然科学对现代化建设的作用更加明显，社会上再度滋长了重理轻文的倾向。重理是对的。轻文是不对的，应该努力加以克服。道理很简单，改造自然与改造社会是不可分割的，仅仅依靠自然科学或社会科学都解决不了社会主义现代化建设中的问题。

内省体验与外求探索是人类获得知识的两个途径，这两个途径很难分开，不能说哪一种认识过程只有内省体验，哪一种认识过程只有外求探索。一般来说，研究自我精神世界当然以内省体验为主，但这种研究也涉及自然、社会、他人或自己的过去而不得不借助于外求探索；研究自然、社会、他人当然以外求探索为主，但这种研究离不开研究者自我的精神状况，研究者必须时时反省体验自己的精神状态，以保证外求探索最大限度的客观性和准确度。就整个人类认识来说，外求探索无疑是主要的，但不能因此而否定内省体验的作用，哲学史上陷入这种片面性的就是机械唯物主义或直观唯物主义。夸大内省体验的作用并从而否定外求探索的在中外哲学史上也不少见，这就是形形色色的主观唯心主义。中国传统文化长于内省体验，这是其优点，短于外求探索，这是其缺点。在今天，要使传统文化在这个问题上有助于社会主义现代化建设，就要发扬其长处，克服其短处，把外求探索和内省体验正确地结合起来。过分强调一个方面而轻视另一个方面都是片面的。在我国哲学界，在改革开放以前一度出现过因重视外求探索而轻视内省体验的片面性，而在改革开放以后，这种片面性得到了克服，然而也出现了因重视内省体验而轻视外求探索的片面性。在有的学者看来，哲学完全是内省体验之学，与科学知识无关。如果哲学离开科学，只从事内省体验，它将走进无声无色、空虚荒凉的死胡同。

中西文化的比较是一个内容十分多样丰富的大题目，包含许许多多子题目，要一个一个地研究，以上只是关于其中一个子题目的简略论述。通过这种比较，我们也许能较好地解决对中国传统文化的批判与继承问题。

七　马克思主义与当代中国文化建设[*]

当代中国正在建设的文化是中国特色社会主义先进文化，是否贯彻了马克思主义的指导，是文化建设能否健康地快速地完成的关键问题。这个问题具有重要的理论意义与实践意义，下面就几个方面加以阐明。

（一）为什么要以马克思主义来指导当代中国文化建设？

自中华人民共和国成立以来，中国共产党就一直坚持以马克思主义来指导当代中国文化建设，这是完全正确的，不过，在前30年，在对马克

＊　本文发表于《中国特色社会主义研究》2010年第6期，《光明日报》（摘登）2010年9月18日。

思主义指导的理解和实践上有不少片面化和失误之处，这些片面化与失误在改革开放的 30 年来才逐渐得到克服。党先是强调马克思主义对社会主义精神文明建设的指导，2002 年党的十六大按经济、政治、文化的三大建设的框架来论述中国社会主义现代化建设，提出"牢牢把握先进文化的前进方向。在当代中国，发展先进文化，就是发展面向现代化、面向世界、面向未来的，民族的科学的大众的社会主义文化，以不断丰富人们的精神世界，增强人们的精神力量。必须坚持马克思列宁主义、毛泽东思想和邓小平理论在意识形态领域的指导地位，用'三个代表'重要思想统领社会主义文化建设"。党的十七大继承并发展了十六大的精神，专章论述了"推动社会主义文化大发展大繁荣"，并指出首先要"建设社会主义核心价值体系"，而这个体系的第一条就是马克思主义的指导地位。显然，当代中国文化建设之所以必须坚持马克思主义的指导是由当代中国文化的性质决定的。

我国社会自新中国成立以来就逐渐建设成了社会主义社会，它的基本经济制度和政治制度 60 年来发生了许多变化，特别是改革开放以后变化尤大，但其基本性质没有变化，都是社会主义的。经济和政治是文化的基础，文化是由经济和政治决定的，无疑，我国文化的基本性质也是社会主义的。但是，由于我国文化的多样性、多元性、历史积淀的稳定性，它的存在状况和发展趋势十分复杂，因而 60 年来文化建设的成就比经济建设和政治建设差，问题也更多。且不说"文化大革命"对文化建设的大破坏，即使就改革开放以来我国文化建设的正常发展时期，问题也是很多的，甚至连马克思主义在文化建设中的指导地位也没有牢固地建立起来。20 世纪 80 年代西方文化热中所包含的全盘西化倾向、90 年代国学热中所包含的复古主义倾向和近年来低俗文化现象的猖獗，都是马克思主义思想指导缺失的表现。这些情况从反面说明自觉地坚持马克思主义的思想对社会主义文化建设是十分必要的，事情不会是那样简单，只要经济建设和政治建设是社会主义的，文化建设就自然而然地是社会主义的。真正社会主义的文化建设，离不开马克思主义的自觉的指导。

即使在没有出现文化热的时候，文化的多样性和多元化也十分需要马克思主义的指导。文化部门繁多，性质各异。它包括科学技术、语言文字、文学艺术、教育道德、宗教信仰、报刊图书、电视网络、文娱旅游等，此外，还有不同地区文化之间的差异、不同民族文化之间的差异、不同风俗习惯之间的差异，等等。文化中还有一部分具有意识形态性，这就是文化的多元性，即意识形态的差异，也就是社会制度的差异和阶级的差异。多样和多元的差异具有两方面的作用，一方面丰富了我国文化的内容，一方面也导致大大小小的矛盾。这些差异的协调，这些矛盾的调解，都需要马克思主义的指导。

（二）马克思主义理论体系的基本原理都起指导作用

马克思主义是个庞大的理论体系，它包含的基本原理无疑是很多的，所有基本原理都有一定程度的普遍性，对我国文化建设中的各种具体问题的解决当然都具有指导意义。我们不可能把马克思主义的基本原理一一列举出来，只能举出那些对文化建设最为重要的几个组成部分。我认为以下几部分最为重要。

首先是马克思主义世界观，即辩证唯物主义世界观。

世界观是关于世界或宇宙整体及其一般规律的理论，其原理被应用于认识世界和改造世界，就称为根本的思想方法。马克思主义把这种无处无时不起指导作用的根本的思想方法称为思想路线。马克思主义世界观是科学的，其思想路线也是科学的。由于世界观在马克思主义理论体系中处于最高的地位，即最一般因而指导作用最普遍最广泛的地位，因而我们在谈到马克思主义的指导作用时，首先就是辩证唯物主义世界观或思想路线的指导。

其次是马克思主义历史观，即辩证唯物主义历史观，简称唯物史观。

这里所说的"历史"是人类社会的历史，历史观实际是社会观。文化是人类的精神活动及其成果，是一种社会现象，离不开社会及其一般规律的制约。只有以唯物史观的基本观点为指导，才能正确地认识文化的起源、实质、文化与其他社会现象之间和关系、文化在整个人类社会中地位、文化对其他社会现象的作用、文化的传承、各种文化之间的关系，并处理好这些因素在实际社会生活中所发生的问题。

再次是马克思主义文化观。

文化观或文化哲学是一种部门哲学。各种哲学的文化观各不相同，有多少哲学就有多少文化观。作为文化整体及其一般规律的科学的文化观，即马克思主义文化观至今没有完全形成，在我国的今天，出现了不止一家自认为是马克思主义的文化观。但无论如何，认识一种文化现象，处理一个文化问题，任何人都离不开自己的文化观的指导，无疑，只有力求以科学的文化观来自觉地指导，我们才能获得正确的结论或好的结果。

最后是中国特色社会主义理论体系的指导。

中国特色社会主义理论体系是对马克思列宁主义和毛泽东思想的继承和发展，包括邓小平理论、"三个代表"重要思想以及科学发展观等重大战略思想在内的科学理论体系。它是中国共产党人以马克思主义来指导中国革命和社会主义现代化建设的最新理论概括，也是指导社会主义现代化建设健康地迅速地进一步发展的最根本的理论，其中当然包括了对中国特色社会主义文化建设的指导。如果说前三项的指导是马克思主义基本原理的一般指导，那么，中国特色社会主义理论体系的指导是马列主义基本原理的具体指导，这种指导更能保证中国社会主义现代化建设，包括文化建设，沿着正确的轨道前进，避免"左"或"右"的偏向。

当然，以上几项只是马克思主义指导的主要内容，不是全部内容，但已足以说明起指导作用的内容是很丰富的很复杂的。

（三）怎样以马克思主义为指导来解决中国当代文化建设中的问题

人的认识、思想归根结底总是在人的实践的基础上产生、变化和发展的。就每一个正常人来说，他的实践活动又总是有一定的认识、思想的自觉的或不自觉的指导的。一个人在发育成长的过程中，大脑就积累了不少认识，这些认识有些是他从自己的实践中获得的，多数是通过各种渠道从他人获得的，而这些间接认识又有不少是经过自己的实践检验的。所有这些认识在他进一步进行认识和实践时不能不起指导作用，也就是变成了他的认识和实践的方法。没有一个人的认识和实践是没有任何已有认识指导的，除刚出生的婴儿外，没有人的头脑是一张白纸。

一个成年人的认识、思想，不管他的文化程度如何，都是非常复杂的，有正确的，也有错误的；有科学的，也有非科学的；有系统的，也有零乱的；有一般的，也有个别的；有普遍的，也有特殊的，精粗互见，新旧杂陈。在这种情形下无疑我们应该自觉地以科学的正确的思想来指导我们的认识和实践。

用一种思想为指导来认识一件事物，绝不是从这种思想中推演出一个结论来强加于这件事物之上，即使这种思想是正确的，推演的步骤是符合逻辑的，这种结论也不能正确反映这件事物的本质和规律，不能指导实践获得成功。这正是教条主义的指导。指导思想错，结论一定错；指导思想对，结论不一定对，因为指导本身也有对错问题。正确的指导包含对指导思想的分析，对客观对象的分析和概括，最后得出结论，这种结论的真理性才是可靠的，才是经得起实践检验的。试举一例来说明怎样以马克思主义为指导来解决文化建设中的问题。

文化究竟包括哪些具体内容？这是今天没有充分解决的理论问题。文化不是一类感性事物，无法根据其感性特征而把文化从其他事物中区别出来。我们对文化的界说大体上有一共识，即人的精神活动及其产品。诚然，作为精神产品，必有物质载体，但物质载体不等于文化，物质载体虽然是感性的，载于其上的文化却是看不见摸不着的，因此，究竟文化包括哪些内容，还有必要加以认真研究。文化是三大社会领域之一，要弄清楚它的内容问题当然应该以唯物史观为指导。社会存在决定社会意识是唯物史观的基本原理之一，当然会起重要的指导作用。这样，我们就可以循着作为社会存在之精神反映及其成果把文化因素区别出来。例如，从物质资料的生产活动和经济关系而区别出技术、自然科学、经济理论，从人们之间的交流和关系而区别出语言、文字，等等。对政治领域的精神活动和文化领域本身的精神活动，也是如此进行具体分析。这样我们就能比较充分地解决这个问题。总之，指导绝不仅是在指导思想中进行逻辑演绎的过程，而是在指导思想下深入实际、对实际材料进行分析综合的过程。

（四）以马克思主义为指导建设当代中国文化要重点解决的几个问题

以马克思主义为指导来建设和发展当代中国文化，是一个非常复杂的系统工程，其内容绝不是一篇短短的论文所能阐明的。下面只就其中几个重要问题略陈己见。

第一，是建设和发展科学的文化哲学问题。

前已谈到文化观对文化建设起直接的指导作用，我们应力求以科学的文化观来指导中国文化建设，但至今还没有大家认同的科学文化观，即文化哲学，因此，建设和发展科学的文化哲学成为我国文化建设中必须尽快解决的问题。这个任务必须以科学的历史观，即唯物史观来指导才有可能完成。

科学的文化哲学之所以难以形成是由于人们对其对象的理解各式各样，五花八门。顾名思义，它的对象无疑是文化，但什么是文化呢？有时它的范围很小，小到等同于知识，甚至文学，有时范围很大，大到整个人类社会，文化的就是人的或社会的，所谓"文化即人化"。如此理解，科学的文化哲学当然无从谈起。在我看来，应该采取多数人在理论研究中的理解。在理论研究中各家各派、东方西方往往都把经济、政治和文化并列为人类社会三大类活动和现象，它们是互相渗透的，难以截然分开，但相对地区分开来并不难，如把文化界定为人的精神活动及其产品，也就是一种可以与经济、政治比较清楚地区分开来的东西。有了比较明确的对象之后，我们就可以对它做进一步研究。

进一步研究应该包括对它的环境的研究和对它本身的研究。对它的环境的研究包括它的自然环境和社会环境的研究，对社会环境的研究实际就是对它与其他社会因素的关系的研究，即它与经济、政治的关系的研究。对文化本身的研究包括对它的内涵和外延的研究，特别是对它的内部结构的研究。这就需要首先对文化的内部因素进行分析，然后弄明白这些因素之间的关系。这样，我们就会对人类社会的文化有一个大致完整的整体理解。

再进一步研究还应研究人类文化的发展史，它的从简单到复杂，从低到高的发展史，并从中概括出人类文化发展的基本规律，这样我们就会对人类文化的过去、现在与将来的过程及其规律性有一个基本掌握。

科学的文化哲学的建立与发展当然是没有止境的，也不是几个人在几年、几十年之内能够基本实现的，但这种系统的研究是必要的，它将与对现实文化的研究和文化建设实践互相推动，大大促进文化的大发展、大繁荣。

第二，是如何对待中国传统文化问题。

正确的态度应该是继承与批判相结合，取其精华，去其糟粕，反对完全抛弃传统文化的历史虚无主义和完全恢复传统文化及其社会地位的复古主义。这种态度是符合马克思主义的基本精神的，也是多数人所认可的。但在实际过程中，无论是在言论中还是实践中，仍有许多问题需要进一步贯彻马克思主义的指导来加以解决。

传统文化无疑是指历史上积淀下来的文化，就中国而言，时间的界限应该划在何时呢？辛亥革命推翻了君主专制制度，但整个文化没有受到重大触动，这种触动数年后才出现，因此人们多把"五四运动"前后作为传统文化与现代文化的界限。我认为这是比较合适的，因为如此划线是以整个社会的状况为标准，也便于确定传统文化的基本性质。按照一般的观点，传统文化应该是农业封建主义的文化。"五四运动"前后逐渐出现的"新文化"先是半封建半殖民地文化，实即半资本主义文化，但不久其中也逐渐出现了新民主主义文化（特别是在不断变动和发展的苏区和解放区），实即半社会主义文化。

建立在农业封建社会基础上的传统文化，其成分是很复杂的，它不但包含有封建社会以前的历史遗留下来的文化因素，也包含很多外来的文化因素。今天热议中的儒家、国学，不等于传统文化，但可以代表传统文化。儒家思想和典籍在中国两千多年传统文化中一直处于主导地位，国学指传统文化中的各种思想、理论、学问，是传统文化在思想、理论上的总括，是传统文化在思想上的升华，无疑可以代表传统文化，但此外还有许多文化因素，包括非常宝贵的因素。中华民族长期在严峻的自然环境和社会环境下，在进行生产劳动、抵御外侮的战斗和抗拒阶级压迫中形成的勤劳、节俭、智慧、勇敢、坚韧、友爱、先公后私、自我牺牲等高贵品质，在这个过程中产生的经验、知识、技术、艺术、箴言、谚语、风俗、习惯等文化产品，这些东西有的曲折地反映在传统典籍和文人的著作中，大部在民间通过口头或日常生活通过杰出人物的模范带头作用代代相传，从而积淀在传统文化中，往往为后代的文化研究者所忽视。

对传统文化的鉴别，何为精华，何为糟粕，也是一个经常碰到的问题。区分精华的标准是什么，往往是仁者见仁，智者见智，但在我看来，坚持以马克思主义为指导，是存在着客观的标准的。我们不能以今日之是非为标准，而只能以其在历史上所起的作用（积极的和消极的、正面的和负面的、推动和阻碍历史前进的）为标准。例如，有的封建思想，只要它在历史上起过正面作用，我们就不能因其封建性而加以全盘否定。至于它在今天是否有利于社会进步，则要具体分析，但只要它在历史上起过正面作用的，其中的某些因素在今天也可能起一定的积极作用。

对传统文化的继承与批判还有一个孰轻孰重的问题。在我看来，革命时期，批判会是重点，这也是难以避免的，但一般而言，继承无疑是重点，因为传统文化毕竟是现代文化的源头、基础、母体，传统文化与现代文化都是中国文化，是一种文化，不是两种文化。

第三，是如何对待外国文化，特别是西方文化的问题。

自鸦片战争以来，100多年间对中国文化影响最大的外国文化是西方文化，特别是西方现代文化。在中西文化接触和碰撞的过程中，中国人有的抱排斥主义的态度，有的抱全盘西化的态度，这是两种极端的态度，绝大多数人根据百多年来的经验教训主张分析的有所拒绝有所接受的态度，这无疑是正确的，但是，文化是很复杂的，拒绝哪些接受哪些，拒绝多少接受多少，我们根据哪些原则来进行分析和选择呢？为了建设中国特色社会主义，归根结底，还是要以马克思主义为指导，对具体问题具体分析，具体解决。

在我看来，对于所有的外国文化，我们都应该抱着尊重和理解的态度，首先，力求了解它，更加深入地认识它，而不应先入为主地歧视和排斥它，只有在此基础上，我们才能对它进行客观的分析而有正确的取舍。这整个过程可以 12 个字来概括，那就是：辨同异，分优劣，定取舍，致交融。

辨同异就是比较，比较本国文化与外国文化的同异是正确对待一种外国文化的第一步。"五四运动"时期梁漱溟在《中西文化及其哲学》中就对中国文化、印度文化和西方文化作了比较，可惜他当时还做不到以马克思主义为指导来进行这种比较，未能真正抓住它们之间的共同之处和殊异之处。20 世纪 90 年代由于生态问题日趋严重，理论界流行一种比较中西文化的观点，认为天人相分是西方文化的主要特征，故西方科学技术发达，而生态破坏严重；天人合一是中国文化的主要特征，故中国科学技术不发达，而生态破坏不严重。如此比较显然会导致否定科学技术的错误结论。根据马克思主义关于实践和认识的理论，天人相分（主客二分）与天人合一（主客统一）是实践与认识过程中不可或缺的两个方面，亦即分析与综合，二者互相依存，不可分割。天人合一与天人相分首先是东西文化的共同之处，至于东西文化在天人合一和天人相分上有哪些殊异，则必须具体分析。对于东西文化的同异有了正确的比较，我们才有可能找准中国文化与西方文化的长处与短处，优胜之处与拙劣之处，弄清楚我们需要什么，不需要什么，从而取彼之长，补己之短，使我国的文化更丰富、更发展、更繁荣。

第四，是以中国特色社会主义现代化建设的经验为基础来建设当代中国文化的问题。

对传统文化的继承和对外来文化的吸收固然是建设当代中国文化的不可缺少的方面，但它们毕竟只是当今文化的先行者，不是文化的源泉，文化的源泉是实践，文化建设是在实践中的创造与创新。

文化的出现与发展是一个自发的客观过程，是人类社会的出现与发展的产物，文化建设就是把这个自发过程变成自觉过程，使之更加繁荣、更加完善。自觉建设最主要的是两件事，一件是把经济建设和政治建设中产生的文化因素集中起来，加以整理，使之条理化、系统化、完善化；另一件是适应社会主义现代化建设而创造出各种精神产品，或者对原有的精神产品进行一定程度的创新。可以看出，文化活动是全民族的活动，它不但包括高雅艰深的文学、艺术、科学、理论的创作、发展和欣赏、阅读，而且包括通俗普及的丰富多彩的文化活动的制作、发布和参与、享受。没有人没有自己的文化生活，没有人没有参与文化活动，正如没有人没有自己的物质生活一样。因此，每一个人都应该是文化活动的自觉的参与者和建设者。在这一过程中有些问题应该得到我们足够的重视。

给予文化活动以正确的引导是一个至关重要的问题。文化活动是多样的、复杂的、多元的，其中感性的、感情的、兴趣的成分占很大的比重，这些因素如果缺乏正确的引导，就有可能走上泛滥失控的地步，危害文化建设的正常的健康的发展。例如，网络游戏易于引起青少年发生兴趣，引导得当不失为一种有益无害的智力游戏，但如沉溺其中，耗时废学，将为害不小，如果再加上色情、血腥、迷信等内容，其对青少年身心的摧残将难以想象。电子网络是在现代科技基础上产生的新型传播手段，它使人们之间、世界各地之间的联系大大加强，在此基础上出现了一种新型文化——网络文化。如果引导得当，它将成为经济、政治、文化发展的强大动力；如果没有正确的引导，抑或引导失误，它将成为整个现代化建设的极强破坏力。怎么才是正确的引导？我认为归根结底，就是马克思主义的指导。

显然可见，文化是一种非常强大的精神力量，但它不是停留在头脑中的活动，而是一种现实的活动，其产品也是现实的。文化产品包括两大部分，一部分是服务，如演出、传播、管理、教育、医疗等，一部分是产品，如图书、艺术品、媒体、名胜古迹等，无论是哪一种，它们都是实实在在的东西。它们不但有价值，而且有交换价值，能够成为商品，进入市场，不但具有社会效益，而且具有经济效益，这样，文化就成了一种实力，理论界称之为软实力，文化力也被看成一种生产力。但是文化产品的生产毕竟不同于物质资料的生产，文化产品毕竟不同于物质产品，这使文化领域变得更为复杂，这主要表现在文化活动及其产品的社会效益和经济效益的关系上和文化生产的事业性和产业性的关系上。

任何产品一旦成为商品都具有社会效益和经济效益两重效益。物质资料的产品，一般来说，其经济效益与社会效益成正比，只有在生产过剩时，经济效益才会下降，但这是由于市场需要的变化，与产品本身的性质无关；文化产品的经济效益则复杂得多，有的文化产品的经济效益的高低不取决于它的社会效益的高低，甚至社会效益愈高的，经济效益愈低。一本有极高科学价值的著作的稿费收入可能很低，甚至是负数；而一本哗众取宠或低俗淫秽的书其社会效益是零，甚至是负数，却有极高的稿费收入。因此，在文化生产领域，我们绝不能把经济效益摆在首要位置，而必须把经济效益的追求摆在从属的地位。在文化生产中，我们应该力求经济效益与社会效益的统一，如果二者不可得兼，只能牺牲经济效益，而绝不能损害社会效益。

文化能否成为一种产业，是从两种效益引申出来的一个问题。显然不能笼统说文化事业是一种产业，或不是一种产业，因为有些文化事业已经成为产业，如出版、电影、戏剧等；有些文化事业不能成为产业，如教育、图书馆、博物馆、考古等；而且即使那些已经产业化的文化事业，也不能把经济效益摆在首位，而必须把经济效益与社会效益统一起来。总之，经济效益与社会效益的关系，事业性与产业性的关系是一个很复杂的问题，应该以马克思主义为指导具体分析，具体解决。

文化建设的问题还有很多，比如怎样加强文化实力在综合国力中的比重、怎样提高我国文化在国际文化中的竞争力、怎样发挥我国文化的吸引力、怎样加强中国文化在我国各民族各地区和全世界华人中的凝聚力等，都是十分重要的问题，这些问题只要以马克思主义为指导，都能得到正确的解决。

第 四 章

关于人学的思考

一　人学:作为整体的人及其
一般规律的科学[*]

人学的对象是什么？这似乎是一个多余的问题，顾名思义，人学当然是以人作为研究对象的一门科学，它的对象已经逻辑地包含在它的名称之中，但事实上问题还是存在的，因为已经有不少科学以人作为研究对象，如各种社会科学、各种精神科学，也有不少自然科学如人体解剖学、人的生理学、人的遗传学等，这些都可以说是人的科学，那么，怎么区分它们的研究对象呢？这个问题似乎不难回答：这些科学只研究人的不同方面，一门科学只研究一个方面，而人学研究的是人，即人的整体或作为整体的人，因此，为了比较准确地规定人学的对象，应该说，人学的对象是人的整体或作为整体的人。

人的整体或作为整体的人当然不是张三、李四、威廉、约翰，而是对包括他们在内的古今中外的人的抽象，是一般的人或人的一般，但这种抽象不是空洞的无内容的抽象，而是具体的有丰富内容的抽象。也就是说，它是一个由人的许多基本因素构成的有机整体。因此，人学的任务首先就是把这个整体表述出来，即提出一个以现代科学，特别是各种人的科学为根据的人的现代图景。为了完成这个任务，我们就要对人的基本因素进行分析和研究，并进一步弄清楚这些因素之间的各式各样的联系，然后再根据这些联系进行综合和构建，使人的整体或作为整体的人呈现出来。这样的人是现代的人，或现代所理解的人。但这样的人是静态的人，人学当然

＊　本文发表于《学术月刊》1996 年第 4 期。

不能停留在静态的人上，还必须研究动态的人。

动态的人，也就是人的起源和发展的历史，即作为类的人的起源和发展的历史与作为个体的人的起源和发展的历史，简单说就是人的发展史。人的发展过程究竟怎样，当然要靠人类学、人种学、历史学、胚胎学、人体学等具体科学来提供材料，但人学并不是人的历史，而是要从中概括出作为个体的人和作为类的人的发展规律。任何科学都不能停留在具体的材料上，都要从材料上经过研究概括出一般规律，人学当然不能例外。

这样，我们可以把人学的对象规定为：作为整体的人及其一般规律；把人学规定为：关于作为整体的人及其一般规律的科学。

人学的对象问题，同任何其他科学一样，是人学研究的首要问题。人学包括些什么内容，这些内容如何展开，取决于它的对象。人学的对象既然是作为整体的人及其规律，它的内容就应该有两大部分，一部分是人的整体图景，一部分是人的发展规律。人的整体图景不仅是一幅具体生动的感性图画，而且是一个深入本质的理论框架。人的发展规律当然离不开人作为类的历史与人作为个体的历史，即人类几十万年和个体几十年的历史，但主要是要揭示贯穿几十万年和几十年的规律。人学的内容及其思想体系应循此思路来展开，至于人究竟有些什么因素，这些因素怎样构成一个整体，怎样揭示人的规律，有些什么规律，这里就不多谈了。

人学和相邻科学的区别和联系、人学在科学体系中的位置以及它和其他科学的关系，也取决于人学的对象以及其他科学的对象。例如人学和哲学的关系问题是当前意见分歧较大的问题之一，这个问题的解决取决于如何规定人学与哲学的对象。人学的对象已如上述，哲学的对象呢？一种甚为流行的意见是：哲学的对象也是人，所以哲学就是人学。这种意见认为哲学的对象是在不断变化，古代的哲学是本体论，它的对象是世界；近代哲学是认识论，它的对象是认识；现代的哲学是人学，它的对象是人。这种观点并不符合中西哲学史的实际情况，只是反映了人们对哲学及其对象的意见分歧。但在马克思主义哲学，其对象是明确的。马克思主义哲学不是一门科学而是几门科学，按传统的辩证唯物主义和历史唯物主义来说，起码有三门科学，即世界观、历史观和认识论，其对象分别是世界、人类社会和认识。它们同人学的区别和联系是十分清楚的，世界观的层次是最高的；历史观的层次高于人学，人可以说是社会的细胞，人学即历史观的细胞学；认识论的层次低于人学，认识只是人的一种活动。按照现今的了解，马克思主义哲学还应包括实践论、价值论、方法论等，我们都可以按照这些科学所研究的对象与人学的对象的区别与联系来规定它们与人学的区别与联系。由此看来，人学与哲学的关系是一个比较复杂的问题，怎么能笼统地说哲学即人学，人学即哲学呢？不仅应该根据对象来确定人学与哲学的关系，人学与任何其他科学的关系也应如此来确定。总体来看，人学的位置在历史观（一般社会学）和各种的人的科学之间，它低于历史观而高于各种人的科学，因此，人学的研究必须以世界观和历史观为指导，以各种人的科学为基础；反过来说，世界观和历史观的研究应以人学作为自己的基础之一，各种人的科学的研究也应以人学作为自己的指导。人学与各种科学的关系是十分复杂的，这些复杂的关系都是由它们的对象之间的关系决定的。总之，人学的对象问题是人学研究的首要问题，如果人学是研究什么的还搞不清楚，科学的人学是建立不起来的。

二 人学的科学之路
——《人学原理》导论*

（一）当代中国人学热兴起的社会背景

我们都是人，当然对人并不陌生，但对人学却很陌生。不但古代没有所谓人学，近代以来也没有。直到 20 世纪后半叶才出现这个概念，但在基础科学目录中，至今没有人学的位置。新中国成立以来，我国理论研究涉及人的当然很多，但由于对人道主义、人性论的全盘否定，人学研究实际上成了一个理论上研究的禁区。改革开放 20 年来，这个禁区不但被打破了，而且逐渐出现了人学研究的热潮，特别是 80 年代末以来，不少学者把人学作为一门科学来研究和建设，发表了大量的文章和专著，呈现出繁荣兴旺之势。有的学者认为人学将是 21 世纪的新兴学科。我国人学热的兴起不是偶然的，有其广泛而深刻的社会背景。

1. 认识史和科学史的背景

人类很早以前就有认识，认识的发展是一个过程，即从少到多、从浅到深、从简单到复杂、从零散到系统、从自然到社会、从客观世界到主观

---

* 《人学原理》导论，由黄枏森写作，全书由黄枏森主编，广西人民出版社 2000 年出版，标题为后加。

世界、从外部世界到人自身的过程。当认识从零散到系统形成思想体系，便产生了科学，科学的发展也是一个从少到多、从浅到深、从简单到复杂、从分化到综合、从自然到社会、从客观世界到主观世界、从外部世界到人自身的过程。大体说来，自然科学出现得最早，社会科学出现得较晚，人的科学更晚。一些自然科学如天文学、力学、数学在古代已经出现，社会科学在近代才开始出现。至于人，古希腊德尔菲（阿波罗）神庙上的一句箴言"认识你自己"，说明古代人已有了认识人的要求，但人的科学一直到近现代才出现，其中出现得最早的也是关于人的自然科学，即人体科学。但人体科学如人体解剖学、人体生理学也晚于其他生物科学，至于关于人的社会科学不但晚于人的自然科学，也晚于其他社会科学。而作为对人的整体研究或综合研究的人学直到 20 世纪后半叶才作为一门基础学科提出来，尽管在 18、19 世纪以来已经出现了 Anthropology（人学或人类学）、Science of man（人的科学）等概念，但直至今天国际上还没有一个得到多数学者认同的科学的人学思想体系。人类的认识和科学发展到今天，建立一门基础学科——人学的必要与可能条件已经成熟，它迟早是会诞生的。

2. 国际背景

中国人学热的兴起绝不是一国现象，而首先是世界历史发展的产物。其国际背景大体可以区分为以下四个方面：

（1）对两次世界大战的反思。自古以来，人类历史便充满了战争，但像 20 世纪两次世界大战那样涉及世界大部分国家，规模空前巨大，损失空前惨重，生命的死亡空前众多，特别是在第二次世界大战中，德国法西斯和日本军国主义成十万、成百万地集体屠杀平民，实行空前残酷的种族灭绝，更是历史上不曾有过的，这些都是善良的人们难以想象的。"二战"之后，人们痛定思痛，深感有必要恢复和提高人们的人权意识，发扬人道主义精神，不断改进人权状况。有远见的政治家们通过联合国这一国际组织发表了《世界人权宣言》，为国际人权事业提供了指导文件。在《世界人权宣言》的指引和推动下联合国又通过了一系列人权文件，国际社会的人权状况整体说来也不断有所改善。在这个过程中，人们自然要反复思考并研究人的问题。

（2）发达国家中民主运动和发展中国家民族民主运动的兴起。"二战"虽然消灭了德国法西斯和日本军国主义，但资本主义国家内部矛盾依然存在，发达国家与发展中国家之间矛盾依然存在。号称民主国家内部，几十年来物质生活水平虽然有较大提高，但贫富悬殊的情况不但没有减轻，而且日益加剧，阶级压迫、种族歧视也愈演愈烈，这些情况不断激起一次又一次的民主运动。即使西方发达国家，黑人运动、妇女运动、学生运动、反战运动、工人运动也不断发生。资本主义国家之间的竞争和垄断，超级大国之间的争霸斗争，被压迫被剥削的发展中国家要求独立、要求民主、要求发展的民族民主运动不断兴起，许多殖民地附属国独立了，许多国家富强起来了，其中还包括社会主义运动，出现了一批社会主义国家。和平与发展逐渐成为世界各国人民的强烈要求，终于成为时代的主题。人民不但要求生命有保障，而且要求温饱、要求富裕、要求公平、要求平等，反对贫富悬殊，反对种族歧视。这些情况也促使人们思考人的问题，特别是研究人际关系。

（3）科学技术的高度发展引起的生态环境的破坏。人类的生态环境由于生产上的错误而遭受破坏的现象很早以前就出现了，在这个地球上被人类遗弃了的角落，甚至被毁灭了的文明比比皆是，但人类历史上的这种现象都是局部的，没有引起足够的重视。20 世纪下半叶，人们在恢复战争创伤的基础上实现了新的科技革命，实现了人类历史上空前的工业大发展和生活水平大提高，出现了全球性的生态平衡的破坏，如大气污染、温室效应、海洋污染、森林减少、沙漠扩大等。如果长此下去，其结果将不是一地一区的毁灭，而是作为适宜于人类的生存与发展的地球的毁灭。但是，至今人类还找不到另一个可以大量移民的星球来代替被破坏、被毁灭的地球。这就引起人们对人类前途与命运的思考，对人类在自然界的地位、人类与自然界的关系的思考。

（4）国际人权思潮、人道主义思潮与人学思潮的兴起。"二战"以后的国际经济、政治在思想上的反映就是人权思潮与人学思潮的兴起，而二者又是密不可分的。人学思潮是人权思潮的理论上的升华。人权运动有两个方面，一是实践活动，一是理论活动，即人权思潮。受剥削受压迫的人民，特别是发展中国家人民以争取自己的经济政治社会的人权作为解放自己的旗帜，在联合国以及其他场合进行不懈的斗争，这一斗争得到了社会主义国家的参加和支持，而发达国家也打着人权的旗帜来遏制发展中国家和社会主义国家。尊重人权也就是实行人道主义，人权思潮实际就是人道主义思潮，人权的旗帜实际就是人道主义旗帜，二者是无法分开的。人权和人道主义无疑是人的一个重要方面，要弄清楚人权和人道主义问题当然离不开对作为整体的人的研究，即人学的研究，人学便应运而生了。对人作整体研究并形成为一股思潮是第二次世界大战以后的事情，其中主要代表人物都同马克思主义有一定的关系。这是因为只有马克思主义承认人类社会发展是有规律的，可以成为科学研究的对象，而非马克思主义否认这一点，虽然它也谈了许多关于人的思想，却并不想建立关于人的科学。萨特、加罗蒂、弗洛姆、沙夫以及一大批从事人学研究的苏联学者如弗罗洛夫等人都是人学的著名代表，也都是马克思主义的研究者。

3. 国内背景

（1）对"文化大革命"的反思和关于人道主义和异化问题的讨论。由于"左"的影响，我国直到 20 世纪 70 年代末人学研究仍然是一个理论禁区。"文化大革命"使"左"倾路线走到了极端，出现了大量骇人听闻的反人道的现象。物极必反。"四人帮"垮台了，"左"倾路线得到了纠正，人们开始反思"文化大革命"：为什么在社会主义的中国也会广泛出现反人道的野蛮现象？许多学者提出，过去对人道主义和人性论的全盘否定是其思想根源之一。尽管毛泽东早就提出过"救死扶伤，实行革命的人道主义"，党的理论、国家的宪法和政策也都包含人道主义的内容，但作为一种理论的人道主义和人性论始终是批判的对象。这种情况导致人们思想中只有阶级斗争观念，缺乏把任何人当人看的人道意识和人权意识，这不能说不是"文化大革命"中反人道行为的原因之一。痛定思痛，肯定人道主义的价值观是正确的，也是必要的。但有的学者认为，过去对马克思主义的了解是根本错误的，唯物主义见物不见人、敌视人，不是马克思本人的思想，不是马克思主义，真正的马克思主义是现代人道主义。这种观点受到了另一些学者的反对。于是在 80 年代初出现了一场关于人道主义和异化问题的大讨论，这一讨论在 1983 年纪念马克思逝世 100 周年时达到了高潮。讨论后来渐趋沉寂，但问题并没有完全解决，它给理论界留下了一个问题：究竟应如何看待人道主义？如何看待人？人在马克思主义中应占什么地位？人们从这场讨论中得到启发：应该把人学作为一门科学来研究和建设，应该建立马克思主义人学，即科学的人学。

（2）改革开放和建立社会主义市场经济的需要。改革开放是思想解放的结果，又是促进思想进一步解放的原因。改革开放要人来推动，解放思想也是解放人的思想，因此，调动人的主动性、积极性和创造性便成为一个迫切问题。市场经济更是需要具有现代文化素质，高度主体性、创造性思维和极强应变竞争能力的人，亦即充分现代化的人。同时在改革开放和建立市场经济的过程中，由于生活水平的不断提高和富裕程度差距的日益拉大，人们的私欲和贪心也高度膨胀起来，加之健全的体制还没有完全形成，各种腐败现象，如以权谋私、行贿受贿、生活腐化、道德败坏等也日益猖獗起来，违法乱纪、触犯刑律现象广泛出现。这种情况一方面呼唤着激发人的思想和行动的主动性的理论，另一方面呼唤规范人的思想和行动的理论。为了适应这种需要，我国理论界广泛而深入地研究人的各个方面，关于人的科学纷纷登台，其中有的是老学科，如人性论、心理学、认识论、美学、伦理学、宗教学、管理学等，有的在我国是新学科，如人才学、领导学、人权论、人的存在论、人的本质论、人的价值论等。可见，无论是客观形势的发展还是理论形势的发展，都需要建立一门将人的各个方面综合起来研究的学科，即对人作整体研究或把人作为一个整体来研究的学科，即人学。实际上，人们在研究人的某一方面时都不自觉地设定了人学理论前提，并以之指导自己的研究，人学的研究不过是把潜在的东西变为自觉的理论体系而已。

（3）中国生产发展引起的生态环境问题。生态环境破坏在全球各地的表现是不同的，在发展中国家比发达国家更加直接、更加严重，这是由于发展中国家把注意力集中在发展上，往往忽视生态环境问题，而且这些国家治理环境的手段和力量也远不如发达国家。中国 20 年来在经济上取得了巨大的进展，但在生态环境上也付出了巨大的代价。毁林垦荒、水土流失、围湖造田、水面缩减，是造成 1998 年长江大洪灾的重要原因之一。黄河每年断流的时间越来越长，许多人惊呼黄河有成为内陆河，甚至成为一串湖泊的危险。全国绝大多数河流遭到工业废水的严重污染，各地不少矿藏被胡乱开采，不但导致资源浪费，而且污染环境。大城市空气污染和环境污染越来越严重，像北京这样的城市，作为全国政治文化中心，空气污染一直十分严重。尽管政府和社会为了解决生态环境问题作了极大的努力，形势仍然十分严峻。这样，人与自然界的关系问题、人在自然界中的地位问题，不仅作为一个一般问题，而且作为一个现实的直接的紧迫的问题摆到了中国人面前。党和政府面对这一问题提出了可持续发展战略，这是完全正确的，但怎样实施这一战略，其中有许多科学技术问题，也有许多人的问题，人的问题需要人学来研究。

　　(4)"双百方针"在学术研究上的认真贯彻。自由思考、自由研究、自由讨论,是学术事业兴旺发达的前提。体现学术自由的"双百方针"是20世纪50年代提出来的,但这一方针的真正贯彻是从真理标准讨论才开始的。从哲学的发展来讲,真理标准讨论直接推动了实践问题本身的讨论,而后是人道主义和异化问题的讨论,随之而来的是主体性问题的讨论,然后是实践唯物主义的讨论,同时进行的还有价值问题以及哲学各领域、马克思主义哲学各原理和体系问题的讨论,90年代初,人权问题的讨论也形成了高潮。在这个过程中,邓小平理论开始形成和发展,其哲学基础也是学者们研究和讨论的一个热点。在这一系列讨论中,人们可以看出,大部分的讨论都围绕一个中心——人,人学热正是直接从这些讨论中自然而然地出现和形成的。最初出现的是关于人的某一方面的讨论,讨论的方面多了便引出了对人作整体研究的要求和实际努力,这就是建立一门人学的科学体系的努力。这种努力起初是零散的,第一个有组织的集体努力是80年代后期《人学词典》的编写,此书于1990年出版。1995年出版了《人学大辞典》。据统计,从1987年到1997年已发表的人学文章达1355篇,其中关于人学基本原理的文章875篇,关于中外人学思想史的文章415篇,关于现代化建设中人学问题的文章165篇;已出版人学著作107本,其中包括一些系统阐发人学基本内容的著作。① 此外,北京大学在国家教委支持下举办过两届高级人学研讨班,为各高校培养人学教学人才。河北省、河南省先后成立了人学研究会,全国人学研究会也在筹备之中。小型的、地方性的人学研讨会已开过多次,全国性的人学研讨会也已在1997年、1998年召开过两次。

(二) 中国人学思想史

　　人学作为一门科学虽然出现很晚,但人学思想却是源远流长。无论中国外国,几千年前就有了丰富的人学思想,即关于人的思想。

　　与中国人学思想相比,西方人学思想的发展具有鲜明的阶段性。古希腊、罗马时期人学思想发达,人的地位崇高;中世纪神学大盛,人成了神的奴仆,理论成了宗教的工具;文艺复兴运动恢复了人的地位,人学思想

---

　　① 《全国人学主要论著索引》,《人学与现代化》,广西人民出版社1998年版,第554—624页。

再度成为思想的主潮。中国人学思想的发展没有这种鲜明的阶段性。中国古代人学思想十分发达，虽然同时也出现了很多神学思想，但神学思想没有压倒过人学思想。中国封建时期出现了势力强大的佛教、道教思想，有时也取得了统治阶级的尊崇，但它们始终没有取代过人学思想的统治地位。中国人学思想始终随着中国社会的发展和中国社会文化的发展而不断变化和发展。下面分为四个方面介绍中国人学思想的特色和贡献。

1. 关于天人关系的思想

天人关系也就是人与自然的关系，亦即人在自然中的地位，这是人学的首要问题，也是十分古老的问题。近年来十分流行一种观点，即认为中国传统文化强调天人合一，即人与自然的和谐，而反对天人二分，或曰主客二分，即人类征服、奴役自然。中国古文化中的"天"是个多义词，它的最普通的含义是天空，即大气和日月星辰，不包括地，天与地才是今天所说的自然界。神秘主义把天空理解为"天上"，即天堂。天堂是神所居之地。天又被理解为神，甚至是最高的神，即上帝。当天人并列时，天便相当于自然界。古代的"天人之际"可以归纳为两个含义：人与自然的关系和人与神的关系。但即使天人感应论把天理解为有意志的神，这个天也不是离开自然的神，而是人化或神化的自然。因此，我们说古代所说"天人之际"就是人与自然的关系是可以统一的。

在中国传统文化中，关于天人关系的几种可能的观点都出现了。

第一种观点是天人合一思想。天人合一思想十分复杂，颇多歧义。一种观点认为天人本是一体，人是天的一部分，人无所逃于天地之间，从而认为人是渺小的、微不足道的，古代道家有这种观点。例如庄子说："吾在天地之间，犹小石小木之在大山也。……计中国之在海内，不似稊米之在大仓乎？"① 《庄子·杂篇》把人类看做蜗牛角上的国家里的人民，真是微乎其微。但是，这只是一种主观的猜测，当时的人不可能像今天的人那样知道人在宇宙间究竟有多大。

老庄的著作主要主张另一种天人合一思想，即高度评价人的地位，人应顺天而行，把天人融为一体，有的甚至认为人可以成为天的主宰，单凭人的精神驾驭宇宙。老子说："故道大，天大，地大，人亦大。域中有四

---

① 《庄子·外篇》。

大，而人居其一焉。人法地，地法天，天法道，道法自然。"① 因此，老子主张无为，像自然那样无为而无不为。庄子把天人合一夸大成"天地与我并生，而万物与我为一"。② 当然，这不是每一个人都能做到的，只有"至人""神人""圣人"才能做到，他们"乘天地之气，而御六气之辩，以游无穷"③，是"无所待"的，即浑然一体的绝对，无内外之分、高低之别、大小之异。这种天人合一的最高境界是神秘主义的，但它强调"合一"，即人应与自然一致，也是合理的。

　　儒家关于天人关系的思想也是不一致的。孔子一般回避这个问题，"夫子之言性与天道不可得而闻也"④，但他也相信天命，说："君子有三畏，畏天命，畏大人，畏圣人之言。"⑤ "五十而知天命。"⑥ 很难否定孔子所谓"天命"的神秘色彩，也不能说其中没有顺应自然的猜测。无论如何，在孔子那里，天人是合一的，或者说，应该是合一的。而孟子则大谈天命，认为："莫之为而为者天也，莫之致而至者命也。"⑦ 孟子把天人合一甚至提高到天我合一，提出"万物皆备于我"的命题，认为心、性、天是一脉相承的，因此，"尽其心者，知其性也。知其性则知天矣"。⑧ 可以看出，儒家与道家的天人合一思想差别并不很大，道家更多神秘浪漫色彩，儒家更多伦理实用色彩，因为他们都主张人在天地间具有重要地位，是最可宝贵的。孔子的核心思想是"仁"，孔学可以说是"仁学"，"礼"是"仁"的表现。什么是"仁"？孔子有各式各样的回答，描述了"仁"的各式各样的表现，其根本定义恐怕只能是：爱人（"樊迟问'仁'，子曰'爱人'"⑨）。孔子的全部理论都是关于"仁"的理论，由此可见孔子对人的重视。孔子诚然有明显的等级思想，但不能认为他所爱的人只是贵族而不包括普通人。孟子转述过孔子的一句话："始作俑者，其无后

① 《老子·上篇》。
② 《庄子·齐物论》。
③ 《庄子·逍遥游》。
④ 《论语·公冶长》。
⑤ 《论语·季氏》。
⑥ 《论语·为政》。
⑦ 《孟子·万章上》。
⑧ 《孟子·尽心上》。
⑨ 《论语·颜渊》。

乎!"① 这说明孔子连俑殉都反对,当然更反对奴隶制的人殉了。孟子直接提出"仁者爱人"的命题,多方面论证和发挥了孔子的仁学,进一步还提出"民为贵,社稷次之,君为轻"② 的命题。孟子虽然主张爱有差等,但也赞成普遍的爱,这是很明显的。

第三种天人合一思想是天人感应说,西汉的董仲舒是这一思想的代表。董仲舒以天人同类来论证天人感应,即天人合一。他说:"天地之精所以生物也,莫贵于人。人受命于天也,故超然有以倚。"③ 人与天地是同类的,一一相应的。"人有三百六十节,偶天之数也;形体骨肉,偶地之原也;上有耳目聪明,日月之象也;体有空窍理脉,川谷之象也。"④ 因此,自然现象与社会现象是互相感应的,"凡灾异之本,尽生于国家之失。国家之失乃始萌芽,而天出灾害而谴告之。谴告之而不知变,乃见怪异以惊骇之。惊骇之尚不知畏恐,其殃咎乃至。以此见天意之仁而不欲陷人也。"⑤ 这就把天人合一说变成了宗教。不管董仲舒出于什么动机(巩固封建统治或警恶劝善),这种观点总是一种牵强附会。

概括起来,天人合一思想有这样三种类型:一是人只是天的一小部分;二是天人合为一体;三是天人相互感应。持第一种观点的甚少,多数学派持第二种观点,尽管其中有的学派有些神秘主义色彩,持第三种观点的实际是各种宗教,他们都主张天人相通,即神人相通,主张有的人可以与神交往,代表神支配人,代神赏善罚恶。秦汉以后的整个封建时代,中国思想家们关于天人合一的观点不外以上三种。至于人的地位,只有第二种观点肯定人在宇宙中的重要地位,另两种观点都轻视人、贬低人。

按通行的观点,关于天人关系还有第二种不同的观点,即天人相分,一般认为这派的代表有荀子、王充、刘禹锡等人。下面以荀子为例作些分析。荀子提出"明于天人之分"的学说:"天行有常,不为尧存,不为桀亡。应之以治则吉,应之以乱则凶。强本而节用,则天不能贫;养备而动时,则天不能病;修道而不贰,则天不能祸。……故明于天人之分,则可

---

① 《孟子·梁惠王上》。
② 《孟子·尽心下》。
③ 《春秋繁露·人副天数》。
④ 同上。
⑤ 《春秋繁露·必仁见智》。

谓至人矣。"① 又说："大天而思之，孰与物畜而制之？从天而颂之，孰与制天命而用之？望时而待之，孰与应时而使之？"② 这两段引文，用现代语言加以诠释，包含了以下思想：第一，自然现象的变化发展是有规律的，是不以人的意志为转移的，而社会现象则是人们有意识活动的结果，二者不能混为一谈。第二，自然现象对人是福是祸取决于人的态度，如能根据自然规律加以改造，节约资源，发展生产，就能过上幸福的生活。第三，与其把自然界作为偶像来顶礼膜拜，消极地等待它降福于人，何不掌握其规律，按照人的需要而改造之？荀子的思想今天看来也是很精彩的。其实，孟子也有这种思想，他说："不违农时，谷不可胜食也；数罟不入洿池，鱼鳖不可胜食也；斧斤以时入山林，材木不可胜用也。"③ 这就是说，按自然规律耕种，不竭泽而渔（不过度用网打鱼），养林与采伐相结合，生产才能持续发展。古代的法家也有这种认识，如韩非说："随时以举事，因资而立功，用万物之能而获利其上，故曰：'不为而成'。"④ 这里实际上是把老子的消极的无为改造为积极的无为，即遵循自然规律而为，而不是把主观意愿强加于自然界，这样就能获得成功。这种观点在中国古代著作中是很多的。显然可见，这种天人相分思想与天人合一思想并不冲突，实际上是相辅相成的。这种天人相分思想，并不是主张天人割裂、对立，不是否定合一，相反，是主张把天人区别开来，以便把天人统一或合一起来，实际上也可以说成是一种天人合一思想。其实，前面所说那些天人合一思想也无不以天人相分为前提。天人合一思想中逻辑地包含着天人相分，如果天人没有分别，合一也就无从谈起了。反之亦然，天人相分思想中逻辑地包含着天人合一，如果天人不是一体，从何加以区分？

以上关于天人关系的观点具有代表性，我们只举出古代的几个代表，限于篇幅，后来的就不一一论述了。

2. 关于人际关系的思想

人际关系包括个人与个人、个人与人群、个人与社会、人群与人群之间的关系，其中关键性的关系是个人与个人、个人与社会的关系，这里我们就来评价中国古代关于这两种关系的思想。

---

① 《荀子·天论》。
② 同上。
③ 《孟子·梁惠王上》。
④ 《韩非子·喻老》。

　　有一种观点认为，根据马克思的三社会形态论，在第一种社会形态中人依赖于人，即自然经济社会，其价值观是整体主义或群体主义；在第二种社会形态中人是独立的，但依赖于物，即商品经济社会，其价值观是个人主义；在第三种社会形态中，人是独立的、自由的，又是互相依赖的，即自由人的联合体或产品经济社会，其价值观是集体主义。有的作者把第一种社会形态看做传统社会，把第二种社会形态看做现代社会，现阶段的中国社会正处于从传统社会向现代社会转轨或转型之中。这种观点回避了所有制的区别，这是这种观点的一个根本问题，这里不拟讨论。这种观点从这里引申出一个结论，我国传统社会的价值观是群体主义（包括新中国成立后的集体主义），转轨后的社会的价值观应该是个人主义，只有个人主义才适应市场经济，即商品经济。这里也不拟讨论新中国成立后占统治地位的价值观是什么，今天社会应该具有怎样的价值观，我们只讨论从事实上看中国传统文化中占统治地位的价值观是不是群体主义。

　　我们把强调群体利益高于个人利益的观点叫做群体主义，把强调个人利益高于群体利益的观点叫做个人主义；把主张人人平等的思想叫做平等思想，把主张个人有等级之分的思想叫做等级思想。按照这种理解，中国古代社会关于个人与群体的关系有以下几种观点：

　　第一，等级群体主义。在中国古代社会，群体大致可以分为几个层次：家族、宗族、民族或国、中国，早期中国被看成天下，后来天下被看做全世界或全人类。在中国封建等级社会里，家长是家族的代表，君主是国的代表，于是，个人与家族的关系便成了家族成员与家长的关系，处理他们之间关系的原则一个是孝（对家长），一个是慈（家长对成员）；个人与国的关系便成了臣民与君主的关系，处理他们之间关系的原则是忠（对君主），至于君主对臣民的原则说法不一。个人与个人之间视其关系之不同而有不同的原则，夫妇、兄弟、朋友之间的原则都不同，如夫为妻纲、夫唱妇随，兄友弟恭，只有朋友是平等的，要互相信任。因此，在封建等级社会中并没有真正的个人平等，到处充满了单方面的依附关系。个人与社会不是直接发生关系，而是通过一系列复杂的中间环节发生关系。中国传统文化中群体主义确实占据着统治地位，但这是在等级制基础上的群体主义，即等级群体主义，下面将引用一些言论来证明这点。

　　孔子的仁说就是一种等级群体主义。仁是孔子学说的核心，他谈论仁的地方甚多，说法也各不一样，但一切说法中无不包含"爱人"的意思。

后来孟子也讲仁者爱人。可以说，仁的界说就是"爱人"，其他说法，如"己欲立而立人，己欲达而达人"①，"己所不欲，勿施于人"② 等，都是仁的具体表现。在孔子那里，仁不仅是对人的态度，而且是人生的目的。孔子明确提出"仁以为己任"，"君子无终食之间违仁，造次必于是，颠沛必于是"③。按仁的原则管理国家就是"仁政"。用今天的话来讲，仁就是为人民服务、为社会服务，把人民、社会、他人的利益摆在第一位。孔子的仁显然具有普遍性，仁的主体是所有的人，仁的客体也是所有的人，看不出孔子有把仁的主体与客体限于一定范围的意思，但是"爱人"并不是一视同仁，而是有等级的。"颜渊问仁。子曰：克己复礼为仁。"④"礼"是周礼，其核心是等级制度，这就是说，要按照等级制度来爱。孟子明确讲"爱有差等"，虽然他没有具体讲有些什么差等。孟子甚至明确批判墨子的"兼爱"，认为："杨氏为我，是无君也；墨氏兼爱，是无父也。无父无君，是禽兽也。"⑤ 对于反对等级制度的杨墨，孟子不惜无限上纲。孟子的等级思想比孔子更明确。孔子轻视劳动人民，称他们为"野人""小人"，而他们所说的"圣人""贤人""君子"都是统治者；孟子虽然讲过"民为贵，社稷次之，君为轻"⑥，但这并不意味着君主与人民是平等的，他认为统治者与被统治者的区分是天经地义："有大人之事，有小人之事。……故曰：或劳心，或劳力。劳心者治人，劳力者治于人；治于人者食人，治人者食于人，天下之通义也。"⑦ 孔子和孟子的等级群体主义并不否定个人的利益，相反，他们强调国家要努力满足人民的利益的言论是很多的。"子贡问政。子曰：足食、足兵，民信之矣。"⑧"子适卫，冉有仆。子曰：庶矣哉！冉有曰：既庶矣，又何加焉？曰：富之。"⑨"足食""富之"都是主张使老百姓温饱和富裕起来。孟子则有很多详细论述如何使人民富裕起来的言论，大大发展了孔子的仁政思想。他

---

① 《论语·雍也》。
② 《论语·卫灵公》。
③ 《论语·里仁》。
④ 《论语·颜渊》。
⑤ 《孟子·滕文公下》。
⑥ 《孟子·尽心下》。
⑦ 《孟子·滕文公上》。
⑧ 《论语·颜渊》。
⑨ 《论语·子路》。

说："明君制民之产，必使仰足以事父母，俯足以畜妻子，乐岁终身饱，凶年免于死亡。然后驱而之善，故民之从之也轻。"① 对于如何"制民之产"，他根据古代井田制提出了一种封建的劳役耕种制："方里而井，井九百亩，其中为公田，八家皆私百亩，同养公田；公事毕，然后敢治私事。"② 他甚至连养老问题也考虑到了，"五亩之宅，树之以桑，五十者可以衣帛矣。鸡豚狗彘之畜，无失其时，七十者可以食肉矣。百亩之田，勿夺其时，数口之家，可以无饥矣。"③ 不仅儒家，中国古代多数流派，都主张群体利益与个体利益兼顾的，中国古代的群体主义绝不是只管群体利益，不管个体利益，但他们多数也都认为在群体利益与个体利益之间总有一个轻重先后之别，二者不能两全时，要牺牲个体利益来成全群体利益，这就是中华民族两千年来被多数人所一致推崇的原则：杀身成仁，舍生取义。孔子说："志士仁人，有杀身以成仁，无求生以害人。"④ 孟子说得更加有说服力："鱼，我所欲也，熊掌亦我所欲也，二者不可得兼，舍鱼而取熊掌者也。生亦我所欲也，义亦我所欲也，二者不可得兼，舍生而取义者也。"⑤ 当然，这个"仁""义"在封建社会里，有时不是真正的群体，即人民、国家与民族，而是君主与皇帝，但作为一个一般原则确实激励了仁人志士赴汤蹈火，前仆后继，甚至也激励了今天许多人民的烈士。后代范仲淹的"先天下之忧而忧，后天下之乐而乐"，文天祥的"人生自古谁无死，留取丹心照汗青"，顾炎武的"天下兴亡，匹夫有责"，都可以说是这种群体主义的名言。

　　第二，平等群体主义。持平等群体主义的主要代表应该说是主张兼爱的墨家。墨家主张兼爱，反对爱有差等。他们甚至为了兼爱而不顾个人的利益，成了利他主义和苦行主义。墨子认为天下大乱，国与国、人与人互相倾轧、互相伤害，甚至互相杀戮，其原因就在于不相爱，因此，只要"有力者疾以助人，有财者勉以分人，有道者劝以教人"⑥，大家都能做到"视人之国若视其国，视人之家若视其家，视人之身若视其身"⑦，就可以

① 《孟子·梁惠王上》。
② 《孟子·滕文公上》。
③ 《孟子·梁惠王上》。
④ 《孟子·卫灵公》。
⑤ 《孟子·告子上》。
⑥ 《墨子·尚贤下》。
⑦ 《墨子·兼爱中》。

天下大治了，这就是他的"兼相爱，交相利"的主张。他并不彻底否定等级，但认为不能像儒家那样不同等级有不同待遇，主张"兼以易别"，"不党父兄，不偏贵富"①。他并不否定个人利益，但认为只有兼爱才能实现每个人的利益，他说："夫爱人者，人必从而爱之；利人者人必从而利之；恶人者人必从而恶之；害人者人必从而害之。"② 墨子不但坐而言，而且起而行，奔走呼号，到处宣传他的主张，希望统治者实行他的主张。孟子虽然坚决反对他的主张，但也承认"墨子兼爱，摩顶放踵利天下，为之"③。《庄子·天下篇》记载，墨子最崇拜大禹那种不惜牺牲自己来为人民造福的伟大精神，说大禹"使后世之墨者，多以裘褐为衣，以跂跻为服，日夜不休，以自苦为极，曰：'不能如此非禹之道也，不足为墨'。"儒家的爱和墨家的爱都采取了一般形式，即普遍的爱，但儒家的爱是从统治者的立场出发的，而墨家的爱是从劳动者的立场出发的，故儒家的爱是有等级的，墨家的爱是人人平等的，虽然墨家也承认等级。墨家的平等群体主义在一定程度上反映了原始公社和个体劳动者的平等观念。

这种平等群体主义在《礼记·礼运》中有更明显更集中更强烈的表现："大道之行也，天下为公，选贤与能，讲信修睦。故人不独亲其亲，不独子其子。使老有所终，壮有所用，幼有所长，鳏寡孤独废疾者，皆有所养。男有分，女有归。货恶其弃于地也，不必藏于己；力恶其不出于身也，不必为己。是故谋闭而不兴，盗窃乱贼而不作。故外户而不闭，是为大同。"从这短短一段 107 个字中，我们可以看出这个天下为公的大同世界有如下特点：①生产资料公有，生活富裕；②没有等级制度，男人平等，但妇女地位低于男人；③没有君主，公务管理人员由选举产生；④人人安居乐业，各尽其能，生活困难的人受到特殊照顾；⑤人人互相友爱，互相帮助，道德高尚，生活节俭；⑥社会秩序良好，民事纠纷和刑事犯罪活动极少发生。《礼记》被认为是儒家典籍之一，经过孔子的整理，但这篇《礼运》所反映的是父权制原始公社的理想情景，与儒家的基本观点有明显的区别，它基本上属于平等群体主义，而儒家的观点属于等级群体主义。宋代儒家张载的《西铭》也表露了这种兼爱思想，显然受了《礼

---

① 《墨子·兼爱中》。
② 同上。
③ 《孟子·尽心上》。

运》的影响，他说："民吾同胞，物吾与也。大君者，吾父母宗子；其大臣，宗子之家相也。尊高年，所以长其长；慈孤弱，所以幼其幼。圣其合德，贤其秀也。凡天下疲癃残疾、茕独鳏寡，皆吾兄弟之颠连而无告也。"① 张载一方面把仁爱扩大到自然界（物吾与也），然而另一方面又明确地承认等级，因此，《西铭》的思想只能属于等级群体主义。两千多年来，大同思想一直受到多数思想家的赞许和推崇，直至近代具有资产阶级革命思想的政治活动家如洪秀全、康有为、谭嗣同、孙中山等也都推崇大同思想。

第三，个人主义。个人主义是反对等级的，但它并不反对群体利益，只是反对把群体利益摆在前面，主张个人利益才是最基本的，应该把个人利益摆在群体利益的前面。个人主义的极端形态就是自我主义，它反对平等，把自我看做至高无上。个人主义的现代经济基础是资本主义私有制，但在古代也有其经济基础，即私有制，包括封建制和个体生产者，特别是手工生产者，但手工生产者的价值观不一定是个人主义，如前面谈到的墨家还是属于平等群体主义的范畴，其平等的主张就是小手工业者思想的反映。古代的个人主义的主要代表人物是杨朱。

杨朱是中国古代最著名的个人主义者，但其著作已散佚，今天我们只能从他人的转述和评价中了解杨朱的思想。孟子说："杨子取为我，拔一毛而利天下不为也。"② 韩非也说他"不以天下大利易其胫一毛"③。这可能有些夸大。韩非又称他为"轻物重生之士"④，这比较符合他的实际思想。所谓"重生轻物"就是把个人的生命与生存看做第一重要，而其他一切都是为个体的生存服务的。一般认为《吕氏春秋》中的《本生》《重己》《贵生》等篇基本上反映了杨朱派的观点，从这些篇的内容来看，杨朱并不主张损人利己，而是认为如果人人都能独善其身，那么，天下就太平了。他们主张满足人的物质欲望，但并不主张纵欲。但是，个人主义既然以个体为中心，就非常容易转变成为损人利己的极端个人主义和纵情享受的享乐主义。孙盛《杂记》记载，曹操青年时逃离董卓，访故人成皋吕伯奢，伯奢不在，其五子设宴款待，"太祖闻其食器声，以为图己，遂

---

① 《正蒙·乾称篇》。
② 《孟子·尽心上》。
③ 《韩非子·显学》。
④ 同上。

夜杀之。既而凄怆曰:'宁我负人,毋人负我!'遂行。"① "宁我负人,毋人负我"这是一个极端个人主义的命题。但是,在中国古代的思想家中,像杨朱那样主张个人主义的并不多,像曹操那样吐露内心深处思想的就更少了。因此,在中国古代的文字资料中,人们看见的多是宣扬群体主义的书籍,其实个人主义和极端个人主义思想,特别是个人主义和极端个人主义的实践是很多的。尽管如此,从整体上看,特别是从保存在文字中的文化传统来看,群体主义占有较大的优势,只是决不能否认个人主义在中国传统文化中的存在。

关于人与人、人与群体的这三种观点在中国历史上的作用,我们都应抱一分为二的具体分析的态度。它们都有其合理因素和历史局限,对中国社会的发展都发挥过积极的推动作用和消极的阻碍作用。我国目前实际上存在着的两种基本的价值观就是集体主义与个人主义,弄清楚我国历史上的群体主义与集体主义的区别和联系、历史上与今天的个人主义的区别和联系,对于今天如何正确对待集体主义与个人主义都是有重要的现实意义的。

3. 关于人性的思想

人性论是中国人学思想史上争论极多、内容也十分丰富的一个问题,具有浓厚的中国特色。中国哲学史中没有人的本质的概念,但人性问题实质上就是人的本质问题,亦即人与动物的根本区别问题,因为中国思想家们不管在人性善恶上意见有多大分歧,但有一点共识,即都想从人的伦理道德方面来区分人与动物,把伦理问题看做是人的最根本问题。伦理关系,扩大一点讲,实际上就是社会关系。从这里可以看出中国传统文化的一个特点,即特别重视人际关系或社会关系。于是,中国思想家们围绕着人性是善还是恶争论了两千多年。对这个问题回答可能有四种:人性善、人性恶、人性无善无恶、人性有善有恶。这四种观点在中国人学思想史上都有其代表,当然,大的派别中也包含一些小的派别。

第一,性善论。性善论是儒家人性论的主流,孟子是最主要的代表。孔子不谈性(人性)与天道,只说过"性相近也,习相远也"②,没有说人性是善还是恶,但可以看出他所说的性是先天的,习是后天的,这就是

---

① 陈寿:《三国志·魏书·武帝纪》裴松之注。
② 《论语·阳货》。

说人在先天方面是接近的，差别是后天的环境与生活造成的。孟子明确提出性善论，而且作了论证。他认为："人之性善也，犹水之就下也，人无有不善，水无有不下。"① 但确切地讲，他并不是说人生来就是道德高尚的人，只是说人生来具有良好品德的萌芽，即仁义礼智的善端。他说："恻隐之心，仁之端也；羞恶之心，义之端也；辞让之心，礼之端也；是非之心，智之端也。人之有四端也，犹其有四体也。"② "仁义礼智，非由外铄我也，我固有之也。"③ 因此，一个人要成为道德高尚的人，主要的方法是内求诸己，他说："学问之道无他，求其放心而已矣。"④ "求则得之，舍则失之。"⑤ 孟子从性善论引申出他的仁政思想，主张启发人的善性，与人为善，使人人都成为善良的人，则天下太平了。性善论在中国历史上产生了极大的影响，后来有许多思想家信奉性善论，如张载、程颐、谭嗣同等人都有性善论的言论。不仅如此，性善论在普通人的思维和言谈里已成为许多论断的前提，如我们把二战的德国法西斯和日本军国主义的暴行称做灭绝人性，把极端道德败坏的行为称做禽兽不如，可见性善论影响之深。严格地说，这是不确切的，因为这些恶行正是人的行为，恶也是一种人性，禽兽是无所谓善恶的。

第二，性恶论。性恶论是儒家中唯物主义者荀子的主张。荀子直接提出人性恶的主张，反对性善论，认为："人之性恶，其善者伪也。"⑥ 他所说的"伪"不是虚伪，指的是人为，他说，"凡性者，天之就也，不可学，不可事"，"不事而自然"，而伪则是"可学而能，可事而成"⑦。荀子所说的"性"实际是人生而具有的动物本能，如生存的本能（食）、繁殖的本能（色），但他认为这就是恶，因为"从人之性，顺人之情，必出于争夺，合于犯分乱理而归于暴"⑧，所以，他主张以道德礼义来教化人民和自我修养。他说："古者圣王以人之性恶，以为偏险而不正，悖乱而不治，是以为之起礼义、制法度，以矫饰人之情性而正之，以扰化人之情

---

① 《孟子·告子上》。
② 《孟子·公孙丑上》。
③ 《孟子·告子上》。
④ 同上。
⑤ 同上。
⑥ 《荀子·性恶篇》。
⑦ 同上。
⑧ 同上。

性而导之也。"① 可见，荀子的性恶论与孟子的性善论对人性看法虽然截然相反，但他们都主张以提倡道德法度来使人从善去恶，不过在孟子看来，这是发扬人所固有的东西；在荀子看来，这是增添人所没有的东西。稍后一点的韩非也主张性恶论，但整个历史上主张性恶论的不如主张性善论的多，这可能是由于人们总想把人说得好一点的缘故。

第三，性无善无不善论或性无善无恶论。这派的创立者是告子，但告子的论著早已佚失，他的思想由于孟子的反驳而得以流传。根据《孟子》的记载，告子认为"生之谓性"，"食色，性也"，比荀子更明确地指明性是人的本能，也更正确地指明性无所谓善恶。他用比喻来说明这个问题："性犹杞柳也，义犹木否桮也，以人性为仁义，犹以杞柳为木否桮。"② 这就是说，人性好比是木材，善恶好比是木材做成的酒杯，不能把木材和木器混为一谈。他又比喻说："性犹湍水也，决诸东方则东流，决诸西方则西流。"③ 这就是说，人性本身是无所谓善恶的，正如流水本身是无所谓方向的，人成为善人与恶人是后天造成的，因此，"文武兴，则民好善；幽厉兴，则民好暴"④。后来主张性无善无恶论的颇不乏其人，如罗隐、王安石、苏轼、王守仁等。

第四，性善恶混论或性有善有恶论。这个理论的创立者是战国时的世硕，但他的著作《世子》已佚失，其思想在王充的《论衡》中有记载。王充说："周人世硕，以为人性有善有恶，举人之善性，养而致之则善长；性恶，养而致之则恶长。……密子贱、漆开雕、公孙尼子之徒，亦论性情，与世子相出人，皆言性有善有恶。"⑤ 后来的扬雄也是这一观点的著名代表，他说："人之性也善恶混，修其善则为善人，修其恶则为恶人。"⑥ 后代的司马光等也信奉此论。还有一种叫做性三品说的观点实际上是性有善有恶论的亚种，即主张在善品、恶品之间还有一种中品，这种观点可以董仲舒为代表，他认为人有三等，圣人是天生的善人，非教诲所致；斗筲之徒（小人）是天生的恶人，教诲对他不起作用；只有中民通

---

① 《荀子·性恶篇》。
② 《孟子·告子上》。
③ 同上。
④ 同上。
⑤ 《论衡·本性》。
⑥ 《法言·修身》。

过教诲可以为善，通过不良习染可以为恶。这种三品说实际是从二品说引申出来的，还可以引申出多品说。后来王充等人也持此说。

　　把这四种可能的观点综合起来分析，可以看出它们有一个共同的前提：人性是生而具有的。它们都不区分生而具有的自然属性和在社会生活中形成的社会属性，实际上它们找到的人性不外这两种东西：动物本能和伦理意识。性善论和性善恶混论的人性是伦理意识。性恶论的人性实际是动物本能，但错把它说成是社会属性。性无善无恶论实际上区分了自然属性与社会属性，但没有自觉地认识到这一点。中国历史上的这场争论，如果以马克思主义为指导加以总结，可以使我们得到一点启发：应该对"人性"这个概念加以合理的规定。我们认为对"人性"概念不能理解得太宽或太窄。如果太宽，人性就是人的属性，包括自然属性和社会属性；如果太窄，人性就是人的本质；如果加以合理的理解，人性应该是社会性。这样，人的本质是社会实践；人性是各种社会性；人的属性是人的一切属性，包括人的本质、人的社会属性（精神属性）和自然属性。人的自然属性就其一般性而言不能把人和动物区别开来；人的社会属性，即人性则可以把人和动物区别开来。伦理性或曰善恶性是一种人性，能把人与动物区别开来，也就是说，动物无所谓善恶，只有人的行为与思想才有善恶之分。但伦理性不是唯一人性，还有其他人性可以把人与动物区别开来。中国古代思想家热衷于人性善恶的争论，对其他人性论述不多，但也多少有些论述，如《尚书·泰誓上》说："惟天地万物父母，惟人万物之灵。"这就是把智慧、思想、理性看做人性。《庄子·天地》也说："大惑者终身不解，大愚者终身不灵。"成玄英疏："灵，知也。"这个思想也接近于把理性看做人性。在中国古代明确提出理性为人性的是王充，他认为"人，物也"，但"天地之性人最为贵"，为什么？人是"万物之中有智慧者也"[1]。但以理性为人性的观点在中国古代不像在西方那样受重视，因而没有得到充分的研究。

　　荀子的人性论思想应该得到更高的重视与研究。荀子以性恶论的代表著名，这反而掩盖了他的一般人性论思想，他的一般人性论思想其实是很丰富的，尽管其观点也有自相矛盾之处。首先，他明确地科学地提出了人

---

[1]　《论衡·辩祟》。

性问题，说："人之所以为人者何已也？"① "何已"即何以，也就是说，人之所以为人而异于禽兽的根据是什么，也就是我们今天所说的人性或人的本质是什么。荀子回答说："故人之所以为人者，非特以其二足而无毛也，以其有辨也，夫禽兽有父子而无父子之亲，有牝牡而无男女之别。故人道莫不有辨，辨莫大于分，分莫大于礼。"② 至于"饥而欲食，寒而欲衣，劳而欲息，好利而恶害，是人之所生而有也，是无待而然者也。"③ 用今天的话来讲，这些属性都是自然属性，是人的生理和本能，是与动物共有的，不是人性。荀子在谈到物类的区别时也表述过同样思想，说："水火有气而无生，草木有生而无知，禽兽有知而无义。人有气，有知，亦且有义，故最为天下贵也。力不若牛，走不若马，而牛马为用何也？曰：人能群，彼不能群也。人何以能群？曰：分。分何以能行？曰：义。"④ 在这段话里，荀子的有些观点是不对的，如不区分动物的知觉与人的理性，颠倒了群（社会性）和义（道德）的关系，但他提出了群这一重要的人性，重申义是一种人性，人不仅与禽兽有共同之处，而且与草木（有机物）、水火（无机物）也有共同之处。此外，荀子虽然没有明确指出实践（改造世界）是人的本质，但在他的"制天命而用之"的著名思想里已透露了对实践的重要地位的猜测。他说："大天而思之，孰与物畜而制之；从天而颂之，孰与制天命而用之；望时而待之，孰与应时而使之；因物而多之，孰与骋能而化之；思物而物之，孰与理物而勿失之也。愿于物之所以生，孰与有物之所以成，故错人而思天，则失万物之情。"⑤ 字里行间透露出人之所以高于万物而最为贵者，以其能认识世界与改造世界也。荀子的这些思想确实是很可贵的。

　　不管在人性问题或人性善恶问题上有多大分歧，有一点是得到中国古代所有思想家认同的，那就是：人所以区别于动物的最根本的东西就是伦理道德，伦理道德是处理人际关系的多种规范，扩大一点说，就是封建社会秩序，亦即君君臣臣父父子子或"三纲五常"。从今天的观点来看，伦理道德无疑是一种人性，但不是最根本的人性或人的本质，只有极个别的

---

① 《荀子·非相》。
② 同上。
③ 同上。
④ 《荀子·王制》。
⑤ 《荀子·天论》。

像荀子这样的思想家对真正的人的本质才有所认识，尽管认识还不很明确。尽管伦理道德规范有很强的时代性、阶级性、相对性，仍不失为一种重要的人性，中国古代思想家对这个问题的贡献是不可否定的。

4. 关于理想人格的思想

理想人格也是中国人学思想史上受到多数思想家关注的问题，颇具中国特色，下面分几点加以简短的评价。

第一，中国古代最高理想人格是圣人，其次是君子。古代主张三品说的颇不乏其人，三品说的一种形态是性三品说，即主张人性中有善性恶性与中间性，这在前面已有所介绍；另一种形态是人三品说，即主张人有三等、上等、中等与下等，多数人是中等，上等与下等是少数，而上等尤其少，那就是君子，君子中的极少数出类拔萃人物就是圣人，儒家公认的圣人只有尧、舜、禹、汤、文、武、周公、孔子、孟子。孟子以后的韩愈、二程、朱熹，都想成为圣人，但迄今未得到公认。人三品说始自孔子，他说："生而知之者，上也；学而知之者，次也；困而学之，又其次也；困而不学，民斯为下矣。"① 又说："唯上智与下愚不移。"② 上等用不着教，下等教也无用，中等是可以教育的，又可以分为较好与次好两等。孔子不敢自认为上等，说："我非生而知之者，好古敏以求之者也。"③ 看来他把自己摆在中等偏上。他曾如此评论自己通过学习和教育而不断成长的过程："吾十有五而志于学，三十而立，四十而不惑，五十而知天命，六十而耳顺，七十而从心所欲不逾矩。"④ 可见他在70岁时已达到很高的人生境界，但也说明他并不是生而知之者，所以他又说："若圣与仁，则吾岂敢？"⑤ 除了生而知之可以说是圣人的一种品格而外，孔子没有明确提出其他品格，但他确实把唐、虞、夏、商、周的全盛时期看成理想社会，把这些时期的最高统治者尧、舜、禹、汤、文、武看成圣人。他说："周因于夏礼，所损益可知也；其或继周者，虽百世可知也。"⑥ 就是说，夏、殷、周是一脉相承的。他赞叹道："周监于二代，郁郁乎文哉！吾从

① 《论语·季氏》。
② 《论语·阳货》。
③ 《论语·述而》。
④ 《论语·为政》。
⑤ 《论语·述而》。
⑥ 《论语·为政》。

周！"①"颜渊问为邦。子曰：'行夏之时，乘殷之辂，服周之冕，乐则韶、舞'。"②韶是虞代的音乐。因而他对当时的最高统治者也赞美之至，他说："大哉，尧之为君也！巍巍乎，唯天为大，唯尧则之！荡荡乎，民无能名焉！巍巍乎，其有成功也！焕乎，其有文章！"③又说："巍巍乎，舜、禹之有天下也，而不与焉！"④《论语》记载："舜有臣五人，而天下治。武王曰：'予有乱臣十人'。孔子曰：'才难，不其然乎？唐虞之际，于斯为盛。有妇人焉，九人而已。三分天下有其二，以服事殷，周之德，其可谓至德也已矣！'"⑤孔子又说："禹，吾无间然矣！菲饮食，而致孝乎鬼神；恶衣服，而致美乎黻冕；卑宫室，而致力乎沟洫。禹，吾无间然矣！"⑥概括孔子对他所崇拜的圣人的品格的理解，圣人所具有的品格应是叔孙豹所说的"三不朽"。《左传》记载：范宣子问："古人有言曰，'死而不朽'，何谓也？"叔孙豹答："太上有立德，其次有立功，其次有立言，虽久不废，此之谓不朽。"⑦此话是公元前575年讲的，孔子生于公元前551年，看来"三不朽"说已成为当时理想人格的公认标准，孔子也从这三个方面（道德、功业、文章，用现代话讲就是道德、事业、学术）评价圣人，但孔子所说圣人还有一个共同点，即都是最高统治者。后来儒家一致推崇的圣人还有至圣孔子、亚圣孟子，他们的政治地位都不高，但也被视做精神领袖，甚至称孔子为"素王"，许多朝代都封以王位。儒家的王道、王政、德治等思想都是从这种理想人格引申出来的。尽管其他学派如道家、墨家、法家都不完全赞同这种理想人格，但儒家的理想人格影响很大，而且不断有所发展，董仲舒把圣人同天联系起来，认为"圣人法天而立道"；张载则把理想人格概括为"为天地立心，为生民立命，为往圣继绝学，为万世开太平"；甚至孙中山也受到影响，把人分为三等：先知先觉、后知后觉与不知不觉。

　　比圣人低一个层次的理想人格是君子，很多人都可以成为君子，因而孔子对君子的论述也比较多，特别是有许多把君子与小人作比较的言论。

----

① 《论语·八佾》。

② 《论语·卫灵公》。

③ 《论语·泰伯》。

④ 同上。

⑤ 同上。

⑥ 同上。

⑦ 《左传·襄公二十四年》。

很难说哪一句话是孔子对君子所作的界说，哪一段话是孔子对君子的品格的全面而系统的论述。把孔子以及其他思想家对君子的论述综合起来看，君子指社会政治地位高贵的人，但更多是指思想品德高尚的人。孔子的核心思想是仁，仁是人的最高品德，其他品德是从仁引申出来的，君子应该就是实行仁的原则的仁者，并具有从仁引申出来的其他品德。孔子说："君子无终食之间违仁，造次必于是，颠沛必于是。"① 又说："志士仁人，无求生以害仁，有杀身以成仁。"② 可见仁是君子的核心品德，从仁可以引申出其他品德。我认为以下这段话可以说是对君子的比较完整的论述。孔子说："君子道者三，我无能焉。仁者不忧，知者不惑，勇者不惧。"子贡接着说："夫子自道也。"③ 仁、知、勇后来成了中国传统美德的三条通用标准。对于人应具有的那些美德，古代的思想家们有各种概括，管仲有"礼、义、廉、耻"，孔子还有"恭、宽、信、敏、惠"，孟子有"仁、义、礼、知"，董仲舒有"五常"（仁、义、礼、智、信）等，这些都可以说是君子应具有的品德。仔细分析起来，还是孔子的"仁、知、勇"的概括简明而又全面：仁指方向（爱人），知指才能，勇指胆略，三者结合才可以成为比较杰出的人物（君子），这三条与西方的情、知、意相当。

后来的中国思想家对此三者都有许多发挥。如"先天下之忧而忧，后天下之乐而乐"（范仲淹语），仁也；"天下兴亡，匹夫有责"（顾炎武语），知也；"富贵不能淫，贫贱不能移，威武不能屈"（孟子语），勇也。三者缺一，难以完成伟大的事业。

古代思想家所说的君子无疑是属于统治阶级的杰出人物，劳动者当然不在君子之列（除非他从劳动者上升为统治者），所以君子具有明显的阶级烙印。不仅如此，当统治者处于腐朽没落时期，其道德信条已成为其腐败行为的遮羞布和麻痹人民斗争性的鸦片烟的时候，"君子"便成为伪善者的代名词，现代人谈到"君子"至今也难免有这种印象。但是，对于中国古代思想家所提出的君子的美德，特别是孔子所提出的"仁、知、勇"对于各个时代的人都是适用的，在今天也是适用的，当然在不同的

---

① 《论语·里仁》。
② 《论语·卫灵公》。
③ 《论语·宪问》。

时代、不同的地区还有其特殊性。总之，古代思想家关于理想人格的思想还是有许多合理因素值得汲取，不能因其历史和阶级的局限而加以全盘否定。

第二，圣人与君子的品德都是可以培养起来的。尽管有些思想家认为圣人是天生的，但更多思想家认为人人都可以成为圣人。中国古代文化的等级观念，不像西方那样绝对化。例如柏拉图不仅把奴隶区别出来，而且把其他人分成三等，统治者是金子制成的，军人是银制成的，平民是铜制成的，前两等与第三等之间界限分明，不容混淆。亚里士多德甚至把奴隶说成是能说话的工具。孔子虽然认为圣人是生而知之的人，但他们是极少数，绝大多数人都是可塑的，因为孔子认为人"性相近也，习相远也"①。他强调通过学与习来提高自己的品德，主张有教无类，开辟了中国两千多年来的平民教育制度。孟子虽然主张性善论，但天生的不过是善端而已，品德高尚的人的成长有待于善端的发展。他虽然认为圣王要五百年才能出现一位，但仍强调人人都是可以成为圣人的，他明确地说："圣人，与我同类者。"②"人皆可以为尧舜。"③"舜何人也，予何人也，有为者亦若是。"④主张"人性恶，其善者伪也"的荀子不承认什么天生圣人更是当然的，他说："凡人之性者，尧、舜之与桀、跖，其性一也；君子之与小人，其性一也。"⑤因为他们的本性都是恶的，没有区别。因此，一个人"可以为尧、禹，可以为桀、跖，可以为工匠，可以为农贾，在势注错习俗之所积耳"⑥（"势"为衍文，"注错"意为措置，即安排处置、立身行事，全句意为：一个人之成为好人或坏人全在于环境和本人行为的积累的结果）。荀子甚至认为路上随便一个人都可以成为大禹那样的圣人，他说："涂之人可以为禹，曷谓也？曰：凡禹之所以为禹者，以其为仁义法正也，然则仁义法正有可知可能之理。然而涂之人也皆有可以知仁义法正之质，皆有可以能仁义法正之具，然则其可以为禹明矣。"⑦荀子不仅承认尧、舜、禹、汤、文、武是圣人，今人也可以成为圣人，而且认为今圣

① 《论语·阳货》。
② 《孟子·告子上》。
③ 同上。
④ 《孟子·滕文公上》。
⑤ 《荀子·性恶》。
⑥ 《荀子·荣辱》。
⑦ 《荀子·性恶》。

超过古圣，承认了历史的发展，他说："王者之制，道不过三代，法后王。超过三代谓之荡，法贰后王谓之不雅。"① 荀子指的是三代以前时代久远，难以确认，遵循三代之道（治国原则）就可以了，而法（具体的制度）则应与后王一致。后王指谁？不明确。《儒效篇》也谈到"法后王"，其中谈到仲尼、子弓是"大儒"（他把人分为四等：俗人、俗儒、雅儒、大儒，大儒是最高等，也就是圣人），赞美了周公辅成王，有的学者认为后王就是周公、孔子，这是可能的。无论如何，荀子有不太明确的今圣胜于先圣的思想，法家韩非的"不期修古，不法常可"的思想可能是对荀子这个思想的进一步引申和明确化，他说："今有构木钻燧于夏后氏之世者，必为鲧、禹笑矣；有决渎于殷、周之世者，必为汤、武笑矣；然则今有美尧、舜、汤、武、禹之道于今之世者，必为新圣笑矣。是以圣人不期修古，不法常可，论世之事，因为之备。"② 时代变了，不用今圣之道治理国家，而用古圣之道，必为今圣所笑，所以圣人不拘泥于古法，不效法一成不变的东西，而是审时度势，因时而动。中国古代对于理想人格的这种理解也就是《易传》所说的"天行健，君子以自强不息"③ 的意思，"自强不息"就是不断前进，一个君子一生自我不断前进，不同时代的君子也在不断前进。

　　第三，理想人格是通过实践和自我修养培育形成起来的。中国古代思想家非常重视自我修养，包括学习和教育，使自己逐渐具备理想人格的品格。特别值得重视的是，他们还很重视通过实践来提高自己，在待人接物的活动中提高自己，而不是闭户静修，自我陶醉。中国几乎各家各派都有自己的理想人格，也都有自己的修养方法。孔子就有很多这方面的论述。《论语》第一句话就是"子曰：'学而时习之，不亦说乎！'"这个"习"就是练习、实习。孔子是中国历史上第一个平民教育家，有许多论述教育和学习的言论，其中许多都已成为两千多年广泛流传的至理名言，说"克己复礼为仁"是教人自我控制的；"学而不思则罔，思而不学则殆"是教人学习与思考相结合的；"不耻下问""三人行必有我师焉"是教人向别人虚心学习的；"吾日三省吾身，为人谋而不忠乎？与朋友交而不信

----

① 《荀子·王制》。
② 《韩非子·五蠹》。
③ 《周易·乾象》。

乎？传不习乎"是教人反省的；"知之为知之，不知为不知，是知也"是教人实事求是的；"君子耻其言而过其行"是教人言行一致的；"君子欲讷于言，而敏于行"是教人注重实践的；"政者正也，子帅以正，孰敢不正"是教人以身作则的等。可以说，孔子是中国历史上创立比较系统的正确的学习和修养方法的第一人。孟子也非常重视理想人格的修养。孟子的修养论有一定的神秘主义色彩，但剔除其神秘性，也包含有许多合理的思想。他的修养方法——养浩然之气就是一例。他说："我善养吾浩然之气。……其为气也，至大至刚，以直养而无害，则塞于天地之间。其为气也，配义与道；无是，馁也。是集义所生者，非义袭而取之也。行有不慊于心，则馁矣。"① 什么是气？他解释说："夫志，气之帅也；气，体之充也。夫志至焉，气次焉。"② 可见，气的本质是志、义、道，换言之，是高尚的精神状态，但气小则充满身体，大则充满宇宙，又是物质性的东西。怎么养？孟子主张性善，因而强调内省，通过内省发扬内部善端，剔除外部干扰。他认为一天之内内省最好的时刻是黎明，他说："其日夜之所息，平旦之气，其好恶与人相近也者几希。则其旦昼之所为，有牿亡之矣。牿之反复，则其夜气不足以存。夜气不足以存，则其违禽兽不远矣。"③ 这就是说，白天外部干扰（"牿"应为"梏"，即桎梏、蒙蔽、侵蚀）很多，至夜人之善性丧失殆尽，经过一夜休息，黎明时刻善性逐渐恢复，因此，平旦之气的本质就是善，平旦之气应该就是浩然之气，黎明（或清夜）扪心反省，最利于一个人去恶从善。这是同孟子的"求放心"的修养方法一致的，他说："仁，人心也；义，人路也。舍其路而不由，放其心而不知求，哀哉！人有鸡犬放，则知求之，有放心而不知求。学问之道无他，求其放心而已矣。"④ 浩然之气难以捉摸，孟子也说过"难言也"，不免带几分神秘色彩，其理论基础性善论也是唯心主义的，但他谈的内省的修养方法是合理的，也比孔子所谈深入具体，对后世影响很大。同时，孟子也很重视在艰苦的条件下磨炼自己，使自己杰出地成长起来。他在列举了舜、傅说等历史人物为何在微贱中历经磨难而终成伟人之后说："天将降大任于斯人也，必先苦其心志，劳其筋骨，饿其体肤，空乏

---

① 《孟子·公孙丑上》。
② 同上。
③ 《孟子·告子上》。
④ 同上。

其身，行拂乱其所为，所以动心忍性，增益其所不能。"① 他还进一步解释人在实践的磨炼中之所以能"动心忍性，增益其所不能"，在于他能有意识地吸取有益的经验、教训，从而增强自己的思想水平和实践能力，他说："人恒过，然后能改；困于心，衡于虑，而后作；征于色，发于声，而后喻"②。这里谈到三种能力增强了，一是纠正自己错误的能力增强了；二是通过深思熟虑行动的自觉性增强了；三是通过言谈举止表达自己的能力提高了。孟子的这些话，两千多年来激励了成千上万的中华儿女为建功立业进行艰苦卓绝的奋斗，造就了一代又一代的杰出人物。由于中国传统文化重视道德品格，中国古代思想家也都很重视道德修养，有大量关于修养和修养方法的言论。这些思想家大多是封建制度的代言人，他们的修养论当然有其阶级性，即束缚人民的思想和行为、维护封建制度的作用，而且有很大的虚伪性，但也不能因此全盘否定古代修养论的意义。

中国古代有非常丰富的人学思想，这里只是就几个重要问题作了评述，而且对每个问题的评述也不是完全的，只限于少数代表人物的代表思想，聊以表现中国人学思想的特色而已。

（三）西方人学思想史

自春秋战国以来，中国人学研究始终占据思想领域的主导地位，直到今天仍未出现宗教神学独占统治的历史阶段，但西方则否。在古希腊罗马时期，人的地位十分崇高，古希腊政治家伯里克利明确地提出："人是第一重要的。"因此西方古代思想家都很重视对人的各个方面的研究，提出了丰富的人学思想，人学思想在他们的整个思想中占很大的比重。古希腊罗马的神话十分发达，不但非常丰富，而且非常系统，但他们的神实际上也是人化了的，他们像人一样有喜怒哀乐、贤愚善恶，像人一样生活和恋爱、搞阴谋诡计、争权夺利、互相残杀，充满了人情与人性，缺乏后来西方宗教那种神圣的超凡脱俗的不可侵犯的灵光。但西方中世纪的封建统治者的头上却笼罩着神的统治，世俗的阶级统治变成了神对人的统治，神成了宇宙与人世的核心，一切都围绕着神旋转，宗教不但成了统治的意识形

---

① 《孟子·告子下》。
② 同上。

态，而且成了唯一的意识形态，或者说，意识形态的各个组成部分都成了宗教的附庸。当然，中世纪也有人学思想，但是作为神学的部分而存在。总之，人被神淹没了，人学思想以及其他一切思想被神学淹没了。仅仅坚持人的独立性的思想都被视为异端而受到教廷的迫害和镇压。随着资本主义的萌芽与成长，资产阶级出现了，作为新兴资产阶级意识形态核心的人道主义（亦译人文主义或人本主义）也逐渐萌芽成长和发展，形成了西方近代一股强大的思潮，中间虽有曲折，但仍绵延至今。人道主义是西方人学的主要内容。这股思潮最初表现为 14—16 世纪的文艺复兴运动（Renaissance），它的主要表现形式是文学艺术，故译为"文艺复兴"，但如从其思想实质来讲，它所复兴的人道，即恢复古希腊时期人在社会生活中的核心地位，以人道取代神道，以人权取代神权，以人性取代神性，强调人及其个性的发展。人道主义思潮的第二种历史形态是 17 至 18 世纪的启蒙运动，其特点在于启蒙思想家们把文艺复兴时期蕴含在文学和艺术作品中的人道主义思想加以理论化，形成一些人道主义理论体系。其代表人物有英国的霍布斯、洛克，法国的卢梭、狄德罗，德国的康德、费尔巴哈等人。人道主义思潮在 19 世纪下半叶至 20 世纪上半叶由于资本主义的弊端日益显露和工人阶级的革命运动不断高涨，以及马克思主义对抽象人道主义的虚伪性的揭露和批判而逐渐进入低潮。资产阶级除少数政治家如林肯外不再高举人道主义旗帜，而后来的马克思主义由于否定人道主义历史观把人道主义价值观也否定了。德国法西斯与日本帝国主义在"二战"期间的种族灭绝行为的发生，与忽视人道主义原则不能说毫无关系。"二战"后，有远见的政治家如罗斯福，许多国家特别是受侵略受蹂躏的国家以及全世界人民都深感高举人道主义旗帜的必要性，人道主义思潮在 20 世纪下半叶再度高涨起来，这就是人道主义思潮的第三种历史形态——世界人道主义，其代表作就是联合国通过的《世界人权宣言》以及后来的一系列国际人权文书。

但是，第三次人道主义思潮的性质从整个 20 世纪下半叶来讲十分复杂，大致包含五种倾向：一是广大被侵略、被蹂躏国家的人民有鉴于"二战"中的反人道行为的惨痛教训，深感弘扬人道主义精神之必要。二是发达国家的一些富于人道主义精神的政治家们和开明人士，他们也反对德国法西斯主义和日本帝国主义的种族灭绝的政策和行动。三是西方国家中的人本主义流派的思想家们重新举起了人道主义的理论旗帜，其中包括西方马克思主义中的人道主义思潮，如存在主义、法兰克福学派、存在主义马克思主义等。四是社会主义国家中的人道主义思潮，这个思潮是在斯大林逝世后兴起的，是对斯大林错误的一种反思。五是西方发达国家 70 年代以来采取的针对社会主义国家和发展中国家的人权外交，先以苏联为主要攻击对象，后以中国为主要攻击对象，提出 "人权高于主权" "人道主义干涉" 等口号作为干涉他国内政的借口，借以推行其霸权主义，这种 "人道主义" 实质上是对人道主义的反动。

就是在这第三次人道主义思潮中出现了把人学作为一门科学来建立和建设的要求和思想，世界历史已经发展到能够把人作为整体来研究的地步。为了建立人学，我们有必要追溯一下西方人学思想史，限于篇幅，我们集中研究以下几个问题：

1. 关于人和自然的关系的思想

人和自然的关系问题实际上是人在宇宙中的地位问题，具体说，这个问题包括：

（1）人是从哪里来的？是自然界产生人还是人产生自然界？

（2）人出现以后，是人支配自然界还是自然界支配人？

（3）谁更重要？是自然界更重要还是人更重要？

对于这些问题，古希腊以来的西方哲学家们都作了明确的回答。

对于第一个问题基本上有两种回答：一种是唯物主义，认为人也是一种物质存在，来自自然界，最终回到自然界。另一种是唯心主义，认为自然界是人所创造的，依存于人的。此外，还有另一种回答，即宗教的回答，它认为自然界和人都是神所创造的。

原始宗教或神话都认为自然界和人都是神所创造的，世界各国差不多都有类似的传说，认为神首先创造了今天的宇宙，然后按照自己的模样创造了人类。这种观点在原始社会是把自然力神化的结果。随着人类知识的发展，人们逐渐都认识到今天的宇宙是自己演变而成的（不管怎么演变），人是从自然界中演变出来的，神创自然界和人不过是人类在幼年时期的一种想象，但后来人们仍然相信神的存在，世界的状态及其变化都是神安排的、支配的，这是因为还有许多现象科学解释不了，人力驾驭不了。人们需要一个神作为自己的精神寄托和终极关怀。特别是在阶级社会中，人们不能掌握自己的命运，总感到冥冥之中有一股神秘的力量在支配着自己的祸福成败。因此，在人类社会进入阶级社会以后形成了至今仍然存在的各种宗教，可以说，现代宗教所信仰的神是把人神化的结果。所以，归根结底，对于第一个问题基本的回答仍然是两个，下面我们就来简单回顾一下西方哲学中的这两种回答。

古希腊最早的哲学学派——米利都学派就抛弃了神创说，认为自然界是本来存在的，他们要探索的是构成自然物的最后因素而不是谁创造了它。至于人，他们认为人不是自然界的创造者，而是自然界长期发展的产物，例如阿那克西米德认为从温暖的水和土中产生出与鱼类似的动物，这种动物爬到岸上逐渐变成了人，他的理由是人的胚胎同鱼很相似。这当然是一种素朴的幼稚的猜测，但其中包含的人产生于自然界的思想是正确的。古代朴素唯物主义不能科学地解释人的精神现象，但他们根据唯物主义世界观认为精神不是超自然的，而是一种物质现象，例如阿那克西米德认为人与动物靠空气生活，空气就是灵魂与智慧。这种猜测表明他是在努力用唯物主义来解释精神现象。又如著名的原子论哲学家伊壁鸠鲁虽然不否定神的存在，但把神排除在自然界之外，坚持从唯物主义立场来解释人。他认为人是由原子构成的，这不仅包括人体，也包括人的灵魂。文艺复兴时期的唯物主义思想家们则逐渐摆脱了古代的素朴性，更明确地回答了人与自然的关系。例如布鲁诺虽然还保留着泛神论因素，却明确地指出人的一切都是自然界这个整体的一部分。人从自然分化出来，似乎与自然对立，但可以通过对自然的认识而达到与自然的统一。近代建立在实证科学基础上的机械唯物主义进一步认清了人对自然界的依赖关系，他们用大量自然科学的证据驳斥了神的创世说，康德提出的星云说是对神创说的沉重打击。拉马克的进化说已经初步论证了生命起源于无生命物质，人是从动物演化而来的观点。人体解剖学、生理学和医学的发达已基本上论证了人的精神活动离不开人脑，灵魂不灭是无稽之谈。有的哲学家，由于强调人与自然的一致，甚至抹杀了人的特殊性，提出人是机器的论断。这个观点是笛卡儿首先提出来的，当时的许多哲学家都有这种看法，拉美特利甚至写了《人是机器》一本书来论证这个观点，但其中包含的唯物主义思想是不能否定的。例如拉美特利认为"人的身体是一架钟表，不过这是一架巨大的、极其精细的、极其巧妙的钟表"[①]。同时也认为思维是大脑

---

① 美特利：《人是机器》，生活·读书·新知三联书店1956年版，第67页。

的机能，是"有机物质的一种属性"①。现代自然科学、马克思主义唯物主义以及其他唯物主义流派，以新的实践和科学成果反复论证了自然界的固有的客观的存在、人的自然来源和人对自然的依赖，但是直到今天仍存在着对这个问题的唯心主义的回答。

　　唯心主义可以说是唯物主义的孪生兄弟，对人与自然的关系的唯心主义回答在古希腊就出现了。其中最著名的就是普罗泰戈拉的观点："人是万物的尺度，是存在的事物存在的尺度，也是不存在的事物不存在的尺度。"② 对这个命题的理解与评价不管有多大分歧，但有一点比较明显，这是人类中心主义的最早表现。由于人类中心主义是至今理论界争论不休的问题，也是对人类的兴衰成败至关重要的问题，这个问题的最早提出无疑是人学史上的重大事件。从今天的观点看，把人类看做中心，作为宇宙观是唯心主义的、错误的；作为价值观则有可能是唯物主义的、正确的。普罗泰戈拉把人看做事物存在与不存在的尺度，这种人类中心主义是一种宇宙观的观点，即认为事物的存在与否依赖于人，当然是唯心主义的，尽管没有资料说明他如何解释他的观点。但如果把人或人类作为事物价值的尺度，这就是对人或人类的主体性的第一次明确的意识，这是了不起的。一个事物是否有价值，有多大价值视其是否能在多大的程度上能满足人或人类的需要而定，因此，如果在唯物主义前提下来理解"人是万物的尺度"，这个命题在当时的历史条件下确实是了不起的。当然，即使在普罗泰戈拉这是一个唯心主义命题，它对哲学和人学所起的推动作用也是巨大的。普罗泰戈拉的后继者高尔吉亚在人和自然的从属关系问题上作了明确的回答。他提出过著名的三命题：客观的事物是不存在的，即使存在也是不可知的，即使可知也是不能表达的。其根据就是：知识限于感觉经验，而感觉经验是主观的，不能从感觉经验肯定客观事物的存在，所以实际存在的是人的经验。高尔吉亚虽然没有明确讲人创造了世界，但在他那里世界是从属于人的。柏拉图则是从理性的角度论证了世界从属于人。柏拉图虚构了一个客观存在的理念世界，理念不是客观的现象世界的反映，现象世界反而是观念世界的摹本，有一个什么理念才有一类什么客观事物。实际上在人之外之前并不存在什么理念世界，理念完全是人类所特有的东

---

① 美特利：《人是机器》，生活·读书·新知三联书店1956年版，第65页。
② 《古希腊罗马哲学》，生活·读书·新知三联书店1957年版，第138页。

西，因此，柏拉图实际上把现象世界（包括自然界）从属于人了。古希腊哲学在人与自然界的关系上开辟了两条唯心主义路线——主观唯心主义和客观唯心主义，或者说经验的唯心主义和理性的唯心主义，这两条唯心主义路线在近现代西方哲学中都有其代表，贝克莱、休谟、实证主义各流派属于主观唯心主义路线，黑格尔、唯意志论者、新实在论者属于客观唯心主义路线。

对于第二个问题，即人与自然谁支配谁的问题，基本上也有两种回答，不是主张自然支配人，就是主张人支配自然，但并不能说唯物主义者都主张自然支配人，唯心主义者都主张人支配自然。一般说，唯物主义者承认人是自然的产物，也是一种自然物，因此承认人也要受自然规律的支配，例如赫拉克里特认为宇宙中存在着"逻各斯"（Logos），即规律，它不仅支配着自然现象，也支配着人和人的主观世界，支配一切。当然，这种"支配"并不是像唯心主义者所说的那种命运的支配，不过是说人的行为也要受自然规律的制约。但这种观点是笼统、素朴的，他们不了解人类社会本身的特有规律。古罗马时代的唯物主义者对人的行为有了进一步了解，例如卢克莱修不仅充分肯定自然规律的重大意义，而且对于人能掌握自然规律，通过实践来改造自然以满足人的需要有所理解，他在《物性论》中探讨了人类的起源和文明的发展，描述了人类从穴居和采集到建房、种地、织布、用火和制造工具以及建立国家、积累和传授知识的过程。被马克思誉为"英国唯物主义和整个现代实验科学的真正始祖"[①] 的培根，在西方哲学史上第一次明确地在近代自然科学的基础上提出人类只有掌握了关于自然规律的知识才能成功地改造自然，他说，"人的知识和人的力量结合为一"，[②] "达到人的力量的道路和达到人的知识的道路是紧挨着的，而且几乎是一样的"，[③] 后人把这些思想概括为一句口号："知识就是力量。"这句口号不是主张被动地受自然规律的支配，而是在承认自然规律的客观性的前提下主张以人的利益为核心运用自然规律，借以充分发扬人的主体性，满足人的需要。这种思想对近现代科学技术的发展和人类社会的发展发挥了巨大的作用。尽管在培根逝世后300多年间，由于科

---

① 《马克思恩格斯文集》第1卷，人民出版社2009年版，第331页。
② 《16—18世纪西欧各国哲学》，商务印书馆1975年版，第9页。
③ 同上书，第47页。

学发展水平的限制和哲学家们轻视劳动的偏见，培根这一思想没有得到哲学理论的充分重视，唯物主义一直停留在机械的直观的水平，但从本质上说，知识就是力量的思想不是机械唯物主义思想，而是辩证唯物主义思想，后来成为自觉的辩证唯物主义，即马克思主义哲学的理论来源之一，马克思主义的实践观可以说是这一思想的继承与发展。马克思主义实践观就是辩证唯物主义实践观，它主张充分发挥人的主体性，但不是摆脱自然规律去发挥，而是在掌握自然规律以及社会规律的前提下改造自然和社会。这就是人们熟知的马克思主义关于必然与自由的关系的观点（自由是对必然性的认识和对客观世界的改造）。在马克思主义以前倒是唯心主义更加强调人对自然的作用。

宗教认为神是自然和社会的主宰。在原始宗教，神是自然的神化；在一般宗教，神是人的神化或人的精神的客观化。因此，原始宗教的自然神论是一种唯物主义，而一般宗教的有神论是唯心主义。这里我们只探讨唯心主义关于人和自然的关系的观点。

古希腊最大的唯心主义者柏拉图认为理念是万事万物的原型、本体。整个宇宙都是理念世界的派生物，而使理念世界派生出现象世界的就是神。理念世界实际上是人的精神世界，因此，这个神显然是人的化身。人在改造自然界时当然要运用自己的理念，柏拉图实际上承认了人假手于神而支配自然，即改造了自然。这可以说是对人的实践能力的猜测和夸大。古希腊的经验唯心主义者既然认为世界的存在与不存在都以人为尺度，那么，人是怎样的，人的感觉是怎样的，世界也就是怎样的，人的感觉支配了世界。近代唯心主义在处理人和自然的支配关系上也不外乎这两大流派：夸大理性的唯心主义和夸大经验的唯心主义，康德、黑格尔可以说是理性唯心主义代表，贝克莱、休谟可以说是经验唯心主义的代表。康德承认自然界的规律性，但这种规律性不是自然所固有的，自在之物根本是不可知的，自然界的规律是由理性"颁布"的，尽管理性颁布规律不是随意的，康德实际上仍然承认了人对自然界的支配。黑格尔摆脱了康德的扭扭捏捏的态度，直截了当地把人的理性客观化为"绝对理念"，认为它支配着整个自然界、人类社会和人的精神世界。贝克莱与休谟尽管在世界本体问题上的态度有所不同，但都把自然现象看成感性经验，离不开人的感性活动，为人的感性活动所支配。总而言之，无论是理性唯心主义还是经验唯心主义，都大大夸大了人对自然的作用，而把客观物质世界置于似有似无的暧昧的境地。现代唯心主义夸大了更多的精神领域。理性与感性还属于认识的范围，现代唯心主义除了有的夸大认识范围中的理性与感性而外，有的夸大人的认识领域以外的因素，如唯意志论夸大意志的作用，实用主义夸大实践的作用，存在主义夸大情感的作用。唯意志论的主要代表是叔本华和尼采。叔本华把只有人类才具有的精神能力——意志夸大为一切生命体的本质，又进一步夸大为一切事物的本质，他说，意志"既是每一特殊事物的本质和核心，也是全部事物的本质和核心，它既表现于盲目的自然力中，也表现于人的自觉的行为中"。① 他虽然承认人是宇宙的一部分，但实际上把人的意志变成了支配宇宙的力量。尼采在意志中区别出权力意志，并把它夸大成为宇宙一切事物的本质。在他看来，"这个世界就是权力意志——岂有他哉！"② 他不但把动物觅食，人追求财富、权势看成权力意志的表现，甚至把物体的互相吸引与互相排斥也看成权力意志的表现。这样他就在实际上把人的权力意志看成了支配宇宙的力量。叔本华和尼采的唯意志论把人凭借自己的体力与智力只是在较小的范围内对自然的征服夸大成了对自然的绝对的征服。尼采更是把这种征服夸张到了极端。实用主义关于人与自然的关系的观点本来属于经验唯心主义的范畴，但它特别强调实践及其效果。对于经验唯心主义，存在就是被感知，对于实用主义，存在不仅是被感知，而且是被利用。詹姆士说："实在只是意味着对于我们的情感生活和能动生活的关系。这就是人们在实践中所说的这个名词的唯一意义。……因此，一切意志的基础和起源，无论从绝对的或实践的观点来看，都是主观的，亦即我们自己。"③ 詹姆士还从这里引申出实用主义真理论，认为真理就是有用、有效的观念，而不是对客观世界的正确摹本。存在主义的"存在"诚然是现实的存在，但他们认为这个存在就是，而且只是人的存在，而不是不以人的意志为转移的客观的存在。所谓人的存在不仅是指人所面对的对象，而是指它离不开人的感情、情绪，特别是忧虑、悲伤、烦恼、失望、痛苦、恐惧、绝望、毁灭的情绪。存在主义实际是把现代资本主义社会中消极方面夸大为整个人类和自然的历史。总的来看，在这些唯心主义观点看来，归根结底是人支配了

---

① 转引自全增嘏主编《西方哲学史》下卷，上海人民出版社 1985 年版，第 410 页。
② 同上书，第 422 页。
③ 同上书，第 558 页。

自然，而不是自然支配人，正如马克思所说，"和唯物主义相反，唯心主义却发展了能动的方面，但只是抽象地发展了"。① 由于抽象地发展，就夸大了人的能动的方面，当然，马克思这里所说的"唯物主义"是直观唯物主义，绝不是辩证唯物主义。

对于第三个问题，古代多数思想家都认为人是重要的，包括唯物主义思想家。有人认为唯物主义者忽视人，眼中无人，显然是不符合事实的。前面提到的普罗泰戈拉的命题"人是万物的尺度"中已包含了对人重要性的至高评价。古希腊雅典著名政治家伯里克利特最早提出"人是第一重要的"命题。他说："我们所应当悲痛的不是房屋或土地的丧失，而是人民生命的丧失。人是第一重要的，其他一切都是人的劳动成果。"② 这个观点一直为其他思想家所尊崇。古代的唯物主义者虽然把人看成一种自然物，但也认为人是各种自然物中的最高者。有的古代思想家也承认神的存在和神对人的支配，承认神高于人，但这并不是古代思想的主流。直到中世纪，这种古代的人本主义或人道主义的主导地位才为神道主义或神本主义所取代。神道主义鼓吹上帝创造一切，人不仅是上帝的创造，而且生而有罪，即所谓"原罪"，因而人必须皈依上帝，一切服从神意，才能得到上帝的宽恕，回到天堂。神权至上，而神权的唯一代表就是教会，人接受神的支配也就是接受教会的支配。文艺复兴以后，神道主义和神权的主导地位才逐渐为人道主义和人权的主导地位所取代，许多思想家再度论证了人的重要地位。例如布鲁诺认为人及其意识都是自然这个无限的整体的一部分，因此人和宇宙相比是渺小的、微不足道的，然而在所有自然物中只有人能运用自然所赋予的能力来认识自然和改造自然，因此，人又是伟大的、崇高的。这种观点现在看来也是科学的。后来的唯物主义者斯宾诺莎进一步发挥了这一思路，认为自然是有规律的，人作为自然的一部分，当然要受自然规律的制约，但人并不是完全被动的，只要认识了自然的必然性，在行动中遵照必然性，也是可以得到自由的。自由并不是受着感情的支配而为所欲为。他说："凡是仅仅由自身本性的必然性而存在，其行为仅仅由它自身决定的东西，就叫做自由的。"③ 这话对于人来讲，就包

---

① 《马克思恩格斯文集》第 1 卷，人民出版社 2009 年版，第 499 页。
② 转引自《人学词典》，中国国际广播出版社 1990 年版，第 714 页。
③ 《西方哲学原著选读》上卷，商务印书馆 1981 年版，第 416 页。

含了以必然性来指导自己行为的意思。这就是斯宾诺莎的著名观点：自由是对必然性的认识。康德提出的"人是目的"这一命题非常深刻地表明了人在宇宙中的重要地位，他说："人，总之一切理性动物，是作为目的本身而存在的，并不是仅仅作为手段给某个意志任意使用的，我们必须在他的一切行动中，不管这行动是对他自己的，还是对其他理性动物的，永远把他当做目的看待。……人之为物，其存在本身就是目的，而且是这样一种目的，这种目的是不能为任何其他目的所代替的，是不能仅仅作为手段为其他目的服务的，因为如果没有人，就根本没有什么具有绝对价值的东西了"①。这一段话包含了几点关于人的地位的重要思想：（1）人是宇宙中唯一具有绝对价值的东西；（2）人是目的本身；（3）人也是手段，但不是单纯的手段，即使在为他人服务时也不仅仅是手段。这就是说，人是宇宙中价值的主体、核心，没有人就无所谓价值，而且在这一点上人人都是平等的。这里已经涉及人际关系问题，这个问题下一节将专门讨论。著名诗人歌德也提出过他关于人在自然界中的地位的观点，他认为人是大自然不断发展的终极产物，是宇宙中的最高贵者，无所不能，周围的一切不过是人所使用的工具。歌德实际上是把人摆到了宇宙中至高无上的地位。

　　人与自然的关系问题，也就是人在宇宙中的地位问题，是人学的基本问题之一，也是人类生存与发展的基本问题之一，也是理论界争论最大的热点之一，尖锐对立的争论双方就是人类中心主义和反人类中心主义。从西方人学史来看，显然占优势的是人类中心主义。由于科学技术的飞速发展而出现生态环境恶化问题、非再生资源枯竭问题、人口增长过快问题都对人类中心主义提出了严重的挑战，那么，我们今天是否应该放弃人类中心主义而采取反人类中心主义呢？这个问题的解决主要依据当代人类社会的实践经验和科学发展，但人学史也给我们提出了有益的启发。作为一种自然物，人是宇宙的一部分，绝不是宇宙的中心，但作为价值主体，截至现在，地球人是唯一的，万事万物有无价值、有正价值还是负价值、有多大的价值，都是以人及其需要为标准。作为宇宙观，人类中心主义是错误的；作为价值观，人类中心主义是正确的。

---

① 《西方哲学原著选读》下卷，商务印书馆 1982 年版，第 317 页。

2. 关于人际关系、人与社会的关系的思想

人在现实生活中不仅随时随地都要处理人与自然的关系问题，还要随时随地处理人与人的关系问题，扩大一点说，即人与社会的关系问题。因此，自古以来的思想家们提出了不少关于人际关系的观点和处理人际关系的原则。自古以来人们就认识到人生活在人际关系之中，而且不能不生活在人际关系之中，都主张处理好人际关系，只有极少数人主张离群索居、与世隔绝。例如亚里士多德认为人生来就是合群的，人是政治的动物，离不开国家与社会，只有野兽或者神怪才能离开自己的同类而生存下去。

人际关系问题也就是人在社会中的地位问题，这里主要有两个问题，一是人与人是有等级的还是平等的？二是个人是中心、本位，还是整体、社会是中心、本位？对于每一个问题都有两种基本观点，争论了几千年，关于第一个问题的两种对立的观点是等级思想与平等思想，关于后一个问题的两种观点是个人主义与整体主义，或者个人本位主义与整体本位主义，个人中心主义与整体中心主义。下面分别简略评述。

平等思想早于等级思想。在原始社会，人类就是有组织的，有组织就有领导与被领导之分，原始部落、氏族、公社的首领就是领导者，一般成员就是被领导者，但首领与成员在社会地位上是平等的，并无等级之分，这就是原始平等思想，它是原始公有制在思想上的反映。由于生产力的提高和物资交换的发展，私有制和随之而来的国家政权逐渐产生和发展了，人们也开始了贫富、等级和阶级的划分，最终出现了奴隶制国家，等级思想最初是奴隶制的反映。在古希腊罗马，等级思想无疑是占主导地位的，但平等思想并不少见，它一方面是广大平民和有觉悟的奴隶的追求，另一方面是奴隶主内部民主派的有限度的平等思想。有的奴隶主思想家一方面具有明确等级思想，另一方面又具有奴隶主内部民主思想。例如：雅典执政官梭伦是奴隶主的政治代表，但他反对按出身来规定平民与贵族的政治权利，主张按收入的多少把他们分为四个等级，采取一定的民主原则来管理国家。著名政治家伯里克利特也是一个主张在自由民和贵族内部实行民主的代表。哲学家柏拉图则是奴隶主贵族派的思想代表，他不仅有系统的等级思想，而且对等级制度作了哲学论证。在他看来，奴隶与奴隶主的区别是天生的、天经地义的，奴隶根本不是人。除奴隶外，奴隶主与自由民可以分为三个等级，即国家的统治者（政治家）、军人和工商业者，他们都是由不同的质料构成的（他形象地把不同质料比喻为金、银、铜、

铁），但一个人的等级是可以改变的。亚里士多德的等级思想也很明确。他认为奴隶是奴隶主的"会说话的工具"，主奴之分是天经地义的。他也把奴隶主和自由民区分为三个等级，但不是按出身与社会地位来区分，而是按财富来区分为富有的、中等的和贫穷的。他认为富有者与贫穷者的缺点很多，只有中间等级才是社会稳定的主要力量，因为他们人数众多，缺点较少，其地位利于调整富有等级与贫穷等级之间的矛盾、奴隶主与奴隶之间的矛盾。亚里士多德动摇于唯物主义与唯心主义之间，也动摇于贵族派与民主派之间。他赞成君主制，反对暴君专制；赞成贵族制，反对寡头制；赞成贵族共和制，反对民主共和制。中世纪封建社会没有废除等级制，不过是把奴隶主的等级制转变为封建主的等级制。奴隶主的等级制与封建主的等级制并无根本性的区别，但由于西方中世纪的封建制度为宗教气氛所笼罩，人似乎被神所淹没了，其实神的统治仍是人的统治，人对人的统治表现为神对人的统治，因此，文艺复兴运动的矛头不仅以人类的名义对准了神权，而且以一般人的名义对准了人的统治，对准了封建的等级制度。

  文艺复兴运动的先驱薄伽丘用文艺形式表达了人人生而平等的思想。他通过一个公主之口认为人类的骨肉都是同样的物质构成的，品德、才能才是衡量人的标准，身份门第不能说明一个人的高贵与低下，那些身居高位的人往往是平庸之辈，而贤能俊杰却埋没在草莽之中。后来的启蒙思想家们明确提出人人平等的思想，指出平等是合理的，等级的区别是不合理的。他们一般都用自然权利说来论证这一思想。自然权利说又称天赋人权说，即认为人生而具有某些权利，甚至认为这些权利是上天、上帝所赋予的，这就是人作为人不能没有的人权，如生命权、生存权和多种平等、自由的权利。例如卢梭说："每个人都生而自由、平等。"美国 1776 年《独立宣言》说："人人生而平等，他们都从他们的造物主那边被赋予了某些不可转让的权利，其中包括生命权、自由权和追求幸福的权利。"[①] 法国 1789 年《人权与公民权宣言》说："在权利方面，人们生来是而且始终是自由平等的。"[②] 说这些基本人权是天生的、自然界所赋予的，甚至是上帝所赋予的当然是错误的，人权是社会所赋予的、社会所承认的，但其中

---

① 《中国人权百科全书》，中国大百科全书出版社 1998 年版，第 875 页。

② 同上书，第 871 页。

包含了一些至今仍然正确的思想，即反对等级思想、特权思想，每个人一出生就具有某些基本人权。自然权利说的著名代表有荷兰的格劳秀斯、斯宾诺莎，英国的霍布斯、洛克，法国的伏尔泰、卢梭等人。其中有的人不仅批判了等级制度和等级思想，而且进一步分析了等级制度的根源，如卢梭指出人类社会不平等的根源就是私有制，他说："从人们发觉一个人拥有两个人的粮食是有利的那一刻起，平等就消失了，所有制就采用了，劳动就变成强迫的了，辽阔的森林就成了必须用人们的汗珠去浇灌的良田沃野，我们马上就看到奴役和贫困在这片田野上与庄稼一同繁荣滋长。"①这种论证显然是简单的，却也抓住了问题的关键。但是，他却没有得出消灭私有制的结论，天真地认为只要推翻了君主制，建立了共和制，人间不平等就可以消失了。其实，在资本主义制度内，人们表面上是独立的、平等的，实际上是不平等的，正如马克思所指出，资本主义不过是以人对物的依赖，即掩盖着的人对人的依赖，取代了赤裸裸的人对人的依赖。但是，无论如何，人类历史发展到现代，等级思想受到了广泛的谴责，平等思想受到了普遍的赞同，这在 1948 年联合国大会通过的《世界人权宣言》中有充分的表达，它的第一条说："人人生而自由，在尊严和权利上一律平等。他们赋有理性和良心，并应以兄弟关系的精神相对待。"② 当然，直至今天、直至共产主义实现之日，等级制度和等级思想是不会消失的，因为私有制还存在，有私有制就必然有等级制和等级思想，不管是公开的还是隐蔽的等级制和等级思想。

从整个历史来看，包括阶级社会历史阶段，平等思想、反等级思想在大部分时间中处于优势，为多数人所赞同；而等级思想居于劣势，经常受到批驳，不过在阶级社会中，等级思想在等级制度的支持下实际上是占优势的。私有制终将消失，等级思想也终将消失。

个人主义与整体主义的争论不仅在今天是一个热点问题，历史上也不曾停止过。个人主义确切点讲可称为个人中心主义或个人本位主义，从马克思主义观点来看，与它对立的是社会中心主义或社会本位主义，当然也可简称社会主义，但社会主义一词已习惯地用于一种社会制度，因而在马克思主义术语中，把与个人主义对立的观点称做集体主义。严格讲，集体

---

① 《西方哲学原著选读》下卷，商务印书馆 1982 年版，第 73—74 页。
② 《中国人权百科全书》，中国大百科全书出版社 1998 年版，第 781 页。

主义一词并不确切，因为集体有大有小，集体的层次有高有低，马克思主义的集体主义中的"集体"绝不是任何小集体，而是社会，因此，马克思主义集体主义就是社会主义集体主义，为了把历史上与个人主义对立的观点同马克思主义集体主义区别开来，我们称之为整体主义，这个"整体"不等同于社会，可以是各式各样的整体，一个家庭是整体，全人类也是整体。整体主义确切地讲也可称为整体中心主义或整体本位主义。"中心""本位"就是核心、根本、基础、主体（主要部分）、主要方面的意思，中心、本位决不排斥非中心、非本位，没有非中心、非本位的东西，中心、本位就不存在了。因此，在一般情况下，中心、本位与非中心、非本位是不冲突的、统一的，但是，二者也有对立或冲突的时候，这时，二者就不能两全了，保什么丢什么就取决于什么是中心、本位，什么是非中心、非本位。举例说，当个人与整体不能两全时，个人中心主义就保个人而丢整体，整体中心主义则保整体而丢个人。

　　西方古代整体主义占优势，柏拉图、亚里士多德都是整体主义的主要代表。柏拉图从他的等级思想出发，认为不同等级在国家中都有自己的适当的地位，"每个人应当只做一件适合他的本性的事情"[①]，就是做自己的事情而不干预别人的事情，否则就会给国家带来灾难和祸害，而国家的利益是至高无上的，每个人都应维护国家的利益。亚里士多德的名言"人是政治的动物"中就包含了整体主义的思想。在他那里，整体就是国家、社会，人是社会的人、国家的人，如果国家、社会是一个有机体，每一个人都是这个有机体上的一个有机组成部分，是不能离开这个有机体的，正如手离开了人体就不再是手一样。国家高于个人，个人只有作为国家的某一适当的组成部分才能发挥自己的才能。只有野兽或者神才能离开国家、社会而存在。亚里士多德的整体主义是他的等级思想的表现，这同柏拉图是一致的。他们所说整体是排除奴隶的，奴隶不是人，而是会说话的工具，但亚里士多德不像柏拉图那样强调一般人对最高奴隶主贵族（最好的"哲学王"）的服从，而是强调依靠中等富裕奴隶主，如工商业奴隶主，因为他们人数最多，既不像贵族奴隶主那样专横暴虐，为非作歹，也不像破落的贫穷的奴隶主那样不择手段地谋求甚至劫掠财富，破坏社会稳

---

① 《西方哲学原著选读》上卷，商务印书馆 1981 年版，第 115 页。

定。他认为中等阶级"是一个国家中最安稳的公民的阶级"，[①]"最好的政治社会是由中等阶级的公民组成的"。古希腊罗马的斯多亚学派也有比较明显的整体主义思想。他们认为每个人都应爱人如爱己，人生而倾向于互相合作，互相敌对是违反人的本性的。他们都提出了大同世界的理想，认为每个人都是大同世界的一员，因此，人人都应当服从整体的利益，自觉地把整体利益置于个人利益之上。

在古代西方把个人利益摆在中心的是一些唯物主义原子论者和快乐主义者的思想家们。德谟克利特和伊壁鸠鲁认为人和人的灵魂都是由原子构成的，原子是互不干涉的独立实体，因而每个人也是一个独立自觉的个体，是一个小宇宙，人类社会同任何物体一样都是由独立自主的原子构成的。人生的意义在于满足个人本性的要求，即人的本性是快乐，每一个人天生趋乐避苦。他说："我们的一切取舍都从快乐出发，我们的最终目的乃是得到快乐，而以感触为标准来判断一切的善。"[②] 他们在政治上属于奴隶主民主派，德谟克利特认为自由胜于奴役，在一种民主制度中受穷，也比在专制统治下享福强。但在古希腊罗马，这种个人主义的声音是微弱的，到了中世纪被完全淹没于神的整体主义之中。

在中世纪，神和神的代表教会对人的精神领域建立了绝对的统治，神学和宗教认为神是最高的主宰，无所不知，无所不能，一切人都要绝对信仰和服从神和教会，形成一个完整的整体，个人无任何独立性和自由可言。当然，教会只是一种伪装，掩盖了封建等级制度。因此，整个中世纪也时常爆发教权与王权之间的斗争，但不管教权也好，王权也好，都是一种整体主义，都是对人的自由、民主权利的限制和剥夺。但是个人主义在中世纪也不是毫无踪影。例如，唯名论者威廉·奥卡虽然是一个王权的拥护者，也认为人的本性是平等的，个人私有制财产不能侵犯，都有参与国家立法的权利，这些思想反映新兴的市民阶层的要求。

文艺复兴不仅是针对神权的人道主义的复兴，也是针对封建等级制度的个人主义的复兴。文艺复兴的思想家们推崇人性，强调发扬人的个性，高度赞扬人的高贵品德，例如艺术大师达·芬奇认为人应当以理性为经验的舵手，以科学为实践的统帅；既要满足正当的物质需要，又要具有高尚

---

① 《西方哲学原著选读》上卷，商务印书馆 1981 年版，第 158 页。
② 《西方伦理学名著选辑》上卷，商务印书馆 1964 年版，第 103 页。

的灵魂；既要有丰富的感情，又要有严肃的思考。但是把个人主义作为一种理论观点加以系统地论证和阐发的是启蒙运动的思想家们。

个人主义（Individualism）这个词是德国 19 世纪中叶的政治评论家托克维尔提出来的。他说："个人主义是一种新的观念创造出来的一个新词。我们的祖先只知道利己主义（Egoism）。利己主义是对自己的一种偏激的和过分的爱，它使人们只关心自己和爱自己甚于一切。个人主义是一种只顾自己而又心安理得的情感，它使每个公民同其同胞大众隔离，同亲属和朋友疏远。"① 他声明他之所以提出这个名词是要说明在资本主义时代"每个人是怎样使其一切感情以自己为中心的"。② 他已经意识到个人主义盛行与时代的关系，但当他区别个人主义与利己主义时却说："利己主义来自一种盲目的本能，而个人主义与其说来自不良的感情，不如说来自错误的判断。个人主义的根源，既有理性欠缺的一面，又有心地不良的一面。"③ 托克维尔显然是把利己与利己主义混为一谈了，利己是一种本能，一切动物都有这种本能；但利己主义则是一种自觉地处理自己与他人、社会的关系问题的原则，同个人主义并无区别。利己是利己主义或个人主义的自然基础，如果人没有利己的本能，自然不会有利己主义或个人主义，但利己主义或个人主义是社会存在的反映，是在私有制社会中形成的一种观点。如果要加以区别，可以说利己主义是一般的个人主义，个人主义是一种特殊的利己主义，即资本主义时代的利己主义。托克维尔不完全了解个人主义与资本主义的关系，而误认为个人主义是一种错误的判断。撇开名词上的区别不谈，个人主义在文艺复兴时期就逐渐盛行起来，后来的启蒙思想家们更是它的主要代表。

西欧启蒙运动的旗帜是人道主义，这种人道主义的立脚点是一般的人、抽象的人，即个人，抽象人道主义实质上是个人主义。个人主义一词虽然出现于 19 世纪，但个人主义思想在启蒙思想家的著作中是很明显的。英国的培根、洛克、霍布斯、斯密，法国的伏尔泰、卢梭、狄德罗，德国的康德、费希特、费尔巴哈、施蒂纳等。当然他们的个人主义思想又各有其特点。例如洛克，他是一个快乐主义者，认为快乐就是幸福，但什么是

---

① 转引自《西方人权学说》上卷，四川人民出版社 1993 年版，第 311 页。

② 同上。

③ 同上。

快乐呢？他从个人出发来理解快乐，认为快乐与否完全视个人的好恶而定，"如果你觉得享用美酒比使用目力快乐更大，那么酒可以说对你是最好的；但是你如果觉得看物比饮酒更为快乐，则酒是全无价值的。"① 因此，"人们所选择的事物虽然可以有别，可是他们所选择的都是正确的"。② 但洛克反对只顾个人利益而损害社会利益，主张以理性来指导自己的行为，把眼前利益与长远利益、个人利益与社会利益结合起来。洛克的这种思想反映了新兴资产阶级思想家中合理利己主义这一派。斯密直接把个人主义与市场经济联系起来，更加鲜明地反映了这种思想与经济制度的关系，这是一种功利主义的利己主义。他认为利己是人的天性，人人都有利己心，即支配个人在某一问题上根据利害观点选择某一行动的原则，正是这种利己心支配了人们之间的商品交换，他说："不论是谁，如果他要与旁人做买卖，他首先就要这样提议：请给我以我所要的东西吧，同时，你也可以获得你所要的东西。"③ 所以，人们在进行交易时考虑的不是他人的利益，而是自己的利益，但这种个人主义并不损害他人的利益，相反，也有利于他人的利益，对于整个社会来讲是最有利的。他说："用不着法律干涉，个人的利害关系与情欲，自然会引导人们把社会的资本，尽可能按照最适合于全社会利害关系的比例，分配到国内一切不同用途。"④ 这就是那只著名的"看不见的手"（价值规律）在起作用。在此基础上，斯密提出了同情论，主张人性中存在着关心他人命运与幸福的感情。如果说斯密是揭示了合理利己主义与市场经济的关系，那么，费尔巴哈则是阐述了合理利己主义的具体内容。罗国杰、宋希仁把费尔巴哈所说到的各种利己主义概括为四种：一是"二元论的利己主义"，即两面派的利己主义，只利自己，不利他人；只要求他人为自己服务，自己决不为他人服务；自己是目的，他人只是自己的手段。这就是不合理的利己主义，今天人们称为极端个人主义。二是"双方面的利己主义"，即两个人之间互利互惠的思想，正当的自愿的性关系是这种利己主义的表现。三是"多方面的利己主义"，即三人以上互利互惠的思想，和顺友爱的家庭是这种利己主义的表现。四是"普通的利己主义"，即全社会成员之间互利

---

① 洛克：《人类理解论》上册，商务印书馆1959年版，第238页。
② 同上书，第239页。
③ 斯密：《国民财富的性质和原因的研究》上册，商务印书馆1979年版，第13页。
④ 同上书，第14页。

互惠的思想，费尔巴哈认为这种利己主义是最高级的。① 实际上是两种利己主义，第一种是不合理的利己主义；第二、第三、第四种是不同范围和层次的合理利己主义，这两种利己主义的界限是相对的，在实际生活中是经常互相转化的。历史上公开主张不合理的利己主义，即极端个人主义的并不多见，但也不是没有，费希特、施蒂纳、尼采都有这种思想。例如施蒂纳说："我既不关心神，也不关心人，我不关心善、正义、自由等。我关心的只是什么是我，它不是一般的东西，而是唯一者，就好像我是唯一者一样。对我来说，除我自己以外，就没有别的东西了。"② 那么，这个世界呢？他说："我……把世界作为我心目中的世界来把握，作为我的世界、我的所有物来把握：我把一切都归于我。"③ 这种观点无疑是十分荒谬的，但直至今天仍颇有市场，特别是在实际生活中，有的人口头上并不这样讲，而实际上却是这样做的。

近现代的西方，由于资本主义制度占据了绝对的优势，个人主义价值观也一直占据着绝对的优势，但整体主义仍然存在，并有不小影响。有的启蒙思想家如爱尔维修也反对等级思想，认为利己是人的本性，承认个人利益的正当性，主张平等、自由，但强调个人离不开社会，社会利益高于个人利益，个人利益应服从社会利益，必要的时候应牺牲个人利益来成全公共利益。又如黑格尔具有国家整体主义的思想，认为只有在国家中个人的权利和义务才能统一起来，个人只有对国家尽了多少义务，才能享受多少权利。他的国家无疑是普鲁士君主立宪国家。具有更加自觉的社会整体主义思想的是空想社会主义者，这种整体主义不同于古代宗族的等级的整体主义而与今天的社会主义集体主义接近。空想社会主义者都主张废除私有制，实行公有制，这就为他们的社会整体主义提供了经济制度的根据。《乌托邦》的作者莫尔批评在资本主义社会中人人都把个人利益置于社会利益之上，导致各种不公平、不合理的现象层出不穷，他认为必须在社会利益的基础上把个人利益和社会利益结合起来，"乌托邦"的理想才能实现。

傅立叶尖锐批判利己主义，认为在资本主义制度下利己主义支配着一

① 罗国杰、宋希仁编著：《西方伦理思想史》，中国人民大学出版社1988年版，第516—517页。
② 转引自全增嘏主编《西方哲学史》下卷，上海人民出版社1985年版，第339页。
③ 同上。

切人的行为，对社会的稳定和进步产生破坏作用，只有博爱心（集体主义）才能促进全人类的幸福和个人幸福的实现。欧文也认为私有财产或私有制，过去和现在都是人们所犯的无数罪行和所遭的无数灾祸的原因。圣西门也说："人们应当把自己的社会组织得尽量有益于最大多数的人，人们应当把在最短期间内用最圆满的方式改善人数最多阶级的精神和物质的事业，作为自己的一切劳动和一切活动的目的。"[①]

在西方历史上，个人主义与整体主义的状况和作用都是很复杂的，从大体上说，整体主义在古代占优势，个人主义在近现代占优势，它们对社会发展所起的作用在不同条件下也是不同的，既有推动的作用，也有阻碍的作用。马克思主义的创始人在启蒙思想家们的影响下曾经是人道主义者和个人主义者，当他们转变为科学社会主义者以后，就转变成为社会主义的集体主义者，但他们十分强调个人利益与社会利益的最大可能的结合，主张在自由全面地发展个人中发展社会，在充分发展社会中发展个人，尽可能使个人发展与社会发展协调起来。

3. 关于人的本质的思想

人的本质所要回答的问题就是人是什么的问题，人类很早就提出了这个问题。古希腊德尔菲神庙上的一句箴言"认识你自己"就包含了这个问题。人是什么？有名的斯芬克斯之谜作了最早的也是最肤浅的回答：人是幼年爬行、成年直立行走、老年扶策而行的动物。这也就是后来亚里士多德的从形体上对人的界说：人是二足无毛的动物。对人是什么的深一步研究就是提出了人性或人的本性的概念，人性或人的本性不同于属性，属性是各式各样的，有共性、有个性，有深的、有浅的，而人性或人的本性则是人的类属性，即人人共同具有而能把人类同其他的类，主要是动物这个类区别开来的属性，因此，根据人性我们就能回答人是什么。在西方哲学史上，柏拉图可能是第一个作这种思考的哲学家，尽管他没有明确地作这种说明。柏拉图在其《理想国》中有一段讨论人应该具有哪些品德的对话。他认为一个国家的统治者应该具有智慧的品德，军人应该具有勇敢的品德，所有的人，无论是奴隶、自由民、武士或者贵族，都应该具有节制的品德和公道的品德。他所说的节制和公道其实是一回事，即各安其分、各司其事，不要侵入他人的领域，换句话说，就是奴隶规规矩矩劳

---

① 《圣西门选集》下卷，商务印书馆 1962 年版，第 226 页。

动，自由民规规矩矩地从事工商业，武士专心卫国，君主与大臣管理好国家。这实际是以后西方传统中人的三种品德——知、意、情的萌芽，即综合的人性。后来的思想家们循着这一思路对人是什么或人性是什么的问题各自提出了自己的回答。人性（Human nature）一词在启蒙时期已很流行，霍布斯有本著作就叫《人性论》（Human Nature）。人的本质一词是费尔巴哈提出来的，他说他所说的本质是"使一个事物成为这事物的那个东西，根据这个东西它才像它这样存在和活动"。① 那么，人的本质是什么呢？他说："在人中间构成类、构成真正的人类的东西是什么呢？是理性、意志、心情。一个完美的人，是具有思维的能力、意志的能力和心情的能力的。思维的能力是认识的光芒，意志的能力是性格的力量，心情的能力就是爱。理性、爱和意志力是完善的品质，是最高的能力，是人之所以为人的绝对本质，以及存在的目的。"② 从以上论述可以看出，西方哲学史上所说人是什么、人性或人的本性、人的本质这些概念基本上是一个意思，即人之所以为人而不同于动物的根本特性，它对于人说是普遍性、共性，但与动物相对而言则是特殊性、个性，而且不是无关紧要的表面的特性，而是带有根本性质的特性，因此，它不是与动物共同具有的自然本能，也不是为某些特殊人群所特别具有的小范围的特性，如阶级性、职业性、时代性、地域性、种族性等。那么，它是什么呢？或它们是什么呢？西方哲学史上的思想家作了各式各样的回答，以下我们概括一下这些回答。

（1）人是一个小宇宙，是由原子构成的。这是古希腊的唯物主义者德谟克利特和伊壁鸠鲁的回答。表面上看来，这是一种素朴的幼稚的回答，但他们所说的构成人的原子包括构成身体的物质原子和构成灵魂的精神原子，这实际上是说人是由身体和灵魂构成的，分为物质与精神两部分，但对精神是什么，精神与物质的关系是什么还缺乏正确的理解。

（2）人是理性的动物。这个命题是亚里士多德首先提出来的，两千多年来，为许多思想家所重复，几乎得到所有思想家的认同，尽管对于理性的具体内容、理性在人的精神领域中的地位，人们的理解有分歧，而且随着时代的发展不断有进步。亚里士多德说的原话是："对每一事物是本

---

① 《西方哲学原著选读》下卷，商务印书馆 1982 年版，第 468 页。
② 同上。

己的东西，自然就是最强大、最使其快乐的东西。对人来说这就是合于理智的生命。如果人以理智为主宰，那么，理智的生命就是最高的幸福。"①这就是说，理智是人的最根本的东西，即本质。人之所以为人而异于动物，就是因为他有理智，或曰理性。亚里士多德所说的理智或理性就是人的认识能力，他也说过："求知是所有人的本性。"② 他的这种观点可以说是古希腊的"爱智慧"的传统的一种总结。古罗马的许多思想家也把理性摆到区别人与动物的重要的地位，例如，著名政治家西塞罗也认为理性是上帝和人所共有的，任何人都有理性，人只有在理性主宰下才是道德的，其行为才能合乎法律。在中世纪神权统治一切，宗教蒙昧主义盛行，盲目信仰代替了理性，但是也有许多思想家采取间接的方式肯定理性的重要地位。例如后期罗马有的政治家、神学家也认为宇宙中至高无上的是上帝，但上帝却是以理性来主宰宇宙，而人的本质也是理性，所以人虽在上帝之下，却在万物之上。人之所以作恶、犯罪就是由于违反了理性。又如中世纪哲学家伊里杰纳认为应该同等重视理性和对上帝的信仰，二者是可以统一的，甚至认为理性高于信仰。唯名论哲学家阿伯拉尔反对盲目信仰，认为应该先理解而后信仰，主张通过怀疑与验证来寻求真理。

　　文艺复兴和启蒙运动更是高举理性的旗帜，以弘扬人的理性来反对神权、特权和蒙昧主义，理性主义与人道主义差不多是同义词。但丁认为人之所以区别于其他事物的特性就是理解力。薄伽丘在《十日谈》中的一个主题就是嘲弄愚昧、赞美智慧，认为聪明才智是幸福与快乐之源，而愚昧只能忧愁苦恼。启蒙思想家们更是鲜明地举起理性主义的旗帜。在认识论上，理性主义是与经验主义对立的，近代理性主义的代表们主要在欧洲大陆，笛卡儿是其创始人，重要代表有斯宾诺莎、康德、黑格尔等人；近代经验主义主要在英国，培根是其创始人，重要代表有霍布斯、洛克、巴克莱、休谟等。但是，从人学的角度看，他们都是理性主义者，因为他们都把认识、智慧、知识看做人的本性，看做人之所以为人的最主要的东西。培根提出了"知识就是力量"的思想，认为人之所以能控制自然、做自然的主人，就在于他掌握了自然的规律，掌握了科学。霍布斯认为自然状态是每一个人对每一另外的人的战争状态，但正是人的理性这样要求

---

① 《亚里士多德全集》第8卷，苗力田译，中国人民大学出版社1997年版，第228页。
② 《亚里士多德全集》第7卷，苗力田译，中国人民大学出版社1997年版，第27页。

人们："每一个人只要有获得和平的希望，就应该力求和平；在不能得到和平时，他就可以寻求并且利用战争的帮助。""这条基本的自然规律，是命令人们力求和平"①。英国的经验主义者虽然强调知识的感性的来源，但重视知识，把知识、理性看成人的主要因素，是与理性主义者一致的。斯宾诺莎强调人的行为只有受理性的指导才能做到公平、忠诚、高尚。他主张"运用普遍的自然规律和法则去理解一切事物的性质"，② 也同样去理解和控制情感，不能以理性控制情感就是不自由，"因为一个人为情感所支配，行为便没有自主之权，而受命运的宰割"。③ 这就是著名的认识必然才能获得自由的思想的最初形态，后来黑格尔进一步发挥了斯宾诺莎的这一思想。黑格尔把理性主义发展到它的极端，以理性囊括一切，理性不仅是人的本质，而且是整个宇宙的本质，理性无所不包、无所不有、无所不在，这就是绝对理念，其实它不过是人的理性的客观化、扩大化、无限化。

（3）人的本质是知、意、情的统一。西方哲学史上并没有这样的现成的命题，但许多思想家都有这种思想。在古代柏拉图已经有这种思想，这些前面已经谈到。在近代康德哲学的三大批判（《纯粹理性批判》《实践理性批判》和《判断力批判》）可以说是这一思想的最系统的阐发。三大批判可以说是康德的人学体系，它主要论述了人的精神领域的三大组成部分：认识、道德评价和审美，简称知、意、情，与它们相当的结果就是真理、善意和美感。在康德那里，理性有广义与狭义之分，广义的理性就是人的精神领域或主观世界，认识是纯理性，道德是实践理性，审美是判断理性；狭义的理性就是纯理性。按康德的安排，纯理性，即一般所说的理性，是最主要的。后来费尔巴哈把康德的观点明确规定为人的本质，这就是前面谈到的"理性、爱和意志力"，即知、情、意。他说："一个完善的人，是具有思维的能力、意志的能力和心情的能力的。思维的能力是认识的发达，意志的能力是性格的力量，心情的能力就是爱。"④ 费尔巴哈认为此三者并不是为人所占有的外部的东西，它们是人的组成因素，他说："理性（想象、幻想、表象、意见）、意志、爱或心情并不是人所具有的力量——因为没有它们人就不能存在，人之所以为人只是靠它们，它

---

① 《西方哲学原著选读》上卷，商务印书馆1982年版，第397—398页。
② 同上书，第440页。
③ 同上。
④ 《西方哲学原著选读》下卷，商务印书馆1982年版，第468—469页。

们是建立人的本质的元素，而人的本质并不是人的所有物，也不是人所制造的。"①

（4）人是政治的动物，是社会的动物。"人是政治的动物"这个命题是亚里士多德提出来的，其根本含义是强调人的社会性，人是社会的动物。亚里士多德对有机体的整体与部分的关系有着深刻的认识，认为离开人体的手就不再是手，整体不是部分的机械的总和。在他看来，人与社会的关系就是这样。他说："人天生是一种政治动物，在本性上而非偶然地脱离城邦的人，他要么是一位超人，要么是一个鄙夫。"② 他进一步解释说："当个人被隔离开时他就不再是自足的，就像部分之于整体一样。不能在社会中生存的东西或因为自足而无此需要的东西，就不是城邦的一个部分，它要么只是禽兽，要么是个神，人类天生就注入了社会本能。"③ 亚里士多德的这个思想是很重要的，但这个命题同他的另一个命题"人是理性的动物"的关系怎样，理性与社会性孰轻孰重，他却没有作进一步的说明。这说明了他的观点的素朴性。古代的整体主义者大都认为个人不能离开社会。近代天赋人权论的思想家们承认自然状态的人，即组织成社会以前的人，但法国的唯物主义者如爱尔维修、狄德罗却承认"人是环境的产物"，即社会的产物，个人当然是离不开社会的。

（5）人是制造工具的动物。这是富兰克林提出来的。马克思是赞成这个界说的。马克思说："劳动资料的使用和创造，虽然就其萌芽状态来说已为某几种动物所固有，但是这毕竟是人类劳动过程独有的特征，所以富兰克林给人下的定义是 a toolmaking animal，制造工具的动物。"④ 这个定义实际上已触及人性的核心——实践。早在亚里士多德以前，古希腊唯物主义者阿那克萨戈拉就提出过人的智慧来源于手，这实际是对智慧来自实践的一种形象的不确切的说法，就是说，手比头脑更根本，实践比理性更根本。亚里士多德反对这种说法，认为"阿那克萨戈拉声称，正是人类有手才使自己成为最有智慧的动物。但合乎根据的说法是：正是因为人类是最具有智慧的动物他才有手。"⑤ 从字面看，这个争论是没有意义的，

---

① 《西方哲学原著选读》下卷，商务印书馆1982年版，第469页。
② 《亚里士多德全集》第9卷，颜一、秦典华译，中国人民大学出版社1997年版，第6页。
③ 同上书，第7页。
④ 《马克思恩格斯文集》第5卷，人民出版社2009年版，第210页。
⑤ 《亚里士多德全集》第5卷，崔延强译，中国人民大学出版社1997年版，第131页。

人类既不是有了手才有智慧，也不是有了智慧才有手。争论的实质是：人类是有了实践才有智慧还是有了智慧才有实践？两种相反的回答当然都是有根据的，因为科研成果来自实践并在实践中完善和发展，实践出真知；任何人类的实践都是自觉的活动，实践离不开智慧的指导。智慧与实践互为因果，互相推动，但是从整体上、从根本上讲，实践是整体，智慧是部分，实践比智慧更根本。

（6）人是符号的动物，文化的动物。这是德国新康德主义哲学家卡西尔提出的命题。他的代表作《人论》提出了"人是符号的动物"的命题，他说："我们应当把人定义为符号的动物，来取代把人定义为理性的动物，只有这样，我们才能指明人的独特之处，也才能理解对人开放之路——通向文化之路。"① 符号（包括语言、文字）、文化当然是人所特有的属性，可以把人和动物区别开来，但把符号、文化与理性、政治对立起来，则是错误的，如果人没有理性，人还能创造文化吗？如果人没有政治、社会生活，还有什么文化生活呢？卡西尔显然是过分夸大了符号、文化的地位和作用，割裂了符号、文化与理性、政治的联系。

（7）人的本质是自由。这主要是卢梭的观点，后来萨特又加以绝对化。自古以来，特别各个时代的有民主思想的思想家都主张人要有自由，启蒙运动代表人物卢梭第一个把自由提到人的本质的高度，他说："人生下来是自由的，可是到处受到束缚。……这种人人共有的自由，是人的本性的结果。人的第一条法则是维护自己的生存，人最先关怀的是他自己；人一达到理性的年龄，但凭自己来判别适于自保的手段，就立即从而成为自己的主宰。"② 看来，卢梭并未否定理性的地位。理性、自由、平等是启蒙运动的几面共同的旗帜，其矛头指向封建主义。20世纪马尔库塞针对资本主义认为自由是人区别于动物的本质，说人的普遍性——与动物的本质局限性不同——就是自由，因为"动物只是在直接的肉体需要的支配下生产，而人只有不受这种需要的支配时才进行真正的生产。"③ 但这种自由在资本主义社会中受到了限制。萨特则进一步夸大自由的作用，以至否定理性。他认为人的存在先于人的本质，"假如存在确实是先于本质，那么，就

---

① 卡西尔：《人论》，上海译文出版社1985年版，第87页。
② 《西方人权学说》上卷，四川人民出版社1994年版，第115页。
③ 《马克思恩格斯文集》第1卷，人民出版社2009年版，第162页。

无法用一个定型的现成的人性来说明人的行动，换言之，不容有决定论，人是自由的，人就是自由。"① 在他看来，一个人的道路完全是人自由选择的结果，有的人不选择，其实不选择也是一种选择，即选择了不选择，因此，自由是绝对的。但是，这种绝对自由在任何条件下都是不存在的。

（8）人的本质是物质需要，即食欲和性欲。人有物质需要，自古以来思想家们都是承认的，但不认为它是人的本质。提出这个观点的是弗洛姆。他受弗洛伊德的影响，认为人的本质先于人的存在。他认为人的欲望区别为绝对的和相对的，绝对的欲望是不变的固定的，如食欲和性欲，它们只能在不同的文化中所采取的形式上和方向上有所改变；相对的欲望起源于一定的生产和交换的条件。绝对的欲望是人的本性的组成部分，相对的欲望不是。诚然，食欲和性欲是普遍的绝对的，人的本质也是普遍的绝对的，但不能因此把食欲和性欲看做人的本质，因为抽象的食欲和性欲不能把人和动物区别开来，能作这种区别的恰恰是一定的生产与交换的条件，即人类社会实践及其各种产物。

对于人的本质是什么、人是什么的问题可能还有其他回答。除第1、第8两种理解而外，第2至第7种都能把人和动物区别开来。第3种实际是理性、道德、审美三种，除理性重复外，还余二种，所以，实际有七种回答，即涉及人的本质特征的七个方面。无疑，要对人作出完整的回答，应把这七个特点以及其他综合起来，仅仅抓住一个方面即使不是错误的，也是片面的。这里就出现一个问题：这几个特点的关系如何呢？有没有一个是最根本的，是起最后的决定作用的呢？马克思好像是对历史上的这些观点作了回答："可以根据意识、宗教或随便别的什么来区别人和动物。当人一开始生产自己的生活资料的时候，这一步是由他们的肉体组织所决定的，人本身就开始把自己和动物区别开来。人们生产自己的生活资料，同时间接地生产着自己的物质生活本身。"② 这就是说，在这些人的本质特征中最根本的是劳动，或者扩大一点说，是社会实践。中国理论界在20世纪80年代以来的讨论中形成了三个既有区别又有联系的概念：人的属性、人性和人的本质。人的属性最宽泛，指人的任何性质，包括大的小的、高的低的、深的浅的；人性指能把人和动物区别开来的任何性质，对

①　《存在主义是一种人道主义》，见《存在主义哲学》，商务印书馆1963年版，第342页。
②　《马克思恩格斯文集》第1卷，人民出版社2009年版，第519页。

人带有根本性质，是人的属性中范围比较小、层次比较高、深度比较深的那部分；人的本质是最根本的人性，只有一个，即人的社会实践。历史上谈到的人的物质性、生命性、动物性、社会性以及其他性质都是人的属性，其中各种社会性是人性，人性中的社会劳动或社会实践是人的本质。这三个概念的提出可能是对历史上人性问题的争论的最妥善的解决，至于马克思关于人的本质的理论，后面有专题论述，这里就不赘述了。

4. 关于人生意义的思想

西方古代的思想家们虽然没有明确提出人生意义问题，但他们根据自己对人在自然中的地位、人在社会中的地位、人的本质是什么等问题的看法，也提出了各种关于人生意义的观点，即人生观，下面把他们对这个问题的回答区分为若干类型——加以评述。

(1) 快乐主义人生观。人人都有物质欲望，其中最主要的是食欲和性欲，物质欲望的满足会给人带来快乐，但是，人的物质欲望是否应得到充分的满足，物质欲望的满足应有多大限制，却是一个长期争论不休的问题，其中有一些思想家公开宣称满足人的物质欲望，享受感官的快乐是正当的，而且人生的意义就在于享受这种快乐。从古到今，有这种主张的思想家为数不少，我们称这种主张为快乐主义。古代最著名的快乐主义思想代表是唯物主义者伊壁鸠鲁。他认为人生的目的就是追求快乐，说："快乐是幸福生活的开始和目的。因为我们认为幸福生活是我们天生的最高的善，我们的一切取舍都从快乐出发；我们的最终目的乃是得到快乐。"[1]"如果抽掉了嗜好的快乐，抽掉了爱情的快乐以及视觉与听觉的快乐，我就不知道我还怎么能够想象善。"[2] 在他看来，快乐是最主要的，智慧与文化的最后的根源就是快乐。伊壁鸠鲁针对柏拉图主义的禁欲主义的长期禁锢，理直气壮地主张满足物质欲望的正当性，对于人学、哲学以及整个社会的发展都是有进步意义的，但无疑他的观点是片面的，过分夸大了感官快乐的作用。

经过了中世纪的禁欲主义的思想统治，文艺复兴时期的许多思想家也公开举起了快乐主义的旗帜。意大利诗人彼特拉克在《秘密》一书中反对那种认为肉体上的爱情会玷污和浇灭纯粹精神上的高尚的爱情的观点，

---

① 《西方伦理学名著选辑》上卷，商务印书馆1964年版，第103页。

② 同上书，第95页。

认为他之所以能够获得今日巨大的声誉与光荣得归功于他对他的夫人的爱情。他说正是这种性爱激活了他的昏昏欲睡的精神，焕发了大自然埋藏在他心灵中的智慧，使他朝气蓬勃、艰苦努力，才做出了卓越的成就。荷兰人文学者爱斯拉谟也认为大自然把情欲给予人，人就应顺应自然，就有权利享受这种情欲，情欲给人快乐，比理性更能消除人生的苦恼。他甚至颂扬人在情欲中的疯狂。爱斯拉谟的观点显然有些过分了。

启蒙运动的思想家对人的物质欲望都抱肯定的态度，但强调用理性来加以适当的约束。例如爱尔维修认为"人是能够感觉肉体的快乐和痛苦的，因此他逃避后者，寻求前者。就是这种经常的逃避和寻求，我称之为自爱"。① 这就是启蒙运动思想家们所一致肯定的人的趋乐避苦的本性，这实际就是人的情欲。爱尔维修高度评价情欲的作用，认为它不仅推动了人类物质文明的发展，而且推动了人类精神文明的发展，伟大的情欲可以产生出伟大的创造和伟大的人物，甚至创造一个伟大的时代。但是他不赞成不顾一切地放纵情欲。他认为情欲的满足需要一定的物质利益，因此，一个人追求个人利益是无可厚非的，但他认为不能以个人利益损害公共利益，"要行为正直，就应当仅仅倾听和信任公共利益"。② 前面提到的费尔巴哈的合理利己主义也持这种观点。他把理性、爱情和意志看成人的本质，这包含了肯定人的物质欲望，又主张以理性来控制物质欲望，使个人的情欲得到满足而又不损害他人的利益。但是在剥削制度条件下，在剥削阶级意识形态的支配下，合理利己主义很容易过渡到极端利己主义，快乐主义很容易转化成享乐主义，甚至纵欲主义。在阶级社会中，公开主张、宣扬纵欲主义的思想家在历史上是很少的，但实践纵欲主义者在统治者中是非常普遍的，皇帝、国王、王公大臣、豪绅、阔佬穷奢极欲，纵情声色，腐化堕落，从古到今，不胜枚举。如何使快乐主义不致转化为享受主义、纵欲主义是一个时时要加以解决的问题。

（2）禁欲主义人生观。这种观点认为物质欲望的满足是坏事，应极力加以限制，使之减少到最低限度。禁欲主义往往同信仰主义联系在一起，许多宗教都要求限制物质欲望，甚至提倡苦行主义。古希腊的毕达哥拉斯学派认为肉体和多种物质欲望是对灵魂的拖累，灵魂只有摆脱了这种

---

① 《18 世纪法国哲学》，商务印书馆 1963 年版，第 503 页。
② 同上书，第 462 页。

拖累才能得到解脱，因此，物质欲望越少越好，越少越能净化灵魂。柏拉图也是古希腊禁欲主义的著名代表。柏拉图完全同意上述毕达哥拉斯学派的观点，进一步指出，正如社会区分为三种人：统治者、军人和生产者一样，一个人身上也区分为理性、意志和情欲；正如统治者把生产者统治好一样，一个人身上的理性就应把情欲节制好。他认为一个人用理性把情欲节制好就是自己做了自己的主人。他说：我认为"人的灵魂里面有一个较好的部分和一个较坏的部分，而所谓'自己的主人'就是说较坏的一部分自然受较好的一部分控制。……但是当一个人由于坏的教养或者和坏人来往而使其中较好的同时也是较小的一部分受到较坏的也是较多的一部分的统治时，他便要受到谴责而被称为自己的奴隶和没有节制的人了"。①后世把没有肉体关系的恋爱叫做"柏拉图式的恋爱"，即精神恋爱。鼓吹禁欲主义的还有犬儒学派、斯多亚学派，而使禁欲主义取得统治地位的则是中世纪的教父哲学。《圣经》鼓吹原罪说，认为人生来就是有罪的，而这个原罪就来自男女的情欲，所以必须节制甚至禁绝情欲，人才能皈依上帝，重返天堂。中世纪的教父哲学更是把禁欲主义发展到高峰。教父哲学的著名代表奥古斯丁认为物质享受不是真正的幸福，只有爱上帝爱基督才是真正的幸福，而且是至高无上的幸福。这种幸福"决不是邪恶者所能得到的，只属于那些为爱你而敬重你、以你本身为快乐的人们"。② 这里的"你"指上帝或基督。另一个著名代表托玛斯·阿奎那鼓吹世俗的理智和美德也是不可取的，达不到至善，"普遍的善只有在上帝身上才能找到。因此，除上帝之外任何东西都不能使人幸福并满足他的一切愿望"。③禁欲主义在中世纪不仅是一种说教，而且是束缚、迫害教徒甚至教士的思想工具。文艺复兴时期的思想家们尖锐地批驳了禁欲主义的理论与表现，如薄伽丘的《十日谈》对禁欲主义的残酷与虚伪作了无情的淋漓尽致的揭露与批判，禁欲主义后来又遭到启蒙运动思想家们的批判，因而除教会以外影响不大。

（3）幸福主义人生观。快乐主义和禁欲主义都是幸福主义，快乐主义以物质欲望的满足为幸福，禁欲主义以摆脱物质欲望为幸福，此外

---

① 《古希腊罗马哲学》，生活·读书·新知三联书店1957年版，第226页。
② 奥古斯丁：《忏悔录》第8卷，商务印书馆1963年版，第7节。
③ 《阿奎那政治著作选》，商务印书馆1982年版，第68页。

还有各种幸福主义，它们都以追求幸福作为人生的目标，但对幸福的理解各不相同，这里我们评述一下快乐主义与禁欲主义以外的其他各种幸福主义。

古希腊政治家梭伦最早提出了功利主义的幸福观。他认为人生的意义在于追求幸福，幸福就是生活安定、富裕、健康、受人尊敬、有名有利。近代功利主义的主要代表是边沁，他对功利原则作了明确的规定。他认为趋乐避苦是人的本性，"所谓功利，意即指一种外物给当事者求福避祸的那种特性，由于这种特性，该外物就趋于产生福泽、利益、快乐、善或幸福……或者防止对利益攸关之当事者的祸患：痛苦、恶或不幸"。① 因此，"功利原则指的就是：当我们对任何一种行为予以赞成或不赞成的时候，我们是看该行为是增多还是减少当事者的幸福；换句话说，就是看该行为增进或者违反当事者的幸福为准"。② 后来的实用主义哲学也主张人生的意义在于适应环境。杜威认为人的实践不过是一种生物有机体的行为，即所谓生活，其基本公式是"刺激—反应"，它所追求的是效果，因此，有用就是真理。实用主义实际也是一种功利主义。

亚里士多德也认为人生的意义在于追求幸福，但什么是幸福呢？他根据人是政治动物的观点，反对把幸福看成快乐，而认为实践美德才是幸福，而追求知识是最大的幸福，人生的意义就在于行德和知德。他认为最重要的美德是中道或中庸之道，而不是某种极端。例如鲁莽与怯懦都是极端，勇敢是中道；浪费与吝啬是极端，慷慨是中道；自尊是傲慢与自卑的中道；节制是放纵与苦行的中道等等。他说："过度和不足是恶行的特性，而适中则是美德的特性。"③ 他又根据人是理性动物的观点，认为人生的更大的幸福是追求知识。在他看来，为求知而求知，为研究学术而研究学术，从事纯思辨的活动是人生一大乐事，最大幸福。他说："对于人，符合于理性的生活就是最好的和最愉快的，因为理性比任何其他的东西更加体现人的特性。因此这种生活也是最幸福的。"④亚里士多德的这种观点显然是片面的，事实上也不存在纯粹的为学术而学术，归根结底，学术研究离不开一定的目的性，但在一定条件下，在

---

① 《西方伦理学名著选辑》下卷，商务印书馆 1987 年版，第 210 页。
② 同上。
③ 《西方哲学原著选读》上卷，商务印书馆 1982 年版，第 156 页。
④ 《古希腊罗马哲学》，生活·读书·新知三联书店 1957 年版，第 328 页。

一定时间内，不考虑学术研究的功利性而仅以其自身为目的，对学术的发展是必要的。亚里士多德的观点对西方科学的发展起了一定的积极的推动作用。

许多思想家都把幸福看做人生意义所在，但他们对幸福的了解又各不相同，除上面几种幸福观（快乐是幸福、禁欲苦行是幸福、行善积德是幸福、追求真理是幸福）外，还有其他的幸福观，如德谟克利特、斯宾诺莎认为以知足求得灵魂的安宁是幸福，但这些远不足以包括全部历史上的幸福观，特别是有许多幸福观是蕴含在人们的实践中而不是表现在口头上或文字上，限于篇幅，这里就不进一步论述了。

（4）悲观主义人生观。这种观点认为人的一生是无积极意义的，世界变幻不定，人的一生注定要遭遇各种苦难、悲伤、痛苦，毋宁说是一场悲剧；整个人类社会只有越来越糟。悲观主义一般说来可能与个人的不幸的遭遇有关，但归根结底来说是剥削阶级腐朽没落的反映。历史上的悲观主义思想家并不多，在西方最早起源于古希腊罗马文明衰落时期的怀疑主义、斯多亚学派和新柏拉图主义。怀疑主义者对一切都抱怀疑态度，一个事物存在还是不存在、一种观点是对还是错、一种意见是好还是坏，都很难说，因为他们对一切都抱冷漠、消极、否定的态度，人的一生自然也不例外。近代悲观主义的著名代表是唯意志主义，其创始人叔本华认为人的一生都受着意志、欲望的支配，而意志、欲望实际上是一种痛苦，因为欲望是无穷的，满足不了就是痛苦，满足了又会产生新的欲望，不可能都满足，仍然是痛苦。即使一切欲望都满足了，仍然是痛苦，因为欲望完全满足的结果便是空虚、无聊、厌倦。因此，他说："如果我们对人生作整体的考察，如果我们只强调它的最基本的方面；那它实际上总是一场悲剧，只有在细节上才有喜剧的意味。"① 尼采进一步发挥了这种悲观主义，认为人类社会历史是一个退化、堕落、毁灭的过程。他所说的退化、堕落不是一般人所理解的道德败坏、强者压迫弱者、强权压倒正义，刚刚相反，是被统治者、弱者向统治者、强者要自由、要解放、要平等。因此，他认为只有超人出现才能使人类社会避免毁灭的命运。现代的存在主义也对人的存在，亦即人类社会的存在抱悲观主义的态度，在克尔凯郭尔、海德格尔、萨特等人看来，人的存在已经到了十分可悲的境地，苦恼、

---

① 转引自全增嘏主编《西方哲学史》下卷，上海人民出版社 1985 年版，第 413 页。

恶心、恐惧、悲伤、死亡——这就是现代人类社会的真实写照。但是，这只是人类社会的一部分情景，比较起来，乐观主义更接近人类社会的整体状况。

（5）乐观主义人生观。乐观主义与悲观主义相反，认为世界诚然是在不断变化，但不是越来越坏，而是越来越好。整个人类历史虽然包含了曲折甚至倒退，但从整体上看是一个前进的进化的过程。乐观主义认为人的生命是可宝贵的、有意义的，困难是可以克服的。他们对人类的前途充满了憧憬和理想。乐观主义往往是一种理想主义。令人感到欣慰的是，历史上的乐观主义流派远远多于悲观主义流派。每个时代都有着与该时代相适应的乐观主义的代表人物，他们不但对社会的前途作了乐观主义的预见，而且力图实现他们的理想。早在公元前8—7世纪赫西奥德就在农事诗《工作与时日》中表达了对黄金时代的向往。柏拉图是奴隶主思想家，但在他的《国家篇》中提出了在奴隶主内部实行公有制的理想，认为只要政治与哲学能够结合起来，出现"哲学王"，理想国就可以实现。最早采用乐观主义一词的是德国哲学家莱布尼茨，他提出的单子论认为世界是由精神性实体——单子构成的，而最高的单子就是上帝，他是最完满的，世界在上帝的主宰下将趋向尽善尽美的和谐。启蒙运动思想家们的人道主义历史观虽然是唯心主义的，然而也是乐观主义的。他们承认历史有一个倒退的阶段，即从平等到不平等的倒退，即从人人平等的自然状态向暴君统治状态的倒退，但经过革命，人类社会就可恢复自由与平等，即实现人民共和国的理想。这就是人道主义历史观的公式：人—人的异化—人的异化的扬弃。例如卢梭在《论人间不平等的起源和基础》中就论述了这样的过程。他认为人是生而自由平等的，人们之间的不平等起源于私有制，在此基础上产生了社会与法律，"它们把新的羁绊给予弱者，把新的力量给予富人，把所有权和不平等的法律永远规定下来，使一种狡猾的霸占成为一种无可挽回的权利，并且为了某些野心家的利益，使全人类从此以后承受着劳苦、奴役和贫困"[①]。专制君主的暴政使这种不平等达到了顶点。"专制君主只有在他还是强者的时候才是主子；一到人们能够把他撵掉的时刻，他就不能抱怨暴力了。以绞死或废黜一个暴君为目的的暴动，乃是一件与他昨天处置臣民生命财产的那些暴行同样合法的行为。支持他的只

---

① 《西方哲学原著选读》下卷，商务印书馆1982年版，第76页。

有暴力，推翻他的也只有暴力。"① 卢梭呼唤的不是废除私有制的社会主义社会，而是资本主义共和国，但是当时已经出现的空想社会主义从这个逻辑中引出了人类社会的社会主义前景。17—18 世纪的法国空想社会主义者傅立叶认为土地私有财产是人们的不幸与灾难的根源，因为正是它导致人们思想与行为上的自私自利、互相欺骗敲诈，甚至偷盗抢劫、谋财害命，但在财产公有的社会里，人人平等相处、勤劳生产、公平分配、安居乐业，这样的社会"无疑是人类最大的福利和幸福。"② 傅立叶认为要实现这个理想并不困难，他对劳动人民说："你们的幸福掌握在你们手中。如果你们大家能够协商好，那么你们的解放就完全依靠你们自己。"③ 他对理想社会充满了信心。18—19 世纪的空想社会主义者对人类社会的未来都抱着乐观主义的态度，例如圣西门认为整个人类社会的历史就是一个不断进步的过程，人类的黄金时代在未来。在他们看来，公有制是最符合人性的，是最美好的，因而是一定能实现的。马克思主义的创始人由于空想社会主义的影响而转变为社会主义者，他们对人类社会的未来也是很乐观的，但他们在从事革命实践的过程中，经过对人类社会的经济关系的深入研究，逐渐形成了唯物史观并在唯物史观指导下把空想社会主义转变成为科学社会主义，建立了为共产主义奋斗终生的人生观。

以上几种人生观是西方历史上几种主要的人生观，但这只是一种大致的概括，归入某种人生观中的思想家们的观点也是有差异的，各种人生观之间的差异就更大了。但有一点是各个思想家所共同的，即他们的人生观都同他们的世界观、历史观、人学思想有一定的联系，进一步研究这些联系会对我们今天的人学研究发挥一定的启迪作用。

5. 关于科学人学的思想

从以上几点可以看出，西方思想家的人学思想是非常丰富的，但应指出以上一些思想绝不是他们的人学思想的全部，而且这些思想都是比较零散的。我们今天研究人学目的不在于给已有的人学思想增添一些新的因素，而是要提供一门科学的人学，即对人进行综合的整体研究的科学。那么，在人学思想史中是何时提出对人进行综合研究，即建立一门以人为对

① 《西方哲学原著选读》下卷，商务印书馆 1982 年版，第 78 页。
② 傅立叶：《遗书》第 2 卷，商务印书馆 1960 年版，第 116 页。
③ 傅立叶：《遗书》第 3 卷，商务印书馆 1960 年版，第 210 页。

象的科学的任务的呢？

　　古希腊哲学家很早就提出了"认识你自己"，亦即认识人的任务，但提出建立一门以人为对象的科学的任务却是 20 世纪的事情。英文中 Anthropology 应译为"人学"，因为这个词来自希腊文，Anthrops 意为"人"，logy 意为"学"，是 16 世纪的人文主义者创造的。但现在这个词一般译为人类学，因为 19 世纪中叶达尔文的进化论提出后，人们开展了对人类的系统研究，其内容与人学是不同的。现在有人建议创造一个新的名词，即 Homonology，来专指与人类学不同的人学。不过在外语中，人们仍然随意使用一些近似的词来称呼人学，除仍用 Anthropology 来指称人学外，还有 Science of man，Human studies，Theory of man，Concept of man，On man 等。

　　彼特拉克早在 14 世纪就主张哲学的主要对象是人。18 世纪英国诗人蒲伯最早以"人"来命名自己的作品，这是一首长诗，叫《论人》。康德的"三大批判"可以说是最早的系统的人学著作，但它们只限于人的精神世界——知、意、情。康德还有一本专著《实用人类学》，按其内容讲，应译《实用人学》，因为其中论述的都是人的各方面的问题，与"三大批判"的内容相当，而不是 19 世纪以后才发展起来的"人类学"所论述的内容。不能因为今天我们把 Anthropology 译为"人类学"而把康德的 Anthropology 也译为"人类学"。

　　今天所说的人类学确实是以人类作为它的研究对象。很多科学都是研究类的，如生物学、动物学、植物学、昆虫学研究的当然是生物、动物、植物、昆虫这些类，人学也是研究人这个类，而不是具体的人，但是人这个类同人类并不是同一个东西。人是一个抽象的概念，是从具体的人概括出来的；人类是一个集合概念，是由全体具体的人集合而成的。因此，尽管二者是难以分开的，但仍可相对地区分开。人类学主要研究人类体质特征、进化历史、人种分类和分布状况、群居关系和文化史，它有三个分支：体质人类学、文化人类学和哲学人类学（人类哲学）。体质人类学建立于 19 世纪下半叶，达尔文是其开创者；文化人类学建立于 20 世纪初，美国学者纪博斯是其创立者；哲学人类学创建于第一次世界大战后的德国，第二次世界大战后盛行于欧洲。德国哲学家兰德曼斯于 1955 年出版《哲学人类学》一书。而今天所说的人学，即对人作综合研究，把人作为整体来研究的科学，是 20 世纪中叶才出现的。马克思早在《1844 年经济学哲学手稿》中就提出过人的科学的概念，但他所说的"人的科学"是关于人的多门科学而不是一门单独的对人作综合研究的科学。他是在谈自然科学与人的科学的关系，认为"自然科学往后将包括关于人的科学，正像关于人的科学将包括自然科学一样"。① 他还认为自然科学与人的科学最终将形成一门科学。因此，尽管马克思有非常丰富的人学思想（这将在本书各章中得到充分的反映），他还没有对人进行整体研究的设想。1944 年德国哲学家卡西尔出版《人论·人类文化哲学导论》是西方第一本系统地研究人的专著，尽管人们不一定同意他的观点。他认为人论，亦即人学或人的哲学"能使我们洞见这些人类活动各自的基本结构，同时又使我们把这些活动理解为一个有机的整体"。② 该书分上下篇，系统地探讨了人是什么的问题，上篇的结论是：人是符号的动物；下篇考察了人的语言、神话、宗教、艺术、科学、历史并从此引申出一个新的结论：人是文化的动物。

　　强调把人作为整体来研究的是西方马克思主义思潮中的人道主义流派。其中的重要人物之一萨特是从反面提出问题的。在他看来，辩证唯物主义是见物不见人，自然辩证法是见自然不见人类社会。马克思主义的人的实践哲学变成了"无人的哲学"，马克思主义哲学有一个人学的空场。这如果不是攻击，也是一种误解。但萨特并没有正面提出人学的思想体系。加罗蒂虽然也属于人道主义流派，却不同意萨特关于马克思主义哲学存在人学空场的说法，认为马克思主义就是最完美的人道主义，即人学，但他也没有正面提出人学思想体系。另一位西方马克思主义者弗洛姆著有《自为的人》，提出他的人学体系，但他把人学内容限于人的本质，着重探讨人的伦理心理和品格，很难说是对人学的完整的理论体系。总之，在西方，建设一种科学的人学的任务虽然提出来了，并未真正走上科学建设的道路。

　　苏联学者在苏联解体以前对于建设科学的人学做了许多工作，取得了明显的进展。斯大林逝世后，苏联打出了人道主义的旗帜。苏联宣扬人道主义有片面性和错误之处，但这种氛围对人学的科学研究是有利的。20世纪 50 年代以来，苏联出版了一批人学论著，出现了一批人学学者，如

---

① 《马克思恩格斯文集》第 1 卷，人民出版社 2009 年版，第 194 页。
② 卡西尔：《人论》，上海译文出版社 1985 年版，第 87 页。

鲁宾斯坦的《人与世界》、洛莫夫的《人学的系统》、弗罗洛夫的《人的远景》、卡卡巴泽的《作为哲学问题的人》等。多数人都认为在现阶段把各门科学所积累的关于人的知识综合起来，已成为人学研究的重要任务。人的发展的生物因素和社会因素的关系、人在世界上的地位和作用、人的未来、个人的命运与社会的发展、人对环境的依赖和影响都已成为哲学，特别是马克思主义哲学的迫切问题。而这些问题的解决都有赖统一的综合的人学的形成。关于人的各门学科各自为政，研究停留在各自的范围内，许多问题都难以解决。但也有人认为综合的人学形成的条件还不具备。80年代苏联开展了一次建设综合的人学的争论。一方认为人是有机地联系着的系统，只有把人的各门学科的成果综合成为一个整体，即完整地反映人的内在联系的综合人学，才能说是科学的人学，才能对人的分支学科起指导的作用。另一方认为人的微观研究，即多门人的分支学科的研究还很不够，在这样基础上建立不起真正科学的综合的人学。甚至有人认为对人只能进行种种实证研究，所谓整体研究只能是一种思辨哲学，对理论与实践的发展都没有什么好处。但占优势的是前一种观点。

20世纪80年代苏联人学研究进入蓬勃发展的时期，不仅有大量各门学科的学者从事人学研究，还成立了一些科研机构，举办了一次规模空前的学术会议。1986年苏联科学院成立了人的问题综合研究学术委员会，在12月召开的成立大会上确认了委员会的宗旨和基本任务，决定创办委员会的《年鉴》和《通讯》，确定了人与技术、人的能力和潜力、人的进化等一系列课题。1988年苏联科学院和苏联科学与工程协会联合发起召开全苏综合研究人的问题科学大会，有苏联各地的哲学家、社会学家、教育学家、心理学家、自然学家、文学家、艺术家等多个学科的专家800多人参加，分为6个专题进行了热烈的讨论，它们是：人的哲学问题、人和自然、人和文化、人和技术的相互关系、人的体质和心理健康、人的自然因素和社会因素的关系。最后一天召开了以"统一的人学是否可能"为题的会议。大会明确了苏联人学的现状、人学研究的近期任务和远景，并对政府和有关部门提出了11条建议，其中有成立科研机构、在高等院校设置人学课程、培养人学的研究和教学人才、编写系统的人学教材等。后来在苏联科学院内设立了人学研究所，至今仍然存在。但许多建议，由于苏联解体，都搁置起来了。苏联虽然解体了，苏联社会主义虽然失败了，但苏联把人学作为一门科学来建设的思路是应该肯定的。①

（四）人学基本问题

1. 人学的研究对象和基本内容

一门科学的形成有最起码的三个要求：一个明确的能与相邻科学区别开来的对象；一系列有关这个对象的范畴和原理；一个由这些范畴和原理构成的有内在联系的思想体系。下面按这个观点来考察人学的这三个方面。

人学的对象当然就是人，但这个"人"是作为整体的人，而不是人的某一部分或某一方面，也不是大于人或多于人的东西。研究人的某一部分或某一方面的是各种人的科学，如人体学、人的心理学、人才学等，研究大于人或多于人的东西是各种社会科学、历史观、人类学、哲学等。人学有一明确的对象，就是作为整体的人。但科学的任务不仅仅是描述对象，而且要深入它的内部，揭示其变化发展的规律，因此，我们可以更具体地把人学的研究对象规定为：作为整体的人及其存在和发展的一般规律；把人学规定为：研究作为整体的人及其存在和发展的一般规律的科学。这样说起来，问题似乎很简单，但事实上问题相当复杂。有许多问题要加以阐明：这里的"人"是具体的人、人群，还是人类？作为整体的人怎样才能形成一个完整的整体？人的存在和发展的规律有哪些？哲学人类学也研究完整的人，人学的对象与哲学人类学的对象有什么区别？人的哲学也研究人，人学的对象与人的哲学的对象有什么区别？等等。

我们认为，对人学对象的研究具有如下特征：第一，人学是对一般的个人而不是对由一切个人构成的人类进行研究，虽然这两种研究很难截然分开。第二，它不是对人的某一侧面进行专门研究，而是运用哲学的方法和各门学科的知识，对人的各个不同侧面进行综合研究，借以获得人的完整形象，也就是作为整体的人的图景。因此，它以一切关于人的具体科学而不是某一特定的具体科学为基础，同时又超出具体科学之上，它以哲学为指导，同时又不同于哲学。第三，它对人的研究既是静态的，又是动态的，即不但要揭示人的本质，而且要揭示人存在和发展的规律。换言之，

---

① 以上关于苏联20世纪80年代前人学研究情况，见《人学词典》，中国国际广播出版社1990年版，第833—834页、第845—846页。

作为整体的人不仅从其横剖面来说是完整的，就其纵剖面来说也是完整的。因此，我们可以把人学的研究对象及性质规定为：它是从各门有关人的科学的相互联系和统一中，研究完整的个人及其存在和发展的一般规律的一门相对独立的综合的科学。

科学的对象决定科学的内容，科学的内容就是科学的对象的如实的系统的反映。人学的对象决定了人学的内容，那么，人学的基本内容有些什么呢？大致有以下三个方面：

（1）人的现代图景

作为整体的人也就是现代科学所提供的人的完整图景，它首先包括人和人赖以产生、生存和发展的前提条件的关系，即自然界和人的关系，社会和人的关系；其次是人的历史；再次是包括人的个人生活和社会生活的各个方面。所有这些方面构成完整的人。

①人与自然。

人是自然界，更确切地说，是地球长期发展的产物，换言之，地球上为什么会出现人，人为什么具有如此的物质生活和社会生活，都是由地球的各种条件和人的社会实践活动决定的。归根结底，人是自然界的一部分，是自然界的产物，不可能超越自然界。但在人产生的过程中，特别是在人产生之后，人又在不断地作用于自然界，改造自然界，使自然界的变化越来越适应人的需要。从一定意义上说，地球今天的面貌是由人决定的。由于人的实践能力和认识能力的局限，有时还有人的阶级立场或社会集团立场的局限，人们一时看不见或不承认人给自然界造成的一些变化会危害人的生存和发展。这就是生态环境问题，人们今天已认识到这个问题，但要根本解决还有很大困难。总之，人与自然界的关系是异常复杂的。

②人与社会。

人与社会的关系也十分复杂。人类社会是由人构成的，没有人就没有社会，但社会并不是由一定的人们自觉地构成的，像组成一个社会团体、政党那样。人的形成（从猿到人）不是以单个人的形式，而是以社会形式实现的，人类社会出现以后每一个人的存在、成长和发展均以社会为前提，一个人在成年以前生活在怎样的社会中是不以自身的意志为转移的，不是自身自由选择的结果。因此，一个人的生存和发展不能不受他所在的社会的制约。但是，人对社会不是无能为力的，人类社会的历史是人创造的，不能不打上各式各样的人的印记。

人不仅是自发地创造历史，也自觉地创造历史，特别是在马克思主义产生以后，人还有可能以马克思主义的科学思想为指导自觉地群众性地改造社会和创造历史。人对社会具有巨大的能动作用，但归根结底，人是社会历史条件的产物，是时代的产物。

③人的历史。

人的历史包括类的历史和个体的历史。类的历史不同于人类社会的历史，而是自从人类诞生以来直到今天人的个体所经历的全部活动、变化和发展的抽象。人类社会的历史是从人类诞生以来直到今天人类群体（尽管分化为部落、民族、国家、地区）所经历的活动、变化和发展的总和。二者当然是不可分的，人类社会的历史无疑包括类的历史，但加以适当的区别还是可能的。人学应该描绘人在各个历史时代、各种社会制度下所经历的变化、发展的过程。人的个体的历史，即个人的历史，是个人从生到死的过程，人类社会的历史就是由个人的历史汇集而成的，同时也制约着个人的历史。

④人的个人生活。

人的存在和发展表现为人的生活。人的生活可以区分为个人生活和社会生活。个人生活是单个人即可以从事的活动，而社会生活是同他人共同从事的活动，由于人的活动离不开社会，个人生活也可以说是社会生活，这里所作的区分只有相对的意义。个人生活又可以区分为物质生活和精神生活。人的物质生活是人的生活的基础部分，是为了满足人的物质需要，以维持其肉体的生存、成长和发展的活动，其中当然包括人的生育活动以及在物质生活中的本能活动和生理活动。人的精神生活包括人的全部心理活动，作为人的生活的一部分，特指为了满足个人精神需要的种种活动。精神生活是物质生活的产物，但其存在具有独立意义，它使人的主观世界日益充实和丰富，使人的自觉性不断提高。人的生活不同于动物的生活，不仅在于人有精神生活，而且在于人的精神生活渗透于物质生活之中，使之根本不同于动物的物质生活。

⑤人的社会生活。

人的大部分生活是社会生活。社会生活可以分为经济生活、政治生活和文化生活。人的经济生活包括人的生产活动、业务活动、各种经济交往。生产活动，包括物质生产和精神生产，也就是业务活动，每个适龄的人都通过这些活动而做出贡献和获得享受，实现其义务和权利。此外，由于生活的需要，人们都要参与其他经济活动，如购物、储蓄等。

政治生活是就其广义说，即社会公共事务的管理，这种活动无论在任何社会形态，每个人都是必然参与的，不是自觉地参与，就是自发地参与；不是作为主导者参与，就是作为受动者参与；不是作为统治者参与，就是作为被统治者参与；不是作为领导者参与，就是作为群众参与。广义的政治生活包括非阶级性的活动，也包括法律、公安、政党等活动。文化生活十分复杂，十分广泛。从广义说，文化生活包括人的全部生活，这里是就其狭义说的，即物质生活、经济生活、政治生活以外的全部活动。个人精神生活与文化生活很难截然分开，实际包括在文化生活之中。文化生活与其他生活互相渗透，也很难截然分开。任何人不可能没有文化生活，但人们的文化生活却有多少、高低、丰富与贫乏之分，这种差异，除了社会的原因（一个国家、民族、地区的物质文明和精神文化的发展水平）之外，主要是个人的不同的文化水平和文化修养造成的。

根据现代科学提供的材料，就上述几个方面进行描绘，我们当能得出一个关于人的完整的现代图景。

（2）人的本质

人的现代图景所描绘的是人的现象、人的存在，这种描绘是必要的，但不能停留在表层上、平面上，人学研究必须向纵深发展，必须通过人的存在揭示人的本质和规律性。

人的本质问题也就是从本质上讲人是什么的问题，这个问题可以从三个方面来考察，即从本身讲，从人和自身的条件的关系来讲，从人的将来发展来讲，也就是人的本质、人的地位和人的发展。

①人的本质。

有三个含义相近的概念必须分辨清楚，即人的属性、人性和人的本质。人的属性是表层的东西，属于存在的范围，前面所描绘的人的图景实际上列举了人的属性，人性和人的本质则属于本质的范围，是更深层次的东西。它们当然也是人的属性，但同其他属性相比，它们能表明人之所以为人而根本区别于其他动物。人性和人的本质是人的根本的属性。人性和人的本质在历史上是不分的，如果把人的本质理解为人的最根本的属性，而人性是人的许多根本属性，则可以澄清许多理论上的混乱。

人的属性可以区分为自然属性、社会属性和精神属性，精神属性也是社会属性。作为血肉之躯，人像其他高等动物一样具有多种自然属性和本能，但不能把人的自然属性和本能等同于其他高等动物的自然属性和本能，因为人的有些自然属性和本能是其他高等动物所没有的，而那些与其他高等动物所共有的自然属性和本能是在社会中表现出来的，不能不带有社会的印记，但单凭自然属性和本能，不能把人和动物区别开来，人的某些社会属性（包括某些精神属性）则能把人和动物区别开来，这种属性实际上就是人性，如思维、说话、审美、社会交往等。人性是多种多样的，历史上关于人性是什么的许多观点都是相容的，而不是互相排斥的。问题在于最根本的人性是什么？最根本的人性即人的本质：它只能是一个。食与性曾被称为人的本质或自然本质，这是不确切的。食与性只是人作为动物的本质，即动物的本质，对于人是不可少的，是人的自然基础，但不能把人和其他动物区别开来，不是人作为人的本质。理性也曾被称为人的本质，这也是不确切的。理性是人区别于其他动物的根本属性之一，是人性之一，但在诸人性中不是最根本的。最根本的是劳动或物质生产，具体说，人的本质是在一定社会关系中使用人自己创造的工具改造物质世界以满足自己的物质需要的活动，正是这种活动产生多种多样的人性，产生人和人类社会。

②人的地位。

人的地位总是相对于某物而言的，某物就是一定的参照系。人的地位是由人的本质和参照系决定的。人的地位主要指人在自然中的地位、在社会中的地位和在人际关系中的地位。人在自然中的地位具有两重性，从绝对的意义来说，人是自然的产物、自然的一部分，是对自然的依赖者；从相对的意义来说，人是改造自然的活动的主体，是自然的改造者、决定者。人在社会中的地位也具有两重性，一方面，人是构成社会的最基本的分子，没有人就没有社会，没有人的活动就没有人类社会的历史；另一方面，社会是人得以成为人的前提，没有社会，人就不成其为人。因此，从相对的意义讲，是人创造了社会；从绝对的意义讲，是社会造就了人。人在人际关系中的地位就其根本之点来说就是人作为人的地位，也就是说，平等地位。因为每一个人都是人，作为人都是相同的，即平等的，但每一个人都有其特殊性和个性，都有差异，这就是说，又是不平等的。人与人之间的不平等产生于各种差异，生理上、经历上、学习上、工作上、社会关系上的差异都会造成不平等，这是不可避免的，只要不平等不涉及人作为人的平等地位，就是可以允许的。但历史上和今天的许多不平等现象都是侵犯了这种平等地位，这种不平等应该随着历史的前进过程而不断减少。

近年来我国理论界提出的许多关于人的问题都是人的地位问题，如生态平衡破坏、环境污染问题涉及人在自然中的地位问题；人权、人的权利与义务、人的自我价值与社会价值、人格、人的尊严等问题都涉及人在社会中和人际关系中的地位问题。以马克思主义为指导，完全可以正确地阐明人的地位问题的各个方面。

③人的发展。

人的理想状态是人的自由而全面的发展，这是马克思所设想的共产主义社会中的人，是人的最高形态。如何理解自由而全面的发展，是一个需要深入探讨的问题，但有几点应该指出：第一，这个理想状态并不是凝固静止的东西，一旦达到也就终止了。它是一种不断变化的动态，自由与全面的程度随着人类社会的发展而不断发展，不断丰富，永无止境，不存在绝对自由全面的人。第二，马克思所说的自由与全面是相对于资本主义制度下的不自由和不全面而言的。资本主义使人摆脱封建特权的枷锁，却给戴上了金钱的镣铐，人的发展受到种种限制，并陷入畸形和片面化的境地，而共产主义则将彻底打破私有制的束缚，使人可以按其本质和个性的要求自由发展、充分发展，但这并不是说不受任何限制，任何时候人的发展总要受自然条件、社会历史条件、社会的需要和人们的需要的制约，这种制约是限制，也包含着促进。第三，自由而全面发展的人绝不是以个人为中心的利己主义者，只管自己的"自由而全面的发展"而不顾社会和人民的发展。他必然把社会和人民的发展摆在第一位，按社会和人民的需要来充分发展自己的潜能、价值和个性，在个人和社会、人民的利益不能兼顾时，能毫不迟疑地牺牲自己。自由而全面的发展只有在共产主义社会中才能达到，不能作为现实的追求目标提出来。但是，人的发展应该得到国家、社会的重视，国家、社会应该创造条件使人尽可能自由而全面地发展。

（3）人的存在和发展的规律

所谓"综合"不是把这些因素简单地排列组合起来，而是要揭示它们之间的复杂的有机联系和相互作用。我们不可能穷尽这些联系，但是可以找出其间主要的基本的联系，特别是那些带有普遍性必然性的联系，即规律或原理。

那么，人的规律有些什么呢？对人的一般规律的研究是人学研究中的一个薄弱环节，迄今还提不出比较成熟的观点，下面只是一些尝试性的意见。

人的规律有三种类型：第一种只适用于人的一生发展，第二种只适用于有人类以来的人的发展，即类的发展，第三种适用于上述二者。它们都是关于人的发展的一般规律，把人的规律构成一个完整的体系还存在一定的困难。下面只列举几个规律：

①人类社会的形成和发展是一个过程，个体的人的形成和发展也是一个过程。初生婴儿只是一个自然人，其体力、实践力和智力是在人类社会的影响下逐渐成长，最后才能形成为人，即社会人。一般把18周岁作为成人的标志。

②人的实践力，即改造自然、改造社会和改造自我的能力，是不断增长的。对个体的人来说，人的实践力的增长由于体力和年龄的限制，总是有限的；对作为类的人来说，则是无限的，它只有一个限制，即不可能超越自然。

③随着人类社会的生产力的不断增长和人的实践力的不断增长，人的平均必要劳动时间在日益缩短，从而使人的自由时间日益增加，当然人的平均必要劳动时间不会缩短为零。

④随着人类社会的发展，人的主体地位，从而人的主体性即自觉性在日益增强，而自发性、盲目性在日益减弱。个体的人亦如此，随着年龄的增加，人的主体地位和主体性也是在日益增强，其自发性、盲目性在日益减弱，但不会减至零。

⑤人的自然存在（人体）是人的意识的自然基础，但决定人的意识的内容的是人的自然环境、社会环境和社会存在（实践活动、社会因素和各种社会关系），在此基础上的人的意识本身具有相对独立性，即有其继承性和历史性，并对存在发挥着或大或小的反作用。这个规律，历史唯物主义理论早已论述过。

⑥随着人类社会的发展，随着人民群众的作用的扩大与加强，杰出个人的作用在日益减弱。从根本上讲，人类社会的历史都是人民群众的历史，但在古代历史更多地表现为英雄的历史，而越到近现代，历史越多地表现为人民群众的历史。

⑦随着人类社会的发展，随着各地区交往的发展，人际关系在日益扩

大、加深、多样化、复杂化，人与人更加相互依赖与相互作用，出现日益加强的多样化和复杂化的人际关系网络。

还有其他规律可以提出来。

如果在现代科学的基础上，提出了完整的人的图景和完整的人的规律的系统，那么，一个完整严密的人学思想体系就构成了，科学的人学也就建立起来了。

2. 人学在科学体系中的地位

按照以上对人学的理解，人学在科学体系中占什么地位呢？或者说，人学与其他科学，特别是相邻科学的关系是怎样的呢？这里首先一个问题是科学体系是怎样的？这里介绍一下钱学森同志关于科学技术体系的观点，这个观点在我国是得到多数学者认同的。

他认为整个体系可分为三个层次：最高层次是马克思主义哲学，即辩证唯物主义，确切地说，是辩证唯物主义世界观；第三层次是十大科技部门，即自然科学、社会科学、数学科学、系统科学、思维科学、人体科学、文艺理论、军事科学、行为科学、地理科学；第二层次是把哲学与十大科学技术部门联系起来的"桥梁"，也就是哲学界所说的应用哲学或部门哲学，即自然辩证法、历史唯物主义、数学哲学、系统论、认识论、人天观、美学、军事哲学、社会论、地理哲学。每一个大的科技部门又可分为三个更细的层次，即基础科学、技术科学、工程技术。这个体系是根据各门科学的对象来安排它们的相互关系和地位的。它把辩证唯物主义世界观摆在科学体系之内，辩证唯物主义世界观同其他科学的区别不在于性质而在于层次，就是说，它们都是科学，只是世界观的层次最高。当然，这个体系的细节还需要作进一步研究，这里只谈谈人学应在这个体系中占有怎样的地位。

人学的位置决定于它的对象——人在世界中的位置。人不仅是一种自然存在，而且是一种社会存在，个体的人是人类社会的"细胞"，因此，人学是一种社会科学，是比历史唯物主义（一般社会学）低一个层次的科学，正如细胞学是一种生命科学一样。人学与一般社会学虽有这种层次之分，但由于它的重要性，我们可以把人学与历史唯物主义并列，取代上述科学体系第二层的人天观，把人的科学列入第三层取代人体科学。这样理解的人学实际就是人的哲学。人学与人的哲学是否是一回事，理论界的意见还有分歧，这里我们暂时就如此理解。

　　人学在这个科学体系中的位置决定了它和其他科学的关系；我们不可能一一考察人学与一切其他科学的关系，下面考察它与几个相邻科学或关系密切的科学的关系。

　　首先谈一下人学与哲学的关系。目前有一种十分流行的观点，即认为哲学就是人学，这种观点大致有两个理由：①近现代西方哲学有一次"哥白尼式革命"，哲学已从本体论转变为认识论（笛卡儿、康德等）或实践论（马克思），本体论已经过时了，为认识论、实践论所取代了，而实践、认识都是人的实践、认识，因而哲学成了人学。②即使哲学作为一种本体论或世界观仍然有意义，它们研究的本体或世界也是人的本体、人的世界，而不是离开人的本体或世界，而且这些研究也是为了人，因而哲学也是人学。这两条根据都是不能成立的。

　　先谈第一点。从古到今所说的哲学实际上不是一门学科，而是一个学科群。不同学科及其内容是由它们的研究对象决定的，哲学按其对象和内容实际上包括了本体论（世界观）、自然观、历史观、认识论、方法论、价值论、伦理学、美学、政治哲学、人学等，今天的马克思主义哲学也是如此。这些学科何时出现、何时形成、何时盛行，情况是各不相同的，但它们一旦出现，就不会被消灭，除非它们的对象消灭了。所谓"哥白尼式革命"不过是哲学内部重点的转移，历史上发生的不过是研究重点从本体论向认识论、实践论的转移，并没有发生认识论和实践论取代、消灭本体论的事实。如果说在西方哲学史中发生过哲学研究重点从本体论到认识论、实践论的转移的话，那么，在中国哲学史中还发生过哲学研究重点从政治哲学、伦理学向本体论的转移，这就是宋明理学吸收了道家和佛家的本体论思想而掀起的中国哲学史研究本体论的高潮。正如宋明理学没有消灭政治哲学、伦理学一样，西方近现代哲学也没有消灭本体论。逻辑经验主义"拒斥形而上学"，即否定本体论，他们认为形而上学命题如"世界是客观存在的"等是没有意义的，是不能通过经验来肯定或否定的。但他们真正把形而上学排斥了吗？没有，因为他们也不得不回答现实世界是什么的问题，回答是：现实世界是我的经验。这不就唯心主义地回答了本体论问题了吗？

　　还有人认为"世界是客观存在的"当然是正确的，这已成为常识，还有谁去否定它？再讨论和研究这类问题还有什么意义呢？但实际上，今天仍有不少人在生活和实践中毫不怀疑世界的客观存在，而一谈到理论，则认为世界是否不依赖于我而存在在理论上是说不清楚的。可见本体论并未过时。再说，这不是本体论的唯一问题。就以物质与意识的关系问题来说，有人认为这只是一个认识论或实践论问题，所以近现代哲学转向以来就只研究物质与意识的关系问题而不再研究物质世界本身了。其实，物质与意识的关系问题首先是一个本体论问题，其次才是一个认识论问题。物质世界和意识并不是两个平行的并列的东西，意识是物质世界的产物，而且始终是物质世界的一个很小很特殊的部分，只是为了弄清楚它们之间的关系才把它们并列起来的。它们之间的关系的首要问题实际是谁从属于谁的问题，谁有独立存在的问题，是一个本体论问题，由于意识只存在于社会人的头脑中，这个问题实质是自然界与人类社会的关系问题。把自然界与人类社会并列起来研究，是为了研究它们之间关系的方便，其实人类社会是自然界的产物，是自然界的一个很小很特殊的部分，离不开自然界。不是自然界从属于人类社会，相反，是人类社会从属于自然界，人类社会只在很小的范围内才对自然界有所作为，即社会实践。本体论研究作为整体的物质世界、自然界，当然要弄清楚它的基本组成部分怎样综合而成一个整体，其中包括了研究人和物质世界、自然界的关系，这种关系对人来讲特别重要，因而在近现代成为研究的重点，显然不能以这一问题（即使就其本体论意义讲）来代替本体论的其他问题的研究。如果认为这个关系问题只是认识论问题，那就更不能以之取代本体论。没有本体论为基础的认识论、实践论只能走向唯心主义。总之，要消灭本体论是不可能的。

退万步说，认识论、实践论取代了本体论，也不是人学取代了本体论。认识、实践都是人的，然而只是人的一些方面，人包括的方面很多，有自然的、社会的、精神的方面，而每一方面还有许多小的方面，如社会方面就包括生产、经济、政治、法律、文化等，人是所有这一切方面的综合体，不能以对一个或几个方面的研究来取代对人的整体研究。

再谈第二点。本体论研究的是现实世界、物质世界，这个世界只能在一种意义下可以说是人的世界，即人所面临的世界。把作为本体论研究对象的世界理解为人所占有的世界、属人世界、依赖于人的世界都是不确切的。人所面临的世界在时空上都是无限的世界，而人所占有的世界则小得很，即小小的地球。人的占有当然会扩大，但有限得很。依赖于人的世界，即人化自然，是人的实践改造过的世界，是人把它变成如此的，它也有限得很，实际就是地球，而且它只在某些方面依赖于人，它的整个存在是不依赖于人的。属人世界词义含糊，指人所占有的世界，还是依赖于人的世界，还是人的感官能感知的世界？前两者已经分析过，至于人的感官能直接感知的世界从范围上看确实异常广大，即宏观物体世界，它的范围远远超出了地球，但还不是全部宇宙；从层次上看限于一定长度的光波、一定频率的声波等，而不是一切长度的光波、一切频率的振动，而且，光波在眼睛中显现为颜色，振动在耳朵里显现为声音，而光波本身是无所谓颜色、振动本身是无所谓声音的，也就是说，这个五光十色、众响齐鸣的世界只是人的世界。这个世界诚然是依赖于人的，但只限于某些方面，它的整体仍然是不依赖于人的，仍然是物质世界的一部分，而人并不是只研究这一部分，而是要通过人的感官能直接感知的东西把认识的范围扩大，把认识的层次深化，能够认识微观世界和遥远的天体，认识颜色背后的光波和声音后面的振动，尽管这些认识要借助仪器和推理。因此，把人的世界与物质世界分割开来，并把本体论的研究限于人的世界，是难以成立的。退一步说，即使本体论只研究人的世界，也不能叫做人学，因为人学研究人，而不是人的世界。

至于说哲学之所以是人学是因为它是为了人的，这个理由更难成立。请问人们从事的各种研究，哪一门学科不是为了人呢？天文学研究遥远的天体，物理学研究物理世界，一切学科都是在人类社会实践的基础上出现和发展起来的，归根结底都是为人服务的。有的学科看似与国计民生无关，但归根结底都是为了人。如果为了人的学科都叫人学，那一切学科就都是人学了，人学还有什么意义呢？

哲学可以包括人学，但决不可等同于人学。前已谈到，哲学是一个学科群，其中最高的是本体论，其次是自然观、历史观、意识论，而每一部门哲学又包括低一层次的部门哲学，如历史观（人类社会观）下又有科技哲学、经济哲学、政治哲学、文化哲学、伦理学、美学等，人学也可以说是它的部门哲学之一，如果把历史观比作生物学，那么，人学可以比作细胞学，人学是人类社会的细胞学。因此，不仅不能把哲学与人学混为一谈，也不能把历史观与人学混为一谈。哲学、历史观是整体，人学是局部，人学研究应该在哲学、历史观的指导之下进行。由于哲学的对象不明确，它不像其他学科那样顾名而知其对象（如历史观研究人类社会历史，生物学研究生物等），引起了许多歧义，如哲学就是历史观、哲学就是认识论、哲学就是方法论等，这些都是不确切的。由于世界观（本体论）是哲学的核心部分，说哲学就是世界观当然是可以的。

把哲学与人学混为一谈，既不利于人学的发展，也不利于哲学的发展。如果哲学就是人学，那么，我们研究哲学就可以了，不必把人作为一个明确的对象进行专门的科学的整体的研究了。过去的情况正是这样，人学研究缺乏明确的对象，哲学家们都在研究人学，也都不在研究人学，人学作为一门相对独立的科学始终未能建立起来。这种情况应该改变了。如果哲学就是人学，那么，哲学中那些似乎与人无关的东西就不必研究了，哲学研究限于人的范围之内，这岂不限制哲学的发展，岂不是在人与客观世界之间人为地挖出一条不可逾越的鸿沟？哲学和科学的任务是要使人类的认识和实践向着人类还未达到的领域延伸，画地为牢是不可取的。

把人学和哲学区别开来，决无把二者分割开来之意。它们之间是局部与整体之间的关系，或者说，特殊与一般的关系，二者当然是无法分开的。没有明确的区分，就没有正确的结合。把人学和哲学明确区别开来，它们就可以正确地结合起来。这会使二者互相促进，相得益彰，两利而不致两伤。

其次是人学与人类学的关系。前面已提到过人类学，这里再作一些说明。人类学是 Anthropology 的译名，这个词来自希腊文，按其原意，应译为"人学"，"Anthropos"即人。这个"人"是类概念，这个词译为"人类学"当然也可以。但在实际使用中，"人"与"人类"是有明显区别的，"人"主要指个人，而"人类"则指地球上的一切个人构成的人群。自 19 世纪以来，Anthropology 已形成为一种以人类为研究对象的学科，有了比较明确的含义，译为人类学还是确切的。人类学有许多分支学科，它们分为两大类：一类是自然人类学，一类是文化人类学。由于个人与人类的区别非常明显，人学与人类学的区别也应该非常明显。近几十年来，国外兴起一种被称为哲学人类学的学科，它也强调从本质上，即从一般性上去掌握作为整体的人类从而掌握完整的人，弄清楚人类在自然界中的地位。哲学人类学与我们所说的人学很难截然区别开来，但也有一些细微的区别可以谈一谈。第一，哲学人类学家们大都从人类生命的某一现象出发来理解人的本质和完整性，其结果所达到的实质上只是活跃在各个领域中的"完整性"。正如德国哲学家鲍勒诺夫所指出的：哲学人类学，"只是在人的本质和属性的森林中砍出一条小道。虽然建立一些特定人的形象，但他们都是片面的，只有一些被扭曲的画面，因而也就没有确定地达到人的整体性定义。"① 而人学所要达到的人的完整性，是由各门学科所提供的人的各个侧面的综合，是目前科学发展所可能达到的人的完整图景。第二，哲学人类学所描绘的"完整的人"往往是从人和动物的区别上来谈人这个种类（族类或人类）的特征，而把个人只看做是这个类的元素或分子，因此它注重研究人这个类的种种方面（如人类的特征、人类的地位、人类的起源、人类的发展、人类的未来、人类的系统、人类的地理分布、人类的文化等），而对有关个人内容的论述则显得薄弱。人学所研究的人固然是作为类的人，但是，它把人这个类只看做是所有现实个人的抽象，是个人存在的一种理论形式，因此人学更注重研究个人。只有在此前提下，它才考虑有关人类的问题。第三，哲学人类学往往忽视人的实践活动和社会关系的基础作用，而人学则在人的实践活动和社会关系的总和（包括人与自然的关系）的基础上研究"完整的人"。

再次是人学与人的科学的关系。我们把人学看成一门科学，把人的科学看成多门科学，人学是关于人的整体的科学，人的科学是关于人的某一方面的科学，是人学的分支科学。我们把人学的分支科学叫做人的科学，正如我们把自然观的分支科学叫做自然科学，把历史观的分支科学叫做社会科学一样。

从上可知，人学包括了广大的领域，在这个领域中的任何部分只要能同其余部分区别开来，只要有必要，都可以形成一门相对独立的学科，即人学的分支学科。实际上已经形成了若干人学的分支学科，按照对人的属性的区分、人学的分支学科可以区分为三大类：人的自然科学、人的社会科学和人的精神科学，合起来就是人的科学。

关于人的自然属性的研究已经形成了许多独立的学科，例如人体解剖学、人体生理学、人体组织学、人体形态学、人体细胞学、人体胚胎学、人体遗传学、人体病理学、人体医学等，更低一个层次的还有脑科学、眼科学、口腔科学等。关于人的社会属性的分科研究落后于关于人的自然属性的分科研究。我们现在已有了许多独立的社会学科，如一般社会学（唯物史观）、经济学、政治学、法学、宗教学等，这些学科是以整个社

---

① 鲍勒诺夫：《哲学人类学及其方法论原则》。转引自欧阳光伟《现代哲学人类学》，辽宁人民出版社 1986 年版，第 254 页。

会现象和各个不同领域的社会现象为对象的，从理论上讲，如按关于人的自然属性的学科的榜样，以人的社会属性为对象则可形成个人经济学、个人政治学、个人法学、个人宗教学等，当然，这些社会科学已谈到许多个人问题，人的社会属性的科学要真正形成独立学科还要解决许多具体问题。关于人的精神属性也有这个问题。关于人的精神属性或社会的精神现象已形成许多独立的学科，如认识论、逻辑学、科学学、伦理学、美学、心理学等，但它们是社会学的分支学科还是人学的分支学科呢？情况比较复杂，不能一概而论，有的明显侧重社会，如科学学；有的明显侧重个人，如逻辑学；有的很难说，如认识论，其中一部分内容是分析个人的认识过程的，部分内容侧重社会，而另一部分内容则兼涉及二者，如能区分开来研究，可能是对认识论研究的一种推动。因此，关于人的精神属性的人学分支学科也有一个建设问题。

把人学分支学科区分为三大类，只具有相对的意义，每一类中各学科的区分也是相对的，它们之间往往不仅具有相互渗透的关系，有的还具有包含的关系，因为它们并不全是并列的，精神属性有其社会基础，社会属性有其自然基础，认识包含思维，认识包含科学等，因此，分支学科的区分与整合将是一个复杂的问题。无论如何，人学的分支学科将是一个学科群，正如自然科学是关于自然的各个领域的学科的共名，社会科学是关于社会的各个领域的学科的共名一样，人的科学可以成为人学及其分支学科的共名。在人的科学中，人学作为一门关于人的综合性的理论学科，将发挥指导作用，而各门分支学科将成为人学的基础，人学将带领这个学科群加入人类的科学体系，在其中占有不可缺少的一席地位。

总而言之，人学的对象必须有自己的明确的规定性，又应同相近学科对象区别开来。只有这样，才谈得上建立人学的科学体系，真正形成为一门科学。

3. 人学研究的方法

一门科学的对象明确以后，从对象中概括、总结、建构出范畴、原理、规律和理论是一个非常复杂的认识过程，研究成果是否正确、是否丰富、是否深入、是否系统，取决于许多客观条件和主观条件，其中有没有正确的研究方法，是否正确地运用这些方法，其结果就会很不相同。所有科学都如此，人学当然不会例外。

什么是研究方法？任何一个原理当被运用于认识一个新事物或解决一

个新问题，从而得出一个新结论，它就是一种方法。原理是很多的，有不同领域的原理，有不同层次的原理，因此，方法也是很多的，有不同领域的方法，有不同层次的方法。研究人学的方法当然也是很多的，有不同领域的方法，有不同层次的方法。同任何科学研究一样，人学研究要运用调查材料和搜集材料的方法，要运用鉴别材料和梳理材料的方法，要运用归纳与演绎、分析与综合的方法，这些是认识方法与思维方法。在涉及相关领域时，人学研究还要运用相关科学的方法，涉及人的自然属性，就要运用物理学、化学、生物学的方法；涉及人的政治生活，就要运用政治学、法学的方法；涉及人的精神生活，就要涉及文学、艺术学、心理学、意识形态学的方法等。下面仅就这些方法中的两个最根本最重要的方法作些说明。

首先是辩证唯物主义的方法，即解放思想、实事求是的方法。"解放思想、实事求是"是邓小平提出来的，被认为是马克思主义思想路线。什么是思想路线？它就是最普遍的最根本的思想方法，我们的一切认识活动和实践活动都离不开它，违背了它的活动都将是会失败的。我国过去社会主义建设遭受了许多挫折，其重要原因之一就是在许多地方违背了它；20年来的改革开放和社会主义现代化建设取得巨大的成功，其重要原因之一就是基本上遵循了这条思想路线。这是有目共睹的，因而这条思想路线得到了普遍的认同。但是并不是所有赞同这条思想路线的人都认识到它正是辩证唯物主义的正确的创造性的运用。解放思想就是承认客观世界在变化、发展，人的思想也要随之变化、发展，不要受旧思想的束缚，这正是辩证法的核心思想之一；实事求是就是如实地揭示事物的真实状况及其规律，这正是唯物主义的主要精神。解放思想不是漫无边际，海阔天空，而要脚踏实地，求真求实；实事求是，不是墨守成规，趑趄不前，而是勇往直前，破旧立新。解放思想，实事求是确是马克思主义的精髓，是一切认识和实践的不可缺少的最高指导思想，是一切科学的最根本的方法，也是人学的最根本的方法。

其次是历史唯物主义的方法，即在研究人时遵循历史唯物主义基本观点的指导，例如承认人类社会的历史就是人的社会实践活动的总和，这个过程是人的有意识的活动，又是一个不以人的意志为转移的客观过程；社会存在决定社会意识，社会意识又反作用于社会存在；社会生产活动是社会现象中起最后决定作用的东西；生产力与生产关系的矛盾运动和经济基础与上层建筑的矛盾运动是人类社会发展的根本动力；人首先是环境的产物，又反过来改变环境等。历史唯物主义之所以成为人学研究的最直接的根本方法，是由人学在整个科学体系中的地位决定的。从前面的论述已经可以看出，每一个人都是人类社会的一个缩影，或者说是一个细胞。正如某一个细胞具有某一种生物体的一切基因一样，每一个人都具有人类社会的一切因素。一个人就是一个微型社会。社会有经济生活、政治生活和文化生活，每个人也有经济生活、政治生活和文化生活；社会有阶级划分，每个人也有其阶级性；有怎样的社会，就有怎样的人等。人学就是人类社会的"细胞学"。前面所谈到的人的因素和人的规律都是以唯物史观为指导来研究人才揭示出来的。人学研究任何时候都离不开历史唯物主义的指导，离开了历史唯物主义，人学必然会陷入谬误的迷宫。

4. 人学研究的意义

人学研究具有重要的理论意义和现实意义，下面分为四个方面加以论述。

第一，人学研究对于学科基本建设具有重要意义。抽象地说，这个世界中的任何领域，无论大小，都可作为科学研究的对象，都可形成一门科学。甚至一个人、一本书也可能成为一门科学研究的对象，例如马克思学、红学就是这类科学（是否已经形成一门真正的科学是另一问题）。当然，许多对象没有什么重要性，没有人专门研究它们，就不会出现相应的科学。人作为一种客观事物无疑是可以同其他事物区别开来的，人无疑是很重要的，那么，把人作为一门科学的对象来研究无疑是完全应该的。但正如前面所说的，人学研究还很不成熟，许多问题还不清楚，例如人学和人的科学、人的哲学、人类学有没有区别，如果有，区别何在，都是问题。人学与唯物史观的关系也是一个问题，究竟是人学指导唯物史观还是唯物史观指导人学？人学无疑有些分支学科，关于社会属性、精神属性的分支学科与相应的社会科学、精神科学的区别和联系等都是问题。人在宇宙中虽然是一个很小的领域，但对人自己来说却是非常重要的，人要成功地认识世界和改造世界就得科学地认识自己和控制自己，人学是整个人类科学体系中重要的组成部分。如果人学真正建立起来了，它一方面可以推动人学的分支学科的研究，另一方面也可推动人学的相邻学科的研究，反过来，各分支学科的建立和发展以及相邻学科的建立和发展又可推动人学的进一步成熟和发展。人学及其分支学科是一个科学群，与其他科学有着纷繁复杂的关系，这个科学群的建设将使人类科学体系更加完整、更加严密。

第二，人学研究对于我国社会主义两个文明建设和改革开放具有重要意义。社会主义和共产主义事业是人类历史上最辉煌壮丽的事业，也是最艰巨困难的事业，这个事业只有经过几代、几十代广大人民的辛勤奋斗才能完成，为此，我们的人民不但应该具有工作热情、事业心和牺牲精神，而且应该具有现代科学知识、马克思主义理论武装和创新能力。社会主义事业的质量和速度直接取决于对这种人的培养和他们的主动性、积极性和创造性的发挥。人学的建立将为做人的工作的人提供一个有力的理论武器。在私有制条件下，统治者主要靠金钱，甚至靠枪炮来维持正常的生产秩序、生活秩序和社会秩序。在社会主义制度下才有可能彻底实现人与人之间的平等，真正承认每一个人的独立人格，在市场经济条件下领导者还要靠思想政治工作来调动人们的自觉性，靠民主集中制和法制来解决人们之间的分歧，调整人们之间的关系。在私有制下，人们不得不劳动；在社会主义制度下，人们认识到劳动的必要性而自愿劳动，作为主人来劳动，因而人们应该具有更大的劳动热情。这就给领导者提出了更高的人的工作的要求。如果不能说领导者的主要工作是人的工作，至少可以说，领导者的一半工作是人的工作。

两个文明的建设，从一定意义上讲，都是人的建设。物质文明是人的实践能力的标志，精神文明是人的思想水平的标志。在两个文明的建设中，人以及由人组成的群体是主体，同时也是客体的一部分。因此，两个文明的建设如不落实到人，便会落空。还应指出，精神文明的建设与人的建设有更密切的关系，精神文明虽然也包括文化设施、制度等，但归根结底是人的精神风貌和精神境界，如果忽视人的建设，那就舍本逐末了。体制改革是为了向两个文明建设提供更加适当的形式，推动两个文明建设更加协调、更加迅速地发展，这就要使体制的变化一方面改进社会主义经济政治制度的各个环节，使之能够灵活地运转；另一方面调动人的积极性、主动性和创造性。不要认为只要改变了体制，人的主动性和积极性就能持久地调动起来。实践证明，提高劳动者的物质报酬，只是必不可少的物质前提；不改变人的观念，使人在思想和行动上现代化，要充分地长期地调动人的主动性和积极性也是不可能的。因此，决不能忽视体制改革中的人的作用和人的工作，否则会引发出一系列问题。人学研究无疑会在解决社会主义建设和体制改革中人的问题，培养"有理想、有道德、有文化、有纪律"的一代新人起指导性作用。

第三，人学研究对于每一个人，尤其是青年，正确选择自己的人生道路，树立科学的人生观具有重要的意义。我们不赞成一个人消极地被动地度过一生，过一天算一天。人应该有理想、有追求、有奋斗，问题在于根据什么原则来选择自己的道路、来确定自己的人生价值。人们在采取行动时不可能没有指导思想，区别仅仅在于用正确的思想还是错误的思想来指导，自觉地还是自发地用某种思想来指导。例如人生道路的选择，应该首先考虑人民的需要和社会的需要，其次考虑个人的兴趣与爱好，只有这样才能充分发挥自己的潜能，做出最大的贡献。为什么只有这样才是正确的呢？这是由人的本质、人与社会的关系、人与人之间的关系等因素决定的。又如人生观问题也是这样。人生观有自觉的，有自发的；有悲观主义的，有乐观主义的；有消极应付的，有积极向上的；有腐化堕落的、醉生梦死的，有全心全意为人民的、为革命的。最高尚的是共产主义人生观——为人类的美好理想共产主义而奋斗。我们认为共产主义人生观不仅是高尚的，而且是正确的、科学的，因为它是以马克思主义为指导的。马克思主义如何指导人生道路的选择？其中间环节就是马克思主义人学关于人的本质、人的社会价值和自我价值、人生价值等一系列观点。这种人生观根据了人类的历史和人的历史，根据了人的全部属性和全部关系的总和，不是从一个人的成见、兴趣、爱好、想象中得出的。在有的人看来，人生观纯粹是一种信念，没有什么科学性可言，不可能形成科学，这是一种片面观点。人生观诚然是一种信念，但人的信念总是由某种观点、某种看法决定的，而观点、看法当然是有是非可言的，即科学与非科学之分的。共产主义人生观之所以是最高尚的，不仅因为它是美丽的，而且因为它是科学的，即既具有科学的理论指导，又是符合人类社会的发展规律和人的本质的。

第四，人学研究对于坚持和发展马克思主义、克服资产阶级自由化思想具有重要意义。理论研究的根本问题是是非问题，而理论观点的是非则取决于它的事实根据和逻辑论证，不取决于论者的政治立场。人是具有社会性和政治性的动物，人的理论中的分歧不能不既有是非问题，又会表现出思想路线和政治立场的分歧；人学研究中的争论不能不既是理论上的争论，又有一定的政治背景。但是，这是从整体上说的。就具体观点而言，即使是错误观点，也很难讲它就是资产阶级自由化思想的表现。因此，在人学理论研究中主要还是分清理论是非问题，要充分贯彻"双百"方针，自由发表和评论各种观点，通过不同观点的交流来解决各种理论问题。即使就世界范围来讲，人学都还处于开创和建立阶段，谁也难讲自己的观点具有多大程度的真理性，这时特别需要创新的思维和自由的讨论，轻率地过早地作出结论，于理论的发展不利。相当长一段时期以来，人学研究似乎成了资产阶级意识形态的世袭领地，现在情况发生了变化，它已是马克思主义与资产阶级意识形态争夺的一块重要的理论阵地，马克思主义不去占领，就只能让资产阶级意识形态去占领，而目前马克思主义还没有完全占领这块阵地。这样，用马克思主义来指导人学研究，坚持和发展马克思主义同反对人学研究中的资产阶级自由化思想就成为一件事情的两面。马克思主义只有全面地系统地科学地回答了新时代所提出的人的问题，才能真正战胜和克服各种关于人的资产阶级自由化思想。

三　人的发展及其规律[*]

人学对人不但要进行静态的横断面的解剖，而且要进行动态的纵剖面的考察，也就是要考察其发展。人的发展同人类社会的发展一样，不是杂乱无章的事实积累，而是有规律可循的。对人的发展，特别是对人的规律的研究，是人学研究薄弱环节，前人的成果不多，现将我们的研究所得作一简要的论述。

（一）人的发展

人学对人不但要进行静态的横断面的解剖，而且要进行动态的纵剖面的研究，也就是考察其发展。各种人的科学应提供人的各个方面的发展细节，人学则应提供作为整体的人的发展，即人的发展的整体图景，简称人的发展。本文试图对人的发展的整体图景作一次简略的描述。

人的发展包含两种发展，一是个体的发展，一是作为类的人的发展。但不管哪一种发展都离不开人类社会的发展。类人猿演化为人不是单个的

---

* 《人学理论与历史》（黄枬森任编委会主任）第一部《人学原理》（陈志尚主编）第十七章，由黄枬森写作，北京出版社 2005 年版。

猿演化为人，而是猿的社会演化为人的社会。人的社会诚然是由个体的人构成的，没有个人也就没有社会，但历史上并不是先有个人，然后再由个人组成社会。个人始终是在社会中出生、发育、成长和发展的。人类社会的发展是人的发展的历史前提。因此，我们首先简略论述一下人类社会的发展。

1. 人类社会的发展

人类社会出现以来发生了翻天覆地的变化和发展，这是有目共睹的。怎样认识这种变化和发展呢？可以从多方面去认识。马克思和恩格斯共同创立的唯物史观强调从生产方式的发展去认识人类社会的发展。他们在《德意志意识形态》中认为与生产力从采集、渔猎、农业、牧业、手工业到工业生产相适应，社会形态经历了从部落所有制（原始社会）、古代公社所有制、国家所有制（奴隶制或包含奴隶制）、封建所有制、资本主义所有制到共产主义所有制。此外还有政治制度的发展和精神文化（包括上层建筑）的发展。他们后来基本上坚持了这种发展观，虽然在具体表述上有所变化。这种发展观的大部分内容已为国际理论界所认可，只是在一些问题上存在着分歧。人们不但认可生产力的发展，而且根据现代科技革命的新成果，指出工业生产本身有了巨大的发展，还出现了一些崭新的产业，如信息产业、知识产业，甚至认为信息经济时代或知识经济时代已经到来。原始公社制、奴隶制、封建制、资本主义制和社会主义制等所有制的区别也已得到普遍的认可，争论在于共产主义远景许多人不承认，社会主义制许多人认为是暂时的，终将失败，资本主义是永恒的；还在于五种社会形态的演化过程许多人认为没有普遍性。至于政治制度、上层建筑和精神文化，其发展是十分显著的，其发展与经济生活的密切关系也是有目共睹的，当然人们的理解中的分歧就更多了。马克思主义关于社会发展的这种理论可以称为五形态论，是马克思根据西方社会历史作出的概括。中国的历史有中国的特点，但生产力的发展过程与西方是一致的；五种社会形态在发展过程中与西方颇多差异，如奴隶制与封建制的界限不明显，资本主义制没有成为充分展现的社会形态，较早地出现了社会主义社会形态，但这五种社会形态在中国都先后存在过；政治制度与精神文化也是中国的生产方式的一种反映，随着生产方式的发展而发展。

人是随着人类社会的发展而发展的，或者说社会的发展包含了人的发展，人的发展与社会的发展是可以区分的，然而是不可分割的。如果说五形态论完全着眼于社会的发展，那么，马克思的三形态论则是把人的发展与社会的发展结合起来论述的。三形态论是马克思在《政治经济学批判（1857—1858 年草稿）》中提出来的，这段话是："人的依赖关系（起初是完全自然发生的），是最初的社会形态，在这种形态下，人的生产能力只是在狭窄的范围内和孤立的地点上发展着。以物的依赖性为基础的人的独立性，是第二大形态，在这种形态下，才形成普遍的社会物质交换，全面的关系，多方面的需要以及全面的能力的体系。建立在个人全面发展和他们的共同的社会生产能力成为他们的社会财富这一基础上的自由个性，是第三个阶段。第二个阶段为第三个阶段创造条件。因此，家长制的，古代的（以及封建的）状态随着商业、奢侈、货币、交换价值的发展而没落下去，现代社会则随着这些东西一道发展起来。"① 1859 年 1 月马克思写的《〈政治经济学批判〉序言》又重申了五形态论："大体说来，亚细亚的、古代的、封建的和现代资产阶级的生产方式可以看做是经济的社会形态演进的几个时代。"② 显然，在马克思那里，五形态论和三形态论是一致的，马克思不过是把五形态中的前三种形态合并为一个形态，即前资本主义（包括原始社会、奴隶社会、封建社会），把它与资本主义和共产主义并列，形成三形态，但五形态也可作另外两种合并：一种是把中间三形态合并为一形态，即阶级社会；一种是把前四形态合并为一形态，即"必然性王国"，而与之相区别的是"自由王国"，即共产主义。这样看来，五形态论也好，三形态论也好，实质上差别不大，只是由于强调的重点不同，对社会发展的分期有所不同。问题还是前面提到的那两个：一个是是否承认社会发展的共产主义前景，一个是这些分期法如何运用于中国。第一个问题后面谈，这里谈谈第二个问题。

五形态理论应用于中国社会主要有两个问题：一个是奴隶社会与封建社会的界限问题，一个是缺乏完全的资本主义社会形态。这里不谈历史问题，只谈中国资本主义问题。

中国从 19 世纪下半叶以来就已经有了现代资本主义因素，但现代资本主义在中国还没有形成一种社会形态就出现了社会主义因素，甚至形成了社会主义社会。也就是说，中国社会的发展跨越了资本主义社会。中国

---

① 《马克思恩格斯全集》第 30 卷，人民出版社 1997 年版，第 107—108 页。
② 《马克思恩格斯文集》第 2 卷，人民出版社 2009 年版，第 592 页。

社会的这种发展固然有着人的主观原因，但决不是某个人或某些人单凭主观的愿望和坚强的意志造成的，而是多种复杂的主客观原因和国内外原因共同作用的结果。赞成也好，反对也好，中国社会只能在社会主义条件下实现它的现代化。这就是以邓小平为代表的中国共产党第二代领导集体提出的建设有中国特色的社会主义理论，即邓小平理论所指引的道路。20多年来，这条道路经历了无数的曲折与坎坷，日益具体，日益成熟，在经济、政治和文化上都取得了伟大的成就。今天它正在乘胜前进，取得了全世界的认可与赞扬。中国社会的发展曾借鉴了苏联的经验教训，与苏联社会发展的模式比较近似，但苏联的社会主义失败了，社会发展发生180度的逆转，而中国社会由于经济改革的成功而坚持了社会主义方向。这样，中国以及其他一些社会主义国家就成了预示人类社会发展前景的样板。由于中国推行了改革开放政策，既主张坚持社会主义制度，又在体制上以市场经济取代计划经济，即建立社会主义市场经济，因而中国究竟向何处去成了世界性的重大问题。改革虽然限于体制，而不是基本制度的改变，但也不能不允许国内外私有经济的存在与发展，于是一种势力就力图使私有制无限度地发展下去，并借以取代公有制，而马克思主义的改革者则主张坚持社会主义基本制度，在公有制为主体的条件下建设充分发展的健康的社会主义市场经济。中国的前景究竟是社会主义还是资本主义，在许多人的心目中是一个问题，只能等待实践来解决。但在以公有制为主体的社会主义社会中，市场经济的优越性也是可以充分体现出来的，中国社会通过社会主义而不是通过资本主义的基本经济制度实现现代化是完全可能的，究竟能否实现，那就要看人的主观努力了。总之，中国社会跨越充分发展的资本主义阶段是完全可能的。

就全世界而言，自俄国1917年十月革命以来，就出现了资本主义占优势的两种社会制度共同存在的局面；到20世纪中叶社会主义制度一度大量扩展，但仍未改变资本主义的优势地位；20世纪90年代苏联与东欧的社会主义制度均被资本主义所取代，但两种制度共存的局面并未改变。但是，20世纪下半叶，全世界的社会生产力和科学技术却发生突飞猛进的变化。美国经济不但没有受到战争的破坏，而且大发战争财，得以不断繁荣兴旺。加上美国政府采取了比较明智的政治经济政策，缓解了资本主义制度固有的经济危机，推动了科学技术的高速发展，因而美国得以在经济力量上成为第一个超级大国。欧洲原本发达的资本主义国家和亚洲的日本虽然遭受了战争的破坏，但由于原有基础好也慢慢从战争的创伤中恢复过来，加上美国出于冷战的需要又大力加以扶持，它们的经济力量也大大增长，进入了发达国家的行列。亚洲的一些小国或地区原来虽然落后，由于整个资本主义世界经济的繁荣以及其他内外原因，经济上也跟了上来，如中国香港和台湾，韩国、新加坡等。苏联与东欧社会主义国家并没有从资本主义复辟中取得经济上的成功，各国的经济情况虽然有程度上的差别，但总的来说，困难甚多，至今未踏上顺利发展的坦途。中国和一些其他社会主义国家坚持社会主义制度，又采取了与本国国情相适应的改革开放政策，在经济上都取得了不同程度的进展，展现了社会主义制度的顽强的生命力。当 20 世纪 90 年代初苏联解体之时，有人盼望发生多米诺骨牌效应，使一切社会主义国家相继变质，经过 10 多年时间的考验，这种盼望落空了。两种制度共处的局面已经形成。现在的情况看来是，对于现代高速发展的以高科技为主要特征的生产力，只要能采取适当的措施，无论是资本主义制度还是社会主义制度都能较好地适应；如果不能采取适当的措施，就有适应不了而导致失败的可能。高科技的发展（知识经济、信息网络经济、生物经济等实际上都是高科技生产力而不是经济制度）与市场经济相互作用大大促进了经济全球化，毋庸讳言，这种全球化是资本主义性质的，是对发达的资本主义国家更为有利的，而对发展中国家，特别是社会主义发展中国家，是机遇，也是挑战，这些国家必须进行艰苦的努力，才能以较小的代价在这个全球化经济中坚持社会主义并实现现代化。如此说来，全球实现共产主义还有可能吗？

全球实现共产主义是否可能，是否必然，当然最后仍要由实践来检验，今天难作出确定的结论，但加以预测是完全可以的。马克思和恩格斯的共产主义预测之所以是科学的，是因为他们不仅有解放穷苦人民的善良愿望，而且提出了一整套以充分的事实为依据的关于社会发展规律、主要依靠力量、实现途径、共产主义目标的理论并以之指导工农群众革命行动。他们没有料到他们的理想首先没有在资本主义充分发展的国家实现，倒是在半封建半资本主义的不发达国家实现了。列宁看到 20 世纪 20 年代初期资本主义国家陷入深重的经济、政治、战争的危机之中，认为资本主义已到了垂死阶段，他没有料到资本主义制度经过第一次世界大战和 30 年代的经济危机仍然生存了下来。第二次世界大战大大暴露了资本主义制度的弱点，削弱了资本主义国家的力量，出现了一批社会主义国家，但主要资本主义国家仍然坚持了原来的制度。但这些国家除美国外被大战摧残得满目疮痍，在战争所造成的灾难中挣扎，而社会主义国家却正在乘胜前进，蒸蒸日上。这种情况使一些共产主义的信奉者认为资本主义的消灭和社会主义的胜利已经指日可待，共产主义的实现为期不远了。但 20 世纪下半叶的历史进程并未如此发展下去。社会主义制度经过 50 年代有了巨大的发展，但 60 年代以来就表现出停滞不前，缺乏活力，放慢了前进的步伐，而苏联和东欧的社会主义制度甚至终归瓦解。那么，人类社会能否在资本主义制度内解决它固有的那些弊端而永恒地发展下去呢？回答是否定的。

至少有三大难题，资本主义制度解决不了，只有在共产主义社会中才能解决：第一，资本主义制度解决不了国内的两极分化问题，更解决不了全球的两极分化问题。在资本主义世界中，虽然全世界的平均生活水平比过去在不断提高，但两极分化现象始终存在，不可能根本解决，达到共同富裕，因为资本主义制度的基础就是少数人剥削多数人，财富集中在少数人手中；第二，资本主义制度解决不了普遍的持久和平问题，杜绝不了战争现象。战争现象最初只发生于部落之间，在阶级和国家产生以后，战争不但在国与国之间发生，也用来镇压被剥削被压迫人民的反抗，人民也用战争来推翻暴君和专制制度的统治。只要阶级存在，战争就难以消灭，更不用说军火商还要靠战争来维持和扩展军火的市场；第三，资本主义制度无法根本解决人类生态环境被破坏的问题。全球性的生态问题主要是由富国造成的，但它们只努力改善自己的环境，对全球性环境的整治不但不承担主要的责任，而且还在继续加重破坏全球环境，由于资本主义生产发展的需要，它们也不能不如此。在资本主义制度下，要根本解决可持续发展问题是不可能的。

这三大世界性问题在 20 世纪下半叶均有所缓解，但均谈不上根本解决，谁也说不准没有恶性大爆发的可能。只有在共产主义条件下才有可能根本解决这些问题，因为只有公有制才能达到共同富裕，只有阶级的消灭才能导致消灭战争现象，只有全球性的通力合作才能实现全球性的可持续发展。当然，由于客观上和主观上的原因，由于问题的复杂，共产主义的实现决不是原来想象的那样轻而易举，但历史发展的事实说明，人类有足够的理智来妥善处理地球上的问题，而不至于把事情弄到不可收拾的地步。可以说，共产主义不仅是可能的，而且是必然的。

　　从以上论述来看，五形态也好，三形态也好，二形态也好，人类社会的发展总是一个从低级到高级、从野蛮到文明、从自发到自觉、从必然到自由的过程，这个过程就是人的发展的社会背景。人的发展是离不开这个背景的。人的发展可区分为人的个体的发展和人的类的发展。

　　2. 作为个体的人的发展

　　个人的存活一般几十年，最多 100 多年，是一个发展过程，即从胚胎、诞生、成长、衰老到死亡的过程。这个过程包含若干方面，它是人的身体的发展过程，也是人的实践活动的发展过程和人的精神活动的发展过程。下面分别加以论述。

　　（1）人的身体的发展

　　人的一生是一个从生到死的发展过程，除诞生与死亡呈现出明显的界限以外，人的身体发展的整个过程都是一个逐渐变化的过程，但也呈现出一定的阶段性。最简单的做法是把人的一生区分为三大阶段：一是发育成长阶段，即从出生到成熟，亦即儿童少年阶段；二是成熟阶段，即从成熟到衰老，亦即成人阶段，许多国家都把 18 岁作为成熟的标志；三是衰老阶段，即从衰老到死亡，亦即老年阶段。2000 年在阿根廷召开的第五届全球老龄大会主张把老年阶段区分为低龄老人段（65—85 岁）和高龄老人段（85 岁以上）。

　　刚出生的婴儿，从外形上看已经是一个人，但从其生理机能来讲，只是具备了人的基因和相应的器官。许多器官最初还不具备人的生理机能，例如有人的大脑却不能思维，有人的手却不能劳动。现代分子生物学发现人的基因，即人的遗传密码只有不到 2% 的基因与猿猴的基因不同，正是这不到 2% 的基因决定了人与猿猴的生理机能的差别。但人的思维和劳动以及若干其他能力都是在社会环境中逐渐形成的。思维、劳动等能力不是纯粹的生理机能，只是包含了这种生理机能为其自然基础，没有这种生理机能，社会环境无法使之具有人的思维、劳动和其他能力。人的纯粹生物性的生理机能如吃喝和性也有一个从幼稚到成熟的过程，例如性的特征在 10 岁以前是不明显的，后来男女的性的特征便逐渐显露出来，并日趋成熟。当然，这些生物性的生理机能也由于社会环境的影响而呈现出一定的社会性，但这些机能离开社会也会日益成熟的。人体在成熟前的变化明显而且快速，几乎一年一个样，因此，人们对这个阶段的分期也比较细。一个人在成年以前可分为新生儿期（出生后 28 天内）、婴儿期（28 天至 1

周岁）、幼儿期（1周岁至6岁、7岁）、儿童期（6岁、7岁至11岁、12岁）、少年期（11岁、12岁至14岁、15岁）和青年早期（14岁、15岁至18岁）。18岁至60岁为成人阶段，其分期比较长，18岁至30岁为青年中后期，青年期跨越成年前后；30岁至40岁为壮年期；40岁至60岁为中年期。60岁或65岁以后为老年期。人到成年身体发育成熟，容貌、肢体、器官的发育较长期地稳定下来，只是随着年龄的增长而逐渐有所改变，50岁以后逐渐苍老，最后导致死亡。不管怎样，人体在一生中都在发生变化，是一个过程。人体变化过程的分期是相对的，人与人均有所不同，不存在统一的明显的界限。

（2）人的实践活动的发展

人的身体的发展离不开人的实践活动的发展，但身体的发展毕竟只是生理上的，而人作为人，即作为社会的人，其发展的本质却是人的实践活动的发展，因此，有必要专门论述一下人的实践活动的发展。

人有各种活动，根据我们对本质的理解，人的最基本的活动是实践活动。实践活动是一种综合性的复杂的活动，既包含各式各样的物质因素，又包含各式各样的精神因素，其本质是自觉地改造世界的活动，最基本的实践活动是改造自然的活动，即生产劳动，其次是改造社会的活动，即各种社会活动，是社会交往活动、经济活动、政治活动、阶级斗争等。其他还有生活实践、教育实践、科学实验、艺术实践等。人的实践活动有一个相对稳定的核心是实践的能力，简称实践力，它是人的实践的凝聚，因而也可以区分为各式各样的实践力。实践力有一个从萌芽到成熟并不断发展的过程。

新生儿有人的实践的器官，但还没有任何实践能力，或者说。新生儿只具有实践的潜能。实践能力萌芽于幼儿的游戏之中，决不能把幼儿的游戏看成毫无意义的活动，它是实践力最幼稚的阶段。同时，幼儿已开始有了最简单的生活实践，如吃饭、穿衣、走路、学习等。入学学习是人的实践力发展的第二阶段，这个阶段一般从6岁、7岁上小学算起，长达数年或十几年。学校教育的本意就在于用最集中最有效的方式培养人的实践能力。人的成熟的实践能力是人类在至少几十万年的实践活动中形成的，这种形成是世世代代的积累，不是一个人完成的，学校教育把几十万年的实践活动压缩成十几年的教育活动，使少年儿童和青年的实践能力在十几年内基本上达到现代人的水平。严格讲，学习还不是真正的实践，而是实践的准备，其中包含品德的培养、知识技能的传授、反复的实习。当然，没有上学的人在成人之前也有这样的准备阶段，不过这种准备是在家庭和社会中完成的。即使在校的学生也有相当部分的实践准备是在家庭和社会中完成的。以成人作为人的实践能力的成熟的标志是相对的，人们之间有很大差异，有的人在成人之前就工作了，有的人在成人之后还在深造。人的实践能力在成熟之后还会不断提高，达到更加成熟或更高的水平。人到老年之后，其实践能力会逐渐减弱，世界各国规定的退休制度是与此适应的。

实践能力是一个综合概念，它可以分析为几个构成因素，主要有：价值标准、指导思想和操作能力。实践是人的自觉的有意识的活动，必然是有目的的、有方法的。决定目的的是主体的价值标准，宽泛点说，即善恶标准、为什么人的标准、美丑标准。决定方法的是主体的知识系统，在实践中知识转化为方法，即指导思想，指导思想是多层次的、多学科的，实践对象不同就需要不同层次的方法、不同层次的思想、不同学科的知识，世界观的指导是最高层次的方法。正确的价值标准和指导思想是有效的实践能力的前提，没有这些前提，一个人就不可能有有效的实践能力，更不可能有高超的实践能力，但如果仅有这些前提而没有实际操作的能力，这些前提也不过是空洞抽象的道德教条与理论知识而已。操作能力就是动手的能力，包括技术，但不仅仅是技术，宽泛一点讲，操作能力是处理问题、解决问题的能力，特别是处理新问题、解决新问题的能力，也就是根据价值标准、结合实际情况灵活地运用多种学科知识和技术改造世界的能力。显然，价值标准和指导思想是实践能力的指导因素，操作能力是其基础因素。

人的实践活动是人的实践能力的体现，同时也是人的实践能力的培养与提高。人的一生的经历就是他的实践活动的总和。在这个总和中有大量实践活动只是人的实践能力的简单表现，也就是种种实践的简单重复，但实践活动的积累和实践能力的提高都会使这个实践活动总和成为一个从低到高的发展过程，其中包含了或多或少的创新因素。成人以前的实践活动是比较幼稚的，即低的，成人以后的实践活动是比较成熟的，即高的，到了老年，实践活动又开始下降。人到了老年，也许在思想上更趋成熟，但由于身体的衰老，其操作能力、活动范围、实践效率不可能维持壮年时期的水平。但这绝不是说，老年人的实践活动就停滞了，不会有新的贡献、新的创造了，它仍在发展，只是速度慢了。从整体上看，人的实践活动是一个不断上升的过程，虽然在这个过程中也有挫折、失误和曲折。

（3）人的精神活动的发展

人的精神活动是人的主观世界中的活动，它与实践活动的根本区别在于它限于主观世界之内，即大脑之内，而实践活动则超出了主观世界而涉及外部世界，并在或深或浅的程度上改变了外部世界。实践活动是主体的自觉的活动，显然，实践活动离不开精神活动，从而外部世界由于实践活动造成的改变也离不开精神活动，但如果只看到精神活动对实践以及外部世界的作用，则是片面的。精神活动归根结底讲是外部世界和实践的产物，其内容和内容的发展都是外部世界通过实践决定的。实践是外部世界和精神活动的桥梁。

一个人的精神活动的生理基础——大脑及其机能是天生的，是由其父母遗传给他的，但他的精神活动只有在实践的基础上才能真正萌芽、形成和发展。人的精神活动是十分复杂的，但最主要的是两种精神活动，即认识活动和评价活动。人的自觉的实践活动有两个不可缺少的前提，一是决定实践目的的评价标准，一是决定实践方法的知识，所以在实践过程中主体同时进行着认识活动和评价活动。人的精神活动的萌芽、形成和发展的过程，也就是人的知识系统和评价标准系统的萌芽、形成和发展的过程。人从婴儿开始就萌发了认识和评价，在会说话以后，通过成年人传授和自己的实践活动，认识和评价标准就日益丰富起来，并在逐渐形成自己的认识系统和评价标准系统。少年儿童，甚至青年的认识系统和评价标准系统都是不稳定的，家庭的熏陶、学校的教育、社会风气的影响、传统文化的作用和个人的生活经历都在不断丰富、完善、改变、调整甚至部分地或根本地改造他的认识系统和标准系统。成年只是身体上的成熟，精神上思想上基本定型大致要到30岁，孔子所说"三十而立"可能说的就是这种情况。真正成熟大致要到40岁，也就是孔子说的"四十而不惑"。所谓"定型""成熟"指的就是一个人的认识系统和评价标准系统的定型和成熟，当然定型与成熟之后还会改进、发展、变化，遇有特殊情况也有可能根本改变。

认识系统是非常复杂的，可以按照不同标准区分为不同种类。按其获得的方式可以分为内省的知识和外求的知识；按其获得的途径可以分为直接知识和间接知识；按其严格的程度可以分为日常生活知识（常识）和科学知识；按其对象可以分为自然知识、社会知识和精神知识以及哲学知识，从严格意义上讲，哲学知识就是一般知识，或曰整体知识，等等。一个人头脑中的这些知识大部分是正确的，否则这个人不可能生存和发展，但一定包含若干错误的知识，因此，这些知识构成的知识系统是有内在联系的，也一定是自相矛盾的。一个人的知识，随着他的年龄的增长、学业的进步、阅历的增多，一定不断丰富、日益严密，当然不会绝对地完美无缺。知识系统也就是方法系统。方法不是天生的，而是由知识转化而来的。任何一条知识都可以转化为方法，任何一种方法都有一条知识作为它的根据，没有知识作为根据的方法一定是错误的方法，只能导致失败。方法是知识的应用。但是，并不是知识越多的人方法就越多越能干，这首先要看他对知识掌握得准不准，对知识理解得深不深，还要看他对知识运用得对不对、活不活。如果把知识看成教条，不能把知识转变为方法在实践中运用，则这种知识是死知识。哲学（世界观知识）是最一般的知识，由哲学知识转变而成的方法是最一般的方法，这种方法具有最一般的意义，我们一般称之为思维方式。

　　评价标准系统，或称价值系统，也是十分复杂的。价值是从人的角度讲的，一物的价值就是一物对人的价值，即对人的意义，因此，没有人就无所谓价值。如何评定价值的有无，如何衡量价值的多少，如何区分价值的种类，均有赖于评价标准。人有多种价值标准，传统的观点认为有三种价值，即知、情、意，因而有三种评价标准，即真、善、美。这种观点失之笼统含糊，并不完整，而且人们理解各异。从现代科学的发展来看，价值有许多种类，如经济价值、道德价值、审美价值、感情价值，等等，而评价标准则相应地有利害标准、善恶标准、美丑标准、好恶标准，等等。传统所讲的"知情意"忽视了经济价值，即利益或物质利益，把认识混同于评价，把审美混同于好恶。首先应把认识与评价区别开来。二者当然有共同之处，它们同是人的活动，都有主体与客体，同一主体可以对同一客体进行认识活动和评价活动，但这两种活动的性质是不同的。认识要解决的问题是主体是否符合客体，而评价要解决的问题是客体对主体有什么价值；前者的结果是真或假，后者的结果是利或害、善或恶、美或丑、好或坏。评价活动有多种，首先就是利益评价。一个人为了生存和发展，必须随时进行这种评价活动，鉴别自己所接触的人和物对自己有利还是不利，才可能生存和发展下去。当然，利益的种类也很多，主要的利益是物质利益。其次是道德评价。道德评价的客体是人所涉及他人的行为，自然现象无所谓善恶。道德评价实际是对如何处理人际关系的评价，这也是经常发生的，因为人总是生存和发展于人际关系中，即社会关系中的。再次是审美，即美丑评价。美丑评价的对象可以是自然物，可以是人，可以是人的活动。这种评价活动往往伴随着其他活动，也可以单独发生，那就是人的鉴赏活动或欣赏活动。最后是好恶评价或爱憎评价。这种评价活动主要是伴随着实践活动、认识活动、其他评价活动而发生的，但也可以单独发生，那就是爱情。爱情诚然会伴随着其他活动发生，但也会单独发生。至于传统观点所谈的意志，其实不是一种独立的活动，而是实践活动、认识活动和评价活动的坚决程度的抽象。

马克思主义认为，存在决定意识，社会存在决定社会意识，就人来讲，人的主观世界是在人的生理机能的基础上由自然存在和社会存在决定的，也就是由人的外部世界，特别是人的实践活动决定的，当然，主观世界又反过来影响、作用于外部世界，同时主观世界内部的各个组成部分又相互影响，形成一个整体。主观世界的组成部分是复杂的，大致说来，它由两大部分组成，即认识活动和评价活动，或者说，知识领域和价值领域，用今天流行的话来说，即科学与人文价值。我国学术界很少有人认为二者是互相割裂的，问题在于由二者形成的主观世界谁居于主导地位。一种意见认为二者互相补充，缺一不可，难分伯仲，应该密切联系起来，形成一个完满的整体。另一种意见认为科学是人的科学，为了人，离不开人，从某种意义上讲，也是一种人文价值，因此，这个整体的基础是人文价值。但是，人文价值，或者说，人据以判断客体的价值的标准又是从哪里来的呢？无疑，它们的来源是多种多样的，社会历史传统，家庭、学校和社会的教育，风俗习惯，个人经历都会有意无意地在一个人的头脑中形成各式各样的价值判断标准，但归根结底，这些标准都来自实践，而对实践的成败起决定作用的是认识正确与否，甚至实践目的的规定也有一个正确与否的问题，因此可以说，价值标准归根结底来自人对客体的认识，特别是世界观或宇宙观。因此我们认为在科学与人文价值构成的主观世界中，科学起主导作用，当然，这个"科学"不仅是狭隘的功利主义的科学，而且是作为对外部世界和内部世界之正确反映的科学。至于人的主观世界的发展，根据上述关于主观世界与客观世界的关系、主观世界与实践的关系的论述，无疑也取决于客观世界的发展和实践的发展；主观世界内部知识的发展也对整个主观世界的发展起主导作用。

3. 作为类的人的发展

作为个体的人的发展的时间过程一般几十年，少数人可延续 100 多年，但作为类的人的发展的时间过程则是很长的，自有人类以来就开始了，至今还未结束。作为类的人的发展不同于人类的发展：人类的发展是人类社会的发展，而作为类的人的发展则是体现在一个个个人身上的发展；人类的发展是人类学的内容之一，而作为类的人的发展则是人学的内容之一。当然，二者关系十分密切，无法截然分开。

（1）作为类的人的身体的发展

人的身体是从猿的身体演变而来的，如果把猿作为人的起点，从猿到人的演变大致经历了四个阶段，阶段的区分以及每个阶段的时间界限，学者们的说法不尽相同，以下所说不过是一个粗略的轮廓，很不精确。

①猿的阶段，约 300 万年以前。猿还不是人，但与人相似，所以又称为类人猿。类人猿包括灵长目的猩猩科和长臂猿科。它们在外貌、体型（手足开始分工）、身体内部结构（特别是比较发达的大脑）上与人非常相近。

②猿人阶段，300 万年前至 10 万年前。猿人是从猿到人的过渡时期，延续了漫长的时间。猿人较之类人猿，身体上有了许多变化，最主要的是手足分工逐渐完成，实现了直立行走，手逐渐从行走中解放出来，转向专门劳动；脑腔增大，大脑容量增多；从几百毫升增至 1000 毫升以上；喉头日益发达，能够发生复杂的声音。著名的北京猿人是进化程度较高的猿人，生活于 65 万年前，脑量达 1075 毫升，约为现代人脑量的 80%。

③智人阶段，生活于 10 万年前至 1 万年前。智人可以说是从猿过渡到人的完成，意为有智慧的人。其主要的体质特征是：手足分工完成，完全直立行走，前肢完全摆脱支撑和行走的功能，成为专门从事劳动和抓握的器官；有很大的大脑，脑重量在 1100—1550 毫升，平均 1350 毫升，有较强的思维能力；语言器官和语言日益发达。智人可分为两个小的阶段，即古人和新人，或称早期智人和晚期智人，他们之间只有程度上的差别。

④现代人阶段，生活于 1 万年前直至今天。1 万年来人的体质基本上没有大的变化，比较稳定，故统称现代人，显然这种现代人不是从文化上讲的。现代人的体质是人从猿到人过渡的最后完成，只有人种的不同，分

为黄种人、白种人、黑种人和棕种人（澳洲土著），但人种之间体质上的区别都是次要的，如皮肤的颜色、眼睛的颜色、头发的颜色、面型、体毛、身高、体重等都有区别，其劳动器官、感觉器官、思维器官（大脑）、语言器官等为人所特有而区别于动物，并无优劣高下之分，如平均脑量均为1350—1400毫升。种族主义者把人种从体质上分优劣，甚至把民族从体质上分优劣，完全是杜撰的，没有科学根据的。

（2）作为类的人的实践的发展

如果说，类人猿变成人以后，人在体质上基本上没有变化的话，人在实践上的变化则是很大的，而且变化越来越快。人的最基本的实践是劳动，劳动的发展具体体现为劳动方式的变化和劳动效率的提高，其标志则是劳动工具的发展。

类人猿已经有了劳动的萌芽，主要劳动方式限于采集和渔猎，已能使用工具，但工具仍然是未经加工的适用于辅助双手劳动的自然物，如木棍、石块等。生产能力很低，只能满足个体和子女的温饱。猿人的劳动能力逐渐提高，出现了原始的畜牧业和种植业，经过初步加工的工具也出现了，其中最主要的是石器。考古学把人类以石器为主要工具的时代称为石器时代，石器时代很长，约300万年前至约5000年前。石器时代可分为旧石器时代和新石器时代，前者约为1万年前，后者约为1万年前至5000年前。因此，从劳动工具看，旧石器时代包括了猿人和智人，新石器时代的人已经是现代人了。新石器是经过打磨制造出来的比较锐利的石器，是耕种和进行其他劳动的有力的工具，依靠它实现了真正的农业和畜牧业。与此同时，陶器、编织品也出现了，相应的出现了手工业。石器的材料是现成的，但其质地粗糙，易碎，很难用它进行精细的加工，青铜的冶炼和青铜器的出现使人类加工自然物的能力大大提高了一步。以青铜器作为主要生产工具和武器的时代被称为青铜时代，就世界范围来讲，大约是5000年前至3000年前，比新石器时代短得多。青铜器比石器锐利和坚固，在它的基础上农业、畜牧业和手工业就更加发达了，同时有了文字。不久，价廉而又锐利的铁器取代了青铜器的地位而成为人类的主要工具和武器，人类社会进入铁器时代，这大约是在3000年前。钢的出现与使用大约开始于2000年前。直至今天，钢铁仍然是生产工具的主要材料。但是自18世纪产业革命以来，人的生产能力有了根本性的变化，人们把18世纪前称为农业时代，人们的生产主要是利用越来越强有力的工具改造自然物，向自然界索取人们所需要的东西，这些自然物是打上了人的烙印的人化自然物；把 18 世纪后称为工业时代，人们的生产归根结底也是改造自然物，但许多产品是人们根据科学所揭示的规律按照人的需要创造出来的，这些产品是自然界中根本没有的，可以称之为人工自然物。

一般认为工业时代的 300 年间经历了三次产业革命：第一次是 18—19 世纪，人们的生产从手工劳动转向机器生产，动力从人力、畜力转向蒸汽力，机械制造、钢铁冶炼、煤炭、铁路迅速发展起来；第二次是 19 世纪末到 20 世纪中叶，这个阶段的主要变化是生产过程在机械化的基础上实现了电气化，发电机、电动机、电报、电话、无线电和各种电气系统的出现和广泛应用、石油的开采与加工以及汽车、飞机的出现和发展，大大提高了人的生产能力；第三次是 20 世纪下半叶，这次产业革命的主要特征是生产过程信息化、电脑化和综合自动化，以信息的采集、传播和系统开发为特征的信息产业的兴起，在此基础上的电子产业、机电产业、新能源产业、新材料产业和其他新兴产业的迅猛发展，以及传统的第一、二产业的改造和第三产业在整个产业中比重的显著加大。有人认为这个时代是知识经济时代，或曰信息时代，或曰高科技时代。有人把产业革命称为科技革命。这个过程是人的劳动能力的提高过程。如果说，工具的制造与使用是延伸和扩大了人手的作用，增强了人的劳动的效率，提高了人的劳动能力；机器的制造与使用再次延伸、扩大甚至代替了人手的作用，大大地增强了人的劳动效率，提高了人的劳动能力，那么，电脑的制造和使用则延伸和扩大了人脑的作用，甚至可以代替部分人脑的劳动，极大地增强了人的劳动效率，提高了人的劳动能力。

在人的劳动的发展的基础上，人的其他实践也发展了，实践能力也发展了，其中最主要的是改造社会的实践，也可以说是人的交往实践。人的存在与发展离不开他人，即离不开社会，人与人之间无时无地不在进行着直接的或间接的交往。交往实践凝结为人际关系，某种人际关系普遍化、规范化并相对地稳定下来就成为制度。制度是多种多样的，有经济制度、政治制度、法律制度、道德制度、教育制度等。制度往往是自发形成的，然后经过人们的认可成为自觉的制度。有的制度是人们根据需要和认识而自觉地制定的，例如社会主义经济制度。人际关系和制度是交往实践的产物，而交往实践实际上也离不开人际关系和制度，总在一定的人际关系和制度中进行。人际关系与制度必须适应生产的需要和交往实践的需要，当它们不适应或有所不适应时就必须改变——一定程度地改变或根本改变。这就是居于第二重要地位的实践即改造社会的实践。这种实践也有一个发展过程，即与生产实践的发展相适应的从简单到复杂、从狭窄到宽阔、从低级到高级、从小到大的过程；也就是人类各种社会制度及其中的人际关系的发展过程，这个问题我们在前面已经谈到，这里就不再赘述了。

（3）作为类的人的主观世界的发展

人类社会的发展包括人类社会的文化的发展，亦即精神生活的发展，这具体表现为每一个现实的人的精神世界的几十年的发展，也表现为作为类的人的主观世界的几千年的发展。前面我们已论述过一个人精神活动的几十年的发展，主要考察了人的两种精神活动，一是认识活动，一是评价活动。实际上，这两种活动也是作为类的人的两种主要的精神活动。

人的认识活动的发展是同人类社会的认识史或科学史一致的，但认识史或科学史是人类社会在不同历史时期所达到的最高或最新的认识或科学成果的延续，这当然不是说，某一历史时期中的每一个地区、每一个人都达到同一水平。不同的人在同一历史时期的认识水平是极不平衡的，个别的或少数人由于离群索居，与世隔绝，他们的认识水平有可能大大落后于他人或其他地区的人。但是，由于世界各地的联系随着时间的推移越来越密切，特别是近代以来，世界历史逐渐形成，当代经济全球化趋势日益明显，后来历史时代的人的平均认识水平总是高于以往历史时代的人的平均水平。例如一个古代的或近代的人的平均认识水平，远远低于一个现代人的平均认识水平，尽管这个古代人或近代人是一个伟大的思想家或科学家，而这个现代人是一个普通人。

评价活动的发展表现为评价标准的发展，评价标准的发展也是一个从简单到复杂、从低级到高级的过程，但这一过程的向上性不像认识过程的向上性那样明显，现代的评价标准，或者说，现代人的价值观水平，例如就道德而言，现代人的道德水平，是否高于古代人，就是一个争议很大的问题。很多人认为就道德水平而言，今不如昔，"世风日下，人心不古"是许多人对资本主义社会中或市场经济条件下那种唯利是图、贪得无厌的风气的叹息。资本主义在其向全球扩展的过程中所表现出来的血腥暴行，其规模之大，手段之毒，是古代不能望其项背的。此外，在历史长河中，道德水平整体下降，甚至全面倒退的时期也是时常出现的，例如一个王朝，其衰败时期的道德水平一般都大大低于其兴盛时期。然而，从整个人类社会历史来说，从平均水平来说，应该承认人的道德水平仍然是一个从低到高的发展过程，其他评价活动及其标准也是一个从低到高的发展过程，这是同生产力从低到高、生产方式从低到高、社会制度从低到高的发展过程一致的。还是以道德水平的发展为例，最高的道德水平应该是个人利益与人类利益高度结合的集体主义。历史上统治阶级的群体主义所强调的群体只是一些小集体，而且往往陷入重群体而轻个人的片面性；历史上的个人主义则陷入重个人利益而轻群体利益的片面性。把二者密切结合起来的集体主义就是共产主义。在共产主义社会中，每个人都是自由发展的个体，人权、人格、人的尊严得到充分的尊重与保护，但那时全人类的利益是最高利益，在个人利益与全人类利益发生冲突时，个人利益将无条件地自觉地服从全人类利益。从整体上说，人的道德水平总是在向这种集体主义，即共产主义接近。其他评价活动，其他精神活动莫不如此。

总之，同作为个体的人的发展一样，作为类的人也经历了且经历着从简单到复杂、从低级到高级的发展过程。

（二）人的发展的规律

一切事物的发展都不是杂乱无章的，都是有规律的，人的发展当然不会例外。但是人的发展有些什么规律，在人学研究中是一个十分薄弱的环节。人的许多具体学科的规律，即人的局部的规律，特别是人的自然属性的规律，已经研究得很细致很深入了，但关于人的总的规律，涉及人的社会属性的总的规律，则研究得很少。由于人之所以为人主要在于其社会属性，我们这里把关于人的社会属性的规律也看成人的一般规律。下面我们谈人的规律主要谈的是社会人的规律，不包括自然人的规律，即不包括人的自然属性的规律。现在首先要解决的是研究人的一般规律的思路问题。这里有三个问题：

第一，人的规律的特征。人的规律与自然规律的区别比较明显。一般来说，自然规律中不包含人的意识的作用，是不以人的意识为转移的，而人的规律则包括人的意识的作用，但也具有客观性，即也是不以人的意识为转移的。争论往往在这里发生：既然有人的意识的作用，怎么又不以人的意识为转移呢？但如果它是以人的意识为转移的，也就无规律可言了。其实社会规律也如此，既有人的意识的作用，又不以人的意识为转移。这两个"人的意识"是不同的，前者是任何人的意识，后者仅指实践或认识的主体。后面具体谈到人的规律时，就可看出其中既有人的意识的作用，但其存在又不依赖于主体的意识。人的规律与社会规律的区别比较明显。人的规律是关于人的，社会规律是关于社会的，但它们都具有意识性和客观性，这是相同的，甚至有的规律既是人的规律，也是社会规律，但有的规律则可以区别开来。除此之外，人的规律比起社会规律来具有更多的意识性，即意识的作用更强一些，但没有强到否定客观性的程度，否则就无人的规律可言了。

第二，研究人的规律的指导思想。指导思想也就是方法。既然人的规律是一种规律，研究规律的一般方法，如调查与研究、归纳与演绎、分析与综合等，都是研究人的规律的方法，即指导思想。这里我们只想指出指导人的规律研究的最直接的思想，即最直接的方法，就是唯物史观。唯物史观是关于人类社会及其历史发展规律的科学，人学是关于人及其发展规律的科学，人是人类社会的细胞，人学与唯物史观的关系正如细胞学与生物学的关系，生物学是细胞学的最直接的指导学科，唯物史观是人学的最直接的指导学科。

第三，人的规律的理论框架。如何把握人的规律？人的规律有哪些？怎样构成人的规律的框架？这是一个有待开拓的人学新领域，这方面的成果很少。我曾经提出过 7 条人的规律[①]，但我一直认为这只是一种尝试，很不成熟。经过反复推敲，我把这 7 条作了增删和修改，其结果仍然是 7 条，但内容与排列顺序都有较大区别。把握人的规律的理论框架的主要原则是：

1. 把握人的规律的最直接的指导思想是唯物史观，当然，辩证唯物主义也是其指导思想，但那是更高层次的指导思想。

2. 人的规律应区分为作为个体的人的发展规律与作为类的人的发展规律，此外还有关于作为个体的人与作为类的人的关系的规律。这里所谈的人的规律限于人的社会属性，至于关于人的自然属性的规律暂时从略。

3. 规律都是具有普遍性、必然性的关系，人的规律自然不能例外。

4. 规律的排列大体上遵循从简单到复杂、从外到内、从个体到类的原则，其结果，最初三条是关于个体的，最后三条是关于类的，中间一条是关于个体与类的。第一条是人与环境的相互作用的规律，环境是人的生

---

① 黄楠森：《人学的足迹》，广西人民出版社 1999 年版，第 66—68 页。

存与发展的首要前提，故先谈二者之间关系的规律。其次就是人本身的规律，而人的本质是实践，故第二条是人的实践和其他活动之间相互作用的规律。人的活动的结果就是人的存在和人的意识，故第三条是人的社会存在与意识的相互作用的规律。这三条都是关于个体的人的规律。第四条是个体发展的有限性和类发展的无限性相互蕴含的规律，这条涉及个体发展与类发展的最一般特征，既是对个体发展的一个总结，又是对类的发展的一个先导。第五、六、七条都是关于类发展的重要对立特征的相互消长的规律，这三对重要特征就是人的自发性与自觉性、个人的作用与人民群众的作用、人的自由的全面的发展与人的不自由的片面的发展，因此第五条是人的实践的自发性逐渐减少和自觉性逐渐增多的规律，第六条是特殊个人的作用逐渐缩小和人民群众的作用逐渐扩大的规律，第七条是人的发展的不自由性、片面性逐渐减少和自由性、全面性逐渐增多的规律。这三条的顺序排列是由其因果关系决定的：第五条是因，第六条是果；第六条（包括第五条）是因，第七条是果。

以上是人的七条规律的理论框架，下面分条加以说明。

1. 人和环境相互作用的规律

这个规律的具体内容是：人首先是环境的产物，然后才能改造环境，也就是说，环境对人的作用是第一性的、基础性的，人对环境的作用是第二性的、从属性的。

这里所说的环境主要是社会环境，其内容是十分复杂的。自从类人猿成为真正的人以后，人就主要靠自己的双手来求得自己的生存和发展，人对自然界的依赖的程度也随人类社会的发展而不断降低。至于个体的人则是从出生以后就依赖于社会。所谓社会，包括父母、家庭、家族、氏族、部落、部族、国家、区域，乃至包含人类；还包括这些人或人群的各种活动和关系、各个层次的制度，这些活动、关系和制度大致可以分为经济（生产）的、政治（管理、法律）的和文化（思想、观念、价值标准）的三大类。人一旦出生下来，就生存和发展于社会之中，受当时社会及其历史的哺育、教育、影响、塑造。一个时代的人就是这个时代的人，不可能是那个时代的人。农业封建时代的人当然是人，但其形象、知识、技能、思想、感情、价值观、行动不可能是工业资本主义时代的人的，不能要求古代人和近代人具有现代人的品质。但是反过来，我们可以问：社会又是谁改变的或创造的？是人创造的，或确切点说，是在原有的基础上由现时的人创造的。这似乎出现了一个怪圈，人是社会环境的产物，社会环境又是人的产物，究竟是谁创造了谁就弄不清楚了。其实，这并不是什么怪圈，而是人与环境的相互作用，但在相互作用中，有一方面处于基础地位、根本决定地位，即社会环境，而人处于从属地位、非根本决定地位。因此，社会环境的面貌一方面是前社会的延续，另一方面又表现出人的痕迹，特别是一些杰出人物的烙印。杰出人物也是社会环境的产物，他可以在某些方面在一定程度上超越他的时代，但不可能在根本上超越他的时代，成为一个将来时代的人。他可能坚强有力，让社会按他的设想发展，但他的设想也是当时社会环境的产物，受当时社会条件的制约，如果他的设想符合社会发展的需要，就会促进社会的发展，如果他的设想与社会发展背道而驰，就会阻碍社会的发展。当然，无论是哪一种情况，历史都会打上他的烙印。究竟是时势造英雄还是英雄造时势？英雄史观只看见英雄造时势，而旧唯物主义只看见环境的作用，这都是片面的，所以马克思在批评旧唯物主义的片面性时说："关于环境和教育起改变作用的唯物主义学说忘记了：环境是由人来改变的，而教育者本人一定是受教育的。"① 又说："人们自己创造自己的历史，但是他们并不是随心所欲地创造，并不是在他们自己选定的条件下创造，而是在直接碰到的、既定的、从过去承继下来的条件下创造。"② 中外古今的历史充分证明了这些道理。

　　从整体上说，没有一个杰出的历史人物不是时代的产物，中国古代影响中国历史最大的思想家孔子也是这样的人物。尊孔的人说孔子是"天纵之圣"，其实没有春秋时代的经济、政治、文化的发展也就没有孔子。春秋战国时代是中国社会从奴隶制向封建制过渡，从领主制向地主制过渡的时代，"礼崩乐坏"，诸侯互相征伐和兼并，贵族地位不稳，变动频繁，孔子家族从贵族沦为平民，孔子本人作为破落贵族却有较深文化素养。他一心想当官，恢复其贵族地位，于是广收门徒，率领他们游说诸侯。他一生虽然也作过几次高官，但基本上是一个教师。当时中国已有相当丰富的文化积累，但十分分散，孔子在教学中"述而不作"，只是对这些分散的文字典籍进行整理，形成《诗》《书》《易》《礼》《乐》《春秋》，他个

---

① 《马克思恩格斯文集》第1卷，人民出版社2009年版，第500页。
② 《马克思恩格斯文集》第2卷，人民出版社2009年版，第470—471页。

人的言论被编成《论语》，这些典籍被历代君主尊为"经典"，他本人被尊为"圣人"，甚至被尊为"王"。这使儒家创始人的思想统治了中国社会两千多年，这种统治地位虽已在"五四运动"后被根本推翻了，但其影响至今犹在。决不能忽视，更不能否定孔子对中国历史的影响。尽管如此，我们仍可明显看出，无论历史上的孔子还是后来历代王朝所塑造的孔子，都是古代的孔子，都是时代的产物，不是天生的，其思想有鲜明的时代性，具有很强的时代局限性。没有中国古代的经济、政治、文化，就不会有孔子。

"千古一帝"秦始皇决不是"受命于天"，也是时代的产物。秦始皇之所以能开创中国统一的格局，固然有其个人的原因。他雄才大略，英明果断，敢于铲除奸佞，任用贤能，这些是他能统一六国的主观条件，但更重要的是在诸侯互相征战中领主制逐渐为地主制所取代，为大一统提供了经济基础。加之秦国僻处西隅，历代君主贤明，统一西秦后远离中原战乱。这些条件加上秦国策略正确巧妙，将士用命，终将六国各个击破，统一全国。秦始皇在战胜各国的同时逐渐推行大统一的战略——废除分封制，实行郡县制，车同轨，书同文，这些措施以及其他措施，打下了中华帝国两千多年经历了反复的分与合而不解体的大一统基础。对于中国今天这个历史最悠久的统一大国，秦始皇功不可没，但这个大国之所以能形成并绵延至今，并非秦始皇一人之功。秦始皇之为秦始皇，首先是时代的产物，然后才是秦始皇的主观作用。秦始皇也是有其历史局限性和阶级局限性的。他在统一全国之后，为了巩固他的统治，对被征服国家的人民和贵族施行严刑峻法，残酷统治，不惜焚书坑儒，禁止私学，五次巡游全国，兴师动众，劳民伤财，大兴土木，建筑阿房宫和骊山陵，穷奢极欲，致使国力日虚；不仅如此，他还妄想长生不老，派人四处寻求仙药；也妄想从他开始，二世、三世绵延下去，千世万世，永世不绝。结果，他的残暴统治激起人民反抗，死后不过 3 年便被陈胜、吴广的农民大起义和刘邦、项羽反秦战争所推翻。

法国历史上有两个拿破仑皇帝，即拿破仑一世和拿破仑三世，一世是伯父，三世是侄儿，一世就是一般人口头上的拿破仑，他虽然最终失败了，死于囚禁中，历史仍然公认他是一位了不起的英雄。因为他在短短 10 多年间（1793—1815 年）发动了一系列战争，横扫欧洲，重重打击了封建制度，大大推动了欧洲资本主义的发展，黑格尔赞美他是"骑在马上的绝对精神"。他的帝位是被推翻的，他死时拿破仑三世才13岁，并没有继承他的帝位。拿破仑三世登上帝位的过程同一世相似，都是先被选为总统，然后由总统登上帝位。一世之所以能登上帝位，是由于他的赫赫战功和至高无上的威力，而三世却是个庸才。他没有他伯父的才能，却野心勃勃，想利用伯父的余威成为法国皇帝。他搞了多次武装暴动，都失败了，直至1848年法国革命，他利用革命形势攫取了总统宝座，不久便实现了他的皇帝梦。这样一个野心家、阴谋家为什么能步拿破仑一世的后尘成为法国皇帝呢？从根本上说，这不是由于他有了不起的能力，而是由于他适应了法国农民的需要，他也是时代的产物。马克思对此事作过一些分析，他说："黑格尔在某个地方说过，一切伟大的世界历史事变和人物，可以说都出现两次，他忘记补充一点：第一次是作为悲剧出现，第二次是作为笑剧出现。"① 他举的例子中就有这一对伯父和侄子。他指出拿破仑之所以能当上皇帝，就是因为法国当时的农民需要一个皇帝。"他们不能以自己的名义来保护自己的阶级利益，无论是通过议会或通过国民公会。他们不能代表自己，一定要别人来代表他们。他们的代表一定要同时是他们的主宰，是高高站在他们上面的权威，是不受限制的政府权力，这种权力保护他们不受其他阶级侵犯，并从上面赐给他们雨水和阳光。"② 拿破仑三世就是靠农民的选票当上总统的，两年多后又靠农民的支持发动政变，解散议会，恢复帝制。那么，拿破仑一世的英雄业绩是不是单靠个人的雄才大略创造的呢？否，他也是时代的产物。他之所以节节胜利，固然同他的卓越的军事才能有关，但更深刻的原因是他利用了欧洲各国的反动封建王朝的打击，适应了资本主义发展的需要，受到各国人民的欢迎。但当他被胜利冲昏头脑，权力欲无限膨胀，具有进步意义的拿破仑战争逐渐演变成为侵略战争时，他的厄运也就来临了，以一世之雄也难逃全军覆没，身为俘虏的命运。

马克思说："关于环境和教育起改变作用的唯物主义学说忘记了：环境是由人来改变的，而教育者本人一定是受教育的。因此，这种学说一定把社会分成两部分，其中一部分凌驾于社会之上。"③ 这话一般被理解为

---

① 《马克思恩格斯文集》第2卷，人民出版社2009年版，第470页。

② 同上书，第567页。

③ 《马克思恩格斯文集》第1卷，人民出版社2009年版，第500页。

关于人和社会的相互作用的观点，这不能说错，但马克思这里的重点是批评旧唯物主义者把人分成教育者与被教育者（英雄杰出人物与人民群众），而教育者凌驾于社会之上，即人民群众之上。杰出人物在社会发展中起决定作用，而社会只能被他们牵着鼻子走，这是一种唯心史观，即英雄史观，而马克思主义的唯物史观当然承认人和社会的相互作用，但起决定作用的是社会、历史、时代，人首先是时代的产物，然后才谈得上反作用于时代的改变。马克思曾具体地分析了人和社会的这种关系，他说："历史不外是各个世代的依次交替。每一代都利用以前各代遗留下来的材料、资金和生产力；由于这个缘故，每一代一方面在完全改变了的环境下继续从事所继承的活动，另一方面又通过完全改变了的活动来变更旧的环境。"① 这就是说，这一代人总是现成的社会环境的产物，然后他们才能进一步改变这个环境。而唯心史观则认为，既然历史就是人的活动，那么杰出的人物的活动就是决定性的，而杰出人物只能是天生的，其非凡的才能是神或某种神秘的力量所赋予的。唯心主义历史观是片面的不科学的，而马克思的辩证唯物主义历史观是全面的科学的，符合人类社会历史的客观过程的。

2. 人的实践活动和其他活动之间相互作用的规律

这个规律的具体内容是：人的三个主要活动，实践活动是基础，认识活动和评价活动是实践活动的产物，又反作用于实践活动，实践活动与认识活动、评价活动之间存在着互相作用的关系。认识活动与评价活动之间也存在着互相作用的关系，但认识活动占基础地位。

人的生活、生命就是人的活动，离开了活动，人不复存在。人当然首先有生理活动，这是人的自然基础，但这种活动都是本能活动，与动物的活动没有本质的区别，而我们这里要谈的是人之所以为人而异于动物的活动，那么，人主要有哪些活动呢？

我们这里谈的也就是人的自觉的活动，即社会人的活动。以社会为坐标，人的活动可以概括为三大类：经济活动、政治活动和文化活动；以自觉性为坐标，人的活动也可以概括为三大类：实践活动、认识活动和评价活动。从人学的角度，后三大类活动的关系是不能不研究的。

西方传统哲学把人的自觉性活动区分为认识、实践、审美，即知、

---

① 《马克思恩格斯文集》第 1 卷，人民出版社 2009 年版，第 540 页。

意、情，其成果为真、善、美，康德的"三大批判"分别研究这三种活动。但康德狭隘地把实践等同于道德实践，而把最基本的实践，即劳动或物质实践忽略了。其实，道德活动基本上是一种评价活动，其基本性质与审美活动是相同的。马克思和恩格斯创立马克思主义时就是从揭示实践的真正内涵，确立其在人的全部活动中的基础地位开始的。前面对这三种活动的含义、内容和发展已作过论述，这里专门谈谈它们之间的关系。

劳动是最基本的实践活动，劳动创造了人，创造了人的一切。从这种意义讲，人的一切活动，除生理本能活动而外，都可以说是劳动的因素，或说是实践的因素。人的一切活动都包含在实践之中，认识活动和评价活动都是实践的因素，但它们具有相对独立性，可以把它们同实践活动区别开来，研究它们与实践活动之间的关系。

什么是实践活动？实践活动就是人的自觉地改造世界的活动，这里最核心的因素是改造世界，世界包括自然界、人类社会和人的精神世界，但它不是盲目地改造世界，而是自觉地改造世界，其自觉性表现在它是有目的的和有思想指导的。例如农民种田就是一种实践活动，其目的是生产粮食，其中包含了主体的评价标准和对粮食的评价活动；其指导思想是农业知识以及其他相关知识，其中包含了对世界的认识和认识的运用（指导）。显然，实践活动中包含了不能缺少的评价标准和认识，没有评价标准和认识就没有自觉的实践。这样说来，人似乎必须先有评价标准和认识，然后才有实践活动，那么，评价标准和认识又是来自哪里呢？唯一正确的回答只能是来自实践。评价标准与认识都不是天生的，而是在改造世界的过程中逐渐形成的，即从自发到自觉。人的实践从其具有一定目的与思想指导而言，是自觉的，但同时还包含自发的一面，即目的不明确和指导思想不全面，甚至错误的一面。只有在实践过程中，目的才更加明确起来，指导思想才更加全面准确起来。因此，实践活动与评价活动、认识活动之间是一种互相依存和互相作用的关系，从时间上无法肯定地讲实践在先，还是评价标准与认识在先；如果从人类活动的整体上讲，从一个人一辈子的活动来讲，归根结底来讲，实践在先，因为实践是整体，评价标准与认识是它的局部；实践是源头，评价标准与认识是它的产物；实践是基础，评价标准与认识是它的上层建筑。实践在先之"先"也许可以说是本体论的"先"。总而言之，人的活动是在实践活动的基础上由于实践活动与认识活动、评价活动的互相推动而不断前进的。

认识活动与评价活动也是互相依存和互相作用的，不可分割的，因为人的实践活动如只有目的而没有思想的指导就是盲目的，达不到目的；如只有思想指导而没有目的，更是难以设想。在这里，目的占主导地位，认识是手段，为目的服务。目的是由主体的价值标准决定的，显然评价活动与认识活动比较，评价活动占主导地位。但从一个人的整个评价标准和整个认识比较，认识则处于基础地位。主体在实践中必须有一个目的，目的是由价值标准决定的，而价值标准的形成，认识起了很大作用。评价标准的性质比较复杂，有的主体性很强，是一个人的家庭、经历和习惯形成的，如对怪味食品的爱好、生活癖好、偏见等。但多数评价标准虽然都有主体性，客体性也很强，正常人的很多评价标准都是共同的，如身体上的健康标准、食品上的卫生标准、人权上的平等标准、政治上的自由标准、经济上的富裕标准、法律上的犯罪标准、道德上的善恶标准等。这些标准的客体性的程度当然也不同，在阶级社会中往往带有阶级性，很难得到所有正常人的认同，但应该承认这些标准都有较强的客体性，都是以一定的正确的认识为基础的，因此，我们除了承认认识活动与评价活动、认识与评价标准互相作用和互相推动而外，还要承认认识对评价标准的基础作用。

3. 人的社会存在和意识相互作用的规律

这个规律的主要内容是：人的意识归根结底是人的社会存在决定的，又反作用于人的社会存在，二者相互依存、相互作用，由此推动人的发展。

前面谈了人的主要活动的规律，这里谈的是人的活动的淀积就是人的存在，人的活动是动态的人，人的存在是静态的人。人的活动必然产生很多成果，这些成果沉淀下来，又积累起来，就是某一活动时段的人或人的存在。人的存在的具体内容是什么呢？具体分析起来，人的存在不外乎三种存在：自然存在、社会存在和精神存在。自然存在即人的身体，社会存在即人在活动中所产生的各式各样的社会关系以及受社会关系制约的社会性质，精神存在也包括在人的社会存在之内，由于它可以与社会关系区别开来，为了叙述和研究的方便而不再称之为存在，而称之为意识。社会关系包括人与人的关系、人与人群的关系、人群与人群的关系、人与社会的关系、人群与社会的关系，其内容是非常复杂的。人际关系有家庭关系、经济关系、政治关系、法律关系、文化关系等。人群指的是由多人组成的组织、机构、团体，它们之间、它们与个人（包括其成员）之间也具有各种关系。社会当然包括人类社会，但在当今世界分为大大小小的主权国家的条件下，社会分为大大小小的国家的社会，因此，这里谈的社会是一个比较笼统的概念，指的是一个国家的人和人群的整体，社会与人、人群，社会与社会之间也存在多种关系。人的社会性质也属于人的社会存在的范畴，但它们要受社会关系制约。人的社会性质是非常复杂的，但由于这些性质都是社会的，就离不开社会关系。人的性质可以区分三大类：经济性、政治性和文化性，各类又包括很多性质，但都离不开社会关系，例如人在阶级社会中的阶级性离不开阶级关系，人的独立性离不开人的平等关系，人的道德性离不开伦理关系，等等。

人的意识就是人的主观世界，主观世界是客观世界在人脑中的反映，而这个客观世界就是包括主观世界在内的自然界和人类社会，因此，意识不外乎两大类：关于自然的意识和关于社会的意识，关于意识的意识包括在社会意识之内，就其特殊性来说，它可以说是第三大类。

按照唯物主义反映论原理，自然意识应该是自然界的反映，社会意识应该是社会的反映，关于意识的意识应该是意识的反映，为什么我们笼统地说，人的意识是人的社会存在决定的呢？反映论谈的是反映的对象与反映的内容的关系，意识内容是对象的反映，而我们这里所谈的是意识这种功能发生的根源。意识这种功能的产生是由人的实践活动决定的，即由人的社会存在决定的。这就是说人之所以能反映客观世界，其根源就在于人的社会实践，在于人的社会存在。人在实践中，尤其是在劳动中，首先就必须反映自然界。劳动就是改造自然的活动，如果不反映自然界，劳动如何进行呢？如何能获得成功呢？在社会实践、社会存在中产生出来的意识不仅反映人类社会，也反映自然界，就是从这个意义讲，整个意识都是社会存在决定的。不但意识离不开社会存在，社会存在也离不开意识，正如前面所说，不但评价活动和认识活动离不开实践活动，实践活动也离不开评价活动和认识活动。社会存在与意识处于相互依存，相互作用，共同前进，共同发展之中。但是，社会存在与意识的互相推动，是以社会存在为基础而不是完全并列的，因为新的发展总是首先萌芽于社会存在中，由意识把这种新的发展明确起来之后，再反作用于社会存在。

这个规律的内容与马克思的著名论断："不是人们的意识决定人们的

存在，相反，是人们的社会存在决定人们的意识。"① 有密切的联系，这个人学规律可以说是这个论断在人学中的运用和引申。马克思的论断是一个历史观论断，其坐标是人类社会；这个规律是一个人学规律，是在历史观指导下作出的。从这个论断的上下文可以看出，他谈的是人类社会的客观存在，他谈的意识是整个社会的意识，我们在这里谈的则是个人的社会存在，个人的意识。整个社会的存在和意识不是个人的社会存在和意识的机械相加，但都离不开个人的社会存在和意识，所以马克思的论断引申到个人身上是符合事实的，也是符合逻辑的。

4. 人的个体发展的有限性和类的发展的无限性相互蕴含的规律

这个规律的主要内容是：由于个体生命的延续是有限的，人的个体的发展也是有限的；由于类的繁衍是无限的，类的发展也是无限的。但是，由于类的发展由个体的发展构成，类的发展又蕴含着个体的发展；同时，个体的发展也以浓缩的形式蕴含了类的发展。

前面谈到的三个规律都是关于个体的发展的。个体的各种活动能力和社会存在的发展都是由低级向高级发展。尽管这种发展中包含曲折、循环、倒退，但其整体是一个前进的过程，所以，每一个正常人的发展总是从幼稚走向成熟，从低能走向高能，从低智走向高智，从简单走向丰富，这是一个社会的过程，但这个过程受到自然过程的限制，当个体的自然过程，像任何生物体一样从成熟走向衰老的时候，这个社会过程也就放慢了或陷于停滞，最终随同肉体的死亡而终止。但是，就类来说，这个发展过程并未终止，而是在年轻个体的身上延续下去了。前人在发展过程中淀积下来的经济的政治的文化的成就不会由于前人的自然死亡而全部消失，会有相当大的部分作为后人发展的起点或有分析地继承的基础而融入后人的发展过程之中，如此一代一代地延续下去，就形成了类的发展。毋庸赘言，除了前人与后人之间的延续而外，还有同时代人之间的纷争与交融。纵的延续与横的交融就形成了类的发展。只要地球不毁灭、人类不毁灭，类的发展就不会停止。地球总有一天是要毁灭的，人类的发展是否能够达到摆脱地球毁灭的命运而继续发展下去的水平今天还难下结论，在地球毁灭之前人类是否会由于自己的原因而导致毁灭今天也难讲，但从今天的情况看，人类有足够的理性来避免自我毁灭，而地球的毁灭还是很遥远的

---

① 《马克思恩格斯文集》第 2 卷，人民出版社 2009 年版，第 591 页。

事，可以不予考虑，因此，今天我们可以说，人作为类的发展是无限的没有顶点的。

可以明显看出，类的无限性与个体的有限性是不同的，但二者又不能分离，是相互蕴含的，相互过渡的。个体的有限性中蕴含着类的无限性，类的无限性寓于个体的有限性之中，因此，个体的有限性能过渡到类的无限性；反过来说，类的无限性是由个体的有限性组成的，类的无限性蕴含着无限的有限性，从这个意义上说，类的无限性能转化为无限多的有限性。这就是个体与类、有限性与无限性的辩证规律，它告诉我们个体的无限发展是不可能的，而类的无限发展是可能的，而由于个体的有限性中蕴含着类的无限性，个体的有限发展也就融入了类的无限发展之中。从这种意义讲，有限的个体也就实现了自己的无限性。

下面我们就来探索类的无限发展的一些规律。

5. 人的实践的自发性递减与自觉性递增的规律

这个规律的主要内容是：人的实践的自觉性萌芽于类人猿，形成于类人猿过渡到人；人的自觉性随着实践能力的提高和人类社会历史的发展而逐渐提高；人的自发性仍然存在，但随着自觉性的增多而不断减少；人的自发性不会减少为零，人的自觉性不会增多到无限。

什么是人的自觉性？人的自觉性是相对于人的本能而言的。人作为动物具有多种本能，本能是由上一代遗传下来、不学而能的生理机能，如人体各部分的生理作用、饥而觅食、性的冲动等，有些本能能为人所意识，如饥、渴；有些本能不为人所意识，如体内器官的活动。人的自觉性的生理基础——大脑和神经系统是遗传的，但人的自觉性不是遗传的，而是在劳动和实践活动中获得的，其具体内容有二：一是目的，二是指导思想，它们都是人所意识到的。人的实践活动都有一定的目的（为了什么），还有指导他达此目的手段（知识和外化了的知识——工具）。但人的实践所产生的结果不一定完全与原来的目的一致，人在实践中还应具备的知识不一定都具备了，这些就是人的实践中的自发性，它是与自觉性相对的。这种自发性经过多次实践会为人所认识，这时自发性就变成了自觉性。例如在资本主义发展初期，机器逐渐取代手工工具成为主要的生产工具，手工工人大批失业，这引起了手工工人砸坏机器的行动。按照上面的解释，这种行动当然不是本能活动而是人的自觉活动，因为它有明确的目的——阻止机器取代手工工具，它有思想指导——机器的使用是手工工人失业的原因。但这种自觉性是很肤浅的，这种实践中还有深藏的自发性——阻止工人失业的目的达不到、机器的使用是阻止不了的。因此，就工人的最后解放来说，我们把这种斗争称为自发的斗争。工人阶级在先进知识分子的参与下，通过实践与认识的互相推动，逐渐认识了社会发展的一般规律，制订了科学的社会革命理论，这就是马克思主义。我们一般把马克思主义的产生作为工人运动从自发到自觉的标志。但是处于自觉阶段的工人运动并不是就没有自发性了，因为在实践过程中总还有许多因素是实践主体还没有认识到的，实践主体总带有一定程度的自发性。

在人类社会历史过程中，人的实践活动的自发性总是在不断地转化为自觉性，但这一层次的自觉性总包含着更深层次的自发性，这种自发性又会转化为自觉性，如此循环往复，以至无穷。因此，在任何历史时代，自觉性和自发性总是同时存在的，不过早期社会形态中自觉性比晚期社会形态中自觉性低，而自发性在早期社会高于晚期社会。这种状况与人类社会的科学史、认识史是一致的，科学史或认识史的过程就是对客观世界的认识越来越多、越广、越深的过程，也就是自觉性越来越高的过程。一般来说，这个过程应该是无限的，但一旦某种认识涉及人的利益时，认识的发展就会受到某些难以逾越的限制，这就是认识的主体性的限制，特别是主体的目的性的限制。

一般来说，主体性对自然认识的限制比较小，也比较易于超越，但在一定场合，当这种认识触犯了人的利益，也会遇到强烈的压制。例如伽利略的日心说，由于触犯了一贯主张地心说的教会的权威，就受到迫害，哲学家布鲁诺甚至献出了生命的代价。对自然认识的限制主要来自认识本身，即已经形成并固定化了的认识，亦即成见、偏见，甚至错误观念，只要没有利害因素掺杂进去，还是较易突破的。

社会认识的情况就不同了，除了认识本身的原因外，利害因素在一定程度内对能否获得科学认识具有决定性的作用。这就是立场问题，在阶级社会就是阶级立场问题。不能认为不同阶级对同一社会现象不可能有共同的认识，因为社会现象是一种客观现象，不同阶级的人都是认识的主体，当然都有可能达成真理性的认识，但如果这种认识直接涉及利害关系时，立场（包括阶级立场）就会对认识起促进或阻碍的作用。一位立场鲜明的资产阶级学者可以比较顺利地承认人类社会从原始社会，经过奴隶社会、封建社会而进入资本主义的过程，一来这有大量事实可以证明，二来他的阶级立场对于认识这个过程也有推动作用，但要他承认资本主义将为社会主义所取代就非常困难。在他看来，资本主义才是符合人性的，不可能为"不符合人性的"社会主义所取代。只有少数人，由于种种原因，才能摆脱阶级偏见，面对客观现实，而认同资本主义的社会主义前景。至于新中国成立前的中国知识分子，由于社会制度的改变，在新中国成立后多数都改变了自己的立场，这就大大推动了他们对社会制度发展规律的认识。除了由于社会现象比自然现象复杂而外，主要由于人的利益更大地制约着人对社会的认识，所以自然认识更早地形成为自然科学，得到不同阶级的人们所认同，而社会认识虽然随后也形成为一些社会科学，但这些社会科学中意见分歧，争议很大，难以达成共识。至于跨越自然科学与社会科学的哲学更是观点各异，流派纷呈，更加难以达成共识。

正是由于这种区别，人的自觉性就自然认识而言在人类社会历史的长河中是逐渐增多的，而就社会认识而言虽然也是逐渐增多的过程，却可以区分为明显的两个阶段，在共产主义社会中自觉性才充分实现了，而在共产主义社会以前，则是自发性处于主导地位，恩格斯因此把共产主义社会称作"自由王国"，把共产主义社会以前称作"必然王国"。他是这样讲的："一旦社会占有了生产资料，商品生产就将被消除，而产品对生产者的统治也将随之消除。社会生产内部的无政府状态将为有计划的自觉的组织所代替。个体生存斗争停止了。于是，人在一定意义上才最终地脱离了动物界，从动物的生存条件进入真正人的生存条件。人们周围的、至今统治着人们的生活条件，现在受人们的支配和控制，人们第一次成为自然界的自觉的和真正的主人，因为他们已经成为自身的社会结合的主人了。人们自己的社会行动的规律，这些一直作为异己的、支配着人们的自然规律而同人们相对立的规律，那时就将被人们熟练地运用，因而将听从人们的支配。人们自身的社会结合一直是作为自然界和历史强加于他们的东西而同他们相对立的，现在则变成他们自己的自由行动了。至今一直统治着历史的客观的异己的力量，现在处于人们自己的控制之下了。只是从这时起，人们才完全自觉地自己创造自己的历史；只是从这时起，由人们使之起作用的社会原因才大部分并且越来越多地达到他们所预期的结果。这是人类从必然王国进入自由王国的飞跃。"① 恩格斯讲的是共产主义社会中

---

① 《马克思恩格斯文集》第 9 卷，人民出版社 2009 年版，第 300 页。

的每一个人，而不是说共产主义社会以前没有这种人，相反，从马克思、恩格斯开始的一大批马克思主义革命家就是这种人，最初他们是少数人，正是在他们统率下人民群众根据社会发展规律为实现共产主义而进行艰苦卓绝的斗争，必然王国才有可能转化为自由王国。

这是不是说，在共产主义社会中，人的自觉性已经达到顶峰了呢？否，人的自发性不会完全消灭，自觉性也不会成为无所不知、无所不能的无限智慧。宇宙的发展是无限的，人类社会的发展也是无限的，新事物层出不穷，人类的认识也是无限的。因此，人们在实践中，不管目的多么明确合理，指导思想多么正确，使用的手段和工具多么先进，其中总有一些人们不掌握的东西，总有风险，总有失败的可能，总有自发性，总有从自发向自觉转化的过程。如果实践是创造性、冒险性的活动，其风险就更大了。共产主义社会是自由王国这一论断，是相对于阶级社会的必然王国而言的，自由王国的自觉性是相对的，不是绝对的。

6. 特殊个人的作用递减与人民群众的作用递增的规律

这个规律的主要内容是：随着类的自发性的日益减少和自觉性的日益增多，特殊个人对人民群众的影响越来越小，而人民群众通过民主集中制的形式对社会事务的作用越来越大。

这里所说的特殊个人包括杰出人物，但不等于杰出人物，它指那些通过多种方式拥有极高的权势、财富或地位的与人民群众不同的人物，包括优秀的、平庸的、奸恶的人物，他们中有帝王将相、才子佳人、英雄豪杰、人民领袖，总之，对人类社会的现状与未来产生过重大作用的人物，不管是好的作用还是坏的作用，推动的作用还是阻碍的作用。

英雄史观认为历史是这些特殊人物创造的，历史的面貌和走向，都是这些人决定的，而占人口绝大多数的人民群众则是在这些特殊人物的指挥和支配之下默默无闻地顺从地完成着他们的使命。这种观点从根本上说是肤浅的错误的，因为它没有看见归根结底这些特殊人物是当时社会的产物，而社会是由全体人民群众构成的，而人民群众的活动形成了不可抗拒的历史发展的动力；不仅如此，人民群众的活动又形成了有规律的不以人的意识为转移的过程，不是任何个人的力量所能扭转的。但是，相比较而言，历史的发展呈现出特殊个人的作用从古到今日益缩小的趋势，人民群众的作用日益增大的趋势。大体说来，封建社会及其前的时代特殊个人的作用极大，近代减弱，现代更弱。下面作点具体分析。

特殊个人不外乎两类，一类是靠个人能力，白手起家，成为帝王将相、高官显爵、科学巨匠、艺术大师、亿万富豪，另一类是靠祖宗福荫、血统渊源，或裙带关系，成为名门显贵，甚至君临天下，或独霸一方。在封建时代，影响历史发展进程最为显著的莫过于拥有最高权势的帝王将相，有的凭借个人的杰出才能和敢冒大险的坚强意志，适应形势的发展和人民群众的需要，开辟一个王朝，甚至一个时代。例如中国历代的开国之君或中兴之主和他们的谋臣武将，都是这种人物。秦始皇虽是靠继承关系而不是靠个人能力登上秦王宝座的，却是开辟了中华大一统局面的千古一帝，但对于秦王朝的覆灭，他也起了明显的作用。这在前面我们已作了介绍。汉高祖刘邦统一中国之后，采取了与民"休养生息"的政策，让大批部队解甲归田，减免赋税徭役，解放家庭奴婢，鼓励农业生产，借以稳定社会秩序，恢复被前朝的重赋税、重徭役、重刑罚以及连年战争所破坏了的经济。这种"无为而治"的政策为后来的文帝、景帝所继承，中国社会出现了几十年的繁荣，史称"文景之治"，避免了秦朝二世而亡的命运。从此以后，中华帝国进入了合久必分，分久必合；治久必乱，乱久必治的循环，有两千年之久。在这两千年中，人们但见这些帝王将相和敢于造反的英雄豪杰活跃在历史舞台上，其中不乏优秀的杰出人物，也有不少大奸大恶之徒，但在帝王中除了开国之君、中兴之主和胡作非为的亡国之君而外，多数是平庸之辈，全靠祖宗打下的基业比较牢固才能把统治维持下去。甚至出现慈禧太后这种人物，她毫无治国才能，仅凭皇帝生母的身份和满脑子阴谋诡计，竟能掌握中国最高统治权达 47 年之久，成为封建顽固势力的最大代表，大大阻碍了中国社会的发展。这不过是 100 年前的事情，按今天的情况来看，慈禧太后这种人物竟能占据最高统治权如此之久，确是难以思议！这种现象不能单单以个人的品质来解释，而只能以时代的发展水平来解释。中国封建社会史上似乎都是些特殊个人在活动，正是因为人的自觉性低，通过种种手段而跃居高位的人就似乎能主宰一切了。正如恩格斯所说："如果说它在我们看来终究是恶劣的，而它尽管恶劣却继续存在，那么，政府的恶劣可以从臣民的相应的恶劣中找到理由和解释。当时的普鲁士人有他们所应得的政府。"① 这里的"它"是黑格尔时代的普鲁士政府。

---

① 《马克思恩格斯文集》第 4 卷，人民出版社 2009 年版，第 268 页。

在 20 世纪，世界各国的发展水平各不相同，人民群众的自觉性也各不相同，因此，特殊个人在各个国家的作用的大小也各不相同。就资本主义国家而言，发达国家的民主制度比较健全，国家领导人替换比较正常，例如美国总统任职最多不超过 8 年，任满退位，由新选出的总统接任。其他发达国家的最高领导人的更换也都能和平地进行，没有人利用，也没有谁敢利用自己的军政大权强行继续执政。但发展中国家的领导人的更换往往要通过政变的途径甚至通过残酷的战争才能实现，显示了特殊个人的更大的作用。这只能用这些国家的社会发展水平的高低来解释。应该指出，资本主义制度对于发挥人的自觉性具有不可克服的限制，那就是统治者与被统治者的关系从根本把广大人民群众排斥于国家事务之外。

按照社会发展水平，社会主义国家中人的自觉性应该高于资本主义国家，因而在国家事务中人民群众的作用应该比特殊个人更为显著。马克思在 130 年前描绘的巴黎公社可以说是社会主义国家的雏形，在公社的公共事务中活跃的是广大人民群众，而不仅是少数特殊人物。他指出：巴黎公社"实质上是工人阶级的政府，是生产者阶级同占有者阶级斗争的产物，是终于发现的可以使劳动在经济上获得解放的政治形式。"① "公社是由巴黎各区通过普选选出的市政委员组成的。这些委员是负责任的，随时可以罢免。其中大多数自然都是工人或公认的工人阶级代表。公社是一个实干的而不是议会式的机构，它既是行政机关，同时也是立法机关。警察不再是中央政府的工具，他们立刻被免除了政治职能，而变为公社的负责任的、随时可罢免的工作人员。所有其他各行政部门的官员也是一样。从公社委员起，自上至下一切公职人员，都只能领取相当于工人工资的报酬。从前国家的高官显宦所享有的一切特权以及公务津贴，都随着这些人物本身的消失而消失了。社会公职已不再是中央政府走卒们的私有物。"② 巴黎公社只是社会主义国家的一个雏形，本身还不是十分完善的，不一定适应于所有的社会主义国家，后来的苏联、中国及其他社会主义国家有选择地采取了它的一些原则，我们所关注的是，在像巴黎公社这种社会主义制度中人民群众的自觉性远远高于资本主义制度，特殊个人的作用也不像在资本主义制度中那样显著了。我们完全有根据设想，在共产主义社会中，

---

① 《马克思恩格斯文集》第 3 卷，人民出版社 2009 年版，第 158 页。

② 同上书，第 154—155 页。

每个人都有可能得到自由而全面的发展，其自觉性可以提高到很高的水平，对社会的发展发挥着十分明显的作用，而特殊个人的作用就不会比一般个人超出多少。

以上所谈这个规律的表现是就人类社会发展的一般情况讲的，但各国的发展是非常复杂和曲折的，例如中国，在过去一个世纪里就从封建社会过渡到了社会主义社会，中间经历了半封建半殖民地社会和新民主主义社会，超越了充分发展的资本主义社会，这就使人的发展的规律在中国表现为纵横交错、多姿多彩的现象，如何认识这些现象，还须作进一步研究。

7. 人的发展的不自由性、片面性递减和自由性、全面性递增的规律

这个规律的主要内容是：每个人的自由而全面的发展是人的发展的理想状态，这只有在共产主义社会中才能基本达到。与这种状态相对立的是不自由的片面的发展，人的发展是这两方面相互消长的过程，亦即与社会发展过程相适应，积极方面逐渐增长、消极方面逐渐减少的过程。

人的自由而全面发展的思想是马克思提出来的。《共产党宣言》中的名言："在那里，每个人的自由发展是一切人的自由发展的条件"，"那里"就是共产主义社会，所以马克思又把共产主义社会称作"自由人的联合体"。他有时也提人的全面发展，最完整的提法是人的自由而全面的发展，认为它是个人在共产主义社会中的主要特征。

什么是人的自由而全面的发展呢？显然，不能作绝对的理解，把自由的发展说成绝对自由的发展，想怎么发展就怎么发展；把全面的发展说成绝对全面的发展，无所不知，无所不能。人的发展都是相对的，总是一个过程，没有任何限制的自由发展和最后的绝对全面发展是不存在的。共产主义社会中人的自由发展是相对于过去社会中人的发展不自由而言的。在过去社会中，人的发展首先受到为生计而劳动所限制，其次为阶级剥削和阶级压迫所限制（剥削对剥削者也是一种限制），第三为社会传统、家庭影响、个人经历中形成的错误观念、偏见、成见所限制。这就是对人的发展的三大限制：生产力、社会制度和思想观念。人的全面发展是相对于过去社会中人的片面发展而言的。人的发展不全面是由于人的发展的不自由造成的，人们经常谈到的人的发展的片面性有：人的素质的片面性、人的分工的片面性、人的思想行为的片面性。人的素质的全面发展是人的德智体美劳的全面发展。劳即劳动，广泛一点讲，就是动手、实践的能力。这五种素质，对每个人讲，缺一不可。旧式分工往往把一个人限制在一种行

业、一种专业，甚至一个工种，但分工上的全面性不是要求一个人无所不能，行行精通，而只是使他或她能够根据个人的愿望或社会的需要易于转移自己的行业或工种。思想行为的片面性造成许多思想怪僻、行为乖张、甚至反社会，反人类的人们。共产主义社会中的理想人格则是自由全面发展的人，他们具有共产主义自觉性和德智体美劳的全面素质，而且随着共产主义社会的发展，这些品质也将不断发展，使人的发展的自由性与全面性发展到更高的水平。

对于自由而全面发展的人的大批出现，共产主义社会的实现是其现实的必要的前提，但历史的前提，即自有人类以来人的发展的自由性与全面性的逐渐增加和不自由性与片面性的逐渐减少，也是必要的。人之所以达到自由而全面的发展，可以说是由于人类社会几十万年以来在实践基础上经过艰苦卓绝的努力而逐渐积累的结果。动物是没有任何自由发展可言的，人的自由发展开始于人对自然界的最初的有意识的改造，例如利用自己制造的工具从事采集和渔猎，这种活动使人发展了最幼稚的智力、技能和语言以及其他素质。但这时人的改造自然和认识自然的水平是很低的，这就限制了人的发展，因此，生产力水平提高也就提高了人的发展的自由性和全面性。几十万年的人类社会历史中，生产力也有停滞甚至倒退的时候，但从整体上讲，它始终是一个不断前进的过程，因此，就人与自然的关系讲，人的发展也是一个越来越自由、越全面的过程。

就人与社会的关系而言，人的发展也是一个越来越自由越全面的过程。人之所以为人与其社会性是分不开的，人的实践活动总是社会性的。人类社会在其出现之初规模狭小，关系简单，主要社会组织是部落、部族、公社，人的活动范围很小，社会交往很少。随着生产力的发展，特别是产品交换开始以来，人们之间的交往才日益扩大。国家的出现，特别是大国的出现不但扩大了国内交往，而且出现了国际关系。资本主义出现以后，各国交往由于市场的作用日益频繁，致使马克思提出世界历史的概念，今天世界理论界提出全球化的概念。人的日益扩大复杂频繁的交往具有两面性，既有交流、互助、合作，也有冲突、斗争、战争；既有推动社会发展的一面，也有阻碍社会发展的一面；就人的发展而言，既有推动人的自由全面发展的一面，也有限制人的自由全面发展的一面。某种社会制度在一定条件下对人的发展起严重的阻碍作用是经常发生的，例如几种剥削制度在其没落时期对人的发展的阻碍作用是很明显的，当代西方马克思主义的一些学者强烈谴责资本主义制度把人变成单向度的人甚至畸形的人，是很有道理的。但是从整个过程来说，人类社会的发展总是促进了人的自由全面的发展，因为生产力的发展不仅推动了人对自然界的认识，而且推动了人对社会的认识，推动了认识史、科学史的发展，从而使人在改造自然和改造社会时提高了自觉性。

就人对自己的认识而言，人的发展也是一个越来越自由、越全面的过程。人对世界的认识，就对象而言，开始和发展得最早最快的是自然界，其次是人类社会，对人自己的精神现象的认识最晚也最慢，因为精神现象无影无形，难以捉摸。人的精神现象包括思想、感情、价值观等，十分复杂。随着人类社会的发展和科学的发展，人的主观世界也在发展，日益丰富，日益自由和全面，虽然其中也有不少错误的或过时的东西，不少成见和偏见，这些东西也阻碍着人的自由而全面的发展。

剥削制度对于人的自由全面发展起什么作用，是一个有争议的问题。有的人认为它只有阻碍作用，单向度的人、片面的人、畸形的人就是剥削制度的产物。这种观点不是毫无根据，但剥削制度在人类社会历史发展的过程中有其不可替代的作用，即推动作用，从而也对人的自由全面发展有不可抹杀的积极作用，例如没有奴隶制就不会有古代的文明；没有资本主义，就没有现代的文明。当然，它们的作用也是有局限的，只有在共产主义社会里，人的自由而全面的发展才能真正实现。

中国是一个发展中的社会主义国家，其经济政治制度比起资本主义国家来更有利于人的自由全面发展，但它的生产力和科技水平还大大落后于发达的资本主义国家，特别是在世界范围内资本主义制度还处于主导地位，再加上资本主义文化对我国的包围与渗透，所有这些都极大地限制我国人民的自由而全面的发展。但这绝不是说，我国的先进分子中不可能出现自由而全面发展的人，我国的共产党员、干部和先进分子不能以自由而全面发展的人作为自己追求的目标。江泽民同志在《在庆祝中国共产党成立 80 周年大会上的讲话》中多次提到"我们要在发展社会主义社会物质文明和精神文明的基础上，不断推进人的全面发展"。他明确指出共产主义社会的三个最主要的特点，他说："共产主义社会，将是物质财富极大丰富，人民精神境界极大提高，每个人自由而全面发展的社会。"这三个特点是同"三个代表"的思想一一相应的：物质财富极大丰富就是先进生产力的发展要求，人民精神境界极大提高就是先进文化的前进方向，每个人自由而全面的发展就是共产主义社会中最广大人民的根本利益。前两者是易于理解的，如何理解第三条呢？我们认为最广大人民的根本利益是与时俱进的，在社会主义初级阶段，最广大人民的根本利益就是建设现代物质文明；在达到中等发达的水平之后，最广大人民的根本利益就是建设现代精神文明；在共产主义社会，物质利益与精神利益都充分满足了，人民需要的就是自由而全面的发展了。"我们是最低纲领与最高纲领的统一论者。"（江泽民）社会主义初级阶段是共产主义的开端，共产主义社会是社会主义建设的长远目标，它们是一脉相承的。我们不能等共产主义社会到了才谈自由而全面的发展，现在就应该向这个方向走去。新中国成立以来，中国共产党的领导人没有明确提过人的自由而全面的发展，改革开放以后马克思的这个思想受到马克思主义理论界的广泛的关注和阐发，这与邓小平提出的"有理想、有道德、有文化、有纪律"的社会主义新人的观点是一致的，同党中央提出的建设社会主义精神文明是一致的，与教育界提出的全面素质教育的思想是一致的。江泽民同志作为党和国家最高领导人，第一次向全国人民提出人的自由而全面的发展的追求目标，这是有重大的理论意义和现实意义的。

四　关于人道主义和异化问题的讨论[*]

这是 20 世纪 80 年代初的一场集中而热烈的论战。"异化"谈的是人的异化或人的本质的异化，是人道主义历史观的主要观点之一，并不是人道主义之外的什么问题，因其重要而与人道主义并列。

这场讨论是真理标准讨论的继续。既然理论的是非由实践来判断，而不是由书本来衡量，又正值人们在清算"四人帮"在"文化大革命"中的罪行，包括反人道的罪行，人们很自然地联想到过去几十年理论界一般地否定人道主义、简单地斥之为资产阶级思想是否正确。问题一提出，很快得到响应。20 世纪 70 年代末到 80 年代初报刊上发表了大量研究人道主义的文章。论者无人坚持过去完全否定人道主义的观点，普遍认为人道主义值得肯定，有必要肯定。但是怎样肯定呢？有两种对立的观点逐渐凸显出来：比较流行的观点认为，过去否定人道主义是完全错误的；人是马

_____

　　* 本文发表于《北京大学学报》2010 年第 1 期。

克思主义的出发点和归宿，马克思主义就是现代的科学的人道主义，人道主义是马克思的价值观，也是他的世界观（历史观）；马克思自始至终都是一个人道主义者，他的异化理论是其人道主义的理论基础，王若水是这种观点的代表。对立的观点则认为，不能笼统否定过去对人道主义的批判，但也不能笼统肯定，必须加以分析，取其精华而去其糟粕；马克思主义的出发点是人类社会，社会是由人构成的，人的问题也是要解决的，但不能摆脱社会而把人摆到第一位，马克思主义首先解决社会、阶级、群众的问题，在这过程中解决人的问题；马克思青年时期曾经是人道主义者，当他用唯物主义历史观取代人道主义历史观时，即从空想社会主义过渡到科学社会主义，这就是马克思主义的诞生。北京大学哲学系的马克思主义哲学教师们也持这种观点。这种争论延续到 1983 年纪念马克思逝世 100 周年时达到了高潮。

为了召开纪念马克思逝世 100 周年的理论研讨会，1982 年北京大学哲学系组织本系教师撰写纪念文章，后把这些文章编辑成书，以《马克思主义与人》为题于 1983 年初由北京大学出版社出版。中共中央宣传部、中央党校、中国社会科学院和教育部拟于 1983 年 3 月联合召开《全国纪念马克思逝世 100 周年学术报告会》，向各单位征求文章，北大推荐我发表在这本论文集中的文章《关于人的若干理论问题》应征。会议邀请我参加，但当会议于 3 月 7 日开幕时，我因早几日参加《中国大百科全书·哲学》卷第 1 版的工作会议离不开，只得告假。《报告会》是在中央党校召开的，原定开 3 天，只开了两天就休会了。不久，当时任中宣部理论局局长的卢之超到《大百科》会议地点找我，说《报告会》之所以休会是因为周扬在会议开幕式上作了题为《关于马克思主义的几个理论问题的探讨》的长篇发言，会后有人对发言的倾向有不同看法，提出发言的倾向是不是代表了党中央的观点的问题。会议领导小组认为报告会是学术性的，不是宣示党中央观点的地方，应该有不同倾向的声音。会议拟在第 3 天即会议最后一天组织几个具有不同倾向的发言。卢之超说我提交的论文具有不同的倾向，希望我作一个发言。我说文章既已提交会议，再去宣读一下，当然可以。3 月 13 日开会时，我第一个发言，由于文章太长，大致读了两小时。后来发言的上午还有中国社科院的王锐生，下午有人民大学的靳辉明、《文艺评论》的唐达成。紧接着，周扬的文章在《人民日报》上全文发表，我的文章由于太长，只发了后半的三个问题（共六个问题），王锐生、靳辉明、唐达成的文章也发表了摘要。我的文章后来在《哲学研究》上全文发表，全国有许多报刊作了转载。1984年初胡乔木在中央党校作了《关于人道主义和异化问题》的长篇报告，后发表于中央党校主办的《理论月刊》第2期上，不久出单行本。文章反对把人道主义同马克思主义混为一谈，主张具体分析人道主义的不同含义，认为应区分人道主义作为世界观和历史观的含义与作为伦理原则和道德规范的含义，前者是与历史唯物主义根本对立的，后者可以经过改造而成为社会主义人道主义。文章发表后，由于胡乔木是主管党的主管理论工作的领导人，一般认为这是党中央为人道主义讨论作了结论，讨论就基本上停息下来了。但理论界并未真正取得共识，仍不断有文章表示不同的意见。特别是在党中央提出"以人为本"作为科学发展观的核心原则之后，有的论者认为这就是对人道主义（人本主义）的全面肯定，胡乔木的文章对人道主义的分析是难以成立的。在我看来，不能把胡乔木发表文章看成新中国成立初年那种对学术讨论的行政干预，胡乔木虽然是理论工作的领导人，也应该有发表自己见解的权利，实际上也不断有人反驳他的观点，他发表文章并未超出学术活动的范围，他提出的问题至今仍然在讨论。回顾过去的争论，我认为有几个问题要搞清楚：第一，人道主义思想在历史上从价值观向历史观的发展。人道主义（humanism）作为一种自觉的思想，即承认自己与他人都是人，人人平等，每个人都应享有生存与发展的权利，最早出现于14、15世纪的西欧文艺复兴运动中。当时新兴资产阶级以人道主义为思想武器反对神权、君权，捍卫人权；反对等级制度，争取人的平等权利；反对专制主义，提倡民主主义。但这些人道主义思想不是以理论形式，而是通过多种文学艺术作品表现出来的，故中文把文艺复兴运动中的人道主义译为人文主义。

用理论形式来表达人道主义思想的是17、18世纪欧洲的启蒙运动，人道主义理论可以说是启蒙运动的最高理论成就，其内容主要是人道主义思想的系统化和人道主义从价值观向历史观的发展。启蒙运动的思想家们提出了关于人的本质或人性、人的本质的来源、人的本质的发展、人的本质发展的历史作用、人道主义思想在资产阶级革命中的作用等观点，就在人道主义思想理论化、系统化中，人道主义从价值观发展为历史观。在文艺复兴时期，人道主义要解决的是人的自我价值问题，即人的地位问题和人际关系问题。它主张尊重人，平等待人，把人当人看，反对等级制度和身份上的不平等的现象。这就是说，人道主义仅仅是一种价值观。而启蒙运动时期的人道主义思想家们则把人的本质的变化发展看成人类社会历史发展的动力，即以人的本质的变化发展、人的自我价值的实现状况的变化发展来解释历史，这样，人道主义就不仅是价值观，而且是历史观了。例如当时著名的资产阶级民主革命思想家卢梭认为人是生而自由的，人类最初就生活在这种自由的自然状态中，这时不平等几乎不存在。后来这种自然状态中的人们遇到了生存的困难，只有组织起来才能克服这些困难，于是人们通过契约形成社会和国家，把自己的自由转让给社会和国家，或者说以天然的自由换来了契约范围内的自由。这就是流行于启蒙思想家中关于社会、国家和法律起源的社会契约论。这样便产生了社会中的不平等，因为契约限制了弱者的自由，把权力给了强者和富人，统治者野心越来越大，用暴力加强对人民的统治和奴役，使人民遭受着贫困和痛苦的折磨。统治者变成了暴君。这种状态不断加剧，人民的痛苦达到忍无可忍的地步。"一到人们能够把他撵下台的时候，他就抱怨暴力了。以绞死或废黜一个暴君为目的的暴动，乃是与他昨天处置臣民生命财产的那些暴行同样合法的行动。支持他的只有暴力，推翻他的也只有暴力"。暴力革命的结果应该建立起民主共和国，恢复人民的自由和平等。卢梭说他的这些思想是"从人性中推出的"。

卢梭把自由、平等看成人性或人的本质，社会和国家使人的本质逐渐丧失，只有革命才能恢复人的本质，这就是历史的演变过程。这样，在卢梭那里，人道主义就不仅是一种价值观，而且是历史观了。后来德国新兴资产阶级思想家费尔巴哈也把人的本质看成历史发展的动力，用人的本质的变化发展来解释社会的变化发展，不过与他的先行者不同，他把人的本质理解为人的理性、感情和爱，并以此来批判宗教，认为理性的迷误，即理性的丧失，就是宗教的起源。他因此提出了他的著名论点：不是上帝创造人，而是人创造上帝。他认为应该扬弃宗教和上帝，但并不消灭宗教，而是创立新的宗教，即人的宗教，人就是宗教的上帝。他明确使用"异化"概念来表达这个过程：历史是人的本质的异化和异化的扬弃，即人的本质的恢复。从这两个例子中可以看出，卢梭和费尔巴哈的人道主义理论在具体内容上有所不同，但其思路是一致的，其基本观点是相同的，在他们的思想中人道主义不仅是价值观，而且是历史观。

第二，马克思实质上保留了人道主义价值观，抛弃了人道主义历史观。马克思主义与人道主义的关系是理论界争论不休的问题之一，这也是马克思青年时期思想发展过程中的关键问题之一。马克思青年时期是人道主义者，后来成为马克思主义的开创者，对此人们没有争议。分歧在于一种观点认为他创立马克思主义之后仍是人道主义者，因为他创立的马克思主义也是现实的人道主义；另一种观点认为马克思主义与人道主义乃是两种根本不同的思想，不能说他仍是人道主义者。这后一种观点中又有两种看法，一种看法认为马克思主义与人道主义是完全对立的；另一种看法则认为马克思对人道主义有所取舍，即抛弃了人道主义历史观，保留并改造了人道主义价值观。我是赞同这后一种见解的，为了说明这个问题，我们先谈一下西方空想社会主义的观点。

时间推移到 19 世纪，人道主义历史观得到普遍接受，只是当时的先进思想家们对推动历史前进的人的本质是什么理解各有不同，其中占主导地位的是把人的本质理解为理性。但是持这种唯心主义历史观的人对于恢复人的理性后所应达到的目标又有不同理解。上面谈到过启蒙思想家认为人的本质的恢复就是民主共和国，实际上这只是一种私有制取代了过去的私有制，人民仍然得不到真正的解放，仍将生活在灾难和痛苦之中。当时代表新兴的产业工人利益的一批思想家认为公有制才是符合人的本质的经济制度，才是理性的真正的恢复。这就是空想社会主义，代表处于自发阶段的现代无产阶级的思想。

青年时期的马克思最初接受的社会主义思想就是这种空想社会主义，他所持的历史观仍是这种以人的本质来解释历史的人道主义历史观，马克思在其《1844 年经济学哲学手稿》中有明确的表达。他认为历史发展到今天的资本主义社会是人的本质异化的结果，下一步将是异化的扬弃，即私有制为公有制、资本主义为社会主义所取代。但马克思所理解的人的本质与过去不同，它不再是理性而是劳动、实践，人的本质的异化不是什么理性的迷误，而是劳动的异化。什么是劳动的异化呢？他举出了四种表现或深浅程度不同的四个层次：一、劳动成果的异化，即劳动创造的财富不但不归劳动者享用，而是反过来压迫劳动者，生产得越多，压迫他的力量越大，他也越贫穷；二、劳动活动的异化，即劳动者在劳动中备受折磨与伤害，使他不但感不到轻松与快乐，而是感到难受与痛苦；三、人作为人的异化，即人不再是人，因为人的劳动不再是人的本质的实现，而仅仅是谋生的手段，人实质上成为动物一类的东西；四、人从人那里的异化，即人的关系的异化，就是说，劳动产品、劳动活动和人的类本质的异化都是由于有一个对立者拿走了产品，支配着劳动者的劳动的结果，这个对立者就是资本家。但人的本质的异化，即私有财产终归是要被扬弃的，人的本质是会被人重新占有的，这就是社会主义。马克思就这样用劳动异化，即用人的本质的异化来解释资本主义的出现和用人的本质的复归来解释社会主义的实现。可以明显看出，劳动异化理论的思想仍然是人道主义历史观的思想，但是他对人的本质的理解已突破了唯心主义历史观的范围，他已认识到人的本质不是纯主观的东西，而是某种客观的实在的东西——人的生产实践或者说人的社会实践，这是劳动异化理论中的唯物主义因素，他后来运用唯物主义观点深入研究人的劳动以及人的经济生活、经济关系、阶级关系，不久，他和恩格斯就在《德意志意识形态》中批判了唯心主义历史观，提出了唯物主义历史观，即用生产实践中的生产力和生产关系、经济基础和上层建筑的矛盾运动来解释人类社会的发展。他们明确批判人的本质的异化或人的自我异化的观点，没有提到《手稿》中的劳动异化理论（这可能是因为《手稿》没有发表过），但《形态》中的唯物主义历史观与劳动异化理论所表现的历史观显然是根本不同的。马克思和恩格斯以后的理论工作都是沿着唯物主义历史观的逻辑前进的，马克思虽然还在使用异化概念，却再也没有谈论过劳动异化理论或人的本质的异化理论。科学社会主义的理论前提是唯物主义历史观，不是劳动异化理论，更不是人道主义历史观。理论界公认《德意志意识形态》以及《关于费尔巴哈的提纲》是马克思主义，即科学社会主义诞生的标志，认为《1844 年经济学哲学手稿》是过渡性著作，这是有充分根据的。

　　但是，人道主义还有价值观这一方面，马克思是不是连这一方面也否定了？马克思没有作过这种价值观与历史观的区分，更没有对这种区分作过论述，上面我们说他否定了人道主义历史观，这一结论是分析他的著作后作的推论，对人道主义价值观他的态度如何，也只能如此推知。马克思和恩格斯多次批评或讽刺过"抽象的人"和"抽象的人的本质"；多次批评过德国"真正社会主义"的"爱的呓语"，即在阶级压迫十分严重的社会中宣扬什么普遍的爱；又多次批评过资产阶级的人权观的虚伪性和欺骗性。但他们没有根本否定人的本质、人权等概念，相反，他们一贯主张全人类的解放、人的自由而全面的发展等，赞同这些因素的重要作用，这就是对人道主义价值观的肯定。当然对于资产阶级人道主义的价值观，马克思也没有笼统肯定，而是有分析地肯定和改造，改造后的人道主义价值观，不再是资产阶级的意识形态，而是属于马克思主义范围。

第三，1980 年中国人道主义讨论是人道主义思想上的重大突破。马克思只是实质上区分了人道主义历史观与价值观，并没有明确作过这种区分，这就为后来的马克思主义者留下了不同理解的空间。强调人道主义价值观的马克思主义信奉者，可能连人道主义历史观也肯定了，他们忽视马克思青年时期从唯心主义历史观向唯物主义历史观、从空想社会主义向科学社会主义的转变；重视青年马克思思想转变的马克思主义信奉者则可能连人道主义价值观也否定了。前一种倾向由于 20 世纪 30 年代马克思的《1844 年经济学哲学手稿》的出版而大盛于西方，特别是在"二战"之后，人道主义思潮更是汹涌澎湃，普及于全世界，西方马克思主义中的人道主义流派是马克思主义者中的主要代表。后一种倾向则主要流行于苏联建国之后，在苏联人道主义处于被批判的行列，直到 50 年代赫鲁晓夫执政后举起人道主义旗帜；在中国革命过程中和新中国成立以后，人道主义也一直是受批判的，直到改革开放时期。这无疑同当时残酷的斗争环境有关，虽然在战争中也实行"革命人道主义"，从根本上说对人道主义是完全否定的。"文化大革命"中发生的反人道主义暴行警示人们重新思考对人道主义的态度，人们陷入了沉思：人道主义不能完全否定，但马克思主义却是在批判人道主义中产生的，那么，问题在哪里呢？经过不同见解的对话和交锋，有些论者逐渐意识到，必须把传统的人道主义一分为二，保留其积极方面，抛弃其消极方面，像我们对待许多传统思想那样有批判有继承。那么，怎么分析人道主义呢？胡乔木在 1984 年初的文章中总结了当时的讨论，主张把传统的人道主义分析为"世界观和历史观"与"伦理原则和道德规范"两个方面，否定前者而吸收后者并加以改造而成为社会主义人道主义。我想指出的是，这个结论并不是他的独创，而是对当时许多学者的观点的总结。例如我向中央党校报告会提交的论文《关于人的理论的若干问题》中就表露了这种思想，虽然还没有提出类似的说法。在文章的第 5 节《科学共产主义就是人道主义吗？》中，我认为不能说二者之间毫无共同之处，但也不能把二者混为一谈。接着我就对人道主义的内涵进行分析。在我看来，人道主义承认人的价值和尊严以及人的自由平等的权利的观点可以从工人阶级的立场加以吸收，我们在实际生活中也是贯彻了这个原则的，叫做革命人道主义，但人道主义作为历史观与科学共产主义有原则上的区别，绝不能把共产主义归结为人道主义。我进一步论述了马克思的思想转变，指出他的劳动异化理论虽然对人的本质的理解有所突破，仍属于人道主义历史观的范畴，这点他在《手稿》中已明确点破，但在《形态》中就明确批判了这种异化理论，虽然他没有说这是他的自我批判。他的原话是："哲学家们在不再屈从于分工的个人身上看到了他们名之为'人'的那种理想，他们把我们所阐述的整个发展过程看做是'人'的发展过程，从而把'人'强加于迄今每一历史阶段中所存在的个人，并把他描述成历史的动力。这样，整个历史过程被看成是'人'的自我异化过程，实质上这是因为，他们总是把后来阶段的普通个人强加于先前阶段的个人，并且以后来的意识强加于先前的个人。由于这个本末倒置的做法，即一开始就撇开现实条件，所以就可以把整个历史变成意识发展的过程了。"① 其他地方也有类似的分析。有人认为胡乔木把人道主义区分为两个方面的观点之所以流行是由于他的政治地位，我认为这种说法与事实不符。这一观点的提出是中国理论界经过反复讨论的结果，是人道主义思想史上的重大突破，它实际上继承了马克思的思想，澄清了人道主义头上的迷雾，使我们能够正确地对待人道主义——理直气壮地反对人道主义历史观，热情洋溢地提倡和弘扬人道主义价值观。

第四，价值观与历史观有区别，有联系，人道主义价值观应以唯物主义历史观为理论前提。胡乔木提出的对人道主义一分为二的观点遭到一些论者反对，反对的理由主要是：如此区分就把历史观与价值观割裂开来了，它们是统一的。为什么不能区分呢？区分就是割裂吗？其实，没有区分就没有统一，统一离不开区分，问题在于怎么区分，区分不一定是割裂。在我看来，把人道主义区分为价值观与历史观是符合人道主义思想发展的实际情况的，这点我前面已作了说明。正是因为启蒙学者从其价值观（每一个人都应享有自由平等）导出历史观（人类社会的发展将使人得到自由平等），这种历史观只能是唯心主义的。马克思发现了人类社会的客观存在（生产和生产方式）的矛盾运动，从而发现了社会发展的客观规律，以这种科学认识来指导无产阶级的革命和建设实践，才能使人类社会经过无产阶级和人民的解放达到全人类的解放。因此，以人道主义历史观为指导只能成为空想社会主义，其价值观是不能实现的；而以唯物主义历史观为指导则成为科学社会主义，其价值观是可以实现的。总之，在空想社会主义那里价值观和历史观诚然是统一的，但在这个统一体中，价值观是历史观的理论前提；在科学社会主义那里，价值观和历史观也是统一的，但在这个统一体中，历史观是价值观的理论前提。

关于历史观与价值观的关系问题，理论界讨论很少，值得进一步加以讨论，但有些观点已经触及这个问题。有的人认为价值观比历史观更根本、更重要，因为价值观体现人的根本利益，而历史观只涉及达到人的根本利益的方法问题。实践的目的很重要，但目的不仅是由价值观规定的，历史观对于正确规定目的也很重要，甚至说更根本。科学社会主义与人道主义社会主义的区别不仅在道路上、方法上，目的也不完全相同，人道主义社会主义的着眼点是个人，忽视了人民和工人阶级的根本利益，而科学社会主义的着眼点最后是全人类的解放，每一个人的自由而全面的发展，但它首先的目的是人民和工人阶级的解放，把个人的利益同整体的利益结合起来，在实现整体利益中实现个人的利益。历史观之所以比价值观更根本，是因为历史观在理论关系上高于价值观，历史观要处理的对象是人类社会实践的整体，而价值观要处理的对象只是实践的一个方面——评价活动，价值观当然会作用于历史观，但从根本上说，价值观受历史观的指导，正如历史观要受世界观的指导一样。

第五，把人道主义区分为价值观与历史观不但具有重要的历史意义和理论意义，而且具有重要的现实意义。前面我曾提到，有了这种区分，我们就可以理直气壮地抛弃人道主义历史观，热情洋溢地提倡人道主义价值观。这是有感而发的。在我看来，实际的情况远非如此。我们至今还没有把人道主义价值观摆到应有的位置上，在我国的道德体系中不见人道主义的身影，既非家庭美德，又非职业道德，也非社会公德，其实它是一切道德的起点，是起码的道德原则。人道主义道德原则，不过是承认每一个人的平等地位，自己是人，他人是人，人人平等。其实，一切道德原则都是处理人与人之间的关系的原则，没有人人平等的人道主义意识，还谈得上什么家庭之爱、朋友之谊、社会公正以及对社会、国家、人类之爱呢？当然还有爱，但那种爱只能是人对自己的所有物的爱、对宠物的爱，高兴时爱，不高兴时可以随便毁坏；对己有利时爱，无利或不利时则毁之。有的人当爱情破裂时便把对方杀死，如果他或她有一点点人道主义意识，就下不了手。所以我曾主张从幼儿园教育入手帮助孩子们从小养成人道主义意识，以后在家庭教育、学校教育、社会教育中旗帜鲜明地提倡人道主义价值观，这对于建设社会主义精神文明和中国特色的先进文化无疑会起巨大的积极的推动作用。

这种区分对于正确理解党中央提出的"以人为本"原则也是有意义的。这里涉及一些理论问题：以人为本是不是人本主义？以人为本在科学发展观中处于什么地位？以人为本在中国特色社会主义理论体系中处于什么地位？这些问题的正确解答都有赖于把人道主义的含义区分为价值观和历史观。

有的论者认为以人为本不是人本主义，以人为本是中国化马克思主义的术语，而人本主义就是人道主义的另一种译法，与人道主义是完全一致的，不能把以人为本与人本主义混为一谈。说以人为本不是人本主义，是难以令人信服的。顾名思义，人本主义只能解释成以人为本，二者除了字面上的区别而外，很难找出其他区别。与其说以人为本是马克思主义的，人本主义是非马克思主义的，毋宁说我们可以把以人为本区分为价值观和历史观，正如我们把人道主义或人本主义区分为价值观与历史观那样，以人为本价值观可以被接纳入马克思主义理论体系之中，以人为本历史观则是唯心主义的。

党中央提出的科学发展观正是把以人为本看成科学发展观的价值观，而不是把它看成历史观。科学发展观要解决的是中国特色社会主义社会的发展问题，其根本指导思想是唯物主义历史观以及更高的辩证唯物主义世界观，而绝不是以人为本历史观。它如果以以人为本历史观作为根本指导思想，就会变成空想社会主义发展观，而不再是科学社会主义的发展观，不再是中国特色社会主义社会的发展观，不再是科学发展观。以人为本原则规定了科学发展观的价值取向。中国特色社会主义社会的发展为了谁？为了中国人民的根本利益，这就是以人为本在科学发展观中的恰当位置。作为价值观，这也是以人为本在马克思主义理论体系中的恰当位置。

五 马克思主义、人道主义
与人学学科建设[*]
——兼介绍《人学理论与历史》

　　《人学理论与历史》是北京市社会科学"九五"规划中的一个重点项目，是一个人学学科建设的重点工程，它的最终成果是三本书：《人学原理》《西方人学观念史》和《中国人学思想史》，它们分别由陈志尚教授、赵敦华教授和李中华教授主编，现在已由北京出版社出版。

　　为什么我们要这样来进行人学的学科建设呢？

　　人学作为一门学科在我国过去是没有的，它的出现始于 20 世纪 80 年代初关于人道主义和异化问题的讨论，在讨论过程中，人们才逐渐意识到人学学科建设的必要。从那次讨论以后，出版了多种《人学原理》《西方人学思想史》《中国人学思想史》《世界人学思想史》等专著，论文就更多了，但是把人学原理和人学思想史结合起来做一个整体研究，这在人学发展史上还是第一次。为什么要这样做呢？为了说明这个问题，我认为有两个层次的问题要谈一下。第一个层次就是为什么要建设人学学科？第二个层次就是怎样建设人学学科？要说清楚这些问题，有必要追溯一下马克思主义与人道主义的关系。

（一）马克思主义是由人道主义演变而来的

　　人道主义的发源地是文艺复兴时期的欧洲，它最初是资产阶级的意识形态，即民主主义的理论基础。启蒙运动的思想家们用人道主义来反对封建统治和论证民主主义。他们认为，为什么要用民主主义取代封建专制呢？因为民主主义才是符合人性的，即人道主义的，而封建专制是违反人性的、反人道主义的。空想社会主义接过了人道主义论据，认为资本主义制度中资产阶级统治工人阶级，这种制度也是违反人性的、反人道主义的，只有社会主义才是符合人性的，人道主义的。这种以道德原则来论证社会主义的学说，就是空想社会主义，或曰伦理社会主义。

---

　　* 本文发表于《人学的科学之路》，河南人民出版社 2011 年 3 月出版；《中国特色社会主义研究》2005 年第 4 期。

马克思主义的创始人马克思和恩格斯也经历过从民主主义转变为空想社会主义的过程。他们都曾经是新黑格尔派的成员和激进民主主义者，在1842年前后由于革命形势和费尔巴哈的影响，他们在哲学上从唯心主义转向唯物主义，但这种唯物主义只限于自然观，而在历史观上他们仍然是唯心主义者，即人道主义者。而在政治上他们已从民主主义者转变为社会主义者，那时即空想社会主义者，他们的人道主义已不同于民主主义的人道主义。就马克思来说，他的人道主义不是人的理性异化论，而是人的劳动异化论，这就是马克思在《1844年经济学哲学手稿》中所表述的劳动异化论，这种理论认为人类社会的历史发展过程是人的本质的异化和异化的扬弃的过程，但人的本质不是启蒙思想家所说的理性而是劳动，因此，这个过程就是劳动的异化和异化的扬弃的过程，劳动异化的扬弃就是公有制取代私有制，即社会主义取代资本主义。这样，马克思虽然以人的劳动代替人的理性作为人的本质，但仍然是用人道主义方法来论证社会主义，未摆脱唯心史观，仍然停留在空想社会主义的水平。不过这种观点已突破精神性的理性而过渡到物质性的实践——劳动，这就为他从唯心史观架起了通向唯物史观的桥梁。因此当他和恩格斯发现了生产活动中生产力和生产关系的矛盾是人类社会发展的基本矛盾时，唯物史观诞生了，科学社会主义出现了，他们不再需要劳动异化论了。这实际上意味着马克思主义的诞生，其标志是《关于费尔巴哈的提纲》和《德意志意识形态》，时间是1845年，主要内容是哲学（唯物史观）和社会主义理论，作为它们之间的中介的经济理论（剩余价值理论）尚处于萌芽状态。马克思主义的基本观点于1847年在《哲学的贫困》中问世，于1848年在《共产党宣言》中作了系统的表述。

由此可见，马克思主义的诞生也就是马克思和恩格斯从人道主义历史观转向唯物主义历史观，从空想社会主义转向科学社会主义的过程。显然，马克思和恩格斯已不再是一般的人道主义者。那么，能否说他们是反人道主义者呢？换句话说，从他们的思想转变过程来说，显然他们的理论已不再停留在人道主义，那么，能否说他们的理论是反人道主义呢？具体分析起来，他们反对的、抛弃的只是人道主义历史观，而不是处理社会生活和人际关系的人道主义原则或人道原则。

人道主义最初是针对封建等级制度提出来的，也就是承认任何具体的人都是人，在人格上无高低贵贱之分，都有人的尊严，都是平等的，因此，我们应该尊重人，尊重人所享有的基本人权，平等待人。后来，启蒙思想家用这样的观点来论证资产阶级民主革命，并进而用这种观点来说明人类社会的历史，于是人道主义就成了历史观。空想社会主义的历史观，包括马克思的劳动异化论，属于人道主义历史观的范围。唯物史观的出现突破了人道主义历史观，但不意味否定人道主义伦理原则。马克思和恩格斯在发表《共产党宣言》以后强调无产阶级阶级斗争、无产阶级革命和专政，揭露和批判资产阶级所宣扬的自由、平等、人权和人道主义的虚伪性和局限性，但他们从来没有抛弃人道原则，决不能说他们是反人道主义者。但是，他们本人没有从理论上明确地区分人道主义的这两个方面，这就为后来在马克思主义与人道主义的关系问题上的不同观点埋下了争论的根苗。

（二）马克思主义史中三次影响深远的人道主义思潮

马克思和恩格斯逝世后，马克思主义的传播和发展的主流是强调以唯物史观为指导从事无产阶级革命运动，在苏联和中国的革命过程中对人道主义进行了笼统的批判，没有从理论上区分人道主义历史观和人道主义伦理原则，也发生过一些违反人道主义的现象。但在马克思主义的队伍中也有人坚持以人道主义作为指导思想并取代唯物史观的地位。最早表露这种人道主义倾向的是卢森堡，但影响不大，真正形成思潮并有深远影响的有三次。

第一次是由卢卡奇开辟的西方马克思主义的人道主义思潮。卢卡奇于1923年出版的《历史和阶级意识》一书在《1844年经济学哲学手稿》于1932年公开出版之前提出了"物化"概念，其内容与马克思的"劳动异化"理论基本一致，对人类社会历史和无产阶级的历史使命作了人道主义的阐释，实际上恢复了与唯物史观相反的人道主义历史观。卢卡奇本人后来虽然作了检讨，但这一思路为霍克海默、哈贝马斯、施密特、马尔库赛、弗罗姆、列斐弗尔、萨特等人所发扬，形成了西方马克思主义中影响最大的人道主义思潮。他们坚持马克思主义就是人道主义，人类社会历史就是人的本质的异化和异化的扬弃的历史。他们尖锐批判列宁主义，反对苏联的社会主义制度，认为社会主义公有制是劳动异化的根源。由于第二次世界大战法西斯的残酷的反人道行为，这股思潮在西方曾获得广泛的传播，产生了深远的影响，至今不衰。

　　第二次是以赫鲁晓夫为代表的苏联人道主义思潮。斯大林逝世后，赫鲁晓夫为了全面否定斯大林，抛弃马克思主义的基本理论，高举人道主义旗帜，提出一切为了人，一切为了人的利益的口号，宣扬全人类利益高于一切。这种抽象宣扬全人类利益的人道主义，不但违背了马克思主义和列宁主义的基本理论，也与当时冷战局势格格不入，使赫鲁晓夫本人陷入尴尬的自相矛盾之中。但由于赫鲁晓夫身居苏联共产党最高领导人的地位，苏联理论界也掀起了一股强大的人道主义思潮，人道主义成了一切理论工作的主流。这股思潮也适应了西方人道主义思潮，以至于赫鲁晓夫下台后苏联人道主义思潮仍居意识形态主导地位，马克思主义哲学演变成了宣扬抽象的人、人性和人道主义为出发点、中心和目的的哲学。戈尔巴乔夫的"新思维"的核心也是这种抽象的人道主义。抽象的人道主义的泛滥后来成为苏东剧变的思想根源之一。

　　第三次是20世纪80年代初在中国掀起的人道主义思潮。由于赫鲁晓夫对斯大林的批判和对人道主义的宣扬受到了中国的抵制，由于中国强调的是阶级斗争理论，西方和苏联的人道主义思潮当时对中国没有发生直接的影响。"文化大革命"结束后，特别是经过真理标准问题的讨论，解放思想、实事求是的思想路线逐渐恢复，"双百方针"得到认真贯彻，在批判"四人帮"罪行和拨乱反正的过程中，人道主义问题作为一个重大理论问题提了出来。由于它所具有的马克思主义史和国际思潮的广泛和深刻的理论背景，由于"文化大革命"中反人道行为的惨痛教训所引起的对批判人道主义的反思，人道主义思潮在80年代初期呈现出汹涌澎湃的强大声势。中国理论界一致认为过去在理论上全盘否定人道主义是错误的，应该拨乱反正。但人道主义在马克思主义中应处于什么地位，或者说，它与马克思主义的关系怎样，却出现了原则性的分歧。当时一种观点认为，马克思主义就是人道主义，宣扬所谓现代的科学的人道主义，主张人是马克思主义的出发点、核心和归宿，人类社会的历史就是人的异化或人的本质的异化和异化的扬弃的过程。这种观点以青年马克思的人道主义，尤其是《1844年经济学哲学手稿》中的人道主义作为他们的最强有力的理论根据。他们所依靠的根据和提出的观点与西方马克思主义人道主义实际完全一致。另一种不同的观点则认为，对人道主义既不能全盘否定，也不能全盘肯定，而应有分析地具体对待。马克思主义包括人道主义，但不等于或归结为人道主义。用抽象的异化理论来解释社会历史和现实是与唯物史观的基本理论背离的。马克思主义应用辩证的历史的观点看待各种人道主义理论。这两种观点在 80 年代初进行了针锋相对的争论，争论在 1983 年纪念马克思逝世 100 周年时达到高潮。此后争论渐趋沉寂，但分歧并未消解，至今仍然存在。

这场争论在人道主义史中造成一次重要的理论突破，即在总结历史上对人道主义的理解的基础上，区分了人道主义的两种含义或两个方面，一是作为处理社会生活和人际关系的基本原则的人道原则，即人人平等的原则，一是作为历史观的人道主义，即认为人类社会的历史是人的异化和异化的扬弃的历史观。这两种内涵实际存在于历史上各种人道主义观中，但都没有明确地区分，往往被混为一谈。有的人由于否定人道史观而导致否定人道原则，有的人则由于肯定人道原则而导致肯定人道史观。只有中国 20 世纪 80 年代关于人道主义和异化问题的争论把这两方面明确地区分开了，这在人道主义史上具有划时代的意义。这种区分导致科学的人学在中国的诞生。

（三）中国的人学在人道主义争论中诞生

中国传统文化中无疑有丰富的关于人的思想，马克思主义理论中也有很多关于人的思想，但在中国 20 世纪 80 年代以前一直没有人把人本身作为一门学科的对象来研究，没有从整体上研究人及其规律的人学。20 世纪下半叶西方思想界和苏联理论界均已提出人学研究的任务。由于他们不区分人道主义的两个方面，他们所说的人学，与人道主义在实际上无明显的区别。在他们看来，人学当然就是人道主义的，人道主义之外也没有什么人学。这种观念在中国也颇流行。笼统否定人道主义的人们也认为人学与人道主义是一回事。在改革开放前的中国马克思主义理论体系中有一些论述杰出历史人物的内容，但没有人学，因为既然人学被等同于人道主义，当时的理论界就不会接受在马克思主义理论体系中单列一门人学。改革开放以后，赞成人道主义的人也把人道主义等同于人学，当然也认为没有必要建立不同于人道主义的人学。把人学与人道主义区别开来，建立对人作整体研究的人学，是从区别人道主义的两个方面的观点引申出来的。

前面已经谈到过，把人道主义区分为人道原则和人道史观的实际上是马克思和恩格斯，正是他们把人道史观和人道原则区分开来，并否定人道史观、保留人道原则，才从唯心史观转向唯物史观、从空想社会主义转向科学社会主义，创立了马克思主义。他们在人类历史上第一次把历史观变成科学，其中就逻辑地蕴含了把人学变成科学的可能性。但马克思和恩格斯后来的理论工作由于革命的需要主要集中在以唯物史观为指导研究人类社会的各个方面的问题，研究如何改造人类社会。他们关注的理论焦点是阶级、民族、无产阶级革命和人民革命、无产阶级专政、人类解放等群众性问题，而不是人学问题。因此，在后来马克思主义的理论队伍中，除了人道主义流派而外，很少有人专门谈论人学的理论问题。中国80年代人道主义讨论区分了人道主义的两个方面才解开了这个结，提出了把作为整体的人作为科学对象来研究、建设科学的人学的问题。这可以说是中国人学研究的理论前提，同时还有实践的前提。

改革开放调动了人的主动性、积极性、创造性，理论界日益关注人的各个方面，人的主体性、人的实践、人的才能、人的权利、人的品质、人的个性、人的教育、人的管理、人的使用等，日益成为理论研究的生长点。党中央把"以人为本"作为科学发展观的一个原则、宪法明确宣告"国家尊重与保障人权"以后，人学研究的必要性更加突出。这些基于人的实践而出现的人的微观的局部的研究呼唤着对人的整体的宏观的综合研究，即人学研究。因此，人道主义争论逐渐停息以来，理论界很多人士都发出了应该建立和建设作为一门学科的人学的呼声。但是，人学是什么？如何进行人学学科建设？人们的看法颇不相同。

（四）人学学科建设的正确途径

人学学科既然是一门学科，就应该作为一门科学来建设。

有一种颇为流行的观点认为马克思主义或马克思主义哲学就是人学，人是马克思主义的出发点、核心和归宿，人是马克思主义哲学研究的唯一对象，马克思主义哲学不研究人以外的东西，不研究与人无关的东西。这种观点把世界观（本体论）、自然观排斥于马克思主义哲学之外，把人学与哲学完全等同起来，这不是取消人学，就是取消哲学，这对哲学与人学的建设与发展显然都是不利的。这会把人学学科建设引上歧路。

人学以其对象与其他学科区别开来，它必须有自己的明确的对象。顾名思义，人学的对象只能是人，正如生物学的对象是生物、经济学的对象是经济现象一样。人学有了明确的对象，就有了人学学科的可靠的起点。从人出发，我们有两条建设人学学科的途径，一条是现实的，一条是历史的。前一条途径就是充分地尽可能完备地吸收各种人的科学的成果，从而总结和概括出关于人的观点和理论；另一条途径就是要梳理和分析历史上的人学思想和理论，吸收其中合理的科学因素。人学学科建设的这两个途径不是互相分离的、各不相干的，而是互相结合的、互补的。下面分别谈一下这两条途径。

就第一条途径来讲，我认为应该区别人学和人的科学。人的科学是关于人的各个方面、各种属性或者各个领域的一些学科，是人学的分支学科，而人学是对人进行总体研究、综合研究的学科，人的科学不等于人学。那么，总体研究、综合研究怎么进行呢？从归根结底来讲，这种研究还是实证性的研究，因为人都是有血有肉的具体的人。但这种实证性研究不能仅靠人学工作来进行，主要得依靠各种人的科学。研究人体的有人体解剖学、生理学、体育学、医药学等，研究人的社会生活的有经济学、政治学、法学、历史学等，研究人的精神生活的有心理学、认识论、美学等，研究培养人、管理人、教育人的有人才学、教育学、人事学等。人的科学是一个很庞大的学科群或科学群。人学工作者也可以直接对人进行实证性的研究，但是人是非常复杂的，多方面的，要对人进行全面的实证性研究，必须依靠各种实证性的人的科学。这就跟我们经常讲的哲学要依靠对自然知识和社会知识的综合概括是一样的道理。但是我们仅仅这样做，而忽视或者蔑视历史上关于人的丰富的思想资料，这是不对的。我们的研究不能完全是白手起家、从零开始。我们的历史，不管哪个国家的历史，都给我们积累和遗留了丰富的人学思想资料，我们应该充分地利用这些资料，从这些资料里去汲取营养，来建设我们现代的人学学科。这就是第二条途径，即历史的途径。历史上的人学思想不一定是完全正确的，但是它作为一个思想库，是丰富的，是宝贵的。所以，这第二条途径也是非常必要的。

这两条途径结合起来进行，才能够对人学的学科建设起到很大的推动作用。我们这个想法得到了北京市哲学社会科学规划办公室的大力支持，在"九五"期间，《人学理论与历史》作为北京市重点项目立项，经过几年的努力，最终成果又得到了北京市社会科学理论著作出版基金办公室的大力支持，又在北京出版社的支持下以精美的装帧出版。

这部书分为三本，一本是理论，两本是历史，这种区别只有相对的意义，没有绝对的意义。现代的人学理论也是在历史的过程里提出的，人学的历史就是人学理论的历史。但这三本书也各自有其特点。

陈志尚教授主编的《人学原理》的撰写过程我是具体参加者，在他的主持下，这本书的撰写过程也是他所指导的研究生人学讨论班的教学过程。这本书的作者部分是教师，部分是研究生，作者们轮流向讨论班报告自己执笔的初稿，经过讨论再作修改。撰写过程是一个精心组织、精心写作、精心讨论、认真修改、认真统稿的过程。这本书所探索的问题是比较多的，除了人们谈得较多的人与自然、人与社会、人的本质等以外，还阐述了一些人们谈得比较少的一些问题，比如人的个性、人的自由、人的素质、人的发展规律等。这本书提出了一些新的观点，有不少新的内容。全书共17章，不能说已经很完美了，但可以说是很丰富的。

赵敦华教授主编的《西方人学观念史》，取名"观念史"是有其特殊意义的。作者不像一般思想史那样按时间、人物介绍人学思想的演变，而是把西方人学思想概括为九个人学观念，把它理解为人学观念演变史。作者把西方人学思想的演变同哲学以及整个思想文化联系起来研究，把古希腊以来西方人学观念概括为宗教人、文化人、自然人、理性人、生物人、文明人、行为人、心理人。作者认为世界文化的发展将来还会演变出新的人学观念。这种概括对于西方人学思想发展的逻辑、发展的规律提供了一种独特的理解，颇有新意，具有启发性。

李中华教授主编的《中国人学思想史》的特点是内容丰富，资料详尽，提供了从远古中国到清代主要学派或主要代表人物的人学思想。这本书把中国人学思想史的发展分为三个时期，认为中国人学思想产生与形成于先秦时期，西汉至唐代为中国人学思想的拓展与演变时期，北宋到清为中国古代人学思想的复兴与高涨的时期，并相应地分为三编。作者力图突出中国人学的特色，指出中国人学包含5个层次，就是关于自然属性的理论、生物属性的理论、社会属性的理论、智能属性的理论、道德属性的理论。这是中国人学的特色，也是中国人学对世界人学的贡献。全书大体上是围绕这些问题展开的。

总的来说，这三本书各自都通过上述两条途径来研究科学的人学，但《人学原理》以第一条途径为主，而《西方人学观念史》和《中国人学思想史》以第二条途径为主。我们认为，两条途径结合起来，会使人学在学科建设上跃上一级新的台阶。我们是按照这种设想来做的，但是在我看来，设想是一回事，设想的实现是另外一回事。我们是尽力了，但是我们原来的设想究竟做到没有，或者做到多少，我觉得我自己没有把握作出判断。我认为这个任务很艰巨，而且我们的努力还是不够的，只是做了一次初步的新的尝试。希望通过这次活动，能够把人学的学科建设推进一步。在我看来，要达到比较成熟的程度，还有很长的路要走。但是，我相信在一代一代学者们的坚持不懈的努力下，人学的研究会日益发展，日臻完善。人学作为一门学科，也将在现代化建设中发挥它的巨大的作用。